ZEN DAS ESTRELAS

St. Clair

ZEN DAS ESTRELAS

Possíveis Futuros do Planeta Terra após 2012

Tradução

FLÁVIO QUINTILIANO

Editora
Pensamento
SÃO PAULO

Título original: *Zen of Stars.*

Dados Internacionais de Catalogação na Publicação (CIP)
(Câmara Brasileira do Livro, SP, Brasil)

St. Clair
Zen das Estrelas : possíveis futuros do planeta terra após 2012 / St. Clair. – São Paulo : Pensamento, 2009.

Título original: Zen of Stars.
Bibliografia.
ISBN 978-85-315-1624-5

1. Astrologia 2. Autoconsciência 3. Cosmologia 4. Futuro – Perspectivas 5. Previsão do futuro 6. Profecias 7. Terra (Planeta) I. Título.

09-12649 CDD-133.3

Índices para catálogo sistemático:

1. Planeta Terra : Futuro : Previsão : Parapsicologia 133.3
2. Planeta Terra : Previsão do futuro : Parapsicologia 133.3

O primeiro número à esquerda indica a edição, ou reedição, desta obra. A primeira dezena à direita indica o ano em que esta edição, ou reedição, foi publicada.

Edição	Ano
1-2-3-4-5-6-7-8-9-10-11	10-11-12-13-14-15

Direitos de tradução para o Brasil
adquiridos com exclusividade pela
EDITORA PENSAMENTO-CULTRIX LTDA.
Rua Dr. Mário Vicente, 368 — 04270-000 — São Paulo, SP
Fone: 2066-9000 — Fax: 2066-9008
E-mail: pensamento@cultrix.com.br
http://www.pensamento-cultrix.com.br
que se reserva a propriedade literária desta tradução.

"Por maior que seja a escuridão,
temos de emitir nossa própria luz."

~ Stanley Kubrick

2001: Uma Odisseia no Espaço

Sumário

Para o Tao 9
Qual futuro? 11

ᛞ *Avançando em direção à Luz*

O Mestre da Luz 19
Nomeando uma estrela 24
O espelho da Visão 27
O Zen do Ser 34
Um pequeno barco 41
O despertar de uma nova era 48
A marca do milênio 53
O inventor da magia das estrelas 59

ᛃ *Ativando a inteligência fluida*

O saber das estrelas guarda-se a si mesmo 77
Mudanças evolutivas globais 86
Mais perto das estrelas 92
Tendências, previsões & Nostradamus 98
Seres em transição 106
Orientação extraterrestre 116
Celtas, cetáceos e a constelação Delphinus 121
Os Entes Especiais 127

ᛏ *Fortalecendo o corpo e a mente*

O voo da garça azul 135
O som luminoso dos arco-íris 140
O despertar da energia do vórtex 146
Crianças do futuro 154
Histórias sobre vetores do espaço-tempo 160
O portal sem portal 166
Zonas de transição 173
Emanações transmigradoras 179

◇ *Concebendo um mundo sensato*
I-Magi-Nação é sobrevivência ... 187
Nós viemos das estrelas ... 195
Investigando as migrações humanas ... 201
Escolas interdimensionais de luz ... 207
Contato com almas transumanas ... 216
A era cósmica do conhecimento ... 225
A estratégia de Saturno ... 232
O futuro da segurança na Terra ... 238

Construindo uma ponte entre os mundos
Acabando com a Era do Medo ... 253
Escudo de Defesa Psíquica ... 260
Cooperação planetária ... 266
O Portal do Destino ... 271
Em busca de sinais ... 275
O verdadeiro campo de força ... 281
Energia Orgônica: tecnologia da paz ... 288
Vislumbrando um futuro integrado ... 295

X *A Chave Cósmica*
O mandala de eventos no horóscopo ... 307
Quando Netuno estiver em Peixes ... 315
As origens do Senhor do Tempo ... 329
Navegantes cósmicos das estrelas ... 335
O poder dos elfos-dragões ... 341
O Caminho do Mago ... 347
Mudança total ... 352
Uma visão do futuro ... 357
O futuro é agora ... 364
A ampulheta vazia ... 371
Alcançando a iluminação ... 380

O homem do futuro ... 387

Bibliografia recomendada ... 391

Para o Tao,

...aquela entidade sem nome que criou, desenvolve e sustenta o Cosmos — expressando-se a si mesma por meio de suas criações infinitas.

Admito que, neste livro, o lado sombrio das coisas ficou às vezes em primeiro plano. Não posso fingir não saber o que está acontecendo aqui e agora. Então, é melhor dizer tudo.

Ao mesmo tempo, a série de acontecimentos futuros, no horizonte descrito, é ligeiramente perturbadora. Sei que estou fazendo o possível para lhe dar poderes. Os tempos vindouros vão ativar você ainda mais.

Você se libertará das coisas conhecidas e transmitirá isso a outras pessoas. Você é parte disso. Alguns chegarão e outros partirão; alguns se elevarão, outros afundarão. A sorte de cada um dependerá de uma decisão volitiva dos seres de luz. O Cosmos inteligente observa e conduz cada um de nós com o máximo de desvelo e amor.

Nós, os poucos que estudamos o *Zen das Estrelas*, nos perguntamos se estamos no caminho certo. Saibam que não estamos sozinhos. Temos amigos lá fora — e aqui dentro. Se os seres da sombra usam os poderes ocultos da mente, os seres de luz trabalham com energia.

O que está em jogo é grande demais para um único Messias ou um único Salvador. Na era do conhecimento, daremos o salto decisivo como grupo. No entanto, cada um fará sozinho seu rito de passagem. Lembre-se, somos as almas eleitas que estávamos esperando.

Este livro descreve — de maneira não linear — o salto da humanidade. Em suas mãos afortunadas você tem uma cápsula do tempo Cósmico. Esqueça o Passado — Lembre-se do Futuro!

Michael St. Clair

Canção do Vidente

Nesse círculo,
Ó guerreiros,
Ouvi, eu vos direi
O futuro de cada um.
Tudo se dará
Como revelo agora
Nesse círculo;
Ouvi com atenção!

Tatanka-Ptecila (Touro Pequeno), da tribo Sioux, de Dakota (EUA)

Qual futuro?

Zen das Estrelas apresenta desdobramentos possíveis para o futuro da humanidade. Este livro sugere que futuros prováveis esperam por nós em estado de latência — ou animação suspensa —, nossas ações e nosso comportamento escolhem um desdobramento qualquer para transformá-lo em experiência presente. Por meio do nosso comportamento, nós projetamos o futuro no mundo exterior.

Se algumas previsões de acontecimentos futuros podem parecer assustadoras, estão dentro do escopo lógico do presente por extenso, ou probabilidade. *Zen das Estrelas* sugere que temos escolha, podemos optar e criar resultados diferentes. Convido você a manter sua mente livre (uma liberdade sagrada) ao apreciar e estudar este livro tão pouco comum de visões do futuro.

Em seu livro sobre a decodificação da ciência perdida da prece e da profecia, Gregg Braden explica o *Efeito Isaías*:* a física quântica e a ciência sugerem a existência de vários futuros possíveis para cada momento de nossa vida. Cada futuro nos espera em estado de repouso até ser despertado pelas escolhas que fazemos no presente.

St. Clair deixa claro que o futuro não é predestinado, não está gravado em pedra, pois resulta de uma seleção a partir de uma série de opções possíveis ou latentes que se estendem diante de nós. Cabe a nós escolher o futuro que vamos viver, tanto no plano individual como no coletivo.

O mágico — aquele que cria conscientemente — delineia a ciência de como escolher o futuro que vamos viver. Quando escolhemos um futuro, ele se torna nosso presente efetivo. Como diz St. Clair, nosso presente é o futuro que escolhemos consciente ou inconscientemente, embora muitas vezes influenciados pelo medo ou pelo ímpeto imprevisível das emoções.

---

* *O Efeito Isaías*, publicado pela Editora Cultrix, São Paulo, 2001.

Temos de nos afastar do jogo inconsciente das emoções para ver acontecer uma magia duradoura.

Se quisermos um futuro diferente, temos de escolher um presente diferente no plano da consciência. As ferramentas de nossa percepção são a força de vontade, a imaginação, a intuição, os sonhos e visões, a inteligência flexível e o amor. Acima de tudo, o "piloto" psíquico pode nos ajudar a curar, assim como escolher e criar um futuro coletivo baseado na razão.

Que futuro você deseja? O que você quer ser hoje ou amanhã? Aonde vai com suas escolhas? A direção a tomar e a responsabilidade cabem a você. A chave da mensagem de St. Clair é: "Você decide". Os resultados dele na previsão dos acontecimentos são bastante exatos, pois ele consegue enxergar e entender que tipo de decisões as pessoas-chave vão tomar.

St. Clair estipula que podemos redefinir os parâmetros das premonições, profecias e previsões feitas ao longo dos últimos milênios. Os cálculos astrológicos de Nostradamus, Edgar Cayce e do próprio St. Clair são realizados com exatidão para ajudar a humanidade a evitar a extinção em massa no próximo milênio.

Mesmo quando este livro apresenta sequências de acontecimentos que levam ao fim do mundo, St. Clair não está dizendo que tem de ser assim. Muito pelo contrário, ele insiste que devemos optar por um resultado diferente. No entanto, se continuarmos da maneira que escolhemos até agora, significa que a advertência de St. Clair baseada no poder psíquico é a consequência esperada. Não haveria razão para duvidar dessas previsões, baseadas na matemática do tempo. Suas previsões anteriores já se revelaram corretas.

Se quisermos, os próximos alinhamentos estelares podem ser usados para outros fins. *Zen das Estrelas* mostra que ir ao encontro dos desafios que nos esperam pode nos levar ao espaço cósmico para explorar a consciência cósmica. St. Clair, mais do que qualquer outro, sabe que somos capazes de mudar o resultado de premonições e profecias, justamente porque podemos predizê-las. Se nos conscientizarmos dos resultados prováveis que não queremos, abrimos nossa consciência para a possibilidade de criar outras ações e escolhas com consequências diferentes. Este livro trata, portanto, de ação inteligente e de como usar a sagrada liberdade humana de escolha.

Viemos a este universo e a este planeta por uma razão mais importante que todas as outras: dar e receber um amor maior do que aquele conhecido por antigas divindades e mestres espirituais. Esse amor é maior porque será uma manifestação coletiva, escolhida de maneira individual e conjunta. É um amor que transformará o coração e a vida de cada pessoa neste planeta e, portanto, do mundo em que vivemos.

O destino que nos coube são as sementes de amor e consciência cósmica. Desde seu início, essa consciência cósmica se destina a ampliar a evolução do universo, do planeta Terra e seus habitantes. No entanto, nós no planeta Terra recebemos a liberdade — liberdade sagrada — de escolha. Assim, a escolha entre evolução e autodestruição é realmente nossa, e não está só nas mãos de Deus. Nesse sentido, o livro de St. Clair representa uma ruptura com os padrões convencionais de pensamento.

Zen das Estrelas vai fazer você questionar seu sistema de crenças, sua realidade e autoridade. É um documento fora do comum, um estudo fascinante, mas minuciosamente fundamentado. O trabalho de St. Clair em suas viagens através do tempo e para além dele é a culminância de uma busca do autor ao longo de toda a sua vida.

St. Clair explica a matemática do tempo — isto é, como e por que sistemas de crenças são nossos mapas da realidade, pois dão forma àquilo que percebemos. Então, ele mergulha fundo nas imagens e no significado de símbolos estelares e no destino oculto do ser humano.

A viagem que você está prestes a iniciar é a aventura espiritual de um processo histórico chamado espaço-tempo, ou magia — "alta magia". Já se disse que a alta magia é o "Yoga do Ocidente", e faz de St. Clair um yogue ocidental. A magia se processa através do sexto sentido, e o mago nos fornece um estudo sobre isso mais para o fim do livro.

Prever e predizer o futuro como se já fosse passado tem sido o dom, a vocação, a profissão e a atividade de St. Clair desde sua infância. Agora, ele ensina esse dom em suas palestras para um público mais amplo. Colegas disseram que ele é o astrólogo dos astrólogos. Ele escreveu *Zen das Estrelas* para difundir seu conhecimento pelo mundo, promover escolhas sensatas e ensinar o "Caminho do Mago".

St. Clair explica passagens alquímicas do mundo, suas linhas de tempo ocultas, ciclos eternos, civilizações antigas e culturas modernas da guerra e da arte. Ele discute a filosofia perene, os arquétipos, a geometria sagrada e os centros sagrados do mundo. Ele mostra como se delineia o passado, o presente e — sim — o futuro da humanidade.

St. Clair combina suas próprias experiências e ideias à habilidade de evocação psíquica para prever os tempos que começam agora. Nesta obra, St. Clair decidiu contar sua história pessoal em forma de romance de suspense pitoresco e imaginativo. Este livro é uma obra mágica que nos mostra onde estamos agora, revelando tempos ocultos que ainda virão e ajudando-nos a entender as escolhas que teremos de fazer.

Ser um mago é assumir seu lugar específico no universo — por direito de nascimento, digamos assim. Cada alma tem de descobrir por conta própria que lugar é esse. Pela comunicação com o Sol, a Lua, as estrelas, os planetas, as galáxias e o espírito da consciência cósmica, percebemos a "unicidade" (caráter único e irrepetitível) de todas as coisas. Tornar-se um mago, como sugere St. Clair, é portanto ser mais do que apenas humano, já que só na verdadeira realização do nosso potencial humano mais elevado podemos entender e cumprir o nosso destino.

A narrativa de St. Clair equivale a uma viagem pelo espaço e pelo tempo, revelando sua existência psíquica sensível e vulnerável. O fato de ele estar vivo para continuar predizendo e implementando o futuro que descreve com tanta exatidão é a razão de ser de sua própria existência. Diante do pano de fundo da memória coletiva da humanidade — desde a Atlântida há doze milênios até bem depois do século XXII de nossa era —, *Zen das Estrelas* é uma leitura realmente cativante.

A paixão de St. Clair a respeito daquilo que ele ensina transparece em sua presença aos clientes que ele aconselha ou nas palestras para astrólogos e para o público em geral. Ele demonstra o ato mágico da fé naquilo que pode ser feito, em oposição ao destino. É um momento importante que o mago-sábio deseja compartilhar com o mundo: a configuração cósmica do espaço-tempo e a nova sociedade em evolução, pronta para emergir; um período em que Plutão atravessa as últimas quatro constelações do Zodíaco no próximo meio século, para anunciar uma era de consciência e transformar o mundo.

St. Clair traça paralelos pertinentes entre os registros históricos, nosso presente, o futuro — e alinhamentos planetários importantes, que ele estudou e comparou diligentemente em muitos anos de vida. Em *Zen das Estrelas*, ele finalmente condensou sua teoria, apresentada aqui pela primeira vez.

Zen das Estrelas é um testemunho de época, de nossa mentalidade atual, no qual St. Clair registra seus encontros com homens e mulheres dos mais diferentes estilos de vida. Em sua obra, você conhecerá um homem de ideias e ação, um mago que escolhe e cria conscientemente e um pensador que manifesta suas intenções no mundo exterior.

A vida de St. Clair mostra que ele estava neste mundo e era parte dele, mas não pertencia realmente ao mundo até decidir contemplá-lo. No começo de sua carreira, foi treinado para ser general, advogado ou investidor, mas depois se concentrou na comunicação, na compreensão e em todas as coisas espirituais.

Durante sua carreira, St. Clair deu orientação confidencial a um número de clientes internacionais notáveis, cujos destinos ele ajudou a concretizar. Ele testemunhou — e às vezes interferiu pessoalmente — o desfecho de várias trajetórias privadas e profissionais. A rede pessoal de destinos da qual o mago fazia e ainda faz parte intimida até os mais céticos.

St. Clair sabe que você é dono do seu próprio destino, e ajuda as pessoas que o consultam a esclarecer esse fato tão importante. Tendo se formado numa época perigosa, é um pensador avançado e o astrólogo mais eminente do planeta. St. Clair corrige equívocos sobre questões misteriosas, desde as profecias de Nostradamus e as visões de George Orwell até a mitologia sânscrita.

Ele nos conduz por intermédio das profecias que se cumpriram desde a Atlântida até a ascensão do poder Ariano, o controle oculto por trás disso, as mudanças do planeta e o futuro distante. Passou boa parte da sua vida estudando textos antigos e escritos ocultistas. Hoje em dia é, antes de tudo, um sábio, um mago da Idade do Ouro.

Este é um livro abrangente sobre o poder visionário da humanidade. Não é apocalíptico, pois traz esperança: descreve o novo tipo de sociedade tribal, ao mesmo tempo de alta tecnologia, da Idade da Pedra e do mundo aquático, sem guerras, fronteiras, limites, blocos ou governos, que deve começar por volta de 2050. Os deuses vão preencher o universo nesse futuro que a percepção de St. Clair antevê claramente. Ele convida você a descobrir isso por si mesmo, pois seu objetivo é compartilhar o conhecimento secreto e sagrado dos antigos magos-astrólogos.

Esta obra situa St. Clair na linhagem espiritual das mentes mágicas da humanidade, pois ele dá continuidade ao trabalho de Apolônio de Tiana, Nostradamus e Mestre Eckhart. O Mestre St. Clair perpetua uma tradição sagrada de milênios. Em nossa época, ele é um dos magos mais poderosos

— e talvez o mais correto. Suas previsões astrológicas sobrevivem ao teste do tempo, como vocês verão.

Ao contrário dos adeptos e místicos anteriores que mantinham seus conhecimentos em segredo, ele os comunica a você de maneira clara. Ao virar esta página, você entrará num mundo de alta magia esotérica, um universo de ciência hermética, um reino de faculdades criativas. Será iniciado aos poucos numa técnica antiga, o ritual sagrado da astrologia espiritual, a arte de decodificar o relógio galáctico do destino, pois o espaço-tempo adquire uma forma inteiramente nova e um significado que retornou à vida graças ao astrólogo St. Clair.

St. Clair oferece para leitura trechos do seu próprio diário de magia, acolhendo o leitor nesse santuário ditoso de conhecimento holístico e compreensão cósmica no qual a ciência e o misticismo se fundem na magia do astrólogo. A zona cinzenta — aurora de uma sociedade nova — torna-se nítida e colorida neste livro sobre nossa jornada humana coletiva para o futuro e além.

A magia do astrólogo é a arte da criação cósmica. Esse mestre criou uma obra de arte que transcende o tempo, apontando para o limite do nada. Você está segurando nas mãos um livro de arte, uma autobiografia, assim como um legado brilhante de previsões para o século XXI. De maneira sutil, essa realização bela é também uma antologia dos magos, místicos e cientistas mais notáveis da humanidade. Um livro que causa um impacto enorme no mundo surge talvez uma vez por década. *Zen das Estrelas* é esse livro.

Argos

Avançando em direção à Luz

O Mestre da Luz

Nomeando uma estrela

O espelho da Visão

O Zen do Ser

Um pequeno barco

O despertar de uma nova era

A marca do milênio

O inventor da magia das estrelas

O Mestre da Luz

"O mundo mudou.
Sinto isso na água.
Sinto isso na terra.
Sinto o cheiro disso no ar.
Muito do que existia antes se perdeu,
pois já não vive ninguém que se lembre disso."

~ Galadriel, O Senhor dos Anéis

O homem do futuro estava de pé, voltado contra o muro da grande sala de jantar do Castelo de Chillon, com vista para o lago de Genebra. Em uniforme da Marinha, com uma camisa preta e sapatos escuros bem polidos, ele se parecia com um lorde dos tempos antigos quando atravessou sem se mexer os corredores do tempo até o espaço em que eu estava. Alguma vez você já se perguntou: "Isso é mesmo real?"

O sol do cair da tarde cintilava sobre o lago, e reflexos cristalinos dançaram em seus olhos verdes quando um lampejo de estrelas douradas atravessou o Centro da Galáxia.

Linhas de luz clara desenhadas entre as sombras, ao longo do chão de mármore no rochedo do castelo. Comecei a entender que, durante alguns milênios de interações extraterrestres, algumas almas muito interessantes tinham habitado aqueles muros entre os quais eu me encontrava agora, sentindo-me tranquilo, aprendendo e usando o poder da visão.

Meditando sobre o assunto da visão, o zen do conhecimento, percebi o homem se sentir perfeitamente em casa no castelo; afinal de contas era seu túnel de passagem entre os mundos. Ele se deteve por um momento e acenou por sobre a ponte do tempo, como se quisesse ter certeza de que eu iria vê-lo.

Se eu pudesse explicar numa só palavra o que sei que aquele homem era, ou é, usaria a mesma expressão que ele usou a meu respeito: uma "alma transumana". Crescentes radiantes de luz se ergueram para moldar as sombras projetadas pelas janelas altas do castelo. Montanhas enevoadas surgiram do outro lado do lago, espelhadas nas janelas góticas, lembrando-me o fato de que elas eram guardiãs atemporais daquele lugar sagrado.

A impressão que tive quando segui o homem elegantemente trajado pelo poço da escadaria até a torre de vigília era a de um vórtice atemporal situado no alto de uma agulha de granito de 300 metros de altura, emergindo bem acima daquele lago misterioso que guardava tantos segredos do resto do mundo. Será que o homem era eu numa época ainda por vir?

O lorde atemporal estava ali para me ensinar a desvendar e controlar o tempo e enxergar por minha própria conta o mundo invisível. Ele era definitivamente real no sentido tridimensional da existência, embora eu não saiba como ele veio parar bem diante de mim, no limiar entre a realidade e a ilusão. Ele sorria com aquele sorriso incandescente tão típico dele, e percebi que alguma coisa fora do comum estava prestes a acontecer. O portal do tempo se abriu quando o eclipse fez deslizar sua sombra sobre a Terra, revelando o espelho atemporal, mostrando-me as coisas que eu queria ver.

Ele era — disse-me — o mestre do tempo. Estava ali para partilhar comigo o zen do conhecimento e a arte da visão. Mais tarde, eu me daria conta de que ele era também o "Mestre da Luz". Viera a nossa época como uma espécie de visitante do outro mundo para me falar sobre certas coisas que eu queria saber, tais como o sentido da vida, o futuro do planeta Terra, a origem da humanidade e muitas outras considerações dessa natureza.

O que deveríamos fazer com aquilo que ele me ensinou era uma preocupação central em minha mente. Tudo me parecia novo, mas eu sabia que era verdade. As palavras dele ecoavam em minha mente como algo familiar. Sua mente era como uma ponte para um conhecimento há muito esquecido, e aquilo que vi não era o que esperava. Era muito mais. O castelo se tornou um portal vivo de luz e vislumbrei para além de nossa existência terrena um futuro poderoso demais para ser descrito.

O pesado muro de pedra às nossas costas cintilou levemente e abriu-se para um lugar lindo e cheio de luz. No espaço além do muro, vi cores que dançavam. Cores que eu nunca vira antes. Cores que não temos palavras para descrever. Não é realmente necessário dar nome a tudo o que vemos. É mais importante simplesmente absorver e guardar na lembrança. Essa necessidade constante de dar nome às coisas não é sensata, nem ajuda a entender as coisas com mais profundidade.

Pessoas de outra era futurista pareciam estar trabalhando naquele espaço além dos muros da nossa realidade. Não entendi bem a atividade e o trabalho delas, a não ser muito mais tarde, mas todas pareciam em paz e concentradas em algo que consideravam realmente importante. Elas procuravam o "Nirvana", ao mesmo tempo que experimentavam algum mecanismo complexo de reversão do tempo.

As pessoas que observei por aquela janela atemporal eram, de certo modo, mestres zen; eram altamente avançadas, tanto do ponto de vista espiritual quanto tecnológico. Como uma chuva suave, raios cintilantes de luz irisada inundavam a câmara em forma de vórtice e fundiam-se com o mestre do tempo, de pé junto ao muro. Ele me abrira o espelho da visão. Tudo o que eu tinha de fazer agora era olhar para dentro do espelho e ver por mim mesmo.

Pena que muita gente que vive hoje em dia se esqueceu das pessoas do arco-íris. Só meu amigo, o "Mestre da Luz", não esqueceu essas coisas. Sua linguagem era seu silêncio. Sua ação era seu conhecimento.

Ele se virou para contemplar a luz lançada através do portal do tempo na montanha — uma janela bem acima do lago. Pequenos arco-íris de luz moviam-se com precisão sobre sua testa, fundindo-se com seu terceiro olho. Um cristal perfeitamente redondo flutuando no vão da porta era o espelho que fragmentava o eclipse do vidente. As mesmas cores do arco-íris aparecem em conchas escuras que crescem nas rochas à beira-mar. Se você observar bem de perto, verá as cores luminosas do arco-íris dentro da pérola escura das ostras.

Ouvi dizer que os moluscos ouvem o som da Lua passando lentamente pela superfície do Sol, e parece que os clãs de luz também ouvem a mensagem dos planetas movendo-se em posições que lembram o mecanismo de um relógio, de maneira silenciosa mas metódica, atemporal e eterna.

Nós não funcionamos numa única linha do tempo. Somos seres do futuro encontrando o passado no agora. Vivemos no multi-verso de uni-versos, em reinos que ignoramos e que existem para apoiar o plano no qual acreditamos viver.

O portal de luz, em forma de vórtice baseado na espiral Phi (número grego que equivale a 1,618), fechou-se tão silenciosamente quanto se abrira, e o espaço além do tempo mais uma vez se fundiu à pesada estrutura de pedra apoiada sobre a agulha gigantesca de granito acima do lago. Os sete altos pilares que sustentavam a câmara do vórtice voltaram à sua forma original — conhecida hoje como o Castelo de Chillon —, onde Lorde Byron rabiscou seu poema "O prisioneiro de Chillon" dois séculos atrás.

O homem do futuro, recuando através do tempo, parecia brilhar frouxamente sob a luz do muro do portal. Sem sua sabedoria, as tribos do arco-íris seriam esquecidas para sempre e os seres humanos deste planeta perderiam a conexão com os seres cósmicos da luz, do outro lado da ponte do tempo.

Estávamos de volta à minha época, o século XXI do mundo moderno. Eu acabara de ver o futuro do ponto de vista do passado. Então, ficou claro para mim que o tempo linear é uma ilusão.

O mestre viera de outro reino, uma dimensão superior, que conhecemos como futuro, chegando à nossa época, na qual Plutão em Sagitário, seu regente Júpiter em Escorpião, Marte em Touro, Netuno em Aquário e Saturno em Leão formaram a grande cruz. Esse homem começou a responder às minhas perguntas não ditas num diálogo sem palavras. Será que ele era eu olhando para o passado, desde um tempo futuro — por intermédio de alguma localização dupla, como nos grandes romances de ficção científica? Seria possível o futuro se encontrar com o passado no agora?

Eu disse sem palavras? Era um intercâmbio de mundos para nós dois. Telepatia, um tipo de transmissão de mente para mente, efetuada sem esforço como um *download* holográfico silencioso no disco rígido de um computador — o recurso que ele escolhera, antes de desaparecer no vórtice de luz... Ele atravessou silenciosamente os muros do castelo, voou acima do lago em direção ao pôr do sol, enquanto uma desfragmentação do conhecimento acontecia em meu próprio ser.

Enquanto o planeta Vênus, muito acima das montanhas enevoadas, faiscava em tons dourados no céu vespertino de púrpura escura, eu relembrava o que tínhamos trocado num só dia: vidas inteiras de magia, o Zen da Astrologia, comprimidos num pôr do sol. Quem quer viver para sempre?

Essa pergunta ficou sem resposta, flutuando no ar, quando deixei o castelo. Atravessando o fosso e para chegar à velha estrada pavimentada do século XII, até voltar à minha própria época, eu sabia que o aqui e o agora duram para sempre.

Contemplando meu lago lá de cima, para além das montanhas, posso olhar a verdade cara a cara, imperturbável. A verdade são as coisas novas, e raramente as conhecidas. Meu lago, sob a forma de um grande crescente incrustado como um diamante nas montanhas, mexe-se e comporta-se de um jeito mágico — quase sempre calmo como um espelho, refletindo o fogo do céu. Ele lembra atemporalidade e simplesmente vê. Não julga o que vê. Limita-se a ver e espelhar sua recordação como uma testemunha, como um reflexo vivo e atemporal. O lago me mostrou que somos todos espelhos que veem, se ficarmos quietos. Ele me convida a enxergar mais fundo e mais longe.

Qual era mesmo o assunto que o "Mestre da Luz" e eu debatemos em nossa conversa, em nosso encontro mental, na presença do mundo invisível? Ele me dissera que *o tempo é a raiz* — e que nós começamos aqui e agora, para além do tempo distorcido inventado pelo homem. Ele também dissera que nos encontraríamos de novo. Então, ele me apresentaria seus amigos. Agora eu sabia que não estava sozinho. Também tinha amigos nessa vida e na outra. Com um olhar profundo de conhecimento tranquilo, ele me inspirou a escrever este livro e o seguinte pensamento:

"Você quer fugir e esconder-se, mas fugir para onde? Seu próprio EU é onde você VIVE. Você não pode fugir dele. Fique com ele — e trate de desenvolvê-lo!"

Nomeando uma estrela

Frodo: "Gostaria de nunca ter recebido o anel. Gostaria que nada disso tivesse acontecido".

Gandalf: "Eu também. E todos os que vivem para presenciar estes tempos sentem o mesmo, mas não cabe a eles decidir. Tudo o que podemos decidir é o que fazer com o tempo que nos foi dado".

~ J. R. R. Tolkien, *O Senhor dos Anéis*

Nossa tendência é observar menos aquilo que conhecemos mais. Quando olho para o lago, ou para uma estrela no céu, não preciso saber seu nome. Simplesmente vejo e observo. Sinto que, para enxergar a estrela, realmente gostaria de tocá-la ou senti-la, sem o conceito de saber que se trata de uma estrela, sem necessidade de identificação. Nomeá-la só iria colocar uma palavra entre mim e a estrela. De certa maneira, dar um nome à estrela é cobri-la com um véu, em vez de construir uma relação silenciosa com ela.

Dizer que Antares é o coração de Escorpião, ou Aldebarã é a sentinela oriental perto de Órion, o caçador... ou qualquer outra coisa que saibamos a respeito das estrelas — não é **Ver** a estrela, mas simplesmente pensar nela pela nomeação e comparação.

Comparar coisas é, na minha opinião, um ato de violência mental, se nos dispusermos a analisar a questão profundamente. A beleza da estrela está dentro dela e dentro de mim, ou nela e em você, mas não na comparação, na numeração, na localização ou no hábito de nomear.

Quando eu era criança, cerca de quarenta anos atrás, descobri que podia olhar para o céu à noite, e o céu se ampliava, se tornava maior. Essa visão era natural, era um ato espontâneo, sem pensamento. Realmente pouco me importava o nome de uma estrela qualquer. Eu nem precisava saber que aquilo era uma *estrela*. Mais tarde, descobri que a definição de estrela nem mesmo era uma coisa certa e definida. Com o tempo, estrela e não estrela se tornaram um passatempo interessante para mim. Foi assim que me tornei um "mago das estrelas", vendo o mundo com os olhos de uma criança. Eu sabia que viera das estrelas antes que essa existência começasse para mim, e ver as coisas era minha missão de vida. O ato de ver traz consigo sua própria ação inteligente.

Uma noite, não muito tempo atrás, eu estava contemplando as estrelas com alguns amigos. Olhávamos concentrados para o céu da meia-noite, azul e absolutamente nítido. Admito que, como astrólogo, eu deveria conhecer o céu e suas estrelas, e conheço de fato — até certo ponto. Naquela noite, porém, eu só estava olhando, ou vendo, enquanto as pessoas conversavam ali perto. Então, de repente, uma luz branca e brilhante se acendeu a oeste. Eu sorri e apontei a luz para meus amigos. Não era uma estrela comum. Eles a viram também. Estava ali como se obedecesse a um comando da minha mente. Eu desejei magicamente que ela existisse para podermos compartilhar aquela visão.

Mais tarde, ocorreu-me que talvez a luz tivesse se comunicado com minha mente para que eu olhasse na direção em que ela iria se acender. É o tipo de jogo que um mago astrólogo costuma jogar. É durante esse tipo de jogo mental, em momentos de descontração, que começo a pensar em coisas importantes.

Era óbvio que aquela luz não era uma estrela. Eu sabia disso porque, na direção em que estávamos olhando, não deveria haver estrelas. Tampouco era um planeta. Os planetas tinham desaparecido no ocaso logo depois do pôr do sol. Tampouco era um avião. A luz solitária ficou parada um bom tempo, talvez mais de uma hora no mínimo, piscando e mandando raios multicoloridos a distância. Meu Castelo de Chillon, o portal do tempo, também estava por perto. Havia tempo suficiente para ver aquilo, para observar e "pensar" sobre aquilo. Coisas menos importantes eram postas de lado por coisas de importância extrema.

O observador, a coisa observada, o castelo, o lago, o ar da noite e a luz clara e misteriosa no céu vibravam em conjunto numa só percepção. Sem me preocupar com o que a luz era ou deixava de ser, senti que talvez a luz estivesse vendo a mim e a meus amigos. Parecia mandar sinais. O observador agora era a coisa observada, e achei isso muito divertido porque me lembrou o sábio e mestre Krishnamurti e suas opiniões sobre a consciência e o fim do tempo. Tudo isso aconteceu depois que expliquei a meus amigos em que consistiria a transição entre dimensões e como nós, mais cedo ou mais tarde, iríamos "entendê-la" e viver com uma nova percepção.

Resolvi compartilhar essa experiência com você porque ela prepara o terreno para o que pretendo explicar agora. A palavra, o nome da estrela, nunca nos ajudará a tocá-la, pois o ato de nomear, que só implica conhecimento astronômico, nos condicionou a tal ponto que só o nome se tornou importante, interpondo-se entre nós e a estrela e "vendo" na prática aquilo que vemos. A mesma coisa vale para os nomes de animais, plantas e seres humanos.

Seria mais sensato não dar nome às coisas, mas apenas "vê-las", só pelo interesse da observação. Ocorreu-me que a pessoa que vê e o objeto que ela vê não estão realmente separados, se deixarmos de lado o condicionamento de nossa mente estreita e sentirmos a novidade de cada momento. Vamos continuar nos sentindo pessoas renovadas. Não sei que luz era aquela vista com meus amigos. Não há problema nenhum em não saber. Às vezes, o não saber é um tipo de proteção.

Nessa noite, às margens do lago de Genebra, enquanto a luz olhava para mim, meus amigos e o lago, a visão me causou uma impressão extremamente clara. O saber é sua própria ação, seu jeito certo de agir. Não era a primeira vez que uma luz misteriosa aparecia no céu no momento em que pensava nela. Os ETs Loiros Nórdicos me disseram por telepatia que eu devia procurar a estrela e vê-la refletir-se no lago silencioso. Foi então que certas coisas se tornaram bem claras para mim.

Como sugeriu o Mestre da Luz:
"Continue tentando!"

O espelho da Visão

"A pessoa que aborda as coisas banais e ordinárias e as ilumina de um jeito novo pode assustar. Não queremos que nossas ideias mudem. Sentimos esse tipo de exigência como uma ameaça. 'Já sei o que realmente importa!', dizemos. Mas então vem Aquele que transforma, destruindo nossas ideias antigas."

~ Mestre do Zen-Sufismo
em *Chapterhouse: Dune* [*As Herdeiras de Duna*],
romance de Frank Herbert, publicado em 1985.

Eu era conhecido como "Espelho de Obsidiana" ou "a presença com vibrações esfumaçadas que vê". Minha sabedoria das estrelas é o conhecimento mágico do que revelar e do que ocultar, quando e para quem. O Senhor do Tempo decidiu compartilhar com você o que sabemos que você será capaz de assimilar, que é mais do que você imagina. Começaremos aqui no grau zero da visão.

O lago da vida é seu próprio espelho da visão e do ser. Começaremos essa jornada — a aventura da magia zen — viajando em direção ao desconhecido como se não soubéssemos nada. Isso vai facilitar nossa vida, definindo um novo recomeço depois de uma fase de ignorância. Faremos essa viagem sem medo.

O medo se baseia no tempo. Na condição de astrólogo, sei que o tempo simplesmente transforma as coisas e as pessoas em vários sentidos. Para mim, o universo se move com lentidão relativa, mas ao mesmo tempo muito depressa. A lentidão parece extrema, pois vejo as coisas como elas são, mas ao mesmo tempo quase tudo e quase todos flutuam a uma velocidade mais rápida do que a luz. Não gosto de contar as revoluções planetárias por si mesmas, pois para mim as estações que passam são ondulações repetidas para sempre, num fluxo eterno, cíclico e quase circular de dançarinos planetários. E, no entanto, para além do sol central de nossa galáxia, esse cortejo suntuoso que se chama humanidade encontrará seu fim em algum momento — se eu não estiver totalmente enganado.

Muitos mundos e planetas sofreram inúmeros traumas ao longo de milênios, enfrentando problemas, guerras e cataclismos indizíveis; mas o passado é o passado, e agora o trauma acabou. Relembrar e analisar o trauma coletivo não tem sentido. É uma armadilha que as forças regressivas gostariam de construir para nós. Não temos opção a não ser parar de sofrer agora — é simples assim. A dor só vai acabar quando nós — você e eu — "acabarmos" com ela. A decisão cabe a você e a mim.

Essa mudança começa no plano pessoal, do psicológico ao psíquico, e vai seguindo nos planos interdimensionais até o fim. Analisar e alimentar o trauma psicológico não tem sentido. Temos de encerrar o passado e não revivê-lo pelo pensamento. O resultado é que ele continua existindo. Essa é a armadilha: ficar revendo acontecimentos passados sempre de novo, das guerras em Marte aos antigos maias, aos cátaros e celtas, ao Tibete e assim por diante, até as últimas guerras do século XX... Acabe com isso!

A qualquer momento podemos recomeçar a partir do zero. Para mim, esse momento é agora. Temos de entender que podemos fazê-lo. Pacificar a herança passada é uma ideia, e continuará sendo uma ideia, a não ser que o façamos de fato. Como escrevi, as coisas menos importantes não podem atrapalhar as coisas de suma importância. "Não" estou falando aqui de algum tipo de processo mental ou intelectual, e não quero que você "pense" nisso. A mudança é real, cósmica, planetária, individual, instantânea e completa em si mesma. As pessoas pensam muito e gostam de pensar de novo sobre as mesmas coisas, em vez de agir diretamente sem pensar. Por enquanto, convido você a olhar. Deixe-me citar aqui um trecho de *O Senhor dos Anéis* onde Galadriel diz:

> — Este é o espelho de Galadriel — disse ela. — Trouxe-os aqui para que possam examiná-lo, se quiserem.
>
> — Que vamos procurar, e o que vamos ver? — perguntou Frodo...
>
> — Posso ordenar ao Espelho que revele muitas coisas — respondeu ela...

— E para algumas pessoas posso mostrar o que desejam ver. Mas o Espelho também revelará fatos que não foram ordenados, e estes são sempre mais estranhos e compensadores do que as coisas que desejamos ver. O que você verá, se permitir que o Espelho trabalhe livremente, não posso dizer. Pois ele revela coisas já passadas, coisas que estão acontecendo, e as que ainda podem acontecer. Mas o que ele vê, nem mesmo o mais sábio pode dizer.

Você quer ver? Suponho que, por estar segurando este livro nas mãos... você queira ver. Alguns seres humanos — os videntes, xamãs e sábios entre nós — têm visões excelentes e sofisticadas de como o mundo deveria ser e que aspecto deveria ter, enquanto os seres que nos observam, e a presença que chamo *a* Força e que age sobre alguns de nós, sorriem com benevolência.

Tudo o que fazemos é sonhar e discutir conceitos e estratégias maravilhosos de como melhorar o mundo, esperando ou desejando que isso baste para criar, "como por magia", motivação que leve alguns indivíduos ou grupos a agir. Tudo isso é ótimo, foi tentado antes e... evidentemente não criou os resultados desejados. Como você explicaria isso?

Ser um indivíduo significa, por definição, ser indiviso ou não divisível, mas somos mesmo completos enquanto indivíduos? A resposta é não, se examinarmos a questão com muito cuidado. Nós separamos a alma da mente e a mente do corpo, o amor do trabalho e a ação do pensamento. Portanto, não somos tão "individuais" quanto imaginamos.

No entanto, alguns poucos de nós estão tentando uma abordagem completamente diferente: a ação sem pensamento, que se pode chamar "ação direta", na qual conceitos como ascensão ou livrar-se do ego são deixados de lado. A mudança só começa, ao menos na minha opinião, com a morte das coisas antigas. Só então a renovação da herança passada e a construção do futuro podem começar.

O que estou dizendo é: se quisermos nos tornar o que deveríamos ser, temos de morrer concretamente para nossa antiga autoimagem humana, transmutando-nos naquilo que os seres humanos são em sua forma mais pura.

Este mundo, o planeta Terra, é cheio de potenciais e possibilidades surpreendentes. É o lar para onde somos mandados quando nos separamos da nossa fonte original. Mas só estou especulando, por um momento, com a ilusão da separação. Pois na verdade não estamos separados. Inventamos todo tipo de conceitos e estruturas mentais que não passam de ilusões ridículas e pretextos para não fazermos o que estamos aqui para fazer. O fato de que este planeta acumulou tantos conflitos em tantos milênios nos leva a supor que nada mais pode crescer aqui. Mas essa suposição é um erro.

Achamos que, pelo fato de parecermos saber que haverá mais conflitos, a luz desaparecerá, quando na verdade a luz está se tornando tão imensamente clara, dia após dia, que aos poucos separa os seres das sombras dos seres de luz. A luz a que me refiro — mostrada a mim pelo "Mestre da Luz" — está encurralando a escuridão neste mundo. Nenhuma manipulação climática ou guerra de nenhum tipo, nenhum truque de dominação ou método de controle mental dos seres das sombras poderá sobrepujar o que conheço como a Força.

É possível entrarmos num mundo novo no qual tenhamos condições de resolver os problemas causados pela humanidade? Na verdade, é possível ocorrer um diálogo criativo e um pensamento conjunto mesmo entre os rivais mais antigos de todas as dimensões e nações e grupos, se eles morrerem para seus próprios egos e criarem sua própria renovação. Os seres de luz que nos veem do lado de fora estão "rindo", ou pelo menos balançando a cabeça em sinal de desaprovação quando veem o sofrimento dos seres humanos. Não viemos até aqui para sofrer. Isso também é uma construção mental ilusória.

O livre-arbítrio que nos foi dado, acima da autopredestinação, eu o chamo de ação direta — não uma missão escolhida nem seu oposto, que seria a falta de escolha. É a liberdade de ação pura, que nos foi dada em nossa condição de embaixadores da Criação. Se é verdade que fomos criados à imagem de "Deus", e se partirmos do princípio de que Deus (seja Ele quem for) criou a Criação, então logicamente chegamos à conclusão de que nós também estamos aqui para criar.

Quem criou o Criador? A criação é ação direta. É uma ação que funciona com um elemento cocriativo: o universo e suas forças. É o que chamo de "universo inteligente", ou o espaço dentro e ao redor de você e que se comunica conosco o tempo todo. A informação que compartilho é baseada num diálogo constante entre mim e o universo inteligente, por intermédio do "Mestre da Luz". Num tipo de "noese", ou inspiração, o universo inteligente usa um poder que conduz aqueles de nós capazes de fundir-se sem hesitação com esse poder cósmico inteligente.

Ele nos conduz mandando-nos sinais por meio dos animais, seres humanos, acontecimentos, situações, circunstâncias. Acontecimentos que alguns chamariam de "situações eureca", sincronicidade, noese ou como você prefira chamá-los. Eu os chamo de "espelho vidente da magia zen". Já me perguntaram o que é magia zen. É a arte de fazer as coisas acontecerem, é a criação que resulta de uma fusão com a Presença.

Nada pode se opor àquilo que conheço como a Força. Alguns sábios a chamam de amor. Em última análise, o amor ou a Força é inteligência auto-organizadora, como o universo. É o que move o universo. Pode nos lembrar às vezes o que a Criação nos deu inicialmente. Essa Força é capaz de criar todas as coisas e comunica-se conosco através da inspiração. Um guia interior cuja origem ainda não se revelou para nós. Assim que reconhecermos e nos familiarizarmos com a Força, podemos nos mover dentro do campo de força e nos fundir com ele.

No momento em que nos fundimos com a Força, todos os conceitos, ideias e estratégias que carregamos conosco se tornam secundários. Pois aqui começa a ação criativa verdadeira — não imaginária. É nesse momento que a mudança se manifesta em nossa vida. Pois a ação direta abre caminho. Para chegar a esse ponto de autorrealização, alguns de nós têm de atravessar uma etapa penosa — o eu antigo morre e torna-se tão cósmico quanto um planeta, uma montanha, o oceano, um mar ou um rio.

Se você seguir um rio até a fonte, descobrirá que ele começa com uma pequena gota d'água vindo de alguma caverna ou geleira no alto de uma montanha. A gotinha de algum lugar no alto do Himalaia se tornará o rio Ganges. Outra gota parecida de uma geleira nos Alpes Suíços se tornará o lago de Genebra, ou o Ródano, que deságua no Mediterrâneo. Nós, os poucos capazes de entender isso, somos a primeira gota d'água, e por isso nos tornamos o oceano da mudança.

No dia em que me encontrei com o "Senhor do Tempo" na outra dimensão, a Força me disse: "Você é a Montanha!" E a montanha que gosto de visitar e frequentar me disse do seu próprio jeito — por meio da força — que pelo menos alguns poucos de nós são como montanhas caminhando pela Terra. Ou como um oceano ou planeta que não tem eu, mas que é capaz de produzir ação que leva à mudança.

Esse tipo de "morte" que testemunhei é mais devastadora do que a morte física que as pessoas temem, pois leva a um modo totalmente novo de fazer as coisas. Em outras palavras, se meu mundo já não tem nada a ver com o drama e o trauma, como será meu mundo? Uma resposta breve: "Viver dentro do espelho da visão", o *Espelho de Galadriel*. Como você verá, é mais fácil morrer de fato e ir "para o Céu" do que mudar radicalmente sua mentalidade da maneira como os sábios sugeriram ao longo dos séculos. Começar nossa própria renovação nessa vida, enquanto ainda estamos vivos, é um processo contínuo que nunca nos abandonará. Acredito no que o mestre Jiddu Krishnamurti comentou em seus escritos e chamou de "O Caminho", que é o caminho inexplorado.

Se é verdade que os humanos reencarnam na Terra, com certeza a essa altura deveríamos ser extremamente inteligentes e sábios. Então, como explicar que tantos de nós morreram em outras vidas... mas ainda nos comportamos como fazíamos eras atrás? É isso o que quero dizer. Por isso a morte do eu na vida real de cada um é mais importante do que a morte física que assusta a tantos de nós.

Os poucos que viram a força em si mesmos estão aprendendo agora como lidar com ela e como usá-la de maneira construtiva e benéfica para a humanidade. Sabemos que as escolhas que fazemos são inspiradas essencialmente por nossa inteligência trabalhando em conjunto com a Força.

Por meio dos seres de luz, *ETs* mensageiros e alguns seres humanos, a Força mandou à Terra *pessoas especiais* para elevar a humanidade ao nível apropriado e ensiná-la a curar-se do *trauma* de nossa condição humana. Aparentemente, a maioria dos seres humanos não consegue ter acesso a esse poder do outro mundo. Muitos sábios e xamãs, mestres e curandeiros foram enviados ao longo de muitos milênios para ajudar a humanidade a mudar.

Uns poucos receberão alguma coisa dessa sugestão que o Senhor do Tempo compartilhou comigo. A verdade nunca é algo que se conhece, pois sempre será o novo. Não posso discutir a novidade — a mudança espantosa que está acontecendo agora — na linguagem decadente do cérebro antigo. Por isso, neste livro de magia zen uso a linguagem do "espelho que vê". Só aqueles poucos preparados para assumir seu próprio poder — por meio da ação direta — e mover-se com a força do universo inteligente saberão fazer a diferença. Essa diferença se dará pelo "uso" do poder que nos foi dado. Isso significa que somos a ação que trará mudança, ou seja, temos de mudar para uma ação livre do pensamento.

Quando um ser humano toma a decisão correta, ele muda o curso do futuro possível de maneira muito relevante. Nenhuma pessoa jamais deveria se sentir inútil ou insignificante, pois basta um ser humano para alterar a consciência da humanidade por meio do movimento da "Força Cósmica" que cria e dá forma a toda espécie de vida. Um pensamento humano influencia outro pensamento, depois outro e mais outro, até que um dia o pensamento humano inicial passa a projetar a realidade em toda a Criação Cósmica.

São o mesmo pensamento humano e a mesma força de vida que levam um grupo inteiro a mudar de rumo, pois o grupo age com uma mentalidade unificada. Essa união transforma a ilusão fragmentária da separação. Assim como os planetas seguem suas trajetórias prescritas e formam uma infinidade de aspectos na relação uns com os outros, nós, seres humanos, engendramos nosso próprio destino usando uma energia tranquila, determinada e concentrada, usando a intenção e o modo de ser de uma única mente Cósmica.

Já que Netuno e Urano reagem um ao outro em seus sinais mútuos, tendem a revelar o melhor de cada um até 2010, e a mente Cósmica unificada é uma manifestação que veremos acontecer em breve. Depois desse ponto, o ano de 2010, mudaremos em direção a uma "tecnologia da tabula rasa" e a defesa do planeta Terra.

Você pode achar que não passa de um indivíduo e portanto não tem condições de criar mudanças duradouras. Mas não é verdade. Veja alguns poucos nomes que escolhi ao acaso para representar os que criaram mudança radical de mentalidade a partir de suas mentes individuais: Nikola Tesla, Nicolau Copérnico, Michel de Montaigne, Galileu Galilei, Wilhelm Reich, Immanuel Velikovsky, Jiddu Krishnamurti e Sua Santidade o 14º Dalai Lama.

São pessoas que simplesmente nunca desistiram de confiar em suas visões. Nunca desistiram de viver suas visões. Nunca é tarde demais para mudar o nosso modo de vida e ao mesmo tempo mudar o mundo em que vivemos.

O Zen do Ser

"Se os pés da iluminação se movessem,
o grande oceano iria transbordar;
se aquela cabeça se inclinasse,
olharia para baixo, em direção aos céus.
Um corpo assim não tem onde repousar.
Que outra pessoa continue esse poema."

~ *Koan** zen-budista

Nascido com Saturno em Capricórnio na primeira casa, sou ao mesmo tempo criador do caos e organizador da ordem. Você entrará em meu espaço e minha presença se deixar de lado todas as ideias preconcebidas e noções intelectuais com as quais outras pessoas abasteceram sua mente. Depois da visita, você me deixará como uma entidade bem-informada. Para ser uma entidade bem-informada, você não pode aderir a nenhum condicionamento mental. Tem de questionar tudo — inclusive o que está escrito neste livro.

Convido você a se livrar de todos os obstáculos de base psicológica ou mental para clarear o pensamento. Essa é a vantagem da aventura chamada "magia zen". Meu mundo tem forma e ao mesmo tempo é informe... sempre voltando para um novo começo. Sei que meu poder é auto-organizador e autossuficiente no plano das coisas novas. Sua disposição e inclinação para se livrar dos velhos paradigmas vai ajudá-lo a atrair o inexplicável.

---

* Em algumas seitas zen-budistas, sobretudo as japonesas, o koan é um texto breve em forma de poesia, diálogo, narrativa ou pergunta que não pode ser apreendido pelos critérios racionais. Tem função didática e serve para a meditação dos aspirantes zen-budistas. (N. do T.)

De certo modo, sou um prisma que capta e reflete raios de luz em cores incontáveis e desconhecidas, e em várias superfícies e formas diferentes, algumas das quais são deliberadamente humanas. Cabe a você capturar alguns raios de conhecimento em sua própria essência, transmutar o que lhe parece útil e transmitir o que achar apropriado para exprimir e compartilhar com outras pessoas. "Somos como xícaras que vão sendo enchidas de maneira constante e silenciosa. O truque é saber inclinar a xícara e deixar o lindo conteúdo escorrer para fora." — Ray Bradbury

A cortina de fumaça do mestre zen funciona como um reino de I-Magi-Nação, e não necessariamente precisa separar a realidade Saturnina da "irrealidade Netuniana". Quem pode dizer o que é verdadeiro ou falso e quem pode saber o que é real ou irreal, já que esse vasto universo não pode ser apreendido por uma única visão, audição, olfato ou qualquer outro tipo de discernimento?

O mundo etérico tem uma localização astronômica? Provavelmente eu responderia a essa pergunta com um "sim", mas seria precipitado levar você nessa direção. *Sir* Oliver Lodge e *Sir* William Crookes foram pioneiros do rádio e da televisão, e assim conseguiram propor uma explicação racional para os fenômenos aparentemente paranormais que observavam em seus experimentos. Eles disseram que esse mundo etérico existe no mesmo plano dos sinais de rádio e televisão, mas numa frequência muito mais alta. Descobertas recentes da mecânica quântica, o estudo dos *blocos* estruturais no interior do átomo, justificam plenamente o que esses grandes físicos disseram no início do século XX.

Eles afirmaram insistentemente que todos nós sobrevivemos à morte de nossos corpos físicos. Essa morte é uma mera transição entre dois mundos. Os experimentos de Lodge & Crookes provaram que temos ao menos dois corpos: um corpo finito que contém o cérebro mortal e outro corpo infinito que hospeda a "mente", que se separa ao término de nossa breve estadia na Terra. Lodge disse que os seres do outro mundo que apareciam nos experimentos deviam possuir corpos feitos da mesma matéria invisível dos sinais de rádio e televisão. Chamaram a isso de "substância etérica". Hoje em dia, outros cientistas e pesquisadores igualmente sérios sugerem que nosso universo é elétrico. Afirmo que o universo é uma inteligência infinita para além de qualquer teoria inventada pelo homem.

Muito antes da ciência atual tentar descrever os mistérios que nos cercam, culturas antigas sustentaram por muito tempo que o universo físico é formado pelo mundo invisível a partir do "éter", como era conhecido então. Primeiramente, existe o mundo do espírito e, a partir dele, cria-se o mundo das formas materiais físicas. O mundo invisível dá origem à realidade física.

Os celtas, tibetanos, toltecas, maias, índios americanos, aborígines e hindus, como a maioria dos povos originais deste planeta, conheciam essa verdade básica. Seu modo de vida se baseava nesse princípio. Eles interagiam e aprendiam com o mundo do Espírito, procurando sua orientação. A humanidade levará mais treze mil anos para redescobrir o que já sabia antes?

Eu tinha seis ou sete anos de idade quando comecei a contar às pessoas o que o mundo invisível me mostrava, os seres que eu chamava de "meus amigos". Eram seres de luz que eu enxergava de dia ou de noite e me tratavam de maneira realmente amigável, enquanto os seres humanos pareciam quase hostis, do meu ponto de vista infantil. Hoje, sei que eu não era o único a ter esse tipo de experiência. Para mim, enxergar o mundo invisível era algo normal e natural.

Algumas pessoas da minha família diziam que eu fora "trocado ao nascer", quando queriam me provocar. Mas o que talvez não entendessem de fato é que a piada logo se voltaria contra elas. Contaram-me que os Elfos superiores e invisíveis tinham levado o bebê humano, trocando-o por um "bebê-elfo". Por isso sempre senti que não pertenço realmente a este mundo, embora esteja nele. Eu me considerava um pouco deslocado aqui, cercado por pessoas que achava um pouco estranhas. Nasci de um parto prematuro de várias semanas, mas isso deve ter acontecido antes da minha troca pelo "bebê-elfo".

O baixo nível das faculdades de intuição psíquica e o desenvolvimento mental distorcido, junto com a negação sistemática do mundo invisível, era algo que eu não conseguia imaginar nem entender. Mas muito pior era o seguinte: a maioria das pessoas não me dava atenção quando eu falava sobre as coisas que enxergava. Assim, aprendi a guardar para mim muitas de minhas descobertas.

Eu partia da suposição errada de que, se apontasse a existência de meus amigos luminosos, as pessoas iriam procurá-los e vê-los. Afinal de contas, como deixariam de ver o que estava bem na frente delas? Se eu enxergava essa outra realidade, por que outros não poderiam enxergá-la também? O mesmo vale para as naves espaciais e as luzes extraterrestres no céu da noite.

Em 1963, logo depois do assassinato de JFK, eu estava para completar cinco anos de vida e lembro claramente que minha viagem para a alta magia tinha começado. Uma coisa que me incomodava muito quando eu era criança é que não conseguia lidar bem com a ignorância inerente deste mundo, que se reproduz eternamente. Numa idade precoce, eu me sentia naturalmente curioso para entender coisas importantes sobre a vida (o que é normal nos nascidos com Saturno em Capricórnio na primeira casa). As outras crianças se contentavam em brincar de bola e fazer suas lições de casa que me pareciam estúpidas.

Logo depois, aos doze anos de idade, eu estava estudando xadrez seriamente, mas aos dezenove, quando enjoei e percebi que nunca me tornaria o campeão mundial de xadrez, mergulhei no zen da astrologia, ou elaboração da geometria sagrada e complexa dos mapas astrais. Enquanto isso, também tive de estudar Direito e Ciência Política para sobreviver no mundo real.

Tive de suportar agressões de parentes e amigos, professores, colegas e mais tarde da sociedade como um todo quando discutia alguns dos meus pontos de vista. Escapei disso tudo aos 22 anos, quando me alistei no exército suíço e estava a caminho de me tornar um oficial de instrução profissional. Então, percebi que talvez houvesse coisas mais úteis para fazer. Seguiram-se vários anos em que tive muitas atividades interessantes, conheci muitas pessoas notáveis em muitos lugares exóticos, mas continuei sendo quem sou, vivendo num mundo só meu.

Ficou evidente que, enquanto meus amigos luminosos procuravam por mim, havia também uma presença bastante sombria tentando me impedir de divulgar o que sabia. A força do mal era e é invisível, não física, mas apesar disso projeta sombras visíveis ao longo de nossa vida, muitas vezes em forma de seres humanos extraviados. A escuridão é sua própria inimiga.

Todas as coisas que o mundo invisível da "inspiração noética" (de "noese", ou "aspecto subjetivo da vivência") me mostrou provaram ser verdadeiras. Cada ensinamento e instrução, cada aviso e advertência tornaram-se fatos óbvios e inegáveis no dia a dia por cerca de quarenta anos, entre 1965 e 2005. Mas as pessoas me ouviam? Não muito. Só algumas mais perceptivas viram a verdade por conta própria.

A negação suprema da verdade era a acusação de sempre: "Você causou isso, foi você que fez acontecer". Então, entendi o que essa realidade significava de fato, e a partir daí comecei a lidar com minha existência e minha vida em geral de maneira bem diferente. Era como se o próprio ato de avisar as pessoas, dizendo que elas deviam mudar sua conduta para evitar as consequências inevitáveis de suas ações, significasse em si mesmo uma intenção maliciosa de minha parte.

Portanto, como explicar essa negação tão arraigada? Poucas pessoas querem assumir a responsabilidade pela vida e pela realidade que criam. A vida é uma coisa estranha. Os humanos vivem num estado de amnésia em nível mundial, fugindo da verdade e de suas consequências. Os homens vieram das estrelas. Continuar negando essa verdade é ceder ao medo inculcado que serve para nos aprisionar nessa ilusão de três dimensões.

A humanidade veio das estrelas, e as sementes astrais entre nós que despertam para essa verdade agem aqui como mestres, sábios e curandeiros. É um fato que muitos irão perceber em poucos anos daqui para a frente e que porá fim às guerras, conflitos e divisões violentas que enfrentamos nesse momento.

Antes de entender o mecanismo mais profundo da negação da origem humana, e antes de examinar o próprio mecanismo que alguns de nós apagaram do disco rígido de seu DNA, é importante criar uma forma interior de magia, ou zen. Chamei a essa ação unificada de "Zen da Magia".

O que é magia? É a arte de criar mudança. E o que é o zen? A capacidade de enxergar sua própria natureza. O zen do ser, para mim, é a visão mágica "aplicada" na prática (como na expressão "ciência aplicada").

Os seres de luz do mundo invisível me sugeriram, com vistas à minha própria busca, o conhecimento do zen da magia, que envolve os níveis mais elevados do conhecimento interior. É o presente deles para mim e você, um presente inerente ao DNA que cada criança recebe ao nascer. Simplificando, é o direito de nascença dos seres humanos, ou soberania individual. É melhor usar o presente agora do que arriscar a perdê-lo.

A visão tem relação com Sagitário. O conhecimento tem relação com Aquário. Dessa forma, pessoas nascidas em posições em que Aquário ou Sagitário predominam não devem se esquecer desses dons inatos. Usar os dons com os quais você nasceu revoga a amnésia no plano mundial e a negação cultural, se você começar a olhar para dentro de si mesmo em vez de estudar as chamadas "autoridades no assunto". Você vê quando quer ver. Você conquista o saber quando deseja saber.

O mundo invisível não me explicou como lidar com a negação de outras pessoas, já que isso não compete a mim. Ele me ensinou a lidar com meu próprio estado mental e meu próprio estado de visão. No momento em que dominamos a realidade interior, tudo o mais se encaixa em seu devido lugar.

De maneira simples mas poderosa, os ensinamentos dos seres de luz do mundo invisível mostram que o mundo interior do ser humano é a chave da nossa existência, e por que motivo é de fato o portal do conhecimento e o caminho da paz. O primeiro passo para esse novo estado mental em direção à magia zen é aprender "soberania", ou seja, não obedecer a ninguém que não seja você mesmo. Aprender a manter um conhecimento interior tranquilo, uma certeza interior sobre as coisas vistas e as várias realidades apreendidas.

Saber que o estranhamento coincide com a estranheza (o plano aparentemente sobrenatural) e que parecemos tão estranhos para os outros mundos quanto eles parecem estranhos para nós é basicamente o primeiro passo antes de entrar em terra virgem, nessa jornada indefinível em direção à verdade cósmica. O zen da magia é nosso próprio jardim interior, com nossa própria paisagem interior. Somos os arquitetos e engenheiros desse mundo fascinante, rico e variado que habitamos. Somos planejadores e agricultores da terra virgem. Somos ao mesmo tempo seus criadores e habitantes.

Por isso eu disse a vários políticos e a dois líderes mundiais que não precisamos de uma Constituição para conhecer a soberania. Somos soberanos ou não somos. Nenhum papel pode nos dizer isso. E, no meu caminho para a magia zen, estudei as leis humanas e cósmicas, isto é, a lei inferior ensinada na Faculdade de Direito e a lei superior ou Lei Cósmica, que só o astrólogo-cosmólogo consegue abordar e decifrar.

No processo de olhar para dentro em busca de respostas ou soluções inspiradas para o mundo exterior, um dia podemos descobrir um sábio monge zen — talvez oculto dentro de nós. Ele ou ela pode se parecer com o "Mestre da Luz" que apresentei a você no começo deste livro. Se esse mestre disser algo que os outros não querem ouvir, ou sugerir coisas que irritam pessoas ao longo do *caminho*, o melhor que podemos fazer é ouvir e responder: "Por favor me desculpe, não quis ofendê-lo. Tenho certeza de que você sabe melhor. É claro que você tem razão!"

Sempre deixe espaço em seus planos para que a ordem universal do espírito se manifeste. Devemos planejar com inteligência e ouvir com intenção. Na condição de magos zen, podemos predizer o que o futuro trará se os acontecimentos presentes continuarem como estão até o fim. Mas também podemos mudar um resultado potencial transformando nossos pensamentos e ações para criar um futuro diferente, manifestando o provável no aqui e no agora.

No domingo, 20 de dezembro de 2020, e durante o solstício desse momento no tempo, Júpiter, o sábio, e Saturno, o construtor, aproximam-se e encontram-se no primeiro grau de Aquário, que corresponde ao símbolo sabeu* (povo bíblico astrólatra que habitava o país de Sabá, no sul da Arábia): "Antiga Aldeia de Missionários na Califórnia". Isso nos fala sobre a necessidade de orientação em geral e de estabilidade básica em nossa existência pessoal nessa zona do tempo. Mas o ambiente psicológico será então transpessoal, altamente integrado e caminhando para o transumano. O símbolo estático da aldeia dos jesuítas no mundo ocidental encontra-se com o zen oriental às margens de um oceano de infinitude. Há durabilidade nesse momento, e 2021 abre uma era visionária.

---

* Os símbolos sabeus são a versão criada pelo astrólogo franco-americano Dane Rudhyar para a velha técnica dos Graus Simbólicos, ou seja, a associação de uma imagem significativa a cada grau do zodíaco. (N. do T.)

Um pequeno barco

"Ele comprara um grande mapa que mostrava o mar
Sem o menor vestígio de terra;
E a tripulação se agradou muito
quando percebeu que era
Um mapa que todos conseguiam entender."

~ Lewis Carroll,
The Hunting of the Snark

Thich Nhat Hanh, mestre e monge zen-budista do Vietnã, fundador da aldeia Plum, na França, escreveu:

"Muitos de nós se preocupam com a situação do mundo. Não sabemos quando as bombas explodirão. Sentimos que estamos perto do final dos tempos. Como indivíduos, sentimo-nos desamparados e sem esperança. A situação é tão perigosa, a injustiça é tão comum, o perigo está tão próximo. Nesse tipo de situação, se entrarmos em pânico, as coisas só irão piorar. Precisamos ter calma, ver com clareza. Meditação é manter-se consciente e tentar ajudar.

"Gosto de usar o exemplo de um pequeno barco atravessando o golfo da Tailândia. No Vietnã há muitas pessoas, chamadas barqueiros, que deixam o país em pequenos barcos. Muitas vezes, os barcos enfrentam mares agitados ou tempestades, as pessoas podem entrar em pânico, os barcos podem afundar. Mas, se uma única pessoa a bordo ficar calma, lúcida, sabendo o que fazer e o que não fazer, ela pode ajudar o barco a sobreviver. Sua expressão — o rosto, a voz — transmite clareza e tranquilidade, e os outros confiam nessa pessoa. Ouvem o que ela diz. Uma pessoa assim pode salvar a vida de muitas.

"Nosso mundo é semelhante a um pequeno barco. Comparado ao universo, nosso planeta não passa de um barquinho. Estamos prestes a entrar em pânico porque nossa situação não é melhor do que a situação de um barquinho no mar. Vocês sabem que temos mais de cinquenta mil armas nucleares. A humanidade se tornou uma espécie muito perigosa. Precisamos de pessoas capazes de sentar-se com calma e sorrir, capazes de caminhar pacificamente. Precisamos de pessoas assim, pois só elas podem nos salvar".

Estudei boa parte da obra desse mestre zen, a obra de um homem extraordinário. Precisamos de pessoas que têm sabedoria, capazes de sentar-se com calma e sorrir, capazes de caminhar de maneira pacífica, mesmo quando os perigos enfrentados são bem reais.

Hoje, muitas pessoas no mundo estão adormecidas. Esqueceram quem são. Ao mesmo tempo, um plano maior, tal como nunca foi visto, continua oculto no caos. Esse plano está em andamento e logo se mostrará à luz do dia, quer as pessoas estejam prontas ou não. Os atuais inimigos da humanidade voltarão atrás um dia e nos pedirão ajuda. Eles nos pedirão ajuda por causa da mudança dramática que estamos prestes a realizar. Os humanos estão predestinados a superar o ciclo de guerra e violência e tornar-se pacificadores do ciclo do amor.

Talvez nossos inimigos sejam mais fortes agora, mas um dia estarão fracos e assustados. As energias galácticas estão mudando e o DNA se tornará instável em atmosferas de violência e ódio. Nossos inimigos começarão a morrer e terão de achar uma solução diferente da conquista e da guerra. Eles saberão por que motivo estamos aqui e sentirão vergonha ao se compararem conosco. Nesse momento, lidaremos com eles numa posição de verdade.

As mudanças prestes a ocorrer entre 2012 e 2014 são assustadoras, mas a humanidade se dará bem no final. A passagem de Netuno em Peixes será inquietante, mas podemos contar com a paz em alguns anos ou décadas. Portanto, minha mensagem é essencialmente positiva. Como chegaremos ao outro lado dessa "transição" e que assuntos teremos de tratar na realidade são os temas deste livro. A transição já começou e continuará até 2021, quando Júpiter se alinha com Saturno em Aquário.

Aprendi a questionar tudo, e nesse processo descobri que é preciso muita coragem para chegar a um país desconhecido e encontrar a verdade. O país desconhecido pode ser outro continente, outro modo de vida ou outra dimensão, independentemente de você ser o senhor do tempo ou não. As convicções não nos ajudarão nessa busca da paz, mas o saber sagrado certamente será útil.

A chave do futuro está no passado. Você já teve uma vez o conhecimento que vou compartilhar aqui, mas por algum motivo conseguiu perdê-lo. Vamos recuperá-lo juntos. Vivemos numa época interessante. Nosso caminho se estende diante de nós tão radioso e cheio de luz Cósmica e amor quanto desejarmos criá-lo agora em conjunto, com a ajuda do universo — nosso "Criador". Na verdade, todos nós somos o cosmos — ou *ordem* em grego.

No mundo ao redor, aqui no planeta Terra, a insanidade é global, é difusa, não apenas periférica. Está em toda parte, dentro e fora de nós. Temos de abandonar o sistema; isolar nosso equilíbrio mental das forças do mal e das energias alienígenas negativas, criar comunidades humanas menores, independentes e espiritualmente funcionais, para reaprender a verdade.

Estou dando aqui uma visão geral, uma imagem mais ampla do que está prestes a ocorrer e do que podemos fazer em função disso, pois apresento o futuro verdadeiro à luz do passado verdadeiro, assim como soluções práticas para viver nos tempos incertos daqui para a frente. Mas não se incomode tanto com o que tenho a dizer — em vez disso, concentre-se em sua própria sabedoria durante a leitura. Descubra quem você é e por que está aqui. Esta é minha mensagem: "Aprenda a conhecer seu próprio eu. Vá além do que digo!" As soluções estão no interior da nossa mente.

O mundo enlouqueceu. A Terra foi sitiada. O conflito está em toda parte. A crise já não pode ser desmentida. Então, para começar, não a desminta. Não tente fugir. Aceite os fatos e lide com eles!

As mentiras e truques da "Era da Ilusão" são monstruosos e monumentais: o 11 de Setembro, as guerras no Oriente Médio, os seres das sombras e ocultos e mais ainda. O chamado "eixo do mal" é o conglomerado conhecido como liderança secreta dos seres das sombras, e a ignorância é o "eixo da insanidade" — expressão mais exata. Esse complô, com seu sigilo e sua ganância, escravizou o mundo em função dos seus objetivos. Você contribuirá para esse intento se fizer parte do sistema, ainda que passivamente, só pelo fato de existir em sua estrutura e concordar com ele tacitamente.

Gosto de contemplar as estrelas à noite porque elas me dizem que estão ali para nós. Elas simplesmente existem — e não estão em guerra. Você pode avaliar a ilusão em que vivemos quando olha para outras pessoas ou observa de sua janela nosso modo de vida, a insanidade dos meios de comunicação. Você pode senti-la quando vai à escola ou ao trabalho, participa de uma reunião de negócios ou um encontro na igreja, ou quando conversa com seus amigos. Para onde quer que olhe, só vê insanidade feroz e comportamento humano disfuncional. O fato é que esse comportamento já não é humano. Nós nos tornamos os alienígenas da Terra. Guerra ou paz? A maioria das pessoas está em guerra.

Os grandes sábios, cientistas e videntes das épocas de contato com o espaço interplanetário chegaram há muito tempo à mesma conclusão: "Os homens estão dormindo". A humanidade atravessa a vida num estado de inconsciência e alheamento. A humanidade existe e vive num mundo decaído, entre pessoas decaídas.

Tenho certeza de que você já teve sonhos que pareciam reais, mais reais do que o mundo em que vivemos. Tive sonhos assim muitas vezes e ao longo de muitas existências. Não é uma coisa nova para mim; portanto, por que deveria ser para você? Na verdade, vou lhe perguntar o seguinte: você sabe com certeza onde estava na noite passada enquanto dormia e sonhava? Talvez você não saiba. Talvez não possa responder a essa pergunta.

Você sabe com certeza o que fez ontem ou hoje enquanto achava que estava desperto? Até que ponto seu mundo da vigília é diferente do mundo dos sonhos? Como saber quando você realmente acorda de um sonho? Como definir a diferença entre a realidade e o sonho? O sonho é real ou a realidade é algo que estamos sonhando?

Como você define a realidade em seu dia a dia? As realidades quânticas são reais? Ou a realidade é multidimensional, estratos de mundos sonhados, ou tudo isso junto? Você vive perto dos caminhos do universo ou tenta forçar sua própria vontade para controlar e manipular resultados mesquinhos a seu favor? Você pode acreditar no que quiser em sua vida. É sua prerrogativa, e cabe a você decidir. A realidade irá ao seu encontro só quando você tiver condições de enxergá-la. Se você olhar para o espelho da alma, a realidade mudará de muitas maneiras.

O sistema em que vivemos se baseia no controle, na ganância e no sigilo. Baseia-se na ideia de termos mais do que precisamos (à custa dos outros) e de escondermos nosso saber para que outros não tenham acesso a ele. A boa notícia é que tudo não passa disso: um sistema prestes a desabar. Muitas pessoas não estão dispostas a abandonar o atual sistema disfuncional. Ele é construído e mantido por aqueles que acreditam em suas regras. As forças da decadência dependem totalmente dele e lutarão para conservá-lo. Quando ele finalmente vier abaixo, o que acontecerá em breve, então teremos paz.

A mente normal não se adapta facilmente; a ideia de livrar-se das coisas antigas lhe causa incômodo. Essa mente "normal" criou o sistema que rege o mundo atualmente. Enquanto existir um sistema baseado no medo, a raça humana continuará escravizada. Um homem inteligente tem condições de se desviar do sistema e deixar que ele desabe sozinho? Vou lhe mostrar por que e como ele vai desabar, acabando com a necessidade ilusória de lutar por ele ou destruí-lo de uma vez.

Lendo o livro de Richard Bach *Illusions — Confessions of a Reluctant Messiah*, aprendi que você pode pegar qualquer livro, fazer uma pergunta e abrir o livro ao acaso. O trecho visto no primeiro momento é o que você mais precisa ler, aprender ou é a resposta para sua pergunta.

Nos próximos capítulos — que equivalem à versão integral de um filme esquecida numa sala de montagem —, talvez você encontre algumas coisas às quais não está muito habituado, mas talvez também sinta que o que estou descrevendo é verdade. Você conhece os problemas a enfrentar. Portanto, não estou aqui para lhe dizer como viver. Estou apenas tentando juntar os pontos. Alguns se sentirão desamparados diante do que está prestes a acontecer neste brilhante planeta azul. .

Há muitos anos, eu já sabia que tudo isso iria acontecer e fiz algumas previsões em outros livros, em entrevistas de rádio e em *websites*. Alguns de nós querem viver longe do sistema, querem viver sua própria existência. Muitas pessoas se sentem bem sendo cuidadas pelo sistema "do berço ao túmulo", pois não se deram ao trabalho de pensar de maneira independente nem por um momento de suas vidas. Se você sentir desconforto ao questionar a irreflexão da vida cotidiana, então saberá que está mais perto da verdade.

Deixe-me compartilhar com você uma das chaves para abrir as portas da ilusão. Quando se sentir desconfortável, inquieto, nervoso ou abalado, mantenha essa sensação até que ela se torne parte de você, até que o desconforto se torne a força mais poderosa. Esse é meu segredo. Isso fez de mim o que sou. Nunca consegui me desviar ou fugir de verdades desconfortáveis e descobertas devastadoras. Eu as segui até a fonte e vivi com elas até que se tornassem parte de mim.

Quando você se sentir à vontade com a força que o abala até o âmago do ser, estará pronto para atravessar o portal de iniciação do mago e encarar quem você realmente é. Para entender o que está prestes a ler, você precisa ser capaz de "libertar a mente" e procurar o conhecimento, por mais que ele lhe cause incômodo. A intensidade de questionar tudo o que você assimila é um elemento necessário do discernimento e do aprendizado.

Posso lhe mostrar o portal estelar. Mas cabe a você atravessá-lo se quiser fazer essa jornada. Deixe o medo, a crença, a dúvida e a descrença de lado. Entre no mundo do astrofísico e atravesse o portal estelar para um mundo de conhecimento e exploração, sem controle nem regras, sem limites nem fronteiras, e o mais importante: sem segredos. Regras e segredos não são necessários. Bastam esses dois lemas: "Não faça mal a ninguém" e "Liberte sua mente".

Precisamos repensar, recomeçar, juntar as peças do quebra-cabeça. Tudo aquilo ao que os humanos se apegam vai passar pelo moedor, desde a nova era até os fanáticos religiosos e crentes de todas as seitas, ateístas, agnósticos, pagãos, adeptos da teoria da conspiração e caçadores de ETs. O portal estelar está dentro de você, perto do coração. Não é um aparelho mecânico. Não está num lugar isolado do planeta Terra nem numa estrela distante. O portal estelar não precisa de tecnologia. Você é sua própria fonte de energia. Em meu mundo astrológico, tudo é possível pelo conhecimento. Mas, por favor, não se esqueça também de que há uma diferença entre conhecer a passagem Cósmica ou xamânica e atravessá-la.

Pessoalmente, venho de uma tradição celta, da era de Merlin e da consciência dos magos. Mas muitos outros videntes e sábios antigos também ensinaram a verdade de que o espiritual não é uma "religião", mas uma ciência viva. A raiz da palavra religião significa ligar ou unir.

As profecias maias são uma mistura do conhecimento científico-tecnológico baseado no sagrado calendário Tzolkin e dos poderes visionários dos xamãs e profetas. Até nossa data, as profecias que eles fizeram se cumpriram com grande grau de precisão. O fundamento do mundo maia é seu calendário sagrado, ou sua forma de astrofísica, até hoje mais avançada do que qualquer astrologia conhecida. No mundo deles, essa realidade existe no *Najt*, ou espaço-tempo, e é uma espiral infinita na qual os ciclos e acontecimentos se repetem numa certa correlação com o tempo passado ou futuro que corresponde a acontecimentos semelhantes.

Os celtas tinham concepções parecidas. Merlin trabalhava com cálculos astrológicos complexos. Seus discípulos fizeram o que ele lhes ensinou? Tanto Cristo, que nós conhecemos como Jesus, quanto Buda e Krishna ensinaram a seus apóstolos, aprendizes e discípulos muitas coisas que os humanos de hoje jamais saberão. Mas esses seguidores e discípulos entenderam realmente o que os mestres ascensionados lhes mostravam? A julgar pelo que aconteceu depois, é óbvio que não.

Novas séries harmônicas* se formam ao redor da Terra. Elas nos ensinam a harmonia de um enigma simples: temos que sonhar novas realidades e acordar de nossos sonhos; que a força esteja conosco.

"Nós estamos no mundo ou o mundo está em nós?"

* "Grid harmonics" é um conceito da eletrofísica que define ruído ou distorção numa corrente. Aqui, o termo parece designar correntes de energia. (N. do T.)

O despertar de uma nova era

"Esqueça o passado, lembre-se do futuro!"

~ Gary Lehar, astrólogo

Quer você acredite ou não, estamos de fato caminhando para uma idade de ouro, um tempo de equilíbrio mental, emocional e espiritual. O conflito que enfrentamos está dentro da mente, do coração e do espírito de cada indivíduo. Esse conflito espiritual já começou. É o conflito do antigo cérebro hierarquizado tentando manter o controle mental. A guerra da mente está sendo encenada em segredo. É uma luta espiritual secreta, uma guerra de informação que envolve ideias, ilusões condicionadas e pensamentos.

Esse conflito está fora do alcance da magia zen. Não tem nada a ver com a verdadeira consciência e mente espiritual. Os sábios não tomarão parte nessa guerra. Eles a evitarão com estilo, usando as habilidades elegantes do guerreiro pacífico. Em última análise, o resultado será conforme a ordem universal, pois o espírito sempre guia a magia zen.

Embora o *Zen da Astrologia* não pareça tão exato quanto a ciência astronômica, seu fundamento está firmemente assentado na intuição precisa e exata e na compreensão da lei cósmica. O zen se baseia na noção de equilíbrio. Ajudada pela inspiração, a astrologia trabalha com as linguagens universais da arte e da metáfora, comparando coisas aparentemente díspares como estrelas e seres humanos. A relação é mais real do que se imagina.

A realidade mágica da física quântica revela que estrelas e seres humanos têm de fato uma interconexão profunda. Astronautas que foram ao espaço confirmaram isso, e alguns escreveram a esse respeito em suas memórias. A máxima antiga: "Assim em cima como embaixo" nos encoraja a descobrir o que precisamos saber pela leitura e interpretação dos signos eternos nos céus.

O astrólogo do futuro integra a leitura de sinais cotidianos à linguagem das estrelas por meio da "noese" ou inspiração, no momento exato em que ocorre o sinal, pois ele compara um alinhamento transitório de planetas em seus graus de símbolo sabeu com os sinais que capta nas situações do dia a dia. Graças a essa técnica, ele pode triangular uma mensagem e encontrar verdade nela.

A astrologia moderna não trata do que vai acontecer ou deve acontecer; trata do que estamos fazendo e do que podemos fazer. É uma abordagem muito diferente da antiga arte de ler as estrelas. O direito divino do livre-arbítrio e da escolha reina supremo na arte da astrologia zen, assim como na tecnologia da ciência cósmica.

Os sinais estelares mostram que Plutão (poderoso regente da morte, da transformação e do renascimento) entrou na constelação centáurea de Sagitário (explorador da verdade) em 1995 e deixou esse signo de religião, lei e ordem, moralidade, espiritualidade, publicação, aprendizado superior e liberdade por volta de 2008.

Quíron (regente da magia) juntou-se a Plutão em Sagitário em 1999. Esse encontro, associado a um arco-minuto* na noite de 1º de janeiro de 2000, revelou a marca do milênio, que significa a restauração do poder e do orgulho feridos da humanidade, assim como a regeneração do nosso saber. Isso provocará uma regeneração semelhante na ciência, na tecnologia e na fé espiritual em nós mesmos, em nossa origem cósmica e no próprio universo.

Quíron juntou-se a Plutão no 12º grau de Sagitário, cujo símbolo sabeu se chama "Adaptação" e tem a seguinte inscrição: "Bandeira que se

---

* Arco-minuto, ou minuto de arco (abrev. *arcmin*), é uma unidade de medida angular equivalente a 1/60 de grau. (N. do T.)

Transforma em Águia". Vamos esperar que a águia voe e se transforme num galo, saudando o alvorecer da nova era, pois o milênio nasceu sob essa marca.

Em 1953, Marc Edmund Jones interpretou o significado sabeu do 12º grau de Sagitário do seguinte modo: "Um símbolo do equilíbrio que todo indivíduo deve manter entre a adesão estabelecida que cria a substância de sua identidade consciente e as ambições idealizadas graças às quais ele se autossustenta como entidade independente". Em outras palavras, o indivíduo tem de manter a autoafirmação bem-sucedida pela autoexpressão genuína.

A interpretação acima sugere que todos nós, como seres humanos do novo milênio, temos de apresentar nossa própria versão de nós mesmos, e especialmente nossa natureza espiritual, se quisermos ter personalidade independente.

Mas nossa personalidade não deve entrar em conflito com nada que seja necessário à sobrevivência, tanto física como espiritual. Pôr em prática nosso lado espiritual não pode resultar em morte física, nem a sobrevivência física deve comprometer nossa espiritualidade. Isso se tornará evidente quando Plutão atravessar Capricórnio a partir de 2008.

A compreensão espiritual é revelada e aperfeiçoada por meio dos conflitos incansáveis do indivíduo com situações apresentadas continuamente dentro da vivência espaço-tempo. Durante esse milênio que começa, o indivíduo explorará novas maneiras de ver e compreender. A bandeira que se transforma numa águia, no símbolo sabeu de Sagitário 12, sugere novas formas de relacionamento com o sagrado no universo da Era de Aquário.

Alinhado diretamente com a Terra, Quíron (símbolo do mago, astrólogo e xamã), juntando-se a Plutão (símbolo da riqueza, do poder nuclear e da transformação), está aqui para nos ensinar uma nova visão de mundo holística. Juntos no signo de Sagitário, esses dois planetas espelham uma nova espiritualidade da visão e métodos criativos para integrar ensino e aprendizado, psicologia, astrologia, sociologia, física quântica, cosmologia, magia zen e todos os conhecimentos fora do comum. Isso significa que novos professores, ensinando em universidades com um currículo inovador destinado ao aprendizado holístico, em breve se encontrarão num retiro nos Alpes, quando Plutão em Capricórnio preparar uma nova estrutura social por volta de 2020.

Em essência, Quíron em 2000 anunciou um novo paradigma de pensamento, transitando de Sagitário (*Eu vejo*) para Aquário (*Eu sei*) de 2000 a 2010 e sugerindo a todos nós como vivenciar a mudança. Nos mapas astrais que analiso com meus clientes, Quíron mostra onde precisamos assumir responsabilidade pela transformação e pelos ensinamentos avançados.

Em poucos anos, quando Quíron entrar em Peixes, essa vibração nos ajudará a avaliar e reestruturar nosso relacionamento mútuo em escala universal. Em 2010-2012, quando Quíron transitar ao mesmo tempo que Netuno de Aquário para Peixes — nessa encruzilhada surreal entre fé e conhecimento onde as duas eras se encontram agora —, a espiritualidade dominante do planeta se encontrará com a alta magia do asteroide. Durante esse tempo, as famosas portas da percepção estarão abertas para nós. Então, Urano entrará em Áries para inaugurar uma trajetória totalmente nova.

Nessa altura, as novas descobertas serão fascinantes e a busca de conhecimento coerente será autoafirmativa. A fragmentação do conhecimento tipo "Torre de Babel" chegará ao fim. Também existe um potencial nesse período para a falsa espiritualidade, falsos deuses, luz espectral e tentativas equivocadas ou maliciosas de criar uma religião mundial nesse alinhamento, e você certamente preferirá se afastar desse tipo de ilusão ao criar seu próprio futuro.

Sinto que todas essas mudanças levarão a uma confiança em nós mesmos mais profunda e equilibrada e à criação de uma fé profunda em nosso vínculo com o mundo invisível, com o desconhecido, o mistério que nos circunda, o universo ou Cosmos, em oposição à confiança no que os fanáticos religiosos nos ensinam nas escolas ou nos lugares de culto.

Atitudes de autopreservação, como o desejo, são reações limitadoras do nosso cérebro antigo. O mais importante para os próximos anos, quando entrarmos na onda das novas energias, é integrar nossas ações com o novo cérebro e afastar-nos dos instintos de sobrevivência baseados no medo. O trauma antigo já ficou para trás e o futuro que vislumbramos é íntegro e não fragmentado.

O que podemos fazer agora é ter um relacionamento mais pleno com aspectos importantes da nossa experiência de vida e alterar nossa percepção para ver e entender a experiência da preservação, agradecendo por aquilo que completa nossa vivência da grande visão mitológica — o futuro integral vislumbrado pela humanidade, para além do trauma e da preservação.

Pensando bem, o fato de a humanidade ter sobrevivido no universo é realmente um milagre. Mas também sempre achei que os milagres acontecem se quisermos que eles aconteçam, o que significa viver a ação direta, livre do medo, sem o desejo limitador da sobrevivência.

O coração humano individual, afinado com o espírito, vai substituir as religiões organizadas e seus dogmas estruturados. Vamos procurar e encontrar outras pessoas que pensam como nós e formar novas comunidades e sociedades com um objetivo comum: paz, compaixão e compreensão mútua.

Tomaremos medidas para sanear o poder individual e coletivo no planeta, preparando-nos para assumir nosso lugar como membros responsáveis de uma sociedade interplanetária e intergaláctica. Viveremos *Mais Perto das Estrelas.*

A marca do milênio

"Assim como uma lâmpada basta para dispersar mil anos de escuridão, um único lampejo de sabedoria destrói mil anos de ignorância."

~ Hui-Neng

Somos mais do que nossas estrelas. O cosmos é infinitamente maior do que suas estrelas. Mas os alinhamentos de planetas e estrelas nos dão uma pista confiável sobre o clima e a qualidade psicológica de um período de tempo específico. Em latim, "*con sidera*" significa "com as estrelas". Para mim, a marca planetária e estelar do dia 1º/01/2000 define, de um jeito peculiar, o terceiro milênio do tempo que temos pela frente.

Em 1º de janeiro de 2000, a Lua estava em Escorpião. Isso significa que "agora" é o momento de enfrentar nosso medo e iluminar as sombras de nosso subconsciente coletivo. É o momento de exercer controle sobre nossos reflexos e eliminar ou abandonar reações emocionais antigas e superadas, assim como dominar circunstâncias, relacionamentos e situações caóticos ou desgastantes.

Sinto-me grato porque o universo marcou a noite do milênio com uma Lua de Escorpião, diretamente sobre a Lua do meu próprio nascimento, pois ela nos permite analisar nossos temores e vencê-los. As vitórias exigem desafios, e sem desafios não há vitórias. A mística Lua de Escorpião é, em termos esotéricos, uma Lua que voa alto e enxerga longe, como a Águia.

As próximas décadas lançam o desafio de trazer nosso medo à tona, com a força de enfrentar e superar aquilo que mais nos aterroriza. Assim, a nova era começou com a ascensão do sistema estelar de Cruzeiro do Sul transitando por Escorpião no início do novo milênio. Devo admitir que gosto disso, pois denota uma sabedoria astrológica considerável capaz de emergir ao longo do tempo.

Se de um lado temos de enfrentar a manifestação de nosso medo, de outro é fácil lidar com esse tipo de ansiedade. Embora o medo seja uma emoção baseada no pensamento, criando falsas religiões e noções equivocadas do tempo, ele precisa se transformar. Temos de aprender a pensar construtivamente para gozar melhor a vida aqui. Podemos transformar nossos processos mentais baseados no medo em ação direta, criando em última análise ideias mágicas que farão de nossa vida e nosso planeta uma espécie de céu na terra. Agora temos de empreender essa tarefa.

Nós somos e nos tornamos aquilo que pensamos, como sugeriram corretamente filósofos de todas as épocas. Nossos corpos físicos não passam de recipientes temporários para nossas almas. A porção eterna do nosso ser é, com efeito, uma energia de pensamento informe. Queiramos admitir ou não, criamos nosso mundo e nós mesmos pelo poder de nossos pensamentos.

Temos de usar a mente consciente e criativamente para pensar pensamentos mágicos e sonhar sonhos mágicos. A magia é simples; qualquer criança pode praticá-la. Porém, conforme vamos crescendo, tendemos a esquecer o poder da imaginação. Mas a alta magia, ou magia zen, é consciência calma, deliberada e concentrada — a arte da transformação afinada com o universo inteligente. Aqui caberia uma pergunta válida: é possível existir sem pensamento?

Esse novo milênio, o mundo da intenção pura, tem tudo a ver com a magia zen — ou magia espiritual —, o poder interior de transformar e realinhar as estrelas do destino. Podemos conquistá-lo caminhando rumo à ação sem pensamento, que para mim é o sentido de "trabalhar com o mundo invisível". É isso o que Plutão e Quíron em Sagitário nos mostravam quando começamos os primeiros dias do milênio. Agora estamos deixando o passado e nossa prisão de experiências para trás. Adentramos o futuro como navegadores do desconhecido, como viajantes do tempo singulares e independentes.

A verdade é o desconhecido. Nenhuma autoridade de nenhum tipo pode nos dizer como abordar o desconhecido, ou a verdade. Chegamos a um ponto em que não conseguimos medir o imensurável. A ciência, em especial a física quântica, confrontada com o incognoscível e o eterno, passou para o domínio do pensamento mágico, onde a mente do observador influencia o que se vê.

Talvez tenha sido assim que o Criador planejou a Criação, o universo. Temos de deixar espaço livre para que a criatividade da mente humana explore a Criação. Essa era nos diz que não devemos venerar o Criador de tudo o que existe ou não existe, e em vez disso temos de criar, pois a Criação segue seu curso.

A "Teoria do Vórtice" propõe de maneira científica o que venho tentando explicar até aqui do ponto de vista da magia zen. O tempo se aproxima do fim. É o momento de superar a ilusão do tempo, alcançar aquilo que Krishnamurti chamou de "Libertação das Coisas Conhecidas".

Como escreveu Shakespeare: "Vemos aquilo em que acreditamos, assim como acreditamos naquilo que vemos". Antigamente, a fé era uma força não específica que governava o mundo, mas agora vale o princípio oposto com um toque de magia. Em outras palavras, nós, e não um "Deus" qualquer, somos responsáveis por nossos pensamentos, se quisermos materializá-los no espaço-tempo. Todo pensamento intencional é um ato de magia zen, como todo ato intencional. Os dois afetarão a nós e nossas experiências reais, não imaginárias, assim que o pensamento tiver abandonado a mente. Também por isso devemos ter extremo cuidado com os pensamentos que deixamos entrar em nossa mente, o puro jardim zen de nossa existência.

Penetrar no desconhecido requer um tipo de atitude não convencional ou uma postura de ousadia, coragem ou elegância sob pressão. Mas, ao mesmo tempo, é tão natural e sem esforço quanto o sol nascendo, a água correndo, a grama crescendo, tão espontâneo quanto a respiração. Para chegar a isso, basta viver cada dia tal como se apresenta. Ontem não foi um dia mais ou menos desconhecido do que o dia anterior, mas agora passou e se completou como se fosse parte da Guerra de Troia ou da Idade Média ou das explosões de antigos sistemas estelares.

Vejo que o futuro é agora. Há padrões do passado refletidos no vórtice futuro dos tempos que virão. Existem maneiras de enxergar esse tempo futuro, como se tivéssemos vindo do passado para um futuro que ainda precisa ser ratificado como resultado antes de se manifestar. Esse é outro tipo de magia zen. Deixaremos as noções de tempo para trás como se fossem meros movimentos de um mostrador de relógio galáctico, uma bússola mental feita dos planetas em movimento nos 360 graus do Zodíaco.

Muitas pessoas partem do princípio de que não podemos alterar o passado. Mas, usando a mente, podemos dar-lhe uma interpretação diferente. Isso significa que a maneira com que nos vemos influencia o passado, o presente e os vários futuros. O futuro terá exatamente o aspecto que imaginarmos, baseado no poder criativo de nossos pensamentos. A maneira como você se encara é a manifestação do futuro. Essa é, em essência, a alta magia, que inclui previsões, divinação e a arte da mudança, também conhecida como transformação.

A existência que experimentamos se baseia em nosso próprio comportamento interior e exterior. Se formos violentos, criaremos o pior futuro possível para nós mesmos. A mente violenta gera problemas, guerras, fome, rebeliões e catástrofes. Então, encontramos nossa aflição e infelicidade autocriadas. Precisamos saber e entender o futuro em termos realísticos do "agora por extenso" pela compreensão dos nossos comportamentos e ações.

Nós vivemos aquilo que criamos. Portanto, por que não imaginar, pensar, sonhar e visualizar resultados mágicos como o amor, a saúde, a riqueza, a prosperidade compartilhada por todos, um mundo limpo, pacífico e unificado, um mundo livre de conflitos? Por que não imaginar um planeta com tecnologia de *energia livre*? Se os bilhões de habitantes do planeta tivessem pensamentos assim, estaríamos certamente a caminho de uma revolução econômica na idade de ouro do milênio.

De acordo com os astrólogos da alta tecnologia, a última vez em que os planetas se alinharam como ocorreu em janeiro de 2000 e nos anos que se seguiram foi durante o reinado de Tutmés ou Tutmósis III, o faraó sob o qual a civilização egípcia atingiu o ápice de sua glória. Pode haver idades de ouro, mas nenhum momento é banal, de acordo com os filósofos da escola socrática. Todo momento conta e é importante. Viva no presente. Concentre-se no que acontece agora. Espere o inesperado! "Governamos o mundo quando deixamos as coisas tomarem seu curso." ~Lao-tsé.

Não podemos mudar alguns acontecimentos como o trajeto de um furacão previsto, ou pelo menos você pode achar, mas talvez seja realmente possível. Podemos mudar nosso pensamento, nossa atitude e nossa reação diante desses acontecimentos. Temos a opção de deixar que nosso medo nos paralise ou podemos nos preparar para ele, sair do seu caminho. Nada está gravado em pedra. Sempre existe a variável do livre-arbítrio e a possibilidade de mudança em harmonia com o que alguns chamam de ordem Divina. Estaremos dispostos a correr os riscos necessários? Teremos a coragem de nos aventurar nas novas galáxias do espaço-tempo e do pensamento, ao mesmo tempo em que sabemos que boa parte do mundo tridimensional ao nosso redor sucumbirá com o cérebro antigo?

O problema central da humanidade continua sendo a aplicação inteligente de tecnologia. Até agora, a humanidade mostrou ser incapaz de lidar com os brinquedos *high-tech*. Usaremos o pensamento para inventar novas bombas ou novos métodos de cura? Nosso futuro é conquistar outras partes do mundo ou o espaço cósmico? Estamos aqui para pacificar e ensinar ou para nos destruir uns aos outros?

Usamos ferramentas como a Internet para aproximar as pessoas desse mundo em paz, ou usamos a Internet para fazer propaganda da mentira? Estamos mostrando a nossos filhos como juntar pensamentos destrutivos ou como devem educar a si mesmos de maneira inteligente? Tentamos desenvolver uma "tecnologia de tabula rasa" para defender o planeta Terra ou vamos explodir o planeta num jogo de guerra alienígena, repetindo o conflito em Marte algum tempo atrás? Esse é nosso desafio e nossa oportunidade de mudança.

Os desafios que nos esperam no alvorecer do novo milênio são espelhados na posição do asteroide da magia, Quíron, que alguns encaram como a "estrela da morte". Quíron estava em conjunção com Plutão (o avatar da transformação) em Sagitário quando teve início a operação psicológica de 11 de Setembro. Quíron e Plutão começaram juntos sua jornada em Sagitário, no mesmo local, em 1999-2000. Esses dois corpos celestes também estavam em conjunção, mas no signo de Leão, em dezembro de 1941, quando os Estados Unidos declararam guerra ao Japão.

Em 2010, na constelação de Aquário, Quíron se juntará a Netuno, um canal cósmico de espiritualidade. Quíron e Netuno estiveram em conjunção pela última vez em Virgem, quando os Estados Unidos lançaram bombas atômicas sobre o Japão em 1945, com resultados devastadores. A influência de Quíron pode curar ou ferir, ensinar a transformar e criar magia ou inspirar demolição e produzir a morte. Na Era de Aquário da Internet podemos, por exemplo, divulgar ideias de crescimento espiritual ou fornecer planos para a construção de bombas nucleares. Quíron é, portanto, um asteroide a ser levado em conta, embora as opções de ação correta sejam nossas.

Sem perder a confiança no plano e no desígnio universais, precisamos criar uma nova fé em nós mesmos, em sintonia com a inspiração da força que alguns chamam de Espírito. O maior desafio que enfrentamos no momento em que Netuno atinge alinhamentos nunca vistos com outros planetas é o de nos abrirmos para novas realidades, concentrando-nos no poder ilimitado do pensamento criativo dentro de cada um de nós. Alinhamentos "nunca vistos" significam que, quando Netuno estiver em Peixes, depois de 2012, formará aspectos geométricos com outros planetas, como Plutão, Urano, Saturno e Quíron, ainda não observados nos registros da história humana.

Imagino que uma iluminação do tipo zen se dará em escala mundial, como se o interruptor de uma luz Cósmica fosse ligado e a escuridão de milênios se dissipasse gradualmente com Netuno, assim como o alvorecer depois da noite leva a uma sabedoria atemporal que se torna acessível a todas as pessoas. Vislumbro essa manifestação como o mestre zen Dogen escrevendo sobre a lua refletida na água:

> "A iluminação espiritual é como a lua refletida na água. A lua não se molha, nem a água se fende. Embora sua luz seja extensa e grande, a lua é refletida mesmo numa poça de alguns centímetros. A lua inteira e o céu inteiro se refletem nas gotas de orvalho na relva e até numa única gota d'água.
>
> "A iluminação espiritual não divide você, assim como a lua não fende a água. Você não pode esconder a iluminação, assim como uma gota d'água não esconde a lua no céu. A profundidade da gota é a altura da lua. Cada reflexo, por mais longa ou curta que seja sua duração, exprime a vastidão da gota de orvalho e concretiza a imensidão do luar no céu."

O inventor da magia das estrelas

"Todo homem e toda mulher são estrelas.
Todo número é infinito; não há diferença."

~ Aleister Crowley,
The Book of the Law, 1904

A astrologia e a cosmologia são disciplinas necessárias para a vida, disciplinas que temos de aprender e dominar para enxergar e entender melhor o passado, o presente e o futuro. De outro ponto de vista, trata-se apenas de um movimento espacial. Para a maioria das pessoas, estrelas e planetas são pontos no céu. Para capitães de navios e astronautas, são recursos vitais de navegação e ajuda para encontrar o caminho. Aos poetas, oferecem inspiração divina. Aos astrônomos e astrólogos versados em cosmologia, como eu, as estrelas são instrumentos criados para domar o "tempo" — para estruturar o imensurável e o infinito.

Deus inventou o tempo para que nada parecesse ocorrer simultaneamente. Assim, haveria ordem em vez de caos. Poderíamos vivenciar os acontecimentos e a marcha dos dias de maneira cronológica, para aprender e crescer espiritualmente. Os planetas e seus efeitos, ou antiefeitos, sobre os seres humanos é uma discussão que tive com vários cientistas e religiosos ao longo de muitos anos, até o ponto em que disse à minha magia zen: "Sinto muito tê-la ofendido, é claro que você tem razão".

A maioria dos cientistas não quer entender aquilo que sei. A maioria dos religiosos não consegue entender, e outros preferem ignorar. O mais avançado de todos os que se corresponderam comigo a respeito desses assuntos é Russell Moon — descobridor e inventor da "Teoria do Vórtice". Ele queria entender e conseguiu. Depois de termos discutido o assunto por mais de um ano, ele me escreveu o seguinte texto:

> "Há muitos anos, eu não acreditava naquilo que tem sido definido como 'paranormal', inclusive a astrologia. Porém, a descoberta da teoria do vórtice de que a gravidade parece ser criada por regiões de espaço menos denso ao redor de prótons e nêutrons levou à conclusão de que o 'espaço curvo' de Einstein ao redor das estrelas e planetas é, na verdade, uma região esférica maciça de espaço menos denso, cuja densidade diminui de acordo com o quadrado da distância relativa ao planeta ou Sol. Isso cria algumas possibilidades interessantes.
>
> "Cria possibilidades interessantes, pois revela que o espaço ao redor de uma pessoa não só é distorcido em muitas direções diferentes ao mesmo tempo pelo Sol e pelo movimento dos planetas [como já se acredita que ocorra pelo efeito da gravidade], mas também, já que essa região de espaço menos denso está em movimento, temos agora de levar em conta a velocidade de rotação do Sol e dos planetas que cria essas distorções e seus campos magnéticos, ou falta de campos magnéticos. Segundo a física newtoniana, a gravidade é exclusivamente uma função da massa. Portanto, a não ser que uma estrela ou planeta tenha distribuição desigual de matéria em sua estrutura geométrica, a gravidade é uniforme [o centro da massa coincide com o centro geométrico]; isso significa que seus efeitos sobre outros sóis ou planetas é uniforme. No entanto, já que a teoria do vórtice revela que a atração gravitacional de uma estrela ou planeta é uma função de todas as regiões de espaço menos denso ao redor de todos os seus prótons e nêutrons individuais [observação: as regiões externas de 'espaço curvo' ao redor dos elétrons são neutralizadas pelas regiões internas de 'espaço curvo' ao redor dos prótons], os 'efeitos gravitacionais' dos planetas e do Sol são muito, muito maiores do que se propôs originalmente e do que se acredita hoje em dia.
>
> "Na verdade, existem muitas correntes e contracorrentes em miniatura no interior da 'gravidade' individual de cada planeta. Certamente,

quando desenvolvermos uma tecnologia para estudar esses efeitos mais de perto, ficará claro que a 'gravidade' dos planetas individuais tem efeito muito mais pronunciado sobre outra matéria do universo do que se suspeitava anteriormente.

Um desses efeitos poderá ser observado no fluxo das correntes elétricas. Embora a força eletromagnética seja muito maior do que a força da gravidade, ficará provado, quando as correntes e contracorrentes dentro da gravidade individual dos planetas for descoberta, que esses movimentos interferem no momento angular e nos movimentos de elétrons individuais que estiverem em fluxo. Já que a 'consciência do nosso corpo físico' é criada pelo fluxo de correntes elétricas por meio dos neurônios, os planetas individuais afetarão esses fluxos. Consequentemente, dependendo da posição no céu e da distância até a Terra, o efeito de cada planeta sobre o funcionamento e o bem-estar do nosso corpo físico pode aumentar ou diminuir.

* * *

"Em última análise, quando uma pessoa nasce, os efeitos dos planetas individuais que estão mais alto no céu, portanto mais próximos da pessoa [observação: quando um planeta ou estrela está situado por trás da Terra, seus efeitos individuais são diminuídos pelo efeito de blindagem do nosso planeta], se tornarão parte do 'condicionamento ambiental' subconsciente da pessoa. E, assim como o condicionamento de qualquer efeito ambiental [como a campainha de Pavlov que faz o cão salivar], a posição dos planetas pode perfeitamente ter efeitos subliminares no interior do indivíduo, que por sua vez modificam sua maneira de agir ou reagir nas circunstâncias cotidianas da vida — fazendo com que ele se sinta alegre ou melancólico e permitindo um comportamento mais ou menos adequado, o que em última análise pode levar ao sucesso ou ao fracasso.

Portanto, podemos supor e um dia seremos capazes de provar que os planetas e suas posições têm efeito direto sobre indivíduos e sobre a humanidade como um todo". ~ Russell Moon

As estrelas não nos forçam a sermos diferentes daquilo que somos, mas podem nos guiar mostrando os "rabiscos na parede" secretos e esotéricos do firmamento celeste. É um conhecimento que trata de mapear o futuro. Para mim, o conhecimento esotérico tem de ser útil. Caso contrário, é melhor descartá-lo. "Uma viagem de mil quilômetros tem de começar com um simples passo." ~ Lao-tsé

Muitos leitores me perguntam como se pode ler um mapa astral da maneira que faço. Tenho de admitir que não leio o mapa astral em si. Vejo a energia das estrelas e planetas que se combinou no nascimento afetando um acontecimento ou momento transitório, assim como a longos períodos de tempo. É como olhar para um mostrador de relógio e saber como o relógio funciona, prevendo como ficará o mostrador daqui a uma hora ou daqui a nove horas e meia.

Como podemos decifrar o código secreto que o universo nos deixou antes de pôr os acontecimentos em ação? E por que é possível fazer suposições bem fundamentadas com base na atividade celeste? A alta magia é a arte de ler com precisão os movimentos das estrelas e dos planetas. É a arte do possível, opõe-se aos condicionamentos e ao destino. A astrologia espiritual, tal como a defini, é o relógio do destino; é o mapa do caminho que leva à realização. Temos de observar e examinar com muito cuidado essa trajetória prevista ao entrarmos no terceiro milênio, com sua promessa de novos começos e seus perigos inerentes.

Vamos ver se conseguimos encontrar um caminho no labirinto do espaço-tempo e descobrir de onde viemos, para onde vamos e quem somos de fato. Como se viu, o mundo não acabou em 2000, nem houve uma desintegração social ou da informática como muitos queriam que eu previsse. Mas o mundo vai de fato mudar de maneiras que desafiam a lógica atual.

O conceito de *Y2K* (Year 2000) associado ao ano 2000 tem de ser visto como um tipo de guerra de informação destinado a manter a humanidade presa ao medo. Ao mesmo tempo, é uma metáfora espiritual poderosa de um avanço maciço rumo a um novo tipo de consciência humana. Precisamos mudar a "programação" coletiva para enxergar mais longe e evoluir, assumindo a responsabilidade por nossa transformação. Precisamos ampliar nossa consciência psíquica para incluir a compreensão do quadro geral, nosso futuro possível e a lembrança de quem somos de fato. A Era de Aquário coloca justamente esta pergunta: "Quem somos nós?"

Durante a Era de Leão, treze mil anos atrás, quando os arquitetos dos faraós construíram a esfinge bela e imponente — corpo de leão com rosto humano — e as pirâmides no Cairo, a humanidade perguntou: "Quem sou eu?" A Era de Leão enfatizava o faraó e o sumo sacerdote Toth, seu mago infinitamente inteligente, enquanto a Era de Aquário se preocupa com a humanidade inteira como grupo.

No plano espiritual, isso simboliza uma mudança no *microchip* da memória coletiva do "eu" para "nós" e um percurso sob essa nova perspectiva. No plano intelectual e inferior, podemos ver as manobras psicológicas dos fabricantes do medo. No "Nível 11", que é meu nível, sabíamos o que iria acontecer. No momento em que o mundo tridimensional tende a escapar do controle, temos de criar vidas novas. O infinito e a universalidade podem ser examinados e empregados da melhor maneira pela compreensão do alinhamento dos planetas.

Nos próximos anos, veremos vários alinhamentos muito raros. Eles podem nos ensinar a transformar nosso mundo numa vida mágica. Mas, primeiro, daremos rapidamente um passo atrás antes de saltar para a frente. Temos de entender como medimos o tempo com base nas conjunções planetárias, que marcam o começo e o fim dos ciclos. "Conjunções" são momentos em que dois ou mais planetas se encontram no mesmo grau do Zodíaco.

Conjunções Netuno-Plutão

Verdadeiros marcos no tempo, pois só aconteceram cinco vezes em dois mil anos. Houve ocorrências em 82 a.C. em Touro (reinado do imperador Tito transferido para seu irmão Domiciano e erupção do Vesúvio, que soterrou Pompeia; conquista romana da ilha da Bretanha); em julho de 411 d.C. em Touro (os godos, liderados por Alarico, saqueiam Roma); em maio de 905 d.C., novamente em Touro (reinado de Leão VI, o Sábio, imperador bizantino); em abril de 1399 em Gêmeos (Cruzada de Nicópolis, o império otomano detido pelos invasores mongóis); e a última ocorrência foi em abril de 1892, de novo em Gêmeos.

A próxima conjunção se dará daqui a quatrocentos anos. Netuno em conjunção com Plutão simboliza mudança de consciência, pois a espiritualidade (Netuno) se alia à transformação (Plutão) para se transformar em novos paradigmas. As primeiras duas conjunções coincidem com o começo e o fim do Império Romano, enquanto o segundo par de conjunções assinala os ciclos espirituais da Idade Média e do Renascimento. A última conjunção coincide com o mandato do presidente norte-americano Benjamin Harrison, a renúncia de Otto von Bismarck e a Primeira Guerra Sino-Japonesa, em que a China quase foi aniquilada pelo Japão. Ela influenciou nossa consciência da *Era de Aquário* e marcou a revolução industrial.

Conjunções Urano-Netuno

Ciclos raros de 171 anos de duração. Os mais recentes: novembro de 1307 em Escorpião, quando os chefes da Ordem dos Cavaleiros Templários foram presos; dezembro de 1478, de novo em Escorpião, reinado de Lourenço de Médici, o Magnífico, em que a arte e a ciência superaram a religião; outubro de 1650 na metade de Sagitário, ascensão de Oliver Cromwell ao poder, reinado de Luís XIV, o Rei-Sol (os graus da metade de Sagitário veem Plutão transitar, enquanto este livro é escrito); de novo em dezembro de 1821 no primeiro grau de Capricórnio, no início do reinado de Daoguang, sexto imperador da dinastia Manchu, na China; e a última conjunção foi em outubro de 1993, aos 18 graus de Capricórnio, quando Bóris Nicoláievitch Iéltsin suspendeu o Parlamento russo. A próxima deve ocorrer por volta de 2170.

Conjunções Urano-Plutão

Escolho só algumas de uma longa lista: março de 1090 no primeiro grau de Áries; março de 1344 em Áries (Guerra dos Cem Anos entre a Inglaterra e a França); outubro de 1455 em Leão (queda de Constantinopla, Guerra das Rosas na Inglaterra); janeiro de 1598 em Áries (Edito de Nantes, que concedeu liberdade aos protestantes franceses); setembro de 1710 em Leão (reinado de Pedro, o Grande na Rússia, Inglaterra e Escócia se unem sob o nome de Reino Unido); março de 1851 em Áries (começam as expedições africanas de David Livingstone); 1965-66 em Virgem: Guerra do Vietnã. A próxima conjunção se dará por volta de 2100 em Touro, elevação da superfície da Terra. As conjunções Urano-Plutão assinalam o começo ou o fim de movimentos sociais, ao passo que as oposições Urano-Plutão delineiam o exato momento de agitação social e revoluções religiosas, tal como presenciaremos nos anos 2046-47. Falaremos sobre isso mais adiante.

Conjunções Saturno-Urano

Ciclos de cerca de 47 anos. Os últimos ocorreram em janeiro de 1762 em Áries, reinado de Catarina, a Grande na Rússia depois da morte do marido; em novembro de 1805 em Libra, Napoleão derrota a Rússia, a Áustria, a Prússia e ocupa Berlim; março de 1852 em Touro, começa o reinado de Napoleão III; setembro de 1897 em Escorpião, guerra entre Grécia e Turquia, anexação da República do Havaí pelos EUA; maio de 1942 em Touro, Batalha do Mar de Coral; e outubro de 1988 aos 28 graus de Sagitário (Centro Galáctico), Chile depõe Pinochet.

As próximas conjunções são esperadas para 28 de junho de 2032 aos 28 graus de Gêmeos, para além do Centro Galáctico, e 21 de outubro de 2079 aos 28 graus de Capricórnio. Quais serão as manchetes então? Saturno (o velho) em conjunção com Urano (o novo) simboliza o desequilíbrio entre governante e povo, democracia, rebelião, restrição, *status quo versus* inovação. A humanidade rompe com as estruturas sociais, mantendo as que ainda são válidas e descartando as demais.

É interessante observar os ciclos de oposição nesse contexto, como mostra a lista seguinte: a Revolução Bolchevique (novembro de 1917, pelo calendário ocidental) ocorreu durante uma oposição entre Leão-Saturno e Aquário-Urano; o sol em Escorpião e a Lua em Leão sobre Saturno formando uma quadratura T atuaram como "gatilho" dos acontecimentos. A próxima oposição Saturno-Urano (Virgem-Peixes) vai de novembro de 2008 a setembro de 2009. Em julho de 2010, Saturno em Libra ainda se opõe a Urano em Áries. O acontecimento leva dois anos para se completar e pode se manifestar de várias maneiras, devido aos signos diferentes.

A Revolução Francesa de julho de 1789 começou durante uma conjunção Júpiter-Urano em Leão. O rei foi executado em 21 de janeiro de 1793, mesmo dia da oposição entre Urano (Leão) e Plutão (Aquário). A oposição Urano-Plutão seguinte ocorreu em Sagitário-Gêmeos de 1900 a 1902: Levante dos Boxers na China, revolta das Filipinas contra os EUA, situação política instável em Moscou, assassinatos do presidente McKinley nos EUA e do rei Alexandre I na Sérvia.

Conjunções Saturno-Netuno

Ciclos de 36 anos mas, vistos nos mesmos signos, repetem-se a cada 321 anos. Escolho só alguns momentos pertinentes na história da humanidade: setembro de 1307 — num *stellium* (concentração de planetas no mesmo signo) com a conjunção de Urano — em Escorpião, detenção secreta de todos os Cavaleiros Templários; maio de 1523 em Peixes, publicação do *Príncipe* de Maquiavel, que introduz a *Realpolitik* (política que enfatiza os critérios práticos e não ideológicos); agosto de 1630 em Escorpião, Galileu se defende diante da Inquisição; agosto de 1917 em Leão, Lawrence da Arábia — um leonino — toma o porto de Aqaba dos turcos em seu brilhante golpe beduíno; julho de 1953 em Libra, coroação de Elizabeth II, Egito é declarado uma República; 9 de novembro de 1989 em Capricórnio, símbolo do império de Saturno, que coincide com o dia exato (reforçando o valor simbólico) da queda do Muro de Berlim. Observe também que uma conjunção Vênus-Urano se formou no mesmo dia a uma distância de poucos graus: *stellium* em Capricórnio, quando o Muro caiu.

Saturno: tempo, dever, organização, hierarquia e estrutura. Netuno: espiritualidade e ilusão, visões dominantes. Conjunções *stellium* entre Saturno, Urano e Netuno são mais do que raras: antes de 1989-90 em Capricórnio, eles se alinharam em 1307 em Escorpião (o rei Filipe IV, o Belo ordena a prisão em massa dos templários) e em 1777 a.C. em Capricórnio (primeira dinastia babilônica, que assinala o fim do Reino Médio no Egito). A próxima conjunção Saturno-Netuno ocorrerá em 20 de fevereiro de 2026 no primeiro grau de Áries, na forma de um bastão de dinamite acionado no mesmo dia por uma Lua quente de Áries.

Em junho de 2025, Júpiter em Câncer formará quadratura com o quase alinhamento de Saturno e Netuno num período de cinco dias e menos de 1 grau: acontecimentos importantes são esperados. As últimas conjunções Saturno-Netuno em Áries foram em março de 1703, durante a Guerra da Rainha Ana (guerra entre franceses e ingleses nos EUA, 1702-1713); e antes disso em março de 1380, assinalando a Revolta dos Camponeses na Inglaterra e o começo do reinado do rei louco Carlos VI, na França. As próximas conjunções serão em: 7 de junho de 2061 aos 20 graus de Gêmeos, e depois 27 de agosto de 2096 aos 8 graus de Virgem.

Conjunções Saturno-Plutão

Uma lista impressionante de acontecimentos: 1212 em Leão (Cruzada das Crianças ou Cruzada dos Inocentes); 1248 em Escorpião (Sétima Cruzada); 1284 em Capricórnio (reinado de Filipe IV, o Belo que introduz a primeira monarquia absolutista na Europa); 1318 em Peixes; 1350 em Áries (a Peste Negra dizima metade da população europeia); 1382 em Touro; 1414 em Gêmeos (Batalha de Agincourt); 1445 em Câncer; 1480 em Libra; 1518 em Capricórnio (Reforma protestante comandada por Martinho Lutero; primeira circum-navegação do globo por Magellan); 1552 na cúspide astrológica Aquário-Peixes (a religião local deve ser a do governante); 1595 em Áries; 1616 em Touro (fundação da dinastia Romanov); 1648 em Gêmeos (Paz de Vestfália, quando o calvinismo foi declarado religião de Estado na Alemanha); 1680 em Câncer; 1713 em Virgem (fim da Guerra de Sucessão espanhola); 1750 em Sagitário (reinado de Francisco I, Sacro Imperador Romano-Germânico); 1786 em Aquário (Convenção Constitucional de Filadélfia); 1819 em Peixes (Bolívia é declarada uma república); 1851 em Áries; 1883 em Touro; 1915 em Câncer; 1947 em Leão; novembro de 1982 em Libra (ascensão de Iúri Andropov como chefe da KGB).

As próximas conjunções se darão no começo de 2020 sob o domínio de Capricórnio, em 2053 em Peixes, e em 2086 em Áries. Conjunções Saturno-Plutão simbolizam dissolução das estruturas e mudança social. Em Capricórnio, elas anunciam rebelião drástica e inversão total de valores. Nada continuará como antes.

Conjunções Júpiter-Saturno

Observou-se um fenômeno muito misterioso: todas as conjunções Júpiter-Saturno de 1842 a 1961 se deram em signos de Terra, e todos os sete presidentes norte-americanos eleitos em anos que acabam com zero morreram durante o mandato, quando Júpiter e Saturno estavam em signos de Terra: Harrison, Lincoln, Garfield, McKinley, Harding, Roosevelt e JFK. Reagan foi eleito em 1980, durante uma conjunção Júpiter-Saturno em Libra (signo do Ar), e levou um tiro no pulmão. Júpiter e Saturno estavam alinhados em Touro (signo da Terra) em maio de 2000.

Em 7 de novembro de 2000, Saturno (pai) estava alinhado com a estrela beta Algol (pilha de cadáveres) em Touro. Podemos adivinhar como isso afetou Bush, pois a recontagem dos votos na eleição presidencial contra Al Gore (que eu predisse num texto de dezembro de 1999) pôs sua liderança em dúvida. Como em 1960 (JFK), 2020 verá a conjunção Júpiter-Saturno em Capricórnio (signo da Terra), ano eleitoral nos EUA.

Plutão estará na constelação de Capricórnio durante todo o ano de 2020. A conjunção exata Júpiter-Saturno só se completará em 21 de dezembro de 2020 (depois da eleição nos EUA), aos 0 grau e 29 minutos de Aquário. Nostradamus predisse um assassinato na Páscoa de 2021: o ciclo (que alguns dizem ser uma maldição xamânica hindu) deve continuar ou interromper-se? Não sei e não me importa.

No futuro próximo haverá três agrupamentos *stellium* especiais e espetaculares, de grande raridade: 29 a 30 de abril de 2011 — seis planetas em Áries: Lua, Mercúrio, Vênus, Marte, Júpiter e Urano, todos formando quadratura com Plutão em Capricórnio, e ao mesmo tempo todos em oposição a Saturno (regente de Capricórnio) em Libra. Para mim, esse momento no tempo simboliza um recomeço muito rápido e conturbado, com muita agitação. Pode ser o momento que Nostradamus calculou como o começo de um período de guerras que durará onze anos.

De 26 a 31 de dezembro de 2019 — seis planetas em Capricórnio: Sol, Lua, Mercúrio, Júpiter, Saturno e Plutão. Os últimos dias de 2019 abrirão um ciclo de três meses carregados em Capricórnio, com Saturno regendo seu signo capricorniano, que culminam em meados de março de 2020 numa conjunção com Júpiter e Plutão. Vejo isso como o auge, ou zênite, de uma antiga estrutura social. Analise o encontro tumultuado entre Saturno e Plutão e verifique nas páginas abaixo que tipo de acontecimento histórico realiza-se nesses alinhamentos.

De 7 a 9 de junho de 2032 — seis planetas em Gêmeos, num alinhamento *stellium* extremamente raro e quase perfeito: Lua, Sol, Vênus, Marte, Saturno e Urano. Essa data coincide com um movimento pela liberdade de expressão. Plutão na metade de Aquário faz trígono com a constelação, enquanto Netuno em Áries se encontra a meio caminho do alinhamento entre a constelação de Gêmeos e Plutão. A última vez em que Plutão esteve em Aquário foi durante as revoluções Francesa, Inglesa e Norte-Americana. Plutão em Aquário tende a abrir as estruturas em nível mundial. Netuno em Áries dissolve ideologias ou crenças baseadas no ego.

Pária plutoniano-cósmico ou portador do Santo Graal?

Plutão estava em Aquário nos séculos V e II a.C., e depois disso nos séculos I, IV, VI, no começo do século IX, no final do século XIII e começo do XIV, no século XVI e no final do século XVIII, e ali estará novamente de 2023 a 2043. Plutão em Aquário significa mudança de rumo e transformação da consciência para a humanidade, colocando o homem diante de questões mais amplas que afetam seu futuro. Como vimos, Aquário, o aguadeiro ou portador de água, lida com questões de visão global e humanitária, fé, grupos, associações e causas, enquanto Plutão é um planeta que cria transformação pela análise em profundidade, morte, nascimento e renascimento. Ele rege o subconsciente coletivo, a riqueza e o poder nuclear. Em Aquário, Plutão transforma radicalmente a consciência social e global, como mostra claramente a lista de acontecimentos no passado histórico.

Os principais alinhamentos que Plutão terá em Aquário com planetas distantes incluem um sextil (ângulo de 60°) psíquico com uma conjunção Saturno-Netuno no começo de Áries, na primavera de 2026, um trígono (ângulo de 120°) benéfico com Urano no começo de Gêmeos, no verão de 2026, pressagiando um bom começo em matéria de evolução global da consciência. De junho de 2028 a janeiro de 2029, vemos uma quadratura Saturno-Plutão que questiona os recursos naturais ou humanos, pois Saturno está em Touro. Saturno em Leão se opõe a Plutão em outubro de 2035, questionando a autoridade, seguido por uma quadratura T acrescentado e fixado por Júpiter em Touro em fevereiro de 2036. Um encontro mundial, como previu Nostradamus, deve acontecer nessa época. De setembro de 2046 a junho de 2048 (com agosto de 2047 no meio do caminho), Urano em Virgem se opõe a Plutão em Peixes por vários anos, quando acredito que veremos uma reviravolta definitiva na história da humanidade, ou sua extinção.

Conjunções Júpiter-Plutão em Aquário

Tudo ou nada, ciclos de 240 anos de poder místico. Para terminar com um toque de ironia minha lição sobre comparação entre história do tempo e alinhamentos planetários, vejamos as últimas conjunções Júpiter-Plutão em Aquário: 799 a.C., precedendo de um ano a coroação de Carlos Magno como imperador do Ocidente pelo papa Leão III. 1061: o papa tem de ser eleito por um colégio de cardeais. 1298: o papa como refém nas mãos de Filipe IV. 1534: Henrique VIII publica o Ato de Supremacia que o coloca acima do papa, enquanto os jesuítas formam sua própria ordem sob o comando de Loyola. 1796: Napoleão ascende ao poder.

A conjunção Júpiter-Plutão em Aquário mais antiga, espetacular e memorável ocorreu em 64 a.C., quando o imperador Nero destruiu Roma ateando fogo na cidade. A próxima conjunção aquariana Júpiter-Plutão se dará em 4 de fevereiro de 2033, anunciando um novo tempo, revelando um portador benevolente do Santo Graal ou uma sociedade aberta, com um conselho de anciãos eleitos pelo povo aquariano do mundo. Nostradamus predisse para 2033 uma guerra química, alta de preços e duas revoluções seguidas por anos de fome coletiva. E aqui acabam nossos exemplos.

Os alinhamentos planetários podem sugerir muitas coisas, mas o resultado definitivo do que eles predizem depende das escolhas que fizermos, individual e coletivamente. O resultado depende do uso das energias que os planetas canalizam à superfície da Terra. Portanto, nossas escolhas criam o futuro que se tornará a história da humanidade. É preciso lembrar aqui, mais uma vez, que podemos predizer o futuro, mas também podemos mudar seu curso escolhendo um novo futuro no presente. Já que os futuros em potencial esperam por nós "adormecidos" e podem ser despertos no momento presente, somos os arquitetos do nosso próprio destino.

Na data de publicação deste livro, vemos Plutão em Sagitário em conjunção com Júpiter como regente, no Centro Galáctico. Em 2032 — Plutão na metade de Aquário —, os planetas interiores e o Sol se alinharão com uma conjunção rara de Urano-Saturno em Gêmeos, para além do Centro Galáctico, no signo do vento que sopra ao redor e além dos limites do pensamento. O futuro, e nunca experimentado, ou desconhecido, encontra-se de maneira libertadora com a forma do que já foi testado.

Essa conjunção importante nos fala de uma ruptura em direção a uma compreensão nova. A libertação do que já é conhecido se ativa nesse momento. A mente nova será aceita. O valor de uma vida será então igual — ou superior — às vidas que ela toca. A felicidade de um é a fonte independente da felicidade de muitos.

O grau mais importante de símbolo sabeu é Gêmeos 27: "Uma Cigana Emergindo da Floresta Onde Sua Tribo Acampou". Parece que os "Elfos Superiores" se mostrarão para aqueles que conseguem enxergar através das dimensões. Energias e entusiasmo estarão disponíveis, com várias opções em aberto para os habitantes da Terra nessa época. Novas linguagens, novas formas e novas cores emergirão. Horizontes mentais mais amplos resultam de conhecermos nosso próprio potencial humano. A Era de Aquário nos levará a perceber esse potencial.

Quando começa a Era de Aquário — também conhecida como "era do saber coletivo"? Vejamos primeiro uma explicação científica, à maneira aquariana, para entender o que define a cúspide de uma era.

Quando o equinócio vernal (Sol no primeiro grau de Áries) entra numa constelação nova, uma nova era tem início. Isso acontece aproximadamente a cada 2160 anos humanos. Se você imaginar isso na realidade cósmica, entenderá por que essa pergunta fascina os sábios. Lembre-se também de que, na realidade, temos mais de doze signos — pelo menos treze.

A precessão dos equinócios — um movimento em marcha à ré ao longo do Zodíaco — provoca uma mudança de Peixes para Aquário que cobre a zona angular Peixes 1 até Aquário 30. Isso pode parecer uma ninharia, mas leva seu tempo. Devido aos limites pouco claros entre as constelações, existe um vasto espectro de datas indicadas como começo da nova era, desde uma data tão antiga quanto o século XVIII até uma tão remota quanto o século XXII.

Minha própria interpretação vidente tem a mesma orientação científica. Do ponto de vista psicológico, no momento em que passarmos como humanidade da fé cega e das ideologias dos últimos dois milênios para o saber humano e a razão transumana do futuro, poderemos dizer que entramos realmente nos níveis de vibração da Era de Aquário.

O local onde buscamos a mudança de rumo para uma *Nova Era* está em algum lugar entre as constelações de Cetus e Pégaso, onde os equadores eclíptico e celestial se encontram no equinócio vernal. Provavelmente, estamos atravessando um último grau, com a duração aproximada de uma vida humana, para atingir esse ponto no espaço-tempo. Lembre-se de que a precessão dos equinócios é calculada em 72 anos humanos para cada grau, o que é uma medida correta de espaço-tempo.

Um estudo inspirado e criativo de "cápsulas do tempo" extraterrestres que recobrem a história humana em alinhamentos de planetas e estrelas, combinado a uma análise de mitos antigos em templos egípcios, textos e outras fontes — do mundo invisível ou do saber tibetano —, mostra que os "senhores do tempo" conheciam e mediam as eras desde o Reino Antigo.

Há algumas indicações de que esse conhecimento remonta à Era de Leão, e pode-se provar que na Era de Gêmeos, que terminou por volta de 6140 a.C., temos um marcador válido do tempo. Seja como for, tudo isso se deu muito tempo depois do desaparecimento da Atlântida.

Um cálculo mais preciso mostra que os magos egípcios podem ter considerado que o conceito de "grande retorno" começa na Era de Leão, quando as estrelas em Órion estavam em sua declinação mais baixa. A Grande Pirâmide e a câmara do faraó foram usadas para enviar o espírito do faraó através da constelação de Órion, concebida como uma "plataforma espacial", eu diria.

Você encontrará a constelação de Órion, o caçador, perto de Gêmeos agora. Pelo uso de *software* moderno de astronomia, pode-se supor que a Era de Aquário começará por volta de 2070 d.C., quando um meio ciclo de precessão de 12.920 anos humanos mostrará a constelação de Órion em sua declinação mais alta e sua máxima altitude no Meridiano.

Essas considerações vão além do alcance deste pequeno livro. A resposta mágica do *Zen das Estrelas* é simplesmente essa: a era do conhecimento já se anuncia no circuito do DNA humano enquanto você lê este livro. Considerando também as teorias de astrônomos renomados, eu situaria o começo da nova era em termos astronômicos no período entre 2045 e 2090, provavelmente mais perto de quando Plutão estiver em Peixes tropical e portanto em Aquário sideral, ao mesmo tempo que se opuser a Urano, por razões de estética.

Urano entrará de novo em Aquário tropical em 2080, mas isso não tem realmente nada a ver com o começo da "Era de Aquário", embora pareça interessante uma vez a cada 84 anos. A questão das eras é uma consideração de geometria se nos dispusermos a analisar o assunto profundamente, usando o zen da visão. Por que estou dizendo isso?

O Zodíaco de Dendera no Templo de Hator (cerca de 100 a.C.) era um mecanismo de medição do tempo cronológico que assinalava (provavelmente de maneira correta) a precessão dos equinócios da Era de Peixes recuando até a Era de Touro, que começou por volta de 4400 a.C., com uma margem de erro de vinte anos humanos, ou uma geração. Com base nessa aproximação válida, pode-se calcular que a Era de Peixes teve início por volta de 60 a.C. Portanto, a Era de Aquário começa por volta de 2100 d.C., no início do século XXII de nosso calendário.

Estudos baseados em argumentos convincentes apontam a data de 221 d.C. como um momento-chave na cronologia galáctica do destino, quando os zodíacos sideral e tropical estavam alinhados, ou congruentes. A partir desse dado, calcula-se que a primeira estrela de Peixes atravessou o ponto vernal em 111 a.C., o que situaria o começo da Era de Aquário por volta de 2060 d.C., quando Plutão estiver nessa zona do espaço cósmico.

Graças a meu próprio alinhamento interior, cheguei a uma conclusão definitiva sobre isso usando um alinhamento de planetas visto pela última vez em 5 a.C., quando nasceu o Cristo transumano segundo a maioria dos sábios. Esse alinhamento se repete e age novamente em junho e julho de 2048, realçado por um conjunto de dois símbolos sabeus alinhados sobre a oposição Plutão-Urano, oposição que simboliza em si mesma a transição entre as eras e que por seu próprio significado assinala para mim um ponto de transição de proporções relevantes. Plutão em Peixes 9: "Um Jóquei Tentando Superar Seus Rivais Torna-Se Um Deus Da Velocidade". Urano em Virgem 9: "Um Pintor Expressionista Trabalhando".

"Quando você passa para o outro lado, ninguém pode sujeitá-lo, ninguém pode puxá-lo de volta."

~ Ying-An

Ativando a inteligência fluida

O saber das estrelas guarda-se a si mesmo

Mudanças evolutivas globais

Mais perto das estrelas

Tendências, previsões & Nostradamus

Seres em transição

Orientação extraterrestre

Celtas, cetáceos e a constelação Delphinus

Os Entes Especiais

O saber das estrelas guarda-se a si mesmo

"Então, meditamos e perguntamos por que
Sempre voltamos os olhos para o céu,
Pois os céus são olhos de poderes invisíveis:
Guardiões da sabedoria no interior desse sonho."

~ Michael Donovan,
Letters upon the Mast

O Zen das Estrelas... mas como? Existem vários tipos de astrologia. A astrologia nova e exata — a ciência do universo — é na verdade multidimensional e será apresentada à humanidade no momento certo. É um assunto tão complexo que não pode ser resumido num único livro. Basta dizer que a Terra e os outros planetas sofrem de tempos em tempos aquilo que chamamos de catástrofes ou rebeliões.

Não tem sentido entender em detalhes como, por que ou mesmo quando. Aconteceu e acontecerá de novo. Por alguma razão (e eu não sei qual é), o conhecimento-chave que sobreviveu ao longo de todo o tempo, todas as eras e todos os espaços do universo foi o conhecimento da "navegação".

Para navegar de um lugar a outro, você não precisa saber nada a respeito do tempo. O tempo, tal como o conhecemos aqui, não existe nesse plano. O que existe é "movimento" e "espaço", em harmonia com as forças que movimentam a coisa toda de um lado para o outro. A Criação é auto-organizadora e, em muitos sentidos, imprevisível.

O universo é tão caótico e criativo quanto os seres humanos. Em última análise, a Criação é com toda a probabilidade semelhante à criatura humana. Independentemente do que os cientistas acreditam ser verdade, a Criação e o universo são tão complexos, caóticos e dinâmicos que desafiam qualquer fórmula matemática. Duvido que a Criação aceitaria ser governada simplesmente pela matemática.

Para mim, as estrelas são um mapa para nos orientarmos na Criação. Elas servem como "símbolos do destino". Infelizmente, a astrologia que conhecemos hoje em dia é só um fragmento da que os antigos conheciam. O saber sobre as verdadeiras constelações do Zodíaco foi modificado ao longo dos séculos e seu verdadeiro significado foi encoberto. O "Zen das Estrelas" ainda está oculto, pois ele protege a si mesmo. Vi e estudei cosmologias que falam em até 36 signos do Zodíaco, mas eles chegam a treze ou catorze no mínimo, se incluirmos Ophiuchus (Serpentário) e Arachne. A ciência dos séculos ainda é um mistério.

Considerando todo o saber ainda inacessível para nós nesse momento, poderíamos achar que estamos perdidos no espaço. A boa notícia é que não nos perdemos. Sabemos exatamente em que ponto estamos num contexto mais amplo. Um "piloto silencioso" está integrado em nosso DNA, e a "bússola interior" é o ente-espírito imortal que habita o universo.

Uma parte da solução é descobrir ou criar uma nova linguagem capaz de definir de onde viemos e para onde vamos. Pode-se supor que essa linguagem é na verdade muito antiga, atemporal. A nova linguagem surgirá como um novo tipo de geometria sagrada ou matemática divina.

Em algum lugar no interior das constelações do Zodíaco existe uma forma de consciência, um tipo de instrumento de navegação que cria e alimenta seu próprio conhecimento, que para mim é o zen do conhecimento vendo seu próprio futuro. Esse futuro é o lugar para onde caminhamos. A fórmula é: X (ser humano) mais Y (universo) cria F (o futuro). Somos cocriadores vivos, embora adormecidos e inconscientes nesse momento.

O dr. Edgar Mitchell me disse que não descobriremos o futuro — nós o criaremos. Tenho a sensação de que só podemos criar o que está dentro de nós... Na condição de seres cósmicos e filhos das estrelas, nossa missão não é tanto a veneração de Deus, mas sermos a manifestação completa de nossa criação. Temos de cumprir o objetivo para o qual Deus nos criou — e esse objetivo é "criar"...

Para nos ajudar no caminho da realização desse objetivo, o Criador criou estrelas e planetas nos quais a Cosmologia, ou história da origem de tudo o que existe, está codificada. A palavra alemã que designa "universo" ou "espaço sideral" é "*das All*", que literalmente significa "o Todo". Quando descobrirmos que somos a origem, estaremos perto de nos tornar o que estávamos destinados a ser: todos em um, o universo, o ser mental cósmico. É isso o que somos. Não estamos separados disso. É a meta da transformação e das mudanças futuras. É o desafio que temos pela frente, ou "transição para a paz".

A semente é sua própria proteção. Os seres de luz atuam com uma energia que emana do coração do universo e têm condições de ir além da hierarquia de elite com uma "tecnologia da paz" conhecida como energia orgônica (segundo Wilhelm Reich), que vem do coração de todo ser humano iluminado.

Tempo não linear... Os Elfos Superiores, as forças sábias e benignas do mundo invisível, mostram que a natureza é a origem da linguagem. As árvores dos elfos são nossas mestras. Elas me ensinaram a ser parte do mundo invisível e ao mesmo tempo caminhar neste mundo. Elas dizem que será necessária uma massa crítica de pessoas que mostrem sintomas do conhecimento antes que nós, com nosso acesso à orientação, possamos revelar um futuro mais claro. Por enquanto trabalhamos nos bastidores, movimentando forças para o lugar certo.

O tempo não linear está começando, e é por isso que temos a orientação e memória antecipatórias ocorrendo nesse alinhamento Júpiter-Saturno-Marte-Netuno, a "Grande Cruz". Vamos testemunhar isso dentro do nosso coração, pois a Lua em Sagitário está prestes a encontrar Mercúrio e Plutão perto do Centro Galáctico. Se você se lembrar da famosa cena de *2001: Uma odisseia no espaço*, de Stanley Kubrick, onde o astronauta Bowman (o Arqueiro) passa por uma iniciação além do infinito, terá uma ideia do que há no interior do Centro Galáctico, que é para onde ele se dirige.

Hoje, vi um mundo diferente em minha visão interior dos sonhos, um mundo com sobreviventes pacíficos e capazes. Nos próximos anos e até o período 2007-2009, o melhor para todos nós é começar a proteger o circuito interno, pois também espelhamos o universo e a Terra em nosso caminho. Algumas pessoas estarão despertando agora, enquanto outras cairão mortas, e não só por causa de uma epidemia de gripe aviária. Muitas perecerão porque não estão preparadas para ajustar sua frequência às mudanças interiores necessárias.

As plantas oferecem proteção ao mesmo tempo espiritual e física. Podemos usar plantas e cristais para criar geradores de energia orgônica, semelhantes aos inventos de Wilhelm Reich. Essas criações podem ser usadas nas casas e escritórios, e podemos dizer-lhes (carregando-as de energia) como regular o fluxo das coisas.

Sinto que essa fenda no muro, Plutão em 2008 em Capricórnio 1, será muito maior do que um *tsunami* físico ou uma erupção vulcânica. A Terra física está reagindo a uma alteração mental e psíquica na consciência de todos os planetas. Essa nova ressonância está sendo sentida por várias pessoas. É preciso coragem para deixar o choque e o trauma de lado e manter-se firme numa visão mais ampla do universo, enquanto o mundo afunda no caos. Hoje, a maioria das pessoas está amortecida. Esqueceram quem são, e o plano maior, nunca visto antes, continua oculto no caos crescente. Essa mudança está em curso no espaço além do que vemos e conhecemos como nossa vida cotidiana.

Há muitos milênios, civilizações pacíficas do nosso planeta, desenvolvendo suas habilidades de maneira original, criaram energia luminosa. Elas geraram aquilo que se tornou a cultura do norte da Europa. Muito mais tarde, raças inferiores mais propensas à guerra se tornaram extremamente arrogantes, espalhando sua doutrina pela morte e pelo medo. Essa é a versão simplificada da "Doutrina Secreta" teosófica e tibetana.

A maioria dos indivíduos, especialmente quando se reúnem em grupos, gosta de encorajar e cultivar o ego ou a identidade do grupo. Mas seus pensamentos não têm equilíbrio. Na verdade, eles são extremamente desequilibrados. A violência destrói a psique coletiva das pessoas em que habita. Essas pessoas perderam a sincronia com a Criação. O resultado é que os problemas só pioram e a violência aumenta. Esse é, em essência, o estado do planeta Terra em crise.

A manipulação genética do DNA humano por reptilianos do submundo, e mais tarde por outros alienígenas, criou um desequilíbrio ainda maior. Esse desequilíbrio se baseia no conflito e na violência. Mencionei várias vezes que Jiddu Krishnamurti mostrou com razão, décadas atrás, que os sistemas ideológicos se baseiam no medo e que a associação com esses sistemas grupais alimenta inerentemente a violência, promovendo uma atitude de divisão.

Se você quiser dividir e colonizar uma espécie, a violência é o caminho — pois a violência corrompe a espécie a partir de dentro. Para anular ou combater essa estratégia, os seres humanos têm de superar o impulso de servir só o ego mesquinho, o ego fragmentado. Esse é o problema que os humanos enfrentam hoje. Viver isoladamente no círculo do ego cria um campo de visão estreito. A prisão isolada do ego é fabricada pela energia da própria mente, que se torna assim um sistema de controle interior autorregulado. Os muros da prisão da mente são criados e mantidos por nossos próprios padrões de pensamento.

É essencial libertar-se dessa restrição. Bem no fundo, todo ser humano sabe que essa maneira de viver é errada. O guia interior é ignorado conscientemente e substituído pelo ego. Toda pessoa tem uma "bússola interior". Essa percepção de nível superior mostra ao ser elementar a maneira correta de agir. Ignorar esses sinais requer ódio ou violência. Assim, é o ódio do ego — o conflito entre a vontade e a consciência de cada um — que cria o conflito interior.

O ego se desvia do sistema de orientação interior e age por conta própria 24 horas por dia, sete dias por semana, vivendo para seus próprios desejos e necessidades. Cada ação errada é acompanhada pela consciência do erro. A pessoa sempre tem a noção de uma mudança interior radical ao alcance da mão. Multiplique algumas ações erradas por seis bilhões de pessoas, e você verá surgirem megatons de radiação orgônica exaurida.

A poluição psicológica (psíquica) é tão ruim para o mundo quanto a poluição física, e pode ser até pior. O negativismo, o medo, o sofrimento, o conflito e o ódio que criamos e alimentamos todos os dias são semelhantes a um vazamento radioativo. Se os sentimentos forem extremos, os "psicodramas" repetidos podem até tomar forma e existir como entidades fragmentárias criadas pelo pensamento.

De alguma maneira, somos perseguidos pelos fantasmas da mente e emoções fragmentadas de nossas vidas passadas. Portanto, é mais do que urgente acabar com esse trauma e curar o passado, libertando-nos para o agora que vai ao encontro do futuro. Aqueles de nós que ignoram os avisos da bússola interior, decidindo viver pelos desejos do ego e não pela ação correta, criam deformações mentais. É isso o que a palavra ego significa: "Perda de Energia" (EGO = *Energy Goes Out*).

Esse é um comportamento extremamente suicida, pois os seres humanos caminham para seu declínio planejado de antemão e definitivo. O resultado óbvio é a autodestruição global, o suicídio em massa numa nuvem demoníaca de medo e confusão coletivos, criada pelo pensamento humano.

Mas, se decidirmos viver de maneira poderosa e criativa, isto é, livre do ego, juntaremos energia no corpo radiante. Essa energia acaba se fortalecendo. O corpo radiante pode viajar até os círculos além da ilha isolada do ego e comunicar-se com outros planos (superiores). Podemos ser donos de nós mesmos, mas antes temos de nos livrar do ego mesquinho, com suas vontades, suas exigências e desejos.

Quando vivemos só para o ego, nossa energia se exaure e, mais cedo ou mais tarde, destruímos nossa própria integridade. A integridade do ser energético é essencial se quisermos passar para níveis de percepção além do ego isolado.

Nossa integridade energética também é um veículo no qual nossas almas transitam de uma vida para outra. Isso significa que os que vivem pelo ego mesquinho também morrem pelo ego mesquinho. O motivo para mudar não é conquistar mais poder, bens materiais ou fama. *O motivo para mudar é o amor, a capacidade de compaixão.* Só então a bússola interior saberá que a pessoa realmente aprendeu suas lições e está livre da corrupção interna.

Viver unicamente para os desejos do ego pode se comparar a um disco rígido de computador que se autodestrói com um vírus interno que ele mesmo criou. Se considerarmos também que outros níveis superiores de vibração não deveriam receber vírus corruptores, o melhor seria criar um processo interior de filtragem.

Quem mantém esse filtro intacto? É a alma que mantém o escudo funcionando. Os Cavaleiros Templários costumam ser associados ao Santo Graal. E o que é o cálice sagrado senão a alma intacta? "Intacta", cuja raiz significa *tocar*, é a mente holográfica, o universo holográfico.

Se você pegar uma imagem holográfica e fragmentá-la em mil pedaços, cada fragmento conterá uma reprodução da imagem completa. Se você pegar a consciência espiritual e fragmentá-la em mil pedaços, cada fragmento vivo conterá uma imagem da alma. Cada alma é seu próprio sistema de orientação espiritual, a bússola interior ligada ao que os *Wing-*

*Makers** chamam de Piloto da Totalidade do Universo. A alma supervisiona sua própria encarnação graças a uma ligação retroativa com a "Mente Cósmica".

Quando há uma mudança fundamental para uma luz de vibração mais elevada no interior do espírito encarnado, a bússola da alma reage e as restrições necessárias desaparecem. Cada um de nós escolhe seus níveis de restrição ou zonas de fortalecimento. O disco rígido da alma humana criada por Deus não tem limites; só o pensamento cria seus próprios limites. Se as pessoas sentissem compaixão e percebessem a verdadeira força interior que possuem, tudo mudaria da noite para o dia. Entender isso exige simplesmente um pouco de imaginação humana. Bastaria 10% da população para mudar radicalmente o mundo por meio de uma mudança de consciência, capaz de criar um novo rumo.

Atravessando nossa era atual, uma força do mal tenta influenciar o planeta e a humanidade a partir das sombras. Essa força se alimenta do medo, do sofrimento, do conflito e da frustração que acompanham os desejos do ego. Seres humanos pacíficos, felizes e iluminados eliminarão essa força, dando um bom golpe na elite. Mas o medo implantado na psique de um número elevado de pessoas causa violência e ruptura cada vez maiores. A preocupação central dos que estão além do medo é a unidade da mente, não a força demoníaca.

A verdade, infelizmente, é que a maioria da população mundial prefere caos e restrição diários nos níveis mais pessoais. Mas o drama pessoal está prestes a ser inserido no drama das mudanças planetárias, quer você esteja pronto ou não para elas. As guerras são criadas para conservar o mundo em estado de medo e manter instável a vida planetária. O planeta Terra atingiu uma massa crítica, alimentado pelo fato de abrigar seis bilhões de geradores de medo.

A força do mal da psique vive em espaços onde há alta concentração de DOR, ou "radiação orgônica exaurida", mas pequenos grupos e indivíduos ao redor do planeta estão começando a criar ilhas de luz harmoniosa e higiene mental. Por meio de nossas ações, podemos mudar o que existe. Quando começarem as transformações planetárias, essas áreas de luz se

* Corrente espiritualista norte-americana fundada por "James", com *website* no endereço WingMakers.com. (N. do T.)

juntarão e logo serão grandes o suficiente para ocupar o mundo inteiro. Com o impulso certo, os seres humanos se tornam destruidores de orgônio morto ou guardiões psíquicos do universo. A entrada de Júpiter em Virgem até setembro de 2004 deu início a um processo maciço de purificação.

Se encararmos dessa maneira os acontecimentos mundiais, será fácil entender a atual erupção de violência em todos os lugares do planeta. Os que se aliaram à força do mal criam terror artificialmente para tentar destruir a luz e a paz. A força do mal parasita se alimenta do negativismo e do medo. A energia luminosa e positiva de um grupo suficientemente grande de seres de luz cria áreas de segurança que sobreviverão às mudanças planetárias.

Com a emergência da luz, a força do mal terá de partir e os seres humanos terão uma oportunidade de reconsiderar quem e o que são. Todos nós podemos contribuir para a construção da luz perguntando quem somos e libertando-nos das ideologias que controlam a mente. Se você olhar para a situação terrível do mundo atual, começará a questionar como seres humanos inteligentes conseguem fazer tudo errado. Substâncias químicas, poluição, drogas sintéticas e medicamentos prejudicam o corpo de luz.

A produção e a demanda crescentes de bens materiais poluem as reservas de água e o ar. Se isso continuar assim, cientistas afirmam que a Terra será um planeta morto e devastado por volta de 2050. Fertilizantes químicos estão destruindo os micro-organismos vivos que criam um solo saudável. Usinas nucleares logo ficarão instáveis e se tornarão perigos letais com o passar do tempo, e a frequência maior de terremotos levará também ao risco de explosões nucleares.

As novas armas que eles estão criando podem destruir grandes áreas do planeta e sua atmosfera. Regiões inteiras se tornarão inabitáveis por várias gerações. Se não agirmos agora, logo estaremos vivendo numa zona morta, inabitável e estéril. Aparentemente, a humanidade não é inteligente o bastante para desenvolver tecnologia que não dependa do petróleo, e não tem imaginação suficiente para criar um tipo de poder limpo, em vez de um poder que destrói. Sabemos que as fontes de energia alternativa estão aí, mas a mente das pessoas não têm essa preocupação. Meios de comunicação de massa e grandes empresas de entretenimento na área da informática criam produtos e serviços que não só prejudicam o cérebro, como também a psique. Os seres humanos não se voltam mais para a natureza em busca de orientação e a Terra tem cada vez menos tempo de vida.

Parece que tudo isso se soma num acúmulo de fatores negativos. Mas considere também: isso pode ser um esforço deliberado e planejado para liquidar populações humanas. Parece que a ganância e o interesse egoísta governam o mundo como nunca antes, pondo-nos coletivamente na condição de vítimas prováveis de uma grande catástrofe ou uma série de catástrofes que destruirão nossas sociedades.

Como se explica, num mundo de seres humanos tecnologicamente inventivos, o fato de que preferimos a autodestruição de maneiras tão óbvias, e de que nossa tecnologia se torna cada vez mais poluente e destrutiva? Por que os povos do planeta obedecem a esse desejo de morte? Os carros maiores, mais luxuosos e mais caros fazem hoje um barulho incômodo e perturbador.

A nova tecnologia que estamos usando não é silenciosa nem ao menos eficaz. Isso significa que não avançamos realmente do ponto de vista tecnológico... mas com certeza estamos criando uma dívida maior para pagar algo que, em última análise, vai nos destruir. É tempo de expandir nossa consciência para incluir uma visão mais ampla das coisas e assumir pacificamente o controle de nossos destinos individuais e coletivos.

Mudanças evolutivas globais

"A natureza tenta de tudo para que tenhamos sucesso, mas ela não depende de nós. Os seres humanos não são o único experimento."

~ R. Buckminster Fuller

Já entramos nos anos de mudanças planetárias que vão de 2004 a 2012 — o último ciclo solar de oito anos dos 26 milênios que abrangem a longa contagem dos maias. Por alguma estranha razão, existe uma crença popular de que 2012 será o fim do mundo. Mas não é verdade. Igualmente estranha é a noção de que a humanidade tem controle sobre as mudanças planetárias iminentes. Isso tampouco é verdade. As mudanças escapam totalmente ao controle de qualquer ser humano.

Além disso, muitos acreditam que controlamos os portões estelares evolutivos na Terra e sabemos o que estamos fazendo, quando na verdade estamos em vias de destruir esse lindo ponto azul-claro chamado planeta Terra. Não tem sentido um ser que acreditamos "estar no controle", mas que destrói a si mesmo e seu *habitat* natural, destruir o único lar que possui, inclusive a fonte de alimentos no planeta.

Logo teremos acesso a universos paralelos e realidades além da compreensão "científica" e linear do cérebro humano. Realidades entrelaçadas que explicarão nosso comportamento, mostrando-nos quem está realmente causando prejuízo.

Vou compartilhar com vocês uma história cósmica da humanidade tal como a vejo, e do jeito que meus amigos do outro mundo me ensinaram. Alguns de vocês podem se aborrecer, como aconteceu comigo, por ter desperdiçado tempo nas escolas humanas estudando o que a humanidade ensina à humanidade, pois tudo isso é puro disparate.

Quando o Império Romano e seus lacaios não puderam mais manter sua colonização forçada, mas corrupta e portanto decadente, do resto do mundo, a estrutura veio abaixo e se reagrupou numa forma mais insidiosa que divergiu para uma religião mundial. Foi então que alienígenas do submundo tentaram uma tomada do poder "draco-reptiliana". Para entender do que estou falando, você teria de entender os cultos secretos que estão na origem de Roma e do Império Romano.

No livro *The Emerald Tablets of Thoth the Atlantean* de Doreal, está escrito: "Em forma humana eles [estão] entre nós, mas só para enxergar como se fossem homens. Com cabeça de serpente ao ser removido o disfarce, mas com aparência humana como homens entre homens. Eles se insinuaram furtivamente nos Conselhos, assumindo formas reconhecíveis aos homens. Assassinando com suas artimanhas os chefes dos reinos, assumindo sua forma e governando a raça humana. Só com a magia podiam ser descobertos. Só pelo som seus rostos podiam ser vistos. Do Reino das Sombras, eles tentaram destruir o homem e governar no lugar dele".

No século atual, toda a colonização mundial corrupta, portanto decadente, entra em colapso. Estamos no estágio terminal de dissolução antes que o renascimento possa ocorrer, o renascimento de nossos valores "humanos" por oposição aos valores "desumanos". Essa decadência global não resulta de um processo evolutivo superior. Não foi por esse motivo que o Criador nos trouxe à Terra. Mas o universo nos observa com indiferença; temos de aceitar que o Criador nos deu livre-arbítrio e capacidade de escolha para decidir por nós mesmos a direção a tomar.

O resultado do rebaixamento da existência humana ao nível de vibração mais baixo é que o mundo desmorona e nós nos tornamos uma espécie ameaçada. Os seres humanos precisam estar no comando de sua própria evolução explorando o equilíbrio das oitavas cósmicas no interior de sua própria psique, construindo assim sua própria "defesa psíquica". A humanidade precisa entender e dominar o som de suas próprias emoções.

O que você sente tem um determinado "som vibratório". Se você tiver consciência disso, em vez de reagir aos sentimentos, a fonte do som vibratório se revela a você. Os sentimentos têm de ser sentidos, ouvidos e vistos. Se você conseguir ouvir e ao mesmo tempo sentir a vibração, essa percepção interior será sua própria meditação. Isso será desvendado por meio da compreensão coletiva dos "registros akáshicos" na Galeria do Registro das Crônicas, a ser descoberta no Egito, como previ.

Começaremos a entender nossas origens estudando a astrofísica Cósmica, a antiga astrologia científica ou aquilo que chamo de "ciência absoluta" ou "verdade absoluta". Quando uma sociedade se escraviza até a oitava mais baixa, como esse Quarto Mundo fez atualmente, não é sinal de desenvolvimento evolutivo ou sabedoria; indica antes regressão e morte iminente. É em parte por esse motivo que a Terra começará agora a se livrar de seus pequenos parasitas, sejam eles quem forem. Aceitar ou deixar acontecer é uma atitude suicida, e negar que está acontecendo é ser demente na melhor das hipóteses ou criminoso na pior.

A humanidade é infinitamente mais antiga do que se ensina. Graças às manobras da civilização, ela foi privada quase totalmente de sua espiritualidade. As descobertas iminentes de artefatos essenciais ao redor do mundo anunciarão a emergência de uma nova cosmologia e uma nova direção para a humanidade. As pessoas descobrirão sua base comum de existência, um fato que os "soberanos feudais" não querem que você perceba. Nesse momento, as guerras acabarão e o trabalho poderá começar.

A "história" da humanidade que nos foi ensinada é totalmente falsa. Quando os sacerdotes insanos e sedentos de poder e seus governos colonizaram culturas antigas que incluíam os maias, incas, tibetanos, hindus, índios americanos, cátaros, celtas e aborígines, sufocaram o arbítrio e a liberdade. Também destruíram o verdadeiro conhecimento e a ciência intergaláctica.

Os xamãs e anciãos nativos foram forçados pela máquina de guerra em constante expansão a obedecer, venerar "Deus" por meio de uma "fé", quando na verdade tinham acesso direto à realidade autossustentável do mistério Cósmico. A "fé em Deus" de hoje era antigamente conhecimento direto, uma ciência cósmica sagrada, a verdade definitiva e absoluta. Para provar o que estou dizendo, lembre-se de que essa sociedade da "fé em Deus" é a mesma que desenvolveu o gás venenoso, os agentes da guerra biológica e as bombas atômicas, e que os usaram contra populações civis.

Uma das primeiras utilidades da guerra biológica contra civis foi durante a colonização dos Estados Unidos, quando os índios americanos, sem resistência contra as doenças do homem branco, receberam cobertores contaminados com varíola... Hoje em dia é a contaminação por urânio empobrecido no Iraque. Mas eles têm a "fé em Deus" a seu favor e o maior estoque de armas nucleares do mundo.

As chamadas "culturas primitivas" praticavam uma cosmologia muito antiga e muito precisa, bem além da que conhecemos hoje em dia, tão avançados eram seus cálculos. Ela se perdeu para nós, mas os antigos entendiam os alinhamentos estelares e planetários e sabiam que esse conhecimento dizia respeito à vida no planeta Terra. O conhecimento chamado "astrologia" está retomando seu lugar no processo de conscientização, pois começamos a considerar a recorrência kármica de nossas ações individuais e coletivas.

O conhecimento dos antigos estava além da compreensão dos que carregavam espadas e agora metralhadoras. Enquanto uma parte do mundo explorava e tentava entender a força maior do universo e da vida, outra parte do mundo desenvolvia armas mais eficazes para tirar essa vida. Procuravam maneiras mais eficientes de aniquilar grandes quantidades de pessoas... armas de destruição em massa.

Hoje em dia, os alienígenas-híbridos repressivos liquidificam seres humanos com armas de luz que eles negam ter desenvolvido para os humanos usar; esse é o barril de pólvora sobre o qual a sociedade atual construiu seu *status* de dominação. As bases dos poderes de elite atualmente no poder assentam-se na violência e na destruição.

Naturalmente, aqueles que vivem pela espada morrem pela espada. O caminho em direção à autodestruição em massa não é um desenvolvimento consciente de uma sociedade ou espécie autossustentável, mas a consequência de comportamentos errados.

As civilizações xamânicas de contato, as druídicas e interdimensionais eram os "grandes mestres" cósmicos do jogo de xadrez cósmico. O DNA ruim que estragou o jogo. O desenvolvimento dos sábios era uma exploração prática e válida baseada no conhecimento, no toque e na experiência do nosso mundo e além.

Foi um insulto total para essas pessoas o fato de serem forçadas como crianças a prestar homenagem e "acreditar" numa força que acabara de matar a maioria de suas mulheres, crianças e idosos, geralmente pela traição e pela fraude. Elas tinham contato direto com sua própria espiritualidade. Infelizmente, muitos xamãs e anciãos perderam a vida recusando-se a deixar seu universalismo espiritual superior por uma paródia tipo jardim de infância do seu próprio sistema operacional inteligente. Nesse caso, a morte era preferível à escravidão.

Hoje, as pessoas que se queixam de terem direito à sua "fé" são descendentes das mesmas que negaram às sociedades antigas o direito a seu "conhecimento". Entender isso é de suma importância para saber por que a Terra se vê agora diante de mudanças dolorosas e perturbadoras.

O brilhante ponto azul-claro que é o nosso planeta expulsou os humanos das fibras do seu corpo de luz. Não é fácil para uma mãe ter de destruir seus próprios filhos. Mas nós lhe demos escolha? Os colonizadores do planeta Terra destruíram os mesmos sábios que poderiam ter guiado o mundo para longe dos perigos que se aproximam agora, não só pela educação, como por serem guardiões e zeladores do planeta, da evolução humana e seu mistério. Esses superxamãs e seus aprendizes magos tinham condições de ativar e equilibrar a Terra valendo-se dos muitos centros sagrados de energia magnética.

A consciência do equilíbrio sagrado não se limitava ao nosso planeta. Os magos podiam entrar em contato com os centros de todos os planetas, assim como os centros da Terra. Marte era uma dessas escalas. Hoje, porém, os humanos não conseguem isso. As raças antigas ainda não são respeitadas pelo poder militar colonizador que se torna o novo poder de frequência extremamente baixa (ELF —*Extremely Low-frequency*) ao desenvolver suas superarmas. Não é bem para isso que estamos aqui.

As civilizações dos "antigos druidas" são basicamente países do Terceiro Mundo, subdesenvolvidos e lutando contra a pobreza porque não conseguem se adaptar aos métodos da ganância — os métodos dos colonizadores. Os que conseguem se adaptar assumem o papel insano de destruir ainda mais rapidamente grandes áreas do que restou do planeta natural. Agora, o ponto azul-claro e o universo estão prestes a apresentar a conta do milênio pelos prejuízos.

Só uma raça que abandone as armas de destruição em massa pode começar a evoluir rumo à autossustentabilidade e ao autoconhecimento — rumo à paz e, depois, talvez também rumo à sabedoria Cósmica e à superconsciência. Os portões estelares continuarão fechados para os que usam a violência como meio de controle, e a evolução continuará sendo uma ideia brilhante mas não um fato evidente da vida naturalmente evoluída. Descobrir maneiras mais eficazes de matar sua própria espécie não é a ação de uma inteligência evoluída, é a ação de uma entidade corrompida.

Observo manifestações de mudanças globais, de terremotos a deslocamentos geológicos e ondas gigantes, portanto tome cuidado. Mas sei que não há motivo de pânico — se soubermos nos proteger. Essas primeiras ocorrências são também nossa última oportunidade de mudar nosso comportamento, mentalidade e atitude. Agora temos de passar da fé para o conhecimento seguro e reaprender a viver. Esse é um novo começo, uma última oportunidade de reconstruir um planeta saudável, enquanto a nova grade se forma ao redor dele como uma rede protetora. É a emergência do Quinto Mundo.

"Nossos chefes foram assassinados... As criancinhas estão morrendo de frio. Meu povo... não tem cobertores, nem comida... Meu coração está enojado e triste... Já não lutarei para sempre." — Chefe Joseph, da tribo dos Nez Percé (Nariz Furado).

Mais perto das estrelas

"Os limites do possível só podem ser definidos indo além deles, em direção ao impossível."

~ Arthur C. Clarke

O mundo não se mantém unido fisicamente. Ele se mantém unido energeticamente. A ciência míope do cérebro antigo sofrerá sua própria destruição pelas mudanças globais quando esse fato se tornar uma verdade óbvia. Nosso mundo e nossa existência nele são sustentados pelo éter psíquico onipresente e penetrante da mente cósmica, uma energia invisível que dá origem à matéria.

Essa energia — ou som — é semelhante à Força que apresentei a você, é o Espelho da Visão. É a força invisível a partir da qual a matéria física constitui sua vibração e, portanto, sua existência. A partir desses reinos invisíveis, a rede psíquica das Sobre-almas Cósmicas ou transumanas opera nos bastidores da nossa existência terrena. A ilusão é acreditar que tudo se mantém no lugar fisicamente ou no espaço tridimensional.

Existem pelo menos onze dimensões e onze universos. Na verdade, tudo o que existe é feito do que me parece uma estrutura luminosa. É uma vibração de luz e som. O Nível 11 da nossa existência está conectado ao universo em todos os momentos, e o Número mestre 11 tem um código interno de luz. A matéria é energia, é a ligação concreta de uma fina matriz luminosa que ressoa numa frequência mais densa para dar a ilusão ou contorno de um universo material limitado e restrito. Ver ou ouvir essa energia de fundo graças à inspiração psíquica me mostra a configuração energética dos eventos antes que eles aconteçam, de modo que possamos nos ajustar ou adaptar para as mudanças futuras.

No futuro próximo, digamos por volta de 2009-2012, prevejo que acontecimentos globais criarão um mundo inteiramente novo, tanto no clima do planeta como no que conhecemos agora como "geografia política". As coisas mudarão quase da noite para o dia. A mudança dos ventos começou quando o mundo ocidental admitiu implicitamente a superioridade estratégica da China. Mas não se engane, a questão não é tanto quais são as mudanças físicas ou políticas que se aproximam. Trata-se muito mais do estado do ser humano transitando para essa ressonância de mudança total.

As pessoas se preocupam demais com as próximas mudanças políticas, físicas e assim chamadas "globais", quando na verdade deveríamos nos ocupar com o estado atual de nossa mente. Na verdade, o fator mais importante é como cada indivíduo reage e entra na onda do tempo ou matriz de energia. Essa é uma tarefa que começa e acaba com você.

Não é hora de se concentrar fora, nos outros, ou em outras forças pelo que agora está se desenvolvendo na Terra. A psique do futuro é tão diferente da matriz psíquica que estamos vivendo, que a verdadeira questão agora é como cada ser humano lidará com as mudanças. O tempo será vivenciado de inúmeras maneiras. A cosmologia será redefinida. O segredo da vida e a teoria definitiva do universo, tanto em termos do macrocosmo quanto do microcosmo, serão descobertos e, ainda mais importante, essa revolução se dará de um jeito que libertará a humanidade.

Nada será como antes quando Saturno e Júpiter ultrapassarem Plutão nos últimos graus de Capricórnio e entrarem em Aquário. A estrutura transumana de tudo será modificada para sempre, e isso é uma boa coisa. Para a humanidade, 2020 é talvez um dos maiores "marcadores de objetivos"; no ponto transcendental viveremos a nossa existência de maneiras nunca antes testemunhadas.

Minha sabedoria mágica do *Zen das Estrelas* é saber o que esconder e o que revelar, quando e para quem. O equilíbrio entre revelação e segredo é o que faz deste livro seu manual do futuro. Os mais iluminados, paranormais e sensitivos dentre nós — os poucos — é claro que "sabem" que isso é verdade. Outros tirarão daqui o que puderem e voltarão mais tarde.

É evidente que, no plano emocional, esse período até 2020, e depois disso até 2047 na oposição Urano-Plutão, é potencialmente devastador para os que se apegam ao passado por causa do medo. O pensamento mede a realidade em função do que pensa sentir — as lembranças e inclinações —, e teme perder o caminho no território inexplorado da verdade. A inteligência é a "bússola" da verdade.

Pessoas entram em pânico sem saber por quê, e nos próximos anos você verá muitas que literalmente perderão a cabeça, e com ela também sua vida. Sentimentos e emoções são muito mais intensos agora do que no passado. Parece ser um novo tipo de "pressão" que foi se formando. É uma energia tão diferente que nossa avaliação atual é inútil para lidar com esses acontecimentos. Muitos conselheiros não sabem o que dizer ao deparar com o novo ambiente, mas para isso você tem o mago com seu conhecimento zen das estrelas.

Devido ao fato de a psique humana ter uma mentalidade grupal fixa diante dos acontecimentos da vida, qualquer mudança que topar com bolsões negativos de energia psíquica criará uma carga tamanha nas zonas baseadas no medo. Por isso, não há maneira de predizer exatamente como as massas humanas reagirão nos próximos anos, a não ser constatando que elas adotarão um comportamento totalmente disfuncional e isso requer alguma preparação por parte daqueles que querem ser capazes de continuar funcionando.

Assim, defendo a solução dos "lugares seguros", com tudo o que eles implicam. Pense nisso como uma combinação de Rivendell e Helms Deep (locais protegidos no ciclo romanesco *O Senhor dos Anéis*, de J. J. R. Tolkien), ou uma estrutura informal de santuários onde reina a sanidade mental.

Um dos maiores erros que os governos, as grandes empresas e a maioria das instituições científicas ou espirituais cometeram nos últimos cinquenta anos foi saírem de seu caminho para esconder da massa da população que outras formas de vida inteligente existem "lá fora" no universo. Até o dr. Edgar Mitchell, astronauta pioneiro da Apollo 14 (que me presenteou com o livro *The Way of the Explorer* durante nossa conversa com a Lua de Buda, isto é, o plenilúnio de maio — o mais importante do ano — em Escorpião em maio de 2001), afirma claramente que nosso futuro está "lá fora", no espaço cósmico. O que ele me disse vale mais do que ouro: "Não vamos descobrir nosso futuro, vamos criá-lo".

É realmente uma pena que a maioria dos seres humanos se deixe enganar, continue inconsciente em seu sono autoinduzido e acredite que somos a única espécie no universo. Não estamos sozinhos, e vale lembrar: viemos das estrelas e voltaremos para perto das estrelas. Ninguém consegue esconder a verdade de uma mente ativa, consciente, lúcida e desperta.

Esse é um conflito sobre a essência da realidade que chamei de "guerra silenciosa dos magos". A alteração da ressonância se deve a uma aproximação do planeta Terra, em seu curso galáctico, com um novo vórtex de poder e o campo magnético de um universo ainda por ser descoberto — que nos encontrará num novo plano. Essa mudança não tem obrigatoriamente relação com um corpo planetário desconhecido que se chocará com a Terra ou um deslocamento do eixo polar em nosso planeta. Essa alteração significa acima de tudo uma transformação irrevogável.

A Era de Aquário ou era do conhecimento indica que o grupo de almas como um todo, guiado por um reino invisível, se reúne e cria a transformação... todas juntas, como se fossem uma só. É assim que vejo as próximas mudanças. Quando digo "nós", o grupo de almas, quero dizer todos os seres do universo. Dirijo-me também aos extraterrestres, alguns dos quais sabem que estamos pensando juntos e cooperando também com os planetas, estrelas e galáxias.

Estamos nisso juntos — todos os seres têm de caminhar juntos e fazer a coisa certa. Há muitas forças do bem em ação para gerar a transformação da qual falou Krishnamurti — o homem do futuro — por quase sessenta anos ao longo do século passado. As forças da mudança são multidimensionais e interdimensionais. Elas incluem seres humanos, seres transumanos, seres extraterrestres, seres Cósmicos e mais. Incluem animais, plantas e as criaturas dos mares, a própria Terra e todos os planetas, tudo o que existe e tem um código de luz em seu interior.

Temos de agir como um campo unificado para saltar adiante e atravessar as próximas mudanças. Nenhuma elite será a "comissão de frente" para o que nos espera. Eu sei que é um empreendimento coletivo como esse reino nunca testemunhou antes. É um tipo de operação que requer atuação em equipe no nível Cósmico. Nenhum salvador, messias ou profeta pode compreender isso sozinho. Temos de ser nossos próprios guias. Somos as almas finas que esperávamos e estamos — em vários níveis — cooperando para que a mudança total aconteça.

Sei que muitos seres humanos de bom coração em todo o planeta estão trabalhando agora para a mudança total. Alguns de nós sabem que a verdade está "mais perto das estrelas". Somos aqueles que farão essa viagem cósmica. Nenhuma federação galáctica ou outra fará isso por nós, humanos. Lembre-se também de que nem mesmo estamos em nosso planeta de origem, pois de certa maneira nos exilamos entre decaídos quando entramos nesse reino. No entanto, tudo isso é parte do experimento de sermos humanos.

Somos embaixadores, viajantes do tempo, livres para transitar e explorar a Criação, livres para experimentá-la, desenvolvê-la e sê-la. Não existem "regras", a não ser as que criamos. O infinito não pode ser delimitado por leis criadas pelo homem. Já é tempo de parar de nos limitar e retomar nossa jornada de unidade e integridade.

A ressonância das mudanças que se aproximam de nós não, parece, é tão importante quanto nossa capacidade interior de encontrar essa força e alcançar a iluminação. Como alcançar a iluminação senão por intermédio de nossa própria existência? A essência humana é ter consciência do que acontece usando o que discutimos neste livro — o Espelho da Visão e o Zen da Magia — no Nível 11, com o "oitavo cérebro" funcionando em harmonia. O objetivo é fazer do universo um lugar pacífico e interessante onde possamos viver e evoluir.

As funções de inspiração psíquica para experimentar a vida num nível superior ou no Nível 11 podem ser desenvolvidas por cada ser humano que queira aprender de novo e tenha condições de afastar o condicionamento da mente hierarquizada. Toda harmonia é luz em código, luz e som que vêm de uma só fonte. Essas harmonias de luz e som têm de ser entendidas e também usadas como parte de uma nova fonte magnética de "energia livre".

A grande maioria da humanidade progride por meio desse caminho chamado vida com 80%, ou mais, do cérebro adormecido. É a fonte maior — mas adormecida — de nossa alma-mente transumana que desperta agora, expandindo-se para restabelecer a conexão com a mente Cósmica graças ao universo inteligente ou orientação das estrelas, a fim de criar uma realidade nova e melhor. Essa passagem é aberta para nós pelo mundo invisível no momento em que entramos no plano em que podemos ver o "Zen das Estrelas". Atingindo uma união verdadeira com essa orientação começamos a entrar num estado semelhante à iluminação. O planeta Terra quer uma população iluminada. O Sol desperta agora a luz-som que ressoa dentro de nós.

Tendências, previsões & Nostradamus

"O que é o sagrado? Só podemos entender esse conceito ou deixar que ele aconteça se nos libertarmos totalmente do medo, do sofrimento, e se desenvolvermos um senso de amor e compaixão com sua própria inteligência. Então, quando nossa mente estiver em silêncio absoluto, o sagrado pode acontecer."

~ J. Krishnamurti

Segue-se aqui uma série de tendências e acontecimentos que levarão ao colapso futuro da "Nova Ordem Mundial" e a uma mudança rumo à nova era, trazendo a tão esperada "transição para a paz". Entre minhas previsões passadas, feitas em 1999 em seminários e publicadas em textos desde então, estavam a recontagem dos votos na eleição norte-americana de 2000, o mandato presidencial de Bush, várias eleições e reeleições de líderes políticos e muitas outras previsões documentadas no meu *website*, passage11.com.

Com a passagem de Urano, regente de Aquário, pelo signo de Peixes, meu trabalho passa agora de previsões pontuais para a formulação de tendências globais até o alinhamento de 2047, no qual Plutão em Peixes se opõe a Urano em Virgem.

Uma pergunta válida se pode formular aqui: como isso se adapta ao que sabemos e ao que ainda temos de descobrir?

Não pretendo dar respostas conclusivas. Em vez disso, convido você a fazer perguntas e tirar suas próprias conclusões sobre as ações a serem tomadas ou evitadas, usando seu pensamento independente.

Já ressaltei antes: cada pessoa tem de desenvolver sua própria capacidade interior de inspiração psíquica. Além disso, se nós humanos não nos enxergarmos como parte da humanidade, seremos essencialmente inimigos dela. A mentalidade humana não mudou basicamente em mais de dois milênios, mas deve passar por uma renovação maciça de conhecimento.

Com base no estudo dos paralelos entre alinhamentos planetários e acontecimentos históricos que remontam a treze mil anos atrás — metade de um ciclo do Grande Ano —, abrangendo meia dúzia de eras, o mundo atual deve passar por uma mudança decisiva nos níveis de energia, consciência e percepção. Uma "fenda no muro" da percepção é inevitável, como se verá na descoberta de um novo tipo de cosmologia.

A era da mentira e da falsidade — profetizada por George Orwell em 1948 em seu livro *1984* — durará mais alguns anos. O mundo *não* acabará em 2012. Faltam muitas teorias e peças do quebra-cabeça e, quando for sentido espiritualmente e entendido intuitivamente, o alinhamento de cálculos planetários pode ser uma ferramenta útil para interpretar novas tendências.

É importante criar mais silêncio e serenidade ao nosso redor e também cultivar períodos mais longos de atenção para estudar e aprender. Cada nova percepção é necessária para entender de onde viemos e para onde vamos.

Uma grande força psíquica e parasitária, destinada a nos escravizar pelo mecanismo de sistemas ideológicos baseados em mentiras, está prestes a se encontrar face a face com seres humanos conscientes. Só isso já trará muitas mudanças necessárias na maneira com que vivemos nossa vida.

A obra científica (hoje oculta) de Nikola Tesla, *The Master of Lightning*, baseava-se no conhecimento de um "éter latente" que cria movimento no universo. Ele predisse que, se descobrirmos um recurso tecnológico para transmitir essa força invisível, teremos "Energia Livre". Depois de quatorze anos de experimentação e pesquisa, o matemático R. G. Moon, autor da "Teoria do Vórtex", provou cientificamente que o "Éter" ou energia latente, move o universo. Quando essa teoria for colocada em prática, o resultado será tecnologia de antigravidade e energia livre, com todas as suas consequências positivas.

O mundo atravessará sérias mudanças durante o próximo ciclo solar de oito anos e cinco revoluções de Vênus, de junho de 2004 a junho de

2012, o que para os maias era a conclusão do último grande ciclo. Depois disso, na convulsão das energias, a "Nova Ordem Mundial" perecerá e a economia global será transformada. Depois de um período de dez anos de conflito, as pessoas vão recriar um sistema de vida em liberdade se realmente entenderem o que está em jogo, isto é, a sobrevivência da interface humana de energia luminosa e espiritual.

O uso da tecnologia de engenharia reversa e de alimentos geneticamente modificados, as guerras eletromagnéticas e as tentativas de governos-fantasma de dirigir a Terra fracassarão quando novas gerações iluminadas abandonarem o sistema e aprenderem a criar com a natureza. Defendendo o livre-arbítrio e assumindo a responsabilidade por suas decisões, esses seres iluminados se oporão à direção tomada pelas instituições políticas então no poder. Mais importante, eles tomarão as rédeas da situação para mudar o curso previsível dos acontecimentos.

Depois de estudar Nostradamus no idioma original por muitos anos, e comparando os versos do vidente francês com outras peças proféticas do quebra-cabeça, a pergunta que faço é se a elite mundial terá mais alguma coisa para esconder, pois a verdade será revelada. Não descarto a presença de "alienígenas amigáveis" que tentam tornar sua presença conhecida à humanidade, para advertir as pessoas sobre a atual luta pelo poder na "ordem mundial".

Defendo a ideia de procurar contato inteligente com extraterrestres. É importante desmascarar as fraudes que incluem OVNIs feitos pelo homem, os novos brinquedos de engenharia reversa do governo secreto.

Manipulação climática e controle mental HAARP (*High Frequency Active Auroral Research Program* = Programa de Pesquisa de Ativação de Alta Frequência Auroral), assim como os experimentos de Montauk e Philadelphia-Phoenix (supercomputadores que lidam com controle da mente e do clima) se voltarão contra aqueles que querem usar o poder da natureza para controlar com fins negativos a população humana e a Terra. No final, o espírito humano vai encontrar a liberdade. Essas estratégias de controle acabarão retroagindo e devorando as forças que as usam.

Prevejo um período de luta pela verdade que durará uma década. Isso inclui mudanças globais, graves furacões e erupção crescente de vulcões no mundo inteiro, até que as pessoas em todo o mundo percebam o que está sendo tramado e se revoltem. Isso requer uma compreensão do que está em jogo — a sobrevivência da humanidade. A curva de aprendizado será íngreme e custará muitas vidas.

Em 2002, previ a data exata de invasão do Iraque e o fato de que essa "guerra suja" iria durar muitos anos. Previ que o Irã seria trazido temporariamente de volta para um governo-fantoche, e terremotos logo iriam começar em locais identificados com precisão graças à astrocartografia. Tudo isso aconteceu como previ, e muitas outras conturbações nos esperam. Escolhi duas citações-chave de Nostradamnus — pois elas têm significado astrologicamente perceptível:

"O homem de Londres — nomeado pelo governo das almas ricas da América. Por sobre a ilha onde se travam discussões — uma era marcada pelo congelamento. O rei dos Batistas comete um grande erro em relação ao Anticristo. Pois eles investem tudo em almas leprosas."

* * *

"O negro dissolve o grande governo para poder comandar. O poder da arma determina a fronteira dos países. Tempo de ar livre, e o duque está feliz. A destruição se dá por meio de novos sons — dia do homem estúpido."

Expor a verdade é de suma importância em minha visão da futura paz mundial. É cedo demais para tirar conclusões, pois sinto que muitas profecias do passado são "cápsulas do tempo" codificadas que só serão compreendidas por nossos líderes quando a situação estiver madura para a mudança. A questão do livre-arbítrio e da escolha é fundamental nas mudanças que continuarão a acontecer.

Experimentos secretos criarão desastres globais. Isso, por sua vez, fará com que as pessoas exijam a verdade de seus governos. O protesto público será tão tremendo em todo o mundo que nenhum político terá condições de ignorá-lo. A tendência perigosa é a de um governo mundial único, a não ser que os povos se unam para respeitar a natureza, a Terra e o universo. Qualquer tentativa de criar um governo secreto, não eleito e voltado para seus próprios objetivos, fracassará no final. Pessoas envolvidas em projetos de dominação mundial e controle mental começarão a falar sobre o que foi feito, por causa do efeito desastroso sobre o clima e os seres humanos. Funcionários que investigam operações clandestinas do governo estão sendo advertidos por forças luminosas de uma dimensão mais alta a contar o que sabem.

Nos mapas astrais, vejo um período de mudanças que vai até 2008. Depois, temos de decidir se queremos ser escravos de um sistema fraudulento, corrupto e repressor, renunciando a nosso direito divino de felicidade e realização máxima do potencial humano — ou se valorizamos nossa liberdade o suficiente para renegar e até combater esses tiranos globalmente. Por necessidade, prevejo que as pessoas farão oposição.

Ao escolher a liberdade, as pessoas de preferência trabalharão juntas para criar um mundo pacífico, depois das mudanças globais inevitáveis e devastadoras. Só algumas poucas sobreviverão fisicamente a essas mudanças. O futuro alinhamento dos planetas sobre a estrela fixa do Cruzeiro do Sul reflete muitas tendências sociais. A mais óbvia é que, para ver o Cruzeiro do Sul erguendo-se acima de Meca, Medina e Jerusalém, o globo terá de se inclinar ligeiramente; portanto, um deslocamento do eixo polar é provável.

A descoberta de novas tecnologias é outro paralelo em potencial refletido por futuros alinhamentos planetários. O mesmo vale para a possível ascensão pacífica da "sabedoria do Oriente", depois de um retorno às antigas doutrinas da Atlântida — o que nos levará em direção a uma teoria puramente científica ou mística da realidade sob a forma de uma visão Cósmica holística.

Confirmo por meio de minhas próprias intuições algumas opiniões de Edgar Cayce, segundo o qual saberemos a verdadeira história da humanidade depois da redescoberta de antigos rolos de pergaminho no Vaticano e em locais sagrados importantes. Também descobriremos outros documentos, tábuas, escritos ocultos no Salão dos Registros embaixo da Galeria das Crônicas por trás da Esfinge.

Por que um muro está sendo construído ao redor do portão da constelação de Leão na Grande Pirâmide? E por que a Nova Ordem Mundial tenta tramar profecias enganadoras criadas pelo homem?

A Esfinge simboliza a transição ou fusão entre a Era de Virgem e a Era de Leão. Com base em cálculos astrofísicos modernos, confirmei mudanças na frequência da luz ao redor da Terra, tais como foram vistas há treze mil anos e profetizadas pelos maias. Essas mudanças impedirão que a ilusão atual continue. Pessoas envolvidas em manobras de disfarce virão a público, pois o processo evolutivo começará a se acelerar com o surgimento de uma compreensão melhor para um mundo pacífico. Prevejo que a transição para a paz será completada em 2047.

A aceleração do tempo pode ser encarada no contexto da "Teoria do Vórtex", segundo a qual existe o movimento cósmico, mas não o tempo. Continuo reunindo informações e opiniões de cientistas e místicos importantes do mundo inteiro, e então comparo as peças do quebra-cabeça. Encorajo outras pessoas a fazerem o mesmo sem tirar conclusões apressadas.

Eu gostaria de ressaltar que ninguém tem uma resposta definitiva sobre assuntos referentes a tendências espirituais, tecnológicas, políticas e sociais. O motivo é a própria definição de mudança e o movimento perpétuo dos planetas. Por mais que o futuro seja previsível, se podemos prevê-lo, podemos mudá-lo. O melhor que posso fazer é reunir o maior número possível de peças do quebra-cabeça e submetê-las ao teste do tempo e ao escrutínio do meu conhecimento profissional. Essa área de pesquisa e conhecimento é uma maneira nova (e ao mesmo tempo antiga) de visão Cósmica que combina o espiritual e o mundano, fornecendo fatos astrofísicos paralelos aos assuntos mundiais nos registros da história humana.

Uma observação (ainda em curso) do Cruzeiro do Sul na metade de Escorpião, num período de algumas semanas em setembro de 2013, aponta claramente para um futuro depois de 2012. A passagem simultânea do nodo lunar ascendente (Nodo Norte) e de Saturno (alinhamento da contagem do tempo) em 2013 ressalta esse fato.

Quando as rebeliões previstas na Terra, as guerras, a agitação civil e as mudanças topográficas maciças forem história, haverá uma era luminosa de consciência e o fim das guerras no planeta? A consciência Cósmica emergirá então?

Os alinhamentos planetários no período de nove anos entre 2012 e 2021 mostram grande probabilidade, com ênfase na ideia xamânica: somos aqueles que esperávamos. Em outras palavras, não estamos esperando gurus, salvadores, profetas, seres sagrados ungidos e todo-poderosos, mestres ascensionados, avatares ou deuses de qualquer tipo. Não entregue seu poder para ninguém em hipótese alguma.

Provas de um envolvimento secreto entre governos e alienígenas logo serão de conhecimento público. As guerras no Oriente Médio são uma tentativa de ganhar controle sobre uma tecnologia perdida que está sendo mantida em segredo aos olhos do mundo.

As forças da "Nova Ordem Mundial" tentarão criar uma sociedade uniforme na qual todo ser humano terá um *chip* eletrônico implantado no corpo ou algo parecido. O implante desse *chip* eletrônico também será obrigatório em hospitais e no nascimento de cada criança. Nesse caso, cabe a você decidir onde seu filho ou sua filha devem nascer. A emergência de um líder religioso mundial será tramada por meio da projeção de hologramas e outras técnicas de ilusão. As pessoas se deixarão enganar? Aceitar esse "messias holográfico" significaria a perda da liberdade individual. Quem de nós perceberá a trapaça e a rejeitará?

Serão feitas tentativas para sabotar a Internet, mas um novo *software* de segurança será criado para manter viva a *World Wide Web*. Descobriremos uma nova maneira de transmitir sinais digitais. A Internet será como a "trama da vida" descrita pelo grande chefe Seattle.

A economia do consumo mundial tal como existe hoje em dia virá abaixo, e a insanidade da "Nova Ordem Mundial" perecerá nessa rebelião. A pulverização secreta de toxinas químicas no céu (nuvens químicas) causará incêndios e queda de chuva com poluentes ácidos. Isso destruirá e prejudicará árvores e plantas. Grandes multidões nas cidades ficarão doentes e haverá uma rejeição de qualquer tipo de drogas perigosas, pois as pessoas redescobrirão o poder da natureza, das ervas naturais e das plantas curativas.

Tom Brown Jr. descreve a visão do chefe apache Stalking Wolf ("Lobo à Espreita", também conhecido como *Grandfather* ou "Avô") na *Profecia do Céu Vermelho**: "O Avô disse que não há um futuro [fixo], só futuros possíveis. O 'agora' é como a palma da mão, e cada dedo é um dos futuros possíveis. Como sempre, um dos futuros é o mais poderoso, é a direção que o curso principal dos acontecimentos nos leva provavelmente a tomar. Assim, suas previsões eram de um futuro possível, o que significa que ele sempre deixava uma opção em aberto".

Ele escreve, nas próprias palavras do Avô, que temos de mudar nosso modo de vida e começar a fazer as escolhas certas, pois essa é a única maneira de alterar o futuro. O Avô diz a Tom Brown: "Se um homem pudesse

---

* O "vermelho" é aqui uma referência étnica aos índios norte-americanos, como na expressão "pele-vermelha". (N. do T.)

tomar decisões certas, mudaria significativamente o curso do futuro possível. Ninguém, portanto, deve se sentir insignificante, pois basta um homem para alterar a consciência da humanidade, graças ao *Espírito que se move em todas as coisas*. No fundo, um pensamento influencia outro, e mais outro, até que o pensamento se manifeste em toda a Criação. É o mesmo pensamento, a mesma força que faz uma revoada inteira de pássaros mudar de rumo, pois a revoada tem então uma só mente". [Tom Brown Jr.: "Night of the Red Sky: The Prophetic Vision of Grandfather" — revista *Nexus*, dezembro de 1999.]

A verdade sobre a Atlântida voltará à tona. Evidências de civilizações avançadas serão descobertas no fundo do mar e embaixo da Esfinge. Novas ilhas se levantarão acima das ondas, revelando a tecnologia avançada de um passado distante.

A verdadeira história da humanidade será conhecida, de onde realmente viemos e por que estamos aqui. Descobriremos nossa origem quando as notícias sobre pirâmides em Marte se tornarem conhecidas. A ciência e o misticismo voltarão a se fundir numa consciência Cósmica de ciência espiritual, a ciência da natureza, a ciência do som e da luz. Aprenderemos finalmente a agir junto à inteligência da Terra, das estrelas e dos planetas.

As pessoas evoluirão na forma de espirais com base no número Phi (número grego que equivale a 1,618), que é a "Espiral do Vórtex" ou uma função-chave da vida. Agora você poderá atravessar o portal estelar com coragem graças ao coração, o coração leonino, conectado ao Portal do Leão por meio do conhecimento. Você não deve acreditar que existe, você tem de saber que existe. "Penso, logo existo" é uma velha máxima de Descartes que não deixa de ser verdadeira.

"Sei, logo existo" é a nova mentalidade da Era de Aquário, ou Era do Conhecimento. A Era da Fé, que começou há dois mil anos, chega agora ao fim. O peixe foi jogado à terra dentro da urna carregada pelo Aguadeiro. Bem-vindo à Era do Conhecimento. Bem-vindo à transição para a paz, caracterizada pela passagem de três grandes avatares planetários da mudança pelo signo de Peixes e da compaixão até 2060: Urano, Netuno e Plutão, nessa ordem. Urano está em Peixes até 2011, Netuno está em Peixes de 2011 a 2025, e Plutão entra em Peixes em 2043... A guerra futura será na verdade uma guerra de ideias, e a informação será a própria guerra.

Seres em transição

"Beba-me."

~ Lewis Carroll, *Alice no País das Maravilhas*

De 2007 a 2017, atravessaremos o que eu chamei de "década plutônica", na qual o planeta Plutão romperá as estruturas de Capricórnio. Veremos o caos total, a violência e a implosão das grandes cidades. Plutão é conhecido como aquele que destrói as resistências.

Muitos abandonarão as cidades. É o processo xamã do qual os índios nos advertiram durante décadas. Os sem poder viram armadilhas mortais, os chefões do crime controlarão a vizinhança e farão o que quiserem e não haverá condições de manter a ordem. O exército será convocado de emergência, mas há pouco efetivo espalhado pelo mundo para deter a violência e o crime.

Os chefões da guerra reinarão por um período de cerca de dez anos; em alguns lugares será adotado o toque de recolher, ou um estado de Lei Marcial. Quem quiser um futuro deve começar agora a fazer planos alternativos.

O emprego vai diminuir, pois grande parte da antiga força de trabalho industrial será recrutada nas prisões-reformatório. Esse plano será considerado milagroso para reprogramar socialmente os números explosivos de criminosos que têm de ser mantidos nos sistemas penais. No começo, parecerá de fato uma resposta ao problema da perda de mercados do Ocidente para a China. Mas, quando a classe trabalhadora não tiver mais fonte de renda, se revoltará como uma massa furiosa e acabará em campos de concentração.

Mary Summer Rain enxergou as próximas mudanças globais com sua mestra "Sem-Olhos" (*No-Eyes*), uma nativa norte-americana. É também o que costumo enxergar em minhas próprias visões. Repito aqui que vejo a maioria das terras planas do Velho Mundo debaixo d'água.

Ela escreve: "Eu a segui acima da área dos Estados Unidos. Quase não reconheci o que via... Tudo estava inclinado para a direita. O Alasca era agora o ponto mais alto da América do Norte. O México não ficava mais ao sul, e sim quase a oeste. Nova York só era visível parcialmente. Observando mais de perto, descobrimos que toda a costa leste e oeste da América do Norte tinha desaparecido. A Flórida parecia ter sido totalmente removida do continente. As principais linhas de deslocamento tectônico tinham se rompido.

A falha geológica de San Andreas, na Califórnia, se alastrou pelo país como um gigante rasgando uma folha de papel. A faixa rasgada foi arrastada para o oceano revolto. As águas do mundo literalmente ricochetearam para trás num movimento gigantesco, depois pararam e subiram de volta num novo nível de equilíbrio. Esse grande movimento varreu da Terra centenas de ilhas. O Havaí desapareceu totalmente. Bornéu, Sumatra, Filipinas, Japão, Cuba, o Reino Unido — tudo isso submergiu num piscar de olhos!" [Mary Summer Rain — *Phoenix Rising: No-Eyes Vision of the Changes to Come.*]

Os *Q'ero* (palavra que significa "os de cabelos compridos"), últimos dos incas, revelaram suas profecias sobre o "Fim dos Tempos" para Alberto Villoldo. Os *Q'ero* estão à espera do próximo *Pachacuti* (Aquele que transforma a Terra) e acham que isso representará o fim do mundo tal como o conhecemos. Os sinais da revolta já começaram e devem durar muitos anos (2003-2013). Mas afirmo que não será o fim.

Uma nova humanidade emergirá do caos. As profecias anunciam o começo de um novo "milênio dourado" e falam de uma "fenda na fábrica do tempo", por onde passarão seres iluminados. Os sinais dos tempos incluem o ressecamento de *cochas* (lagoas) nas montanhas altas, a extinção quase completa do condor e grande calor solar. Depois disso, emergiremos para o Quinto Sol.

Não concordo com a terminologia do "Fim dos Tempos", mas meus cálculos confirmam essa narrativa. As estruturas da economia global e do sistema financeiro certamente serão destruídas. Por volta de 2007, será impossível sustentar a mentira de que as coisas vão bem, pois veremos literalmente milhões de pessoas que trabalham duro nos países do G8 perderem tudo nos desastres econômicos mundiais engendrados pela pirataria das corporações financeiras.

As companhias de seguro vão falir por causa de catástrofes naturais cada vez mais comuns, guerras e calamidades climáticas. As indústrias implodirão devido à inflação; serviços de saúde pública também entrarão em crise. Sem possibilidade de tratamento para graves doenças tóxicas, será impossível lidar com o grande número de doentes e agonizantes em hospitais. Pelo menos metade da população não sobreviverá. Xamãs me disseram que é mais provável que 80% das pessoas morram durante esses desastres.

Um plano global de despovoamento do planeta será posto em prática efetivamente, causando mais cedo ou mais tarde revoltas maciças e o colapso dos sistemas políticos existentes. A situação na América do Norte e partes da Europa levará a um motim das forças militares, que se dividirão em facções opostas e até formarão gangues. Algumas defenderão o modelo estratégico de um "planeta-prisão" ou de "nações unidas"; outras continuarão leais aos antigos regimes militares do século passado. Milícias locais defenderão seus enclaves das gangues violentas, e mais um tipo militar de "exército interno" emergirá como uma nova Força de Defesa dos Estados Ocidentais.

Os EUA se segregarão em algumas regiões distintas: Leste, Oeste, Meio-Oeste, Sul e Região Central. O Sul conseguirá a separação completa e terá de se arranjar por conta própria. A Flórida será dada como "prêmio" para os piratas cubanos do Caribe. A Califórnia será dos chineses. Os Estados Ocidentais que não dependem totalmente do petróleo estrangeiro e das trocas com os mercados europeus serão o último bastião do "Sonho Americano" decrépito, baseado nos ideais espirituais de "patriarcas fundadores" equivocados que roubaram essas terras das tribos indígenas nativas.

Mais cedo ou mais tarde, a China invadirá esses estados. Violência racial, tumultos, corrupção, falta de água potável e eletricidade, assim como depravação social e crime global, vão transformar as cidades em campos de batalha virtuais. Os filmes *O caçador de androides, O segredo das águas, O carteiro, Planeta dos macacos* e *O dia depois de amanhã* são descrições relativamente exatas do que pode acontecer. Os governos se esconderão em abrigos subterrâneos nas regiões montanhosas.

O caos se estenderá ao mundo inteiro. A Arábia Saudita logo será fumaça. Ocorrerão alguns ataques nucleares, limitados assim como outros incidentes planejados por homens. A União Europeia criará uma nova aliança entre o Canadá Ocidental e os chefões corporativos àquilo que chamo de "Pacto do Hemisfério Ocidental" recém-reformado. Esse pacto incluirá o que restou do Meio-Oeste dos Estados Unidos, o México, o que restou do Japão e alguns magnatas chineses expatriados vivendo no que antes era chamado de Taiwan e Hong Kong. O Canadá Ocidental será uma peça importante nesse novo pacto de aliança.

Globalmente, isso resultará em três blocos, como George Orwell previu em *1984*: o Pacto do Hemisfério Ocidental, o Pacto Euro-Russo dominado pela Europa, e a Nova Aliança Global que formará um "terceiro mundo", detentor da maioria dos recursos industriais globais sujeitos às regras dos chineses. O resto do mundo viverá em comunidades não alinhadas, com características tribais.

A Ásia e o Pacto do Hemisfério Ocidental já estão caminhando para uma integração futura. Com o tempo, veremos um comportamento cada vez mais destrutivo de padrões climáticos que podem arruinar as alianças do pacto, pois o tráfego será por via marítima, já que o tráfego aéreo deixará de ser seguro. As três esferas de influência se realinharão até ser firmado um acordo tripartite de paz. Portanto, continuaremos vivendo num mundo multipolar por algum tempo.

Haverá tempestades solares elétricas e cósmicas, com relâmpagos que causarão incêndios devido às secas muito prolongadas. Uma série de ciclones de cerca de 480 km/h percorrerá os EUA, um depois do outro, e também haverá tempestades de areia em vários lugares. Fazendas e plantações ficarão sem cultivo. Chuva e tempestades de neve sob céu claro, sem nenhuma nuvem no céu, serão comuns nas montanhas, assim como chuva, nevascas e granizo do tamanho de laranjas em pleno verão. Não sei dizer ao certo que regiões do mundo serão afetadas, mas tenho a impressão de que a Europa e os EUA serão duramente atingidos.

Durante anos haverá tempestades de fogo que criarão furacões de fogo. Vulcões entrarão em erupção ao redor do planeta e no fundo do mar, criando lagos de lava ardente e destruindo cidades inteiras em alguns lugares. Será perigoso viver em regiões de floresta, pois as áreas continuarão queimando e só as neves do inverno e verão poderão reduzir os avanços da destruição total.

Viver à beira-mar ainda parece ser a melhor opção, embora a subida rápida das águas possa cobrir centenas de quilômetros de terra em áreas costeiras. Comunidades aquáticas terão de se defender de piratas e da ilegalidade crescente no mar. Vi desastres aéreos porque os aviões se chocarão contra paredes de água sem nenhum aviso prévio. Assim, devido à insegurança e ao medo, o tráfego aéreo diminuirá muito nessa época.

Lençóis de gelo cairão do céu escuro, primeiro como uma névoa que cobrirá tudo até virar uma neblina densa que aparecerá nas fotos de satélites como mantas cinzentas. Isto é, se os satélites ainda estiverem funcionando. Uma das visões que tive foi da demolição de estruturas celestes construídas por alienígenas e pelo governo secreto; por isso, acho que muitos satélites cairão sobre a Terra, junto com a chuva vermelha das nuvens. Isso fará o dia parecer noite. A morte virá depressa, pois o ar queimará os pulmões e as pessoas ficarão cegas no desastre. Teremos de nos preparar para ficar em casa por longos períodos de tempo.

Bolas de fogo e meteoritos com a consistência de metal muito afiado cairão do céu e causarão mais incêndios e destruição. Jatos gigantes aparecerão no oceano e mais tarde também nos grandes lagos. Esses funis gigantescos sugarão coisas e as jogarão para o alto e para longe em alturas e distâncias incríveis, em enorme velocidade.

Os furacões que estamos vendo agora são minúsculos comparados ao que vai acontecer. Ouvi dizer que veremos a aparição de arco-íris estranhos à noite, e de dia o céu terá um brilho vermelho. Algumas pessoas acharão que chegou o fim dos tempos, enquanto outras interpretarão isso como um sinal da intervenção divina. Não será o "fim", meu amigo, mas o começo de uma nova era. Trate apenas de ficar em segurança.

Haverá fases intermitentes de calmaria sem movimento de ar, e a pressão sentida nos ouvidos pode causar desorientação. Muitas pessoas perderão o senso de equilíbrio, pois não terão mais ligação com as energias da força vital. Cairão deitadas no chão como vítimas de um ataque. Chamo a isso de "ruptura do efeito de fabricação do tempo" que veremos por algum tempo, provavelmente entre 2007 e 2012.

Tempestades de radiação cósmica interromperão a vida normal durante um certo tempo. Empresas, escolas, companhias de aviação e de tráfego marítimo fecharão as portas. O público será avisado de quando pode sair de casa em segurança. Aprenda a viver sem eletricidade. A contaminação das safras durante essas tempestades causará desastres na economia mundial por muitos anos. Em 2003, a Europa, especialmente França e Itália, registrou milhares de mortes devido às anomalias climáticas.

Toda essa confusão causará uma reavaliação espiritual séria nos seres humanos que estão fora do sistema. Eles voltarão a um estilo de vida mais simples, mais próximo da natureza. Espiritualmente, tanto os cristãos quanto os muçulmanos usarão controle mental e maquinarão mentiras para manter o controle. Um indivíduo se levantará para proclamar lealdade ao domínio patriarcal de religiões antigas, com suas concepções arcaicas de "fé". Alguns acreditarão em seus milagres aparentes no hemisfério ocidental; outros verão o engodo e perceberão as verdadeiras intenções políticas por trás das ideologias enganosas de uma nova religião mundial.

Daqui a alguns anos, muitas crianças inteligentes, já no final da adolescência e guiadas por seres de luz e almas antigas, criarão seus próprios milagres para reverter alguns efeitos da devastação e da morte no planeta. Darão uma ajuda na compreensão de nossa verdadeira herança espiritual e nosso elo com as estrelas. Nesse momento, depois de 2012, olharemos para o espaço cósmico em busca de novos começos e novas aventuras.

Como vimos antes, essa previsão é fortalecida pela presença óbvia e pela revelação de uma relação de longo prazo e uma estratégia secreta com seres alienígenas que já estão vivendo na Terra, sob o chão e entre nós. Muitos desses grupos começarão a interagir abertamente com governos globais, num esforço para criar paz política entre as facções em guerra no interior das três alianças do pacto mundial, durante a tentativa fracassada de tomada do poder.

A manipulação de pessoas pela propaganda maciça, imposições legais, mentiras das instituições do governo e controle mental aumentará nessa época, culminando numa farsa mundial de um "Anticristo" da era eletrônica. A dominação de seitas do tipo "nova era" que se opõem à magia desabará por si mesma, depois de uma última tentativa desesperada de opressão global e controle mental. Tome cuidado com os falsos profetas e os falsos líderes!

Essa época durará aproximadamente de 2005 até 2015 e lembrará a Segunda Guerra Mundial: tecnologia alienígena adquirida pelos EUA depois da derrota da Alemanha nazista será usada contra populações rebeldes. É por isso que a descrevo em detalhes e proponho que nos preparemos para ela. Mais tarde, por volta de 2017, as forças do mal aparentemente invencíveis se voltarão umas contra as outras e se destruirão mutuamente. A Cobra-Dragão está prestes a comer seu próprio rabo como sinal de uma rebelião silenciosa por toda parte, num "sistema mundial" que sucumbiu ao materialismo e à fatalidade.

Quando os elos transculturais e espirituais e as fibras sociais dos povos do Hemisfério Ocidental começarem a se fundir com a mentalidade oriental de tolerância, a prática aberta de várias filosofias espiritualistas em clãs e tribos nômades vai emergir como uma realidade dominante. As pessoas se integrarão depressa, esclarecendo aspectos de sua própria versão de um novo mundo. Assim, a verdadeira Consciência de Buda, de Krishna ou de Cristo florescerá junto com o conhecimento científico avançado entre aqueles que sobreviverem às mudanças. Uma redescoberta do "caminho do meio" começará por meio do conhecimento — e não como sistema religioso.

Os sobreviventes usarão um novo arsenal de ideias que certamente inclui a astrofísica. Com base no parentesco e na fusão de muitas verdades que existem nas culturas de orientação Cósmica e antiga ou nativa prevalentes entre povos nômades, já criamos a infraestrutura para uma nova visão de mundo.

Essa fé pelo conhecimento direto incluirá a sabedoria e os ensinamentos de quase todas as culturas e religiões que existem atualmente no mundo. Ela terá um crescimento rápido entre tribos recém-criadas que surgirão durante as migrações. Essas tribos começarão no Hemisfério Ocidental devido à aceitação da igualdade entre os sexos e o culto da divindade feminina, coisas que praticamente não existem no regime patriarcal europeu.

A fé baseada na ciência, ou conhecimento direto, não é uma religião mundial que será imposta às pessoas pelo uso de truques, como imagens holográficas messiânicas projetadas no céu. A nova fé é um conhecimento alternativo que já começou a aflorar e está sendo discutido por algumas pessoas esclarecidas. Os sobreviventes descobrirão que precisam uns dos outros.

Boa parte da Europa e dos EUA sucumbirá nas chamas de uma devastação autoinfligida. Quero dizer a meus amigos e leitores europeus que é tempo de transformar as terras condenadas do Império Romano. Sinto que um largo canal de água ou um novo oceano dividirá as Américas. Os terremotos na Guatemala mostram que as placas tectônicas cederão nessa passagem estreita e frágil.

Essa passagem ou zona de mudanças é a fase dos "Seres em Transição", como costumo dizer, ou uma encruzilhada dos tempos... mas não o final dos tempos. Sei que está ancorada numa convicção profunda de que temos de passar por uma transição ou ascensão de maneira espiritual e prática, sem deixar de funcionar aqui fisicamente. O comportamento espiritual não é uma colônia de férias, como alguns dos meus amigos equivocados costumavam acreditar, nem é um *hobby* para os momentos de lazer. Ao contrário: o caminho da inspiração sempre tem de ser seguido e posto em prática.

Alguns sobreviventes das rajadas do vento maligno entenderão essa mensagem só um pouco antes de ocorrerem os acontecimentos catastróficos, mas muitos outros aprenderão esses ensinamentos por causa da simples necessidade de sobreviver em comunidades onde milhões de mulheres e crianças desabrigadas já terão sido forçadas a fugir de cidades que sofreram repressão militar ou internamento em campos de prisioneiros.

Haverá recompensas para os que se recusam a fazer parte do "sistema de salvação" postulado pela cobiça corporativa de um governo mundial baseado em *chips* de controle eletrônico. "Não aceite a marca da Besta" se tornará um *slogan* das comunidades alternativas. A vasta "maioria silenciosa" da humanidade aceitará uma ressurreição tácita da espiritualidade humana e da sabedoria cósmica que já começou a florescer em zonas rurais ao redor do mundo. Ela também se espalhará depressa em áreas urbanas através da Internet e de livros como este que você está lendo.

A preocupação mais óbvia das pessoas será com o roubo e a duplicação de identidade dos *chips* implantados. Notícias recentes estão se espalhando de que as poucas pessoas injetadas com a cápsula de vidro que contém o *chip* eletrônico têm problemas sérios de segurança. Pesquisas mostraram como é fácil clonar o *chip* implantado no braço de uma pessoa e programar um novo *chip* com o mesmo número.

Como você provaria que o código do seu *chip* foi roubado e clonado? O que faria com as despesas aparecendo em sua conta bancária? Ou o que faria se organizações criminosas usassem sua identidade para ações ilegais? Que provas teria? Como provaria que não era você?

Muitas pessoas instruídas não entendem a assim chamada "Nova Ordem Mundial". Eu e alguns dos meus amigos sabemos que a Nova Ordem Mundial surgida na Europa se implantará no mundo inteiro usando as forças estabelecidas que tentam manter suas estruturas de poder. Ela criará governos e ideologias baseados em princípios hierárquicos exatamente como vimos no Iraque — e como adverti em minha carta aberta de dezembro de 2002 a George Bush e Tony Blair.

Mais armadilhas serão criadas. A nova Constituição norte-americana existe como um documento secreto das Nações Unidas, uma nova carta régia mundial. Ela mostrará ser um enorme desastre porque se baseia na suspensão de todas as liberdades humanas. Nesse momento, as pessoas começarão a acordar.

O caos e a confusão humana que antevejo se devem a um desejo de dominação mundial. Guerras visíveis e secretas no Oriente Médio estão acontecendo agora. As guerras secretas resultam de uma luta pelo poder, cuidadosamente camuflada, entre líderes que não querem que as pessoas tomem suas próprias decisões. Os que planejam a tomada do poder seguem um plano escrito para eles há centenas de anos. Foi esse tipo de comportamento que causou a conquista brutal das civilizações célticas originais da Europa. Os colonizadores acham que podem usar uma estrutura instável para governar o mundo. A tragédia é que eles são incapazes de governar seja lá o que for. Se você levantar o véu da ilusão, verá que eles estão num caminho sem volta para sua própria ruína.

O renascimento de uma verdadeira espiritualidade científica de sobrevivência, sem atitudes de servidão ou falsas religiões e com tolerância transcultural, se dará no Hemisfério Ocidental e será uma das forças poderosas que levarão a acontecimentos incomuns ou à manifestação de milagres. Mais cedo ou mais tarde, a luz vencerá a escuridão das concepções restritas de governos do mundo antigo. Essa é uma guerra espiritual e mágica entre a vida Cósmica e a tecnologia alienígena em mãos erradas. É uma guerra da consciência e do conhecimento contra elites moribundas que conseguiram estabelecer suas bases de poder, pois as pessoas não lhes deram atenção.

Esse conflito futuro se parece mais com uma guerrilha liderada por "Tropas Especiais Espirituais" para proteger a Terra, e não com uma festa de chá e cânticos num *ashram* indiano. As guerras renovadas entre as forças celestiais e os governos do "Anticristo" alienígena terão efeito devastador para os sistemas socioeconômicos do Hemisfério Norte.

O Hemisfério Ocidental encontrará um fim abrupto quando virmos a atividade crescente de acontecimentos cataclísmicos e começarmos a experimentar aquilo que no século passado era chamado "mudanças globais" — um eufemismo para a violência pura e simples. Muitos advertem que seria melhor afastar-se o mais longe possível de qualquer região civilizada. A escolha é sua.

As comunicações terão de acontecer por telepatia. Reações violentas serão observadas no Sol e causarão movimentos crescentes das placas tectônicas. Durante esse tempo, veremos uma interação crescente entre seres humanos e criaturas no interior da terra, pois alienígenas sairão de seus esconderijos abaixo da superfície. Durante muito tempo, sua presença foi ignorada ou foi mantida em segredo. Só porque você não pode vê-los, isso não significa que eles não existem.

Publicado originalmente em 1930 pelo misterioso dr. Doreal, o livro *The Emerald Tablets of Thoth the Atlantean* é considerado hoje uma revelação esotérica. Os escritos logo se tornaram e continuam sendo uma sensação nos círculos alternativos.

Tábua de Esmeralda 8 — A chave do mistério

Há muito tempo, antes que a Atlântida existisse,
havia homens que investigavam a escuridão
usando magia negra, invocando seres
nas grandes profundezas debaixo de nós.
Então, os seres emergiram até nosso ciclo.
Não tinham forma e eram de outra vibração,
Viviam invisíveis para os filhos dos terráqueos.
Só pelo sangue podiam criar uma existência.
Só pelo homem podiam viver no mundo.

(Tradução e interpretação de Doreal.)

Orientação extraterrestre

"O fator dominante na sociedade de hoje é a mudança, a mudança contínua, a mudança inevitável. De agora em diante, nenhuma decisão sensata pode ser tomada sem levar em conta não somente o mundo tal como é, mas o mundo tal como será."

~ Isaac Asimov

A tomada de decisões é um sinônimo de inspiração? Tive de aprender a tomar decisões o mais tardar aos 22 anos de idade, quando estava no exército. Mesmo no exército suíço onde estava servindo, senti-me encorajado a ouvir minha própria inspiração interior. O universo inteligente tem um jeito de interagir comigo que o faz estar sempre ali no momento certo. Esse momento certo é quando todos os fatores se reúnem para uma decisão inteligente em tempo real.

Os planetas são uma forma de inspiração extraterrestre e, se você ouvir com atenção suficiente, o mesmo vale para o "Centro Galáctico". Os ancestrais espirituais são uma forma de orientação extraterrestre. Já que viemos das estrelas, somos também uma expressão dessa orientação. Ela consiste na capacidade de se adaptar a uma situação e tomar decisões claras sobre o caminho a seguir. Saber quando se deve agir e quando se deve esperar sem interferir no curso dos acontecimentos.

"O homem é uma estrela presa a um corpo...", dizem as *Emerald Tablets of Thoth the Atlantean*. Eu diria que somos todos sistemas de orientação baseados nas estrelas, mas você precisa estar no sistema de orientação para perceber isso. É por isso que digo que você é sua própria luz. Podemos nos comunicar com forças superiores, mas temos também de colocá-las em prática. Por isso disse no começo deste livro que aprendi a tomar minhas próprias decisões bem cedo na vida.

Em minhas viagens pelo mundo, tive contatos com vários tipos de alienígenas que estão interagindo com a Terra. Como nós, humanos, eles não são um grupo homogêneo. Nem todos são amigáveis e nem todos são perigosos. Recebi mensagens de raças reptilianas que sentem simpatia pela humanidade, mas não gostam do que estamos fazendo com o planeta. Não há razão para temê-los. Embora algumas pessoas tenham tido experiências mais negativas, as minhas foram pacíficas. Meus amigos alienígenas nórdicos são altamente avançados.

Eles me enviaram muitas mensagens de paz e reconciliação. Só querem nosso bem. Sei da existência dos Greys (cinzentos) e dos Reptilianos regressivos. Pessoas que conheço tiveram contato com eles, mas parece que outras raças me protegem desses encontros. Alguns seres do tipo reptiliano me ajudaram às vezes, assim como ajudaram outros xamãs a sobreviverem às mudanças globais. Aprendi a lidar com esses tipos regressivos usando um campo de força psíquico.

Até os mais regressivos têm que ajudar os trabalhadores da luz, se quiserem mudar seu caminho kármico. Cada grupo é de um nível evolutivo diferente, mas todos concordam num ponto: façam a paz, acabem com todas as guerras e lidem consigo mesmos pela cooperação inteligente. Na minha opinião, os Nórdicos são os mais avançados. Dizem que os Pleiadianos são igualmente avançados e pacíficos. As raças extraterrestres podem ser comparadas às várias nações dos planetas. Algumas são mais avançadas tecnologicamente, outras são mais evoluídas espiritualmente; elas trabalham pela paz para todos. Cada interação extraterrestre é diferente, cada contato parece cumprir uma função diferente.

Acima e abaixo desse intercâmbio do tipo extraterrestre, há um contato muito mais misterioso — uma luz que chamo de "Inspiração". É um sistema de navegação interior e telepático para saber quando se deve agir ou não. Ele funciona globalmente e só por meio do campo astrológico-psíquico. Esse contato se assemelha aos seres descritos por Doris Lessing (escritora britânica nascida em 1919) na série *Canopus in Argos: Archives*. Se você estudou a obra dela, sabe o que quero dizer. Também se assemelha à força que ensina e guia a "consciência búdica" invisível. É semelhante aos guias ancestrais que ensinam os xamãs norte-americanos de zen maneiras.

Essa inspiração é uma cadeia de seres superiores de luz Cósmica radiante. É impossível descrevê-la de maneira linear ou não psíquica, pois ela só opera no plano psíquico. A energia ou inteligência radiante é todo-poderosa, precisa e infalível. Para além de qualquer tipo de magia, é o que faz o universo funcionar. Sei que essa inspiração não é física, pois consiste em seres de luz ou formas invisíveis altamente desenvolvidos. Atua de maneira misteriosa sobre todos os planetas, espécies e galáxias mais depressa do que o pensamento. É a força sagrada que guia nossos ancestrais em tempos de alta magia, e também é a força que guia algumas boas inteligências extraterrestres.

Esses seres estão mais perto de Krishnamurti ou Buda e seus ensinamentos. São arquitetos dedicados à evolução espiritual de cada raça. São a fonte daquele que chamei "Mestre da Luz". Essa orientação é uma forma de presença. É seu próprio poder. Pode formar e transformar a si mesma e a nós. Para que a inspiração entre em contato conosco, precisamos de atenção e disponibilidade completas. Esses guias Cósmicos estão além da compreensão das outras raças alienígenas e seus intermediários humanos. Ninguém sabe quem ou o que é essa associação de guias, e só alguns poucos conseguem ter uma vaga ideia. Pode-se dizer que eles são a "ordem jesuítica" do universo.

A hierarquia galáctica tentou criar seu próprio tipo de "ordem" para definir quem ou o que está no comando das coisas. Raças extraterrestres que pertencem à hierarquia acreditam em níveis, estrutura, centralização do "poder" e criação de ordem com base num sistema de castas espiritual ou tecnológico, algo que obviamente não me agrada nem um pouco. Querem ordenar o universo criando alguns sistemas de fé religiosa que levariam à evolução das espécies ao longo do tempo com base num plano, implantando padrões de pensamento no DNA e outras bobagens desse tipo. Mas elas não entendem o fato apontado por Krishnamurti de que essa evolução estruturada não está acontecendo. Nós estamos regredindo, não evoluindo.

Tudo o que vem dessa ordem hierárquica é estático. Está preso a uma rede de estruturas estáticas, e por isso não cresce. Se a evolução tivesse de acontecer no interior da estrutura ordenada da hierarquia, já seria um fato conhecido e acabado. Mas ela não pode ser conhecida. Assim, suas estruturas são um obstáculo à evolução Cósmica e à mudança.

Essa "Fundação Intergaláctica", que sem dúvida existe, não se interessa pelo modo de atuação de minha "inspiração" nem pela colaboração com outras raças primitivas. Ela não gosta de coisas não controladas por seu sistema. Ouvi dizer que Krishnamurti, quando ensinava e falava na Terra, também se dirigia à hierarquia das raças alienígenas. Ele foi um mensageiro tanto da humanidade quanto dos alienígenas, dizendo-lhes que eles tinham de mudar.

Muitas das espécies extraterrestres são muito mais antigas do que a humanidade, mas não dão importância a isso. Esse é um tipo de arrogância, pois os seres humanos se desenvolveram muito mais depressa e de acordo com outro plano diretor, que é Cósmico por natureza. Elas não entendem esse plano e não querem que os seres humanos criem mudanças em suas estruturas estáticas e sistemas de pensamento de bilhões de anos.

Penso que por isso muitas dessas espécies não se alegram muito em ter-nos por perto — sobretudo porque vamos mudar tudo e catapultar seus mundos para além do apego à sua hierarquia rígida. Isso está previsto como parte do plano, segundo os guias que têm conversado comigo. Se a humanidade evoluir como foi previsto, cobrirá a lacuna entre inspiração e hierarquia. A hierarquia terá de interagir com o mistério da inspiração e levá-lo em conta. Então, a humanidade será dona do seu próprio rumo.

Sei que as raças hierárquicas tentam sabotar as mudanças sutis em curso aqui na Terra. Não são seres malignos em si mesmos e acreditam que estão fazendo a coisa certa, pois nos veem — pela lente de sua hierarquia — como uma ameaça. Para eles não é nada divertido saber que uma espécie chamada seres humanos trabalha em conjunto e tem um potencial de DNA totalmente aberto, pronto para ingressar no universo. Ninguém sabe o que faremos depois. Para nós, é totalmente natural mudar de rumo e passar de um nível a outro ou de um plano a outro, como o Surfista Prateado costumava fazer nos gibis de nossa infância.

Os humanos são o tipo de espécie que, se tivesse uma nave espacial interestelar altamente avançada, usada para transportar mercadorias, tecnologia e serviços de uma parte da galáxia para outra, sentiria tédio e abandonaria o trabalho.

Imagine colocar humanos por trás dos controles de uma Ferrari intergaláctica, e de repente eles começassem a apostar corrida para ver quem consegue entregar as mercadorias mais depressa. Então, quando seu amigo está ganhando, o outro manobra de um certo jeito para ganhar vantagem em velocidades superiores à da luz. Enquanto apostam corrida, os dois pilotos têm a ideia maluca de ver se conseguem usar as naves para atingir a margem externa do universo. Isso não é tão divertido quando um alienígena do tipo que age como as formigas — "Faça o que lhe dizem" — está esperando pela entrega dos suprimentos.

"Onde está o Comandante St. Clair?"

"Lamento, senhor, ele alterou a velocidade de dobra espacial* e passou para o Nível 11. A nave se foi. Ele não está mais neste universo."

Como já disse anteriormente, o espírito humano é do tipo que ninguém consegue entender. Ou poucos conseguem. As outras espécies geralmente não agem assim. Quando têm uma tarefa a cumprir, vão até o fim, agindo de maneira funcional, exata, útil e planejada. Mas um humano pode aterrissar de repente e salvar alguém no meio de uma missão. Isso é o que alguns chamam de fator humano imprevisível. Os seres humanos são o "coringa" no baralho do universo, o Louco do tarô.

Um tolo inocente faz coisas malucas, mas também criativas. Enquanto seres de luz, continuaremos a fazer coisas altamente incomuns ou imprevisíveis para sempre. Tudo isso faz parte do conhecimento direto que recebi do sistema de orientação que tem me ajudado até agora, e posso confessar a você que fui um aluno relutante. No início, tudo era novidade para mim, até que comecei a entender quem somos de fato.

Hoje, consigo entender melhor o que a Inspiração quer ou sugere: soberania. Essa soberania começa com a compreensão e uso do momento do nosso nascimento acoplado ao momento da morte. Somos o Louco, equilibrado precariamente entre o nascimento (vida) e a morte (ressurreição). Mas, em meio a esse aparente nascimento do caos, temos a capacidade de nos orientar na estranheza, graças à inteligência fluida. Obviamente, a inteligência tem de atingir o alto nível de comportamento imprevisível que permite construir uma ponte entre os mundos. O sistema de navegação da inspiração interior espera o inesperado. A estrela presa a um corpo é portanto sua própria luz extraterrestre.

"Quando quero ver um louco, só preciso olhar para o espelho." ~ Sêneca (filósofo romano, 4 a.C. — 65 d.C.)

---

* "Warp drive", algo como "dobra espacial" ou "velocidade de dobra", é uma forma de propulsão mais rápida do que a luz no seriado de TV *Jornada nas estrelas*. (N. do T.)

Celtas, cetáceos e a constelação Delphinus

"Vivemos em dois mundos... o mundo no qual nascemos e o além-mundo que nasceu dentro de nós. Os dois podem ser uma bênção ou uma maldição. Cabe a nós escolher."

~ Homilia dos druidas celtas

Até agora, pouca coisa se sabe sobre a civilização misteriosa dos pictos (antigos habitantes da Escócia) e dos celtas (conjunto de tribos espalhadas pela Europa antiga, da península Ibérica até a Anatólia). Eles desapareceram magicamente como se tivessem passado por um portal do "senhor do tempo" de dimensões infinitas. Lemos sobre as profecias dos maias e dos índios norte-americanos e as consideramos altamente avançadas. Afirmo que os seres humanos têm de ir além da compreensão limitada das palavras para entender melhor o mundo que os cerca.

Quero compartilhar com você o estilo de vida dos celtas e helvéticos. Esses povos viviam muito perto dos Elfos, e os Elfos viviam muito perto dos celtas... Por isso, quem eram eles e por que não deixaram uma "mensagem", além dos vários padrões e desenhos estranhos, fascinantes e intricados, gravados em pedra?

Os pictos e o povo celta eram estranhos pelos critérios do mundo de hoje. Na verdade, eles podem perfeitamente ter vindo de outro planeta. Hoje em dia, as pessoas se admiram com as profecias e previsões de culturas antigas sem entender a mensagem completa. No mundo helvético, os "ancestrais" do povo celta ainda existem e estão esperando pelo fim da era atual para fazer alguma coisa parecida com o que faziam antes do seu desaparecimento. Por que não deixaram profecias?

Eles tinham uma visão de mundo ligeiramente diferente. Os celtas da Suíça helvética, os gauleses e o povo da Bretanha eram quase idênticos. Eles não precisavam escrever suas profecias, pois tinham o conhecimento...

Primeiro, sabiam que qualquer pessoa em sintonia com a Mãe Terra, com a natureza e com o universo pode sentir, ouvir e ver, exatamente como eu faço. Eles também sabiam que a expansão ou transformação da consciência humana iria acontecer de qualquer maneira, mais cedo ou mais tarde. Sua fé era completa e eles sabiam que isso iria acontecer. Portanto, investiram todo o seu poder, sua sabedoria e sua alma na manifestação concreta.

Não sei se vou conseguir explicar isso num livro. Talvez eu possa indicar ou sinalizar a necessidade imediata de as pessoas saberem e serem parte integrante do "mundo entre os mundos". O que eu não posso fazer é levar as pessoas até lá. Elas só podem chegar lá por seu próprio esforço.

Acho que é importante simplesmente dar uma ideia da alegria e do senso de humor de nossos ancestrais celtas. Eles não queriam mostrar desrespeito pelos videntes conhecidos por suas profecias que são como "cápsulas do tempo". Mas existe outra maneira de transpor esse portal sagrado: o caminho do "saber sem precisar saber".

Os antigos toltecas tampouco deixaram profecias, avisos ou escritos sobre futuros seres de luz que viriam salvar a humanidade. Como os celtas e os vikings, deixaram misteriosas pedras gigantes, obras de arte, desenhos e hieróglifos intricados indecifráveis pelo intelecto racional. Ou seja, outra arte da mente tem de ser acionada para entender tudo isso e enxergar as coisas como elas são. Isso nos mostra que existem outros níveis de comunicação. Os filamentos de DNA no interior do nosso corpo não escrevem mensagens lineares. O DNA escuta você e age diretamente sobre você. É nisso que reside nosso sutil "potencial céltico" interior.

Para quem possa interpretar erroneamente meu próprio senso de humor helvético, estou sugerindo que as mudanças globais nada mais são do que a "roda do tempo" do universo céltico, girando em seu curso infinito. O que os seres humanos fazem nesse meio-tempo é problema deles. Ninguém pode lhe dizer como viver a vida, por isso os toltecas e os celtas não disseram nada. Cada um tem de encontrar seu próprio caminho.

A mente racional e científica quantifica tudo o que vê. Em meu mundo, vejo os xamãs e as fadas celtas dançando em "escalas quânticas", e como nenhum ser humano pode vê-los com base na racionalidade, ninguém imagina as medições e quantificações como meras brincadeiras quando o elfo toca sua harpa encantada para uma dança alegre.

Na Ciência Quântica dos celtas, os elfos duvidavam que os humanos funcionassem direito, pois perceberam que nenhum deles conseguia ouvir frequências ocultas abaixo de zero ("Assim em cima como embaixo", como diz o provérbio). Os elfos geralmente concordavam sobre o comportamento humano girar em torno de -777, mas ninguém queria contar a má notícia aos humanos. Se de qualquer maneira os humanos não podiam enxergar os elfos e as fadas, quem iria dar ouvidos? Buda não apareceu nas escalas de medição material, pois a iluminação está além de qualquer medida.

Foi nesse momento que uma grande baleia-nariz-de-garrafa (*Hyperoodon ampullatus*) subiu nadando o rio Tâmisa (rio do sul da Inglaterra que banha Oxford e Londres), trazendo a verdadeira crise viva da natureza às portas do Parlamento britânico. Pessoas disseram que o animal estava doente, mas a baleia navegou com bastante sucesso pelo Tâmisa até o centro de Londres, onde sua presença pôs em risco o movimento perpétuo de bens materiais e os interesses financeiros humanos conhecidos como "marinha mercante".

Enquanto a fração materialista da humanidade em Londres tirava a natureza Cósmica do caminho, pois a baleia estava atrapalhando a navegação comercial, no outro lado do mundo o primeiro chefe indígena nativo dos últimos quinhentos anos estava assumindo seu poder espiritual e celebrando uma cerimônia sagrada na qual ele e seus amigos xamãs pediam orientação de seus ancestrais. Há esperança nessa simultaneidade.

Enquanto a baleia-nariz-de-garrafa nadava diante das Casas do Parlamento, Evo Morales, presidente recém-eleito da Bolívia, assistia a uma cerimônia indígena nas ruínas arqueológicas da civilização Tiwanaku.

Os povos das montanhas andinas da América do Sul chamam nossa época de um novo *Pachakutic* solar, ou seja, uma mudança no Sol e um movimento da Terra que inauguram uma nova era. Segundo uma profecia antiga, o último *Pachakutic* começou com a invasão dos conquistadores espanhóis e chegou ao fim. Esse é o começo de um novo ciclo e vai virar o mundo de cabeça para baixo.

Tenho pensado bastante sobre aquela baleia, que infelizmente morreu depois de chamar a atenção mundial em Londres, enquanto o novo chefe indígena rezava e pedia orientação a seus ancestrais. Venho tentando entender qual o "sinal" desse acontecimento. Parece significar morte, o fim do ciclo materialista.

Todo sinal mágico percorre um ciclo completo, e assim não sabemos ao certo o que esse sinal vai manifestar no mundo físico tridimensional. Obviamente, não foi a primeira baleia a se excitar e abandonar seu reino natural de maneira estranha. Nos últimos catorze meses antes de janeiro de 2006, pelo menos de 300 a 500 golfinhos e baleias foram dar à praia em muitos lugares do mundo. Chamei a atenção para isso quando soube das notícias, na Tasmânia, na Nova Zelândia, na Austrália ou na Carolina do Norte.

Por alguma razão, tenho um elo pessoal com as baleias. O pequeno amigo cetáceo que cruzou o oceano das estrelas numa barcaça chamada "Interconexão" não perdeu nada com isso e nos deu esperança. Há um lado bom em todas as coisas, se você analisá-las de perto. O universo é simplesmente um oceano maior e infinito, mais profundo e mais distante da humanidade. A baleia nos deixou uma semente de esperança e bondade. É muito mais do que um simples aviso. Ela nos mostrou o caminho a seguir.

Talvez a baleia realmente sentisse Londres já debaixo d'água e como seu território, as mudanças por vir já tinham começado a mostrar-se energeticamente, mesmo que ainda precisemos de alguns anos para enxergá-las. De algum modo, a baleia nos fez parar para pensar até que ponto temos de nos afastar da humanidade para continuarmos em segurança.

Só a morte certa parece esperar os seres vivos selvagens e livres, sobretudo os jovens, nas cidades envenenadas de nossa sociedade. O outro cardume de baleias juntas, lá longe nos mares selvagens, ainda tem uma chance de sobreviver. Todos nós temos de levar isso em consideração. Ao mesmo tempo, não se trata só de sobrevivência física. Não é nem mesmo uma questão de procurar meios físicos de sobrevivência. Precisamos é de mudança espiritual. Para viajar sob a proteção da pureza da vida selvagem, temos de caminhar no mundo espiritual.

O cardume selvagem de baleias que vive o mais longe possível dos homens não é contaminado pelos caminhos da humanidade. Elas ainda são puras, em sintonia com seu sonar Cósmico. Procuram a orientação da natureza e têm de continuar na natureza para sobreviver às mudanças que varrerão a Terra e seus oceanos. Num mundo onde houvesse mais consciência espiritual, as pessoas teriam parado os barcos mercantes e a navegação no Tâmisa por algumas semanas para observar a baleia, rezando e pedindo "orientação". No mundo atual, isso exigiria uma mudança de mentalidade em direção ao espiritual, ligando a mente da baleia à mente humana e cósmica.

Mas a baleia solitária em Londres parece ao menos ter despertado uma consciência maior do que as centenas ou milhares de cetáceos que vieram dar à praia nos anos anteriores, de maneira igualmente espetacular. O fato de milhões de seres humanos ao redor do mundo observarem aquela única baleia ajudou a passar uma mensagem. O acontecimento mostrou uma situação à humanidade e trouxe-a até a soleira da porta das instituições temporais, diante dos degraus da sede do poder causadora do problema. Isso era e é um fenômeno quase arquetípico, semelhante às forças espirituais poderosas com que os atlantes interagiam. No plano mais básico, a baleia nos disse: "Tudo isso vai se voltar contra vocês".

O espírito da baleia veio até minha "janela cósmica" e disse-me que às vezes um ser encarna numa certa forma para cumprir uma tarefa específica. Ele vem à Terra só para cumprir essa tarefa e nada mais. Ou, indo mais longe nesse raciocínio: quem criou Londres? Foram os romanos, e mais tarde a cidade se desenvolveu com os anglo-saxões. Esse sinal também implicaria seu fim. As pessoas não podem mais se dar ao luxo de fingir. A baleia nadou rio acima e disse: "Aqui estou. Vejam o que vocês estão fazendo conosco".

A morte dessa criatura enviou faíscas de consciência para a mente e o coração de todas as pessoas ao redor do mundo. O animal fez um sacrifício. Ele sacrificou sua própria vida pela sobrevivência de sua espécie. Em breve você verá seres humanos especiais como essa baleia e terá de mantê-los longe da sociedade antiga durante o período de transição. Esses seres terão duas opções: sufocarão como a baleia no veneno do materialismo ou sobreviverão nas "regiões selvagens". O que é uma região selvagem? É a paisagem interior de pureza, espiritualidade e amor.

Em *O Senhor dos Anéis*, Tolkien descreve a esterilidade material que destrói a Terra, encarnada pela Terra de Mordor, ao redor da Torre Escura de Sauron. Essa torre escura só espalha morte e destruição. Nenhuma coisa viva cresce ali, só maldade e medo. O domínio de Sauron significa morte para o mundo livre, os animais e as árvores, os humanos, elfos, anões e *hobbits*. Nada sobrevive à vitória de Sauron se o mundo livre não se unir para derrotá-lo. Mesmo os seres escravizados se tornariam sombrios e andariam como mortos-vivos.

O poder de Sauron consumiria toda a vida na Terra Média. Mas seu poder depende do anel, o único anel que pode governar o mundo inteiro. Sauron, claro, tem de ostentar seu poder para conquistar o domínio do mundo. Por isso ele investe quase todo o seu poder no anel. Se o anel fosse destruído, o poder de Sauron deixaria de existir e a torre viria abaixo. A Terra Média sobreviveria.

A morte da baleia significa a morte das forças que se opõem à natureza? Esse sinal mágico não acabou com a morte da baleia. Ao contrário, está apenas começando. É um aspecto estranho dos sinais no universo. O sinal é um acontecimento real e vivo. Ele cresce de maneira viva, construindo uma ponte entre o mundo invisível do espírito e o mundo físico dos homens. Algumas almas sábias sugerem que os cetáceos cantam para nosso mundo poder existir. Eu também acredito que as baleias e os golfinhos são seres cósmicos capazes de viver nos dois mundos.

O que aconteceria se eu pedisse ao "Mestre da Luz" sua opinião sobre esse sinal? Sobre essa sincronia rara entre o Sol e Quíron nos primeiros graus de Aquário, o chefe tribal nas altas montanhas andinas assumindo seu poder espiritual, e a baleia inocente que emerge das profundezas perto da torre de Sauron?

O "Mestre da Luz" aponta para as montanhas enevoadas acima de nosso lago — esse gesto significa que devo procurar o "Centro de Contato Cósmico", usando minha capacidade de orientação e ouvindo os elfos helvéticos me guiando com grande carinho em toda a minha vida, sobretudo quando eu estava navegando em território desconhecido e ameaçador.

Ele diria: todos nós somos seres cósmicos vivendo entre os planos do real e do surreal. Ressaltaria que estamos aqui para construir uma ponte entre os mundos. Talvez fosse isso o que nossa amiga baleia estava tentando dizer a todos nós, à sua própria maneira.

"Algum dia, a luz interior brilhará para fora de nós, e então não precisaremos de outra luz." ~ Johann Wolfgang von Goethe

Os Entes Especiais

"Mas existe um poder sem qualquer relação com o poder maligno. Esse poder não pode ser comprado pelo sacrifício, pela virtude, pelas boas obras e crenças, nem pelo culto religioso, pelas orações e meditações abnegadas ou autodestrutivas. Todo esforço para tornar-se ou para ser o que esse poder representa tem de cessar completa e naturalmente. Só então o poder não maligno pode existir."

~ J. Krishnamurti em *Notebook*
(13 de julho de 1961, Gstaad, Suíça)

Em 1986, quando eu tinha 27 anos de idade, era difícil discutir astrologia de forma inteligente — quando, na verdade, para os seres das estrelas essa ocupação envolvendo a matemática do tempo é tão básica quanto a aritmética para as crianças. Eu mal tinha ouvido falar em Krishnamurti naquela época; ainda estava envolvido em minha própria busca do "ocultismo", procurando o conhecimento secreto só para descobrir depois que ele era cheio de contradições.

Mais tarde, em 2002, um amigo e conselheiro me iniciou na obra desse mestre indiano. O que compartilho com você neste livro é um pouco do que sei, e espero que seja de alguma utilidade. Também acredito que minhas palavras motivarão você a encontrar sua própria verdade e descobrir ou saber quais as ações corretas.

Não estou dizendo a ninguém como viver a vida, pois na verdade isso não é problema meu. Ao longo da história, os sábios fizeram questão de não dar instruções. As pessoas que estão presas a uma crença muitas vezes sentem que é seu dever dar instruções de vida para o resto de nós, com base em suas convicções. Alguns desses indivíduos também gostam de acusar outros de fazer parte de uma "força do mal", caso não queiram aceitar essas convicções.

Em algum momento do futuro (não tenho ideia se ele chegará depressa ou lentamente), na verdade vai acontecer o que está dito abaixo. Isso se dará porque a humanidade tomou muitas direções erradas, a última das quais foi anunciada por mim em 1999.

Por volta de 2009, com Plutão em Capricórnio, o mundo mudará e surgirão algumas crianças estranhas, mas altamente talentosas. Essas crianças terão conhecimento avançado, mas não fé religiosa. Terão nascido com Plutão em Sagitário, o reflexo definitivo da verdade no espelho de obsidiana.

Esses nascimentos são "atemporais" por natureza, pois não pertencem a um sistema, uma autoridade ou uma instituição religiosa. O resultado é que os "Entes Especiais" toparão com as mesmas portas fechadas que encontrei quando comecei a contar às pessoas o que via e o que sabia.

Essas crianças serão tão avançadas que nos deixarão atordoados. Eu quase diria: elas serão como extraterrestres. Serão extremamente desenvolvidas e terão habilidades que lembrarão a Atlântida ou o continente Mu (também chamado Lemúria). Elas apontarão para o futuro, mas parecerão vindas de tempos antigos, com um conhecimento além do que as pessoas são capazes de assimilar. Não aceitarão sistemas baseados na fé nem servirão a um "mestre". E o mais importante de tudo: dirão a verdade. Saberão sobre a mudança catastrófica que destruiu os atlantes e também sobre o acontecido ao universo nessa época.

Esses seres transmigradores chegarão com visões, presciência (isto é, a capacidade de prever acontecimentos) e lembranças intactas abrangendo milhares de anos. Ao contrário da sociedade atual, usarão e protegerão sua imaginação para sobreviver. Terão nascido quando Netuno e Urano estavam em Capricórnio, conjunção que não é para os medrosos. A espiritualidade tem de ser útil — caso contrário, vai desaparecer.

Em novembro de 2005, a notícia sobre um adolescente de 15 anos sentado sob uma antiga árvore pipal (*Ficus indica*), meditando como Buda, percorreu o mundo a partir do Nepal. Ele meditou por seis meses sem ingerir alimento, e assim as pessoas que ouviram isso começaram a chamá-lo de reencarnação de Buda. Mas Ram Bahadur Bamjan disse: "Não tenho energia búdica".

Ele nasceu no dia 9 de maio de 1990, na Lua de Buda (plenilúnio de maio) em conjunção com Plutão em Escorpião, com Netuno, Urano e Saturno em Capricórnio. Maya Devi disse sobre seu filho: "Apesar do fato de ter nascido numa família Tamang, meu filho do meio era diferente porque não comia carne nem bebia álcool. Nunca brigou com ninguém e gostava de ficar sozinho". No momento da publicação deste livro, Ram Bahadur continuava meditando sem ingerir comida ou água nos últimos oito meses.

Como foi noticiado numa tradução do nepali: "Nos últimos dias, as ondas de frio gélido custaram dezenas de vidas na região Terai do Nepal. Mas Ram Bahadur Bamjan não foi afetado em nada. Mesmo na estação do frio, ele continua sua meditação usando só uma peça de *dhoti* (espécie de túnica)..." O sacerdote Prem Lama disse: "O frio cortante não teve nenhum efeito sobre ele até agora". O ponto onde estou tentando chegar é: os "Entes Especiais" não são estranhos, mas as pessoas comuns no planeta é que vivem uma vida anormal. Somos realmente seres fora do comum.

Nasci em 1959 com Saturno em Capricórnio, como os nascidos em 1989-90, assim, cheguei antes dos outros, não só para manter abertas as janelas do alinhamento, mas também para cultivar uma consciência livre do medo. A porção física da vida é a ponta do *iceberg* da minha ou da sua existência. Eu sabia que estava adiantado em relação à minha época por uma década ou duas, esperando por uma mudança sutil no futuro. Meu guia, Saturno em Capricórnio, é atemporal e eterno. Não se engane! Em muitos sentidos, Saturno é o planeta mais importante.

Não estou criticando as crenças daqueles que ainda sentem necessidade de se apegar a elas; seria perda de tempo, pois suas mentes não entenderiam essa crítica. Atacar as crenças dos outros é irrelevante quando a casa em que vivemos está em chamas. Eles que acreditem no que quiserem. Não estamos aqui para questionar crenças. Estamos aqui para desmontá-las por dentro.

Tento manter distância da arena da fé religiosa e das crenças em geral. Sinto que elas são radioativas e cheias de partículas da "zona morta". Por isso alguns povos indígenas me disseram que hoje as cidades têm cheiro de morte e a sociedade moderna logo morrerá. Para mim, isso é como uma energia de radiação mortal, destrói a vida como um todo. Assim, tive de me afastar de todas as pessoas em minha vida, a não ser os poucos xamãs que têm a coragem de enxergar a verdade e condições de lidar com ela.

Essa é uma operação de transição de uma era para outra, da fé para o conhecimento. É um rito xamânico de transição, vale para o mundo inteiro;

na verdade, o universo como um todo está mudando, e isso não é algo fácil para ninguém. Vamos precisar de coragem.

Eu não sei o que vai acontecer dia após dia; sei, com base no que fizemos até agora, que o futuro será difícil. O que quero dizer exatamente é: teremos de "ir além da fé". Diante dessa mudança, a mente tem de ser absolutamente implacável, clara e afiada como um diamante. Esqueça as drogas recreativas como a *ayahuasca*.* Talvez só a disciplina Jedi interior possa afiar nossa mente.

Precisamos de mentes claras e lúcidas, ou pelo menos fixas naquilo que "existe" de fato e não em nossas crenças, a negação do que existe. Não podem ser mentes dependentes da fé. Fui treinado para usar minha mente além do medo, para me livrar de qualquer ilusão do mundo moderno, para "ver" com os olhos de um vidente. Vejo onde existe desperdício de energia e calculo o dano potencial, fazendo mudanças em minha atitude para conservar a energia. Essa é uma época de ação direta, não de discussões. Não podemos debater e discutir; temos de saber, e com base em nosso saber temos de agir.

A humanidade tenta navegar rio acima num barco sem remos, pois a astrofísica do tempo real foi eliminada de nosso ciclo de conhecimentos quando as religiões substituíram a ciência cósmica. As culturas antigas "sabiam" com certeza, como um tipo de saber científico, aquilo sobre o qual venho escrevendo durante anos. Elas sabiam que viemos do espaço cósmico, das estrelas, que somos extraterrestres por definição e que nosso destino é voltar para o universo e mudar para nossa casa.

O vocabulário do futuro será ação direta; uso imediato de nossa própria inteligência; trate de agir agora! Entre em contato com o universo e sobreviva! Em essência, foi isso o que o astronauta Mitchell me explicou. Precisamos reinventar nosso conhecimento e seguir rumo às estrelas. Para mim, o primeiro passo dessa jornada começa em nosso interior.

O equilíbrio kármico final virá sob a forma dos "Entes Especiais" — o retorno daqueles seres antigos que "sabem". Enquanto destrói nosso planeta, o colonizador verá seus próprios filhos olhando para eles com sabedoria amorosa... velhas almas em corpos jovens desacreditados no futuro — eles

* Bebida quíchua psicotrópica, conhecida no Brasil como Santo Daime.

"sabem". E assim, nos dias que levarão até 2013, os usurpadores do poder terão de encarar de novo a inteligência infinita que tentaram destruir.

Em 2004, um menino russo criou manchetes no mundo inteiro por causa da natureza incomum do seu próprio saber particular. Não era nada que alguém lhe houvesse ensinado — essas informações ele sabia por conta própria. Sua história foi publicada pela primeira vez no *English Pravda*, no qual sua mãe contava como ele começara a dizer frases inteiras aos oito meses de idade. Os pais deram ao menino um brinquedo de montar. Ele começou a construir figuras geometricamente corretas com as peças, combinando peças diferentes com precisão. "Tive uma sensação muito estranha de sermos como alienígenas para ele, com os quais ele tentava entrar em contato", disse a mãe.

"Boriska nasceu em 11 de janeiro de 1996. Vive na Rússia, na região ao norte de Volgogrado (antiga Stalingrado). 'Boriska, o Menino Marciano' fala sobre o continente de Lemúria, sua vida anterior em Marte e as próximas mudanças no planeta Terra. Também fala com grande paixão e entusiasmo sobre a civilização maia e como a vida mudará quando a Esfinge for aberta.

"Boriska nos contou sobre sua vida pregressa em Marte, sobre o fato de antigamente o planeta ser habitado, mas devido a uma catástrofe terrível e destrutiva perdeu sua atmosfera. Hoje em dia, todos os seus habitantes têm de viver em cidades subterrâneas. Naquela época, ele costumava voar até a Terra com bastante frequência, para comércio e outros fins de pesquisa. Parece que Boriska pilotava sua própria espaçonave. Isso foi no tempo das civilizações lemurianas.

"O mais interessante é Boriska achar que, hoje em dia, chegou finalmente a época em que os 'Entes Especiais' nascerão na Terra. A ressurreição do planeta se aproxima. Um novo saber será extremamente necessário, uma mentalidade diferente por parte dos terráqueos.

"Alguma coisa vai acontecer na Terra; é por isso que essas crianças são importantes. Elas terão condições de ajudar outras pessoas. Haverá um deslocamento polar.

"Você sabe por que os lemurianos morreram? Eu também tenho culpa nisso. Eles já não queriam evoluir espiritualmente. Desviaram-se do caminho traçado pelo destino e destruíram assim a integridade geral do planeta. O amor é a Verdadeira Magia!" ["*The Boriska Boy from Mars*", *Pravda Ru*, 12 de março de 2004.]

Fortalecendo o corpo e a mente

O voo da garça azul

O som luminoso dos arco-íris

O despertar da energia do vórtex

Crianças do futuro

Histórias sobre vetores do espaço-tempo

O portal sem portal

Zonas de transição

Emanações transmigradoras

O voo da garça azul

"Mas por que eu deveria lamentar o destino inevitável do meu povo? As tribos se seguem às tribos e as nações se seguem às nações, como as ondas do mar. É a lei da natureza e os lamentos são inúteis. O tempo em que vocês entrarão em decadência pode estar distante, mas virá com certeza. Pois mesmo o homem branco, cujo Deus conversou com ele como um amigo conversa com outro, não está livre do destino de todos nós. Talvez sejamos irmãos apesar de tudo. Veremos."

~ Chefe Seattle, dezembro de 1853

Na linguagem dos índios norte-americanos, a garça significa mais ou menos o mesmo que a fênix ou a águia para os egípcios. Ela simboliza a transformação dos acontecimentos e das pessoas, assim como a transição dos tempos. Tenho convivido com as garças por vários anos de maneira misteriosa. Quando eu morava no sul da Flórida, as garças, com os maravilhosos golfinhos, costumavam se reunir à minha volta, ensinando-me a entender silenciosamente sua linguagem.

Todos os dias, elas vinham caminhar comigo ou ficavam nas rochas perto de mim, enquanto procuravam peixinhos. Elas até falavam ou produziam pequenos sons com os bicos. Os golfinhos na verdade conversavam uns com os outros, mas, quando me viam no píer antes do nascer do sol, emitiam seus agradáveis sons agudos. Era um belo espetáculo vê-los pulando na água e batendo as barbatanas da cauda no mar silencioso e liso como um espelho, para que eu percebesse sua presença. Velhos pescadores me contaram que nunca tinham visto animais comportando-se dessa maneira, mas sempre tive um relacionamento estranho com animais selvagens e livres.

Os golfinhos têm senso de humor. Eles ficavam me vigiando quando eu me julgava sozinho. Durante um pôr do sol agradável, parei para olhar o canal que desaguava no mar. Minha mente estava bem longe enquanto o céu ganhava um tom azul-profundo. De repente, um golfinho emergiu e soltou um jorro de água, para meu prazer, só para dizer alô. Não sei como o golfinho soube que eu estava ali, mas eles sempre parecem saber agir.

No dia anterior à minha partida dos EUA, num eclipse solar em Sagitário, não havia ali nem golfinhos nem garças. Eles tinham se despedido no dia anterior e já se dirigiam para o sul. Eles também sabiam que o eclipse era um ponto de referência crítico. No dia em que parti, antes do nascer do sol, só uma velha garça azul e majestosa estava no píer. Silenciosamente, ela caminhou comigo num trecho de cerca de 450 metros ao longo da praia. Quando sentei para me despedir do mar, que me ensinara seus segredos por uma década, a garça voou para longe. Horas mais tarde, eu mesmo estava voando sobre o Atlântico. O eclipse era um momento de dizer adeus e um momento para recomeçar.

Ocorreu-me que a rota do voo do sul da Flórida para a Europa Central era muito estranha; por que não voar simplesmente em linha reta por cima do oceano? Acho que os alienígenas têm um acordo com as companhias de aviação e os pilotos têm de seguir padrões fixos de não interferência. Lá do alto, vi Washington, DC, Monntauk e Long Island durante o longo voo noturno, enquanto luzes de longo alcance e as estrelas acompanhavam o avião em direção leste, sobrevoando a Islândia. Era como se os extraterrestres estivessem acompanhando o avião para que chegasse ao destino em segurança, levando um pequeno grupo de sábios humanos que tinham retirado sua presença xamânica do continente ocidental.

Então, quando as luzes da manhã europeia se acenderam, o avião aterrissou no Velho Mundo, deixando as novas terras para seus habitantes condenados à ruína. Mais tarde, os furacões iriam começar. Os pajés me disseram que algo sombrio está sendo ativado em bases alienígenas no interior do Golfo do México, e muitas energias conflitantes começarão a agir umas contra as outras. Eles também disseram que perdemos muitas oportunidades de corrigir nosso rumo nos últimos séculos. As palmeiras no território dos índios Seminole conversaram com meu amigo xamã e disseram: "Tire-o daqui. Essa terra vai enfrentar seu karma em breve". Para uma árvore, "em breve" pode ter muitos sentidos. Em retrospecto, tudo aconteceu realmente bem depressa.

Então, conversamos com um velho carvalho perto de uma capela russa e ele disse: "Ele é bem-vindo aqui, mas as montanhas de sua terra natal estão esperando sua volta". Perguntei onde ficava aquela "terra natal". O carvalho conversou com outra árvore muito longe nas montanhas altas de um maciço alpino e respondeu: "Acima da linha das árvores... a rocha dos magos...."

As árvores, percebi, se comunicam umas com as outras a longas distâncias, assim como os planetas se comunicam uns com os outros, e as árvores podem conversar com os planetas. Se confiarmos nos seres de luz superiores da inspiração, que estão além da hierarquia espiritual, podemos de fato nos conectar com os desígnios cósmicos em curso, dos quais somos parte integrante. Todos nós somos arquitetos Cósmicos do nosso próprio destino. Essa concepção é antiga e poderosa.

Os pajés também me contaram que a Terra se desloca para uma posição estratégica na galáxia; por isso nós, terráqueos, atraímos o interesse dos muitos grupos de extraterrestres que também estão tentando expulsar os alienígenas regressivos. Portanto, sim... haverá "efeitos colaterais", e isso os governos ao redor do mundo tentam esconder de nós. Uma vez por ano, xamãs importantes e eu tomamos parte em pequenos seminários de liderança e retiro espiritual onde os participantes aprendem e aplicam as coisas que me foram ensinadas. O voo da garça significa uma jornada na qual estamos agora prestes a embarcar. Aprenda a observar a natureza e faça perguntas. Então, você receberá as verdadeiras respostas, livres de "desinformação".

Nostradamus escreveu muitas profecias importantes, costumo citá-las em meus textos, pois estamos nos aproximando de uma situação de "final de jogo". O que nos espera depois do ponto em que começarmos um novo jogo com novas regras e novos jogadores? Em suas profecias, o vidente previu quatro assassinatos em 2010 e depois disso uma guerra total, usará germes e ingredientes químicos, ou a "corda jônica", e um colapso global envolverá o Islã e o mundo ocidental.

Nunca tive muita certeza do que ele queria dizer com isso, e assim usei meus próprios poderes. Ele menciona o número 11.2011, com Urano em Áries em quadratura com Plutão em Capricórnio, sugere guerra sem sombra de dúvida, seguida por onze anos de fome coletiva; as Ilhas Britânicas liquidadas pela contaminação; e uma miscigenação racial. 2022 verá a Ásia levantando-se das cinzas — a nação com o mais eficiente escudo antimísseis: "A Ilha sobrevive ao fogo graças às ilhas fortificadas no ar".

Será que o vidente francês também era guiado por criaturas das estrelas? Nunca saberemos. Uma "ilha fortificada no ar" também pode ser um "objeto faiscante" ou uma estação espacial móvel? Nem Hollywood imaginaria um roteiro mais impressionante. Sou só o mensageiro desse roteiro. Disseram-me que eu deveria escrevê-lo para vocês da maneira como o recebi. Minha mensagem e a visão de Nostradamus têm uma base em comum.

Quando uma raça vive de conceitos e sistemas abstratos, em vez de abraçar as visões incorporadas no universo, a sociedade se deteriora. Foi isso o que aconteceu aos povos da Terra nos últimos quinze mil anos. A deterioração de uma raça não acontece da noite para o dia, nem o efeito da decadência psicológica se torna visível até a raça ultrapassar um ponto sem retorno de não existência.

Olhe ao redor. A espécie galáctica da humanidade vive de acordo com a verdade superior, ou o ser humano está perdendo de vista o porquê de sua existência? O planeta Terra está sendo destruído pela raça superior de seres já antes conhecidos como "os guardiões" — antes benfeitores e protetores do planeta.

A água é o "sangue da vida" da espiritualidade física, mas a água da Terra está perdendo sua vibração. Como os terráqueos podem continuar existindo se a manifestação física da espiritualidade desaparecer? Veja o caso de Marte. Você ficaria surpreso de saber que esse planeta já foi semelhante à Terra? Sua beleza não tinha paralelo no universo, mas agora nós o vemos seco, arruinado e exaurido.

Nossa própria história como raça está ligada à destruição de Marte e à perda da seiva de vida física dos planetas, chamada H_2O ou água. Por que, então, continuaríamos a destruir o segundo planeta de nossas origens? O primeiro declínio é psíquico, o segundo é o sangue e o seguinte leva à destruição do coração. A próxima etapa leva à destruição da mente humana. Quando a mente perde a noção de suas verdadeiras origens, o suporte da alma não pode mais funcionar. Depois de perder a conexão espiritual, vem a destruição do planeta, como aconteceu com Marte.

Em vez de ver isso acontecer, forças preocupadas com a sobrevivência dos terráqueos estão se reunindo para esse tempo de transição por meio do vórtex mundial. Decidiram que a Terra é importante demais para desaparecer, e assim a condição humana foi acelerada de maneira que, ou sobrevivemos à transição, ou somos eliminados. Se as forças do equilíbrio entre luz e escuridão abandonarem a Terra, o ser humano físico deixará de existir e um novo experimento terá início. Um bilhão de anos não é nada para as estrelas que "piscam". É um mero facho de luz aos olhos da eternidade.

Os próximos anos seguirão o movimento da água e tudo o que ele implica, ou seja, a estrutura geométrica sagrada da luz solar física. As decisões tomadas agora afetarão nossa jornada através da ponte das visões atemporais. Quem e o que somos, *por que* existimos, são questões infinitamente importantes. *Quem* somos modifica o curso dos acontecimentos no interior da visão coletiva do reflexo da Terra. Na verdade, todos nós somos diamantes refletidos nos olhos do universo.

Você reparou em objetos que se movem e parecem estrelas brilhantes, mas na realidade são luzes de longo alcance que "piscam" ou soltam faíscas? O grande "objeto faiscante" azul, T11, observado às vezes à esquerda da constelação Órion em Gêmeos, emitiu uma mensagem:

"Nós enviamos um mago a vocês, um indivíduo que em nossa cultura é considerado uma ponte que atravessa o tempo. Cabe a vocês decidir o que fazer com a visão e o conselho que ele trará para seu mundo. Ele está conosco."

O som luminoso dos arco-íris

"Tu es responsable pour toujours de ce que tu as apprivoisé."

~ A Raposa em *O Pequeno Príncipe*,
Antoine de Saint-Exupéry

"Tu és responsável para sempre por aquilo que cativas."

Mudanças sutis começaram a ficar evidentes na natureza durante o inverno de 2003, antes da invasão do Iraque, quando o clima global mostrou sinais de uma grande mudança ecológica. Por trás dessa mudança havia um "som" misterioso, um pequeno número de pessoas percebeu, ouviu ou sentiu. Esse som pode ser encarado como um sinal para o corpo físico da Terra. Ele permeava tudo.

Embora as árvores, montanhas e mares, plantas, pedras e rochas também tenham ouvido esse "som luminoso", ele não era real para a maioria das pessoas, só para as altamente perceptivas e sensitivas do ponto de vista espiritual. O som era real, não imaginário, e parecia vibrar na própria Terra, no interior das árvores, plantas e rochas. Mas sua origem era o universo.

A natureza estava ouvindo, vigiando, prestando atenção. A humanidade foi advertida; deveria tomar medidas para mudar de rumo, mas no momento em que o som apareceu as mudanças não tinham acontecido. Os governos faziam seus negócios como sempre, e os indivíduos seguiam seu caminho insensato traçado para eles pelas grandes empresas, tecnologias e ciências institucionais.

Desde 2002, o campo de força ao redor do planeta Terra vem mudando. A psique humana, ou o que chamo de "psique Cósmica latente" e transmite vida para o nosso planeta, enche-se com uma nova ressonância. Se você escutar o silêncio interior, esse fato ficará óbvio para você. Em nossa transição para os tempos futuros, o comportamento mental do passado não será transmitido pelo éter dessa nova vibração psíquica, por isso as pessoas foram advertidas para mudar de rumo.

O livre-arbítrio existe como criação divina. Na verdade, antes de criar os seres humanos, Deus criou o "livre-arbítrio", a liberdade de escolher entre viver contra a natureza ou operar com o poder da natureza. Nos últimos cinquenta anos, transformamos o planeta em que vivemos num monte de entulho. O livre-arbítrio também implica a realidade de aprender com nossos erros.

Os índios norte-americanos têm uma profecia segundo a qual saberemos que o fim dos tempos chegou quando os arco-íris no céu se tornarem muito raros ou quase desaparecerem. Uma antiga profecia dos índios norte-americanos diz o seguinte: "Quando as terras estiverem devastadas e os animais estiverem morrendo, uma novo tribo virá à Terra, pessoas de muitas cores, classes e credos; por suas ações e feitos farão com que o planeta reverdeça. Elas serão conhecidas como Guerreiros do Arco-Íris".

Uma velha da tribo Cree, chamada "Olhos de Fogo", profetizou que um dia, por causa da ganância do homem branco, chegará um tempo em que os peixes morrerão nos rios, os pássaros cairão dos ares, as águas ficarão pretas e as árvores deixarão de existir. Então, a humanidade como a conhecemos praticamente se extinguirá.

Esse relato da tribo Cree foi registrado por Lelanie Fuller Stone, de sua avó. Chegará um tempo, ela diz, em que os "guardiões das lendas, das histórias, rituais culturais, mitos e de todos os antigos costumes tribais" serão necessários para restaurar nossa saúde. Eles serão a "chave da sobrevivência" da humanidade. Serão os "Guerreiros do Arco-Íris".

As tribos da etnia Cree dizem que chegará o dia do despertar, onde todas as pessoas e tribos formarão um "mundo novo de justiça", paz, liberdade e reconhecimento do Grande Espírito. Mas, no início, os Guerreiros do Arco-Íris enfrentarão muita ignorância e ódio por parte daqueles que vivem e defendem os caminhos do desequilíbrio das nações.

Nessa época, eu não conseguia imaginar que mudanças podiam interferir na aparência dos arco-íris... Mas, então, surgiram faixas grossas de vapor espalhadas intensamente pelos céus da Europa e dos Estados Unidos. Essas trilhas grossas não são as esteiras de vapor causadas por aviões a jato comerciais. Os aviões que as causam não são visíveis do solo. As longas trilhas grossas de vapor espalhando-se no céu são chamadas "trilhas químicas" ou *chemtrails*.

Ao longo dos últimos dois anos, a diferença entre as trilhas químicas e as esteiras de vapor dos aviões foi analisada e documentada em detalhes na Internet. Não há dúvida de que a proliferação das trilhas químicas causou "arco-íris sujos" ou uma ausência crescente de arco-íris nas áreas mais afetadas. Observei várias vezes as trilhas químicas estendendo-se nos céus e pensei que tipo de piloto subiria lá em cima para espalhar esse veneno. Encontrei a resposta recentemente quando percebi: eles não sabem a verdade sobre o que estão fazendo. Eles foram enganados com mentiras, do mesmo modo o mundo foi enganado sobre muitos outros assuntos, como a guerra no Iraque. Ainda assim, eu não conseguia imaginar que tipo de mentira faria esses pilotos espalharem voluntariamente trilhas mortais no céu dia e noite, mantendo toda a operação em segredo. Então, entendi a rede de mentiras que sustenta a operação como um todo.

Alguns argumentam que os pilotos acreditam que a pulverização é uma solução para os problemas do "buraco de ozônio". A explicação oficial e secreta: algo drástico tem de ser feito, ou a humanidade morrerá nos próximos 20 a 25 anos, talvez 50 anos. Por isso, eles estão pulverizando partículas refletoras, como o alumínio, para desviar os raios prejudiciais de volta para o espaço. Isso lhe parece uma explicação convincente?

Tenho certeza sobre a elite querer refletir certos raios de volta para o espaço, mas são os raios da nova harmonia, os raios da vibração do "quinto mundo" ou quinta harmonia solar, a alteração de frequência que transforma o DNA, o sangue e a vibração psíquica humana.

Posso imaginar a elite global aterrorizada diante de uma grande alteração do DNA acontecendo aqui na Terra — uma mudança psíquica tão dramática levará as pessoas a um despertar espiritual concreto. Essas pessoas perceberão de repente que foram enganadas e agirão imediatamente para deter o fluxo destrutivo de acontecimentos provenientes do "buraco negro" no processo mental humano.

Imagine um despertar espiritual tão sutil que um soldado de repente olha para sua metralhadora ou seu tanque e percebe a "prisão psicológica" da guerra e da morte, toda essa ilusão mortal e mais além. Então, ele já não consegue associar sua arma às atividades que ela implica. O soldado passaria a achar impossível matar outro ser humano...

Textos antigos e profecias dos índios norte-americanos falam num tempo em que o Sol falará. Uma luz e um som diferentes começarão a emanar do Sol ou através dele e, quando chegarem à Terra, causarão mudanças. O novo som modificará a vibração na Terra e ao redor dela, ativando os códigos luminosos do DNA.

Imagine você ser uma entidade alienígena que sugou os seres humanos por muitos milhares de anos. Esse novo "fogo dourado" despertado no interior do DNA humano significa que o negativismo psíquico do qual você se alimentou desaparecerá completamente. Então, você organiza um programa de pulverização de substâncias mortais na atmosfera da Terra para bloquear a frequência ou espectro de luz que ativará a mudança no interior do DNA. Mudança é a coisa que você mais teme, e assim você concebe uma operação do tipo "cavalo de troia" para bloqueá-la.

O novo som vindo do Sol pode ser comparado à voz do Criador. É a última oportunidade que os habitantes da Terra têm de acordar, ouvir e mudar seu estilo de vida. Mas aqueles que se alimentam de terror, destruição, medo, negativismo e guerras não querem nos deixar ouvir esse som, o "som luminoso", que para eles significa o fim da estrada. Assim, eles dão aos humanos um cavalo de troia: a "Operação Trilhas Químicas".

A aliança secreta de governos extraterrestres convence a elite egoísta sobre a morte do seu mundo, a não ser que eles desenvolvam algum tipo de "engenharia geológica" para sua própria segurança. A elite, então, convence seus subordinados sobre tudo isso ser parte necessária da sobrevivência da raça humana, ou ser algo imposto por decisões secretas. Assim surgem as trilhas químicas e os pilotos considerados heróis. A explicação parece tão boa que é mantida num nível de máximo sigilo. Desde quando a pulverização de partículas de alumínio e bário radioativo poderia salvar o mundo da destruição?

O motivo oficial para a pulverização desses materiais no céu é aparentemente convincente, mas com o passar dos anos fica claro: o que eles estão fazendo é matar milhões de pessoas devagar, ao longo do tempo.

Quando você argumenta estar salvando o mundo inteiro, a consciência pode chamar os prejuízos de "efeitos colaterais". Afinal de contas, aparentemente você quer salvar todo o planeta e a raça humana. Se as pessoas percebessem o mundo caminhando para o desastre, haveria perda de controle e as coisas começariam a mudar.

Mas, voltando ao assunto, o verdadeiro motivo da pulverização e do conteúdo tóxico do cavalo de troia é a escravização da humanidade pela eliminação mecânica da evolução Cósmica. A camada refletora de partículas foi concebida para deter a penetração na Terra de uma nova frequência de cor ou luz. É uma guerra espiritual baseada em tecnologia secreta.

Você já reparou na ausência crescente de arco-íris? Ou simplesmente os arco-íris ficaram mais raros? Ou talvez tenham aspecto "sujo"? Ou são muito fracos? As invenções "malditas" de Wilhelm Reich de ativação pluvial pela energia orgônica foram concebidas para gerar naturalmente um reequilíbrio necessário dos sistemas climáticos da Terra. Eu vivo com base em leis simples, e no meu mundo qualquer coisa que destrua os arco-íris é um mau sinal. Assim, eu diria que os arco-íris e a natureza estão dizendo a verdade e os governos estão mentindo.

Somos filhos dos seres luminosos do arco-íris e estamos aqui para viver de acordo com essa luz. O som, a frequência de luz especial vindos do Sol, está alterando o DNA humano e a vibração misteriosa da "psique latente", que também é o "campo de força psíquico". Essa energia especial é parte da mensagem luminosa do Povo do Arco-Íris?

Os índios norte-americanos sabem: se chegar o tempo em que não virmos mais os arco-íris no céu, será o fim de tudo. Nesse momento, você perceberá as mudanças globais como irreversíveis.

Felizmente para nós, outras coisas estão acontecendo em nosso planeta e ao redor dele. O som também vem da própria Terra, provavelmente nosso "disco de *backup*", caso a situação chegue a um ponto crítico. Ou seja, no próprio interior do campo de força psíquico, a mudança está acontecendo e está sendo ouvida. Ela transforma o "éter latente", por isso não pode ser bloqueada. O DNA também está mudando. Espero que, quando percebermos o objeto dentro dos muros da cidade como nosso inimigo, todos nós possamos respirar sem cair depois.

Para entender a estratégia de segurança da Terra, você tem de se livrar totalmente do medo. O medo faz você poder ser controlado. E, sujeito ao controle, você acaba numa situação de ruína em que as forças ocultas planejam controlar seu futuro e o futuro dos seus filhos. Em vez de ser manipulado por essas forças, é tempo de acordar e assumir o controle de sua própria vida, agindo como um indivíduo soberano, um ser soberano — não um escravo.

A humanidade nasceu da "divindade psíquica" e não pode ser controlada. Mas os homens serão donos do seu próprio destino só quando encontrarem a verdadeira compaixão. Esse, portanto, é o desafio que nos espera nos próximos meses e anos. Encontre a compaixão! Aja de acordo com ela!

"Tempos estranhos são esses em que vivemos, nos quais velhos e jovens são ensinados na escola da falsidade. E o único homem que ousa dizer a verdade é considerado ao mesmo tempo um lunático e um tolo." ~ Platão

O despertar da energia do vórtex

"Toda tecnologia que funcione suavemente terá a aparência de magia."

~ Arthur C. Clarke

A concepção humana da realidade é um consenso definido culturalmente sobre o significado de imagens e símbolos vistos, interpretados e compreendidos como elementos-chave da cultura em que vivemos. Em outras palavras, para sobrevivermos depois do fim dos tempos, temos de concordar em interpretar o código de maneira que nos fortaleça. A realidade é redefinida pela compreensão mais profunda dos símbolos ou hieróglifos. Assim, o "saber" é outra consciência interna ou psíquica que usamos para redefinir nossa visão de mundo. Na verdade, é o caminho para entrarmos num acordo sobre assuntos de fé e magia. É o "Caminho do Mago".

A experiência mística é a dinâmica do desconhecido. Em seu livro *The Way of the Explorer*, o dr. Edgar Mitchell escreveu: "A dimensão mística não pode ser vivida intelectualmente, assim como não se pode nadar fora d'água". Em outras palavras, você só pode entender a magia das estrelas se a experimentar pessoalmente.

A mente e a matéria não são — como se ensinou e pensou por milênios — domínios separados. São dois aspectos inseparáveis de uma realidade em evolução constante, dois lados da mesma moeda. Da mesma maneira, os sinais das estrelas, os planetas, o universo e a humanidade são uma realidade única em constante evolução.

Aleister Crowley disse: "Quando entendemos o inexplicável e o abstrato, eles passam a ter mais sentido do que o inteligível e o concreto". Muito tempo atrás, a ciência e o misticismo estavam unidos na atuação com o vácuo do reino mágico. Como mago, posso ver as duas forças voltando para o palco central da ciência ao longo das próximas décadas. Na verdade, elas têm de se reunir no uso da mente sobre a matéria para descobrirem o "poder do abstrato".

A matéria *é* a mente. Levar em conta só a realidade física sempre foi encarado pelos místicos como uma maneira instável e imprevisível de navegar pela paisagem da vida. A mente e a matéria, unidas numa coisa só, apontam para uma "super-realidade" única, inefável, incerta e interligada em toda parte. A realidade tem duas faces, os dois deuses gêmeos do signo de Gêmeos: o plano físico e mental ou a existência e o conhecimento — uma "díade", isto é, um par inseparável.

Quando Netuno e Quíron estiverem a caminho do signo de Peixes por volta de 2012, veremos a ciência e o misticismo reconciliando-se com a magia das estrelas. Quem sabe então será criado um "Prêmio Nobel de Magia Zen"...

Cientistas e teólogos intelectualoides não terão escolha a não ser respeitar e reconhecer o "sexto sentido" mágico pelo que ele é: uma ferramenta de navegação importantíssima e essencial, a mais primitiva, a mais antiga e, no entanto, a mais precisa. Emanando obviamente de um nível molecular subatômico, a consciência psíquica dá acesso de ida e volta à mente profunda, ao processo intuitivo, à energia astrológica, à intuição psíquica, à percepção de ressonância não local como por exemplo a chamada "percepção extrassensorial", assim como à avaliação interior do bem-estar mental e emocional.

O plano psíquico equivale a um "radar" espiritual e a um sistema de orientação avançados. Sem ele, os seres humanos não podem ir longe na vida. Sem ele, estamos perdidos. Eu não poderia ter feito previsões tão exatas como a recontagem dos votos na eleição de Bush em 2000, a partir de um ponto de observação em Palm Beach, em dezembro de 1999, quando nem Bush nem Gore eram até mesmo candidatos. Eu não poderia ter escrito este livro sem meu *feedback* Cósmico.

A magia é a arte de criar o efeito desejado. A magia das estrelas é o exercício dessa arte em sintonia com as forças cósmicas, ou agentes sobrenaturais, como as estrelas, os planetas e as galáxias. No entanto, não vejo nada de sobrenatural em aproveitar a energia de ressonância não local que pode ser domesticada pelos homens por meio da concentração interior. A magia das estrelas é intenção e consciência unidas numa coisa só. Consciência é a percepção de energia, enquanto intenção é a propagação intencional dessa energia. Percepção e concentração dirigida de energia criam a magia das estrelas.

Todos nós estamos atravessando agora uma "dobra do tempo" que causa mudanças rápidas e múltiplas. Bem-vindo ao círculo mágico daqueles que entram agora no despertar da energia do vórtex. Essa mudança não é boa nem má. Simplesmente é o que é. Faríamos bem em aceitar a mudança, adaptando-nos a ela de maneira inteligente, escutando o silêncio dentro de nós e observando o espaço cósmico entre os espaços.

A iluminação ou paz de espírito é uma coisa rara, mas você tem de encontrar esse espaço para entender o que está acontecendo. A maioria dos seres humanos está sendo pressionada para perder sua "bússola" de orientação interior, sua consciência psíquica e sensitiva.

As visões de mundo acumuladas de grande número de pessoas mais sábias será necessária para explorar o potencial que nos espera ao longo da próxima década. A humanidade tem de despertar agora. Quando a maioria das pessoas entender a importância do que tem de ser feito, pode ser tarde demais. Essa transição é uma renúncia total ao nosso saber previamente adquirido.

Hoje, com Urano em Peixes, somos capazes de entender e aplicar a astrologia estratégica, despertando as massas de maneira espetacular e, com Plutão em Sagitário, transformando radicalmente a fé. Com Netuno em Aquário, as soluções funcionam no plano global e até universal. Ao contrário dos especialistas maias, védicos e outros, que respeito profundamente, não tenho interesse pelos sete planetas interiores, visíveis a olho nu, pois meu mundo começa onde o mundo deles acabou há muito tempo. Tenho a sensação de que os radiantes magos atlantes trabalhavam com mais planetas do que os que conhecemos hoje em dia.

As grandes tradições herdadas de antigos pensadores e filósofos estão ancoradas firmemente como um ponto de partida a ser aplicado em nossas vidas individuais e num universo que podemos reinventar e reformular em nosso caminho. Isso requer duas coisas: saber e imaginação. É óbvio que não encontraremos nenhuma dessas habilidades valiosas no contrato do sistema social que assinamos ao nascer numa época como essa. Mas podemos desenvolvê-las apesar de tudo.

De que sistema contratual estou falando? Até hoje, o exercício intelectual chamado espiritualidade e existência mostrou ser muito difícil para a maioria da humanidade, que só parece capaz de satisfazer desejos materialistas. O resto de nós está disposto, talvez por uma questão de necessidade, a erguer nossos olhos para os portais das estrelas e observar qualquer um dos sinais planetários emitidos pelas forças criativas do universo. Isso nos dá pontos de referência globais para nossa existência natural. Em outras palavras, logo teremos de passar de uma dimensão para outra.

Quando a maioria de nós nasceu na Terra, durante o século XX, recebemos — sem saber e sem concordarmos necessariamente com ele — um contrato do sistema social e universal de comportamento humano. Esse contrato foi elaborado pelos poderes que tentam controlar o planeta. Raças alienígenas também estão envolvidas nisso, sendo uma delas uma raça reptiliana regressiva sem bancos genéticos para evoluir. O sistema desse contrato remonta a muitos séculos atrás e até milênios, com o surgimento da intenção de sacerdotes sombrios de escravizar a humanidade e submetê-la à sua vontade.

O acordo ou contrato ao qual a maioria das pessoas adere é comumente conhecido como a "matriz", ou as organizações globais da elite tipo "Big Brother" — como utilizado por George Orwell no livro *1984*. Exemplo disso é a Agência de Segurança Nacional dos EUA (NSA — *National Security Agency*), controlada pela tecnologia alienígena de engenharia reversa. Esses sistemas regressivos de controle só existem quando os toleramos. Muitas pessoas deste planeta aderem ao acordo. No momento, somos como cegos seguindo cegos.

Os poderes que lhe ofereceram o contrato nunca admitiram isso, mas eles não pretendem realmente cumprir sua parte no acordo, que é "sua segurança" — e, seja como for, o próprio contrato não tem o menor sentido. Mas mesmo o acordo prometido não será cumprido. É por isso que abandonei o sistema há muito tempo; previ o colapso da Terra em decorrência da desordem que criamos *no interior do sistema.*

O "contrato" e o "acordo" são a arquitetura estrutural da sociedade em que vivemos, do planeta que habitamos e exploramos. Os antigos diriam ser a Terra um lugar controlado por anjos decaídos, forças e entidades sombrias. Forças do mal, elas acham que podem assustar os humanos para aceitar a perda da liberdade em troca de uma segurança maior.

É uma pena os humanos não perceberem que têm mais poder do que os anjos decaídos. Eu simplesmente diria: atualmente vivemos num asilo de loucos chamado Terra, com alguns lunáticos no comando. Eles dirigem um asilo de seis bilhões de pessoas passivas e elas concordaram em ser enganadas, exploradas, controladas e manipuladas.

Também defendo a hipótese dos governantes da elite humana dependerem de uma força do mal com a qual eles também fizeram um tipo de "acordo". A maioria da população humana adotou sua maneira de pensar porque não deu valor a seu próprio despertar espiritual. Essa recusa é um caminho sem retorno, leva a um beco sem saída. Enquanto concordarmos com esse "contrato social" estaremos contribuindo para a insanidade.

Como disse J. Krishnamurti de maneira tão eloquente: "Adaptar-se bem a uma sociedade profundamente doente não é um sinal de boa saúde". No nascimento, somos confrontados com o "contrato social" e temos de decidir se viveremos de acordo com suas regras insanas. Com isso, estamos "traindo a Terra" ou vivendo de maneira inteligente? A partir do momento em que aceitamos o "contrato da traição", fingimos ter uma boa educação patrocinada, criada e monitorada pelo sistema, tanto público quanto privado. Quando seguimos esse caminho, o sistema que perpetua o "saber" — a agenda e os programas de operação do *status quo* — nos é imposto com o conjunto de crenças chamado "religião".

Um fluxo constante de alucinações auditivas e visuais e aquilo que nos dizem ser música "agradável", filmes de realidade virtual e a maioria dos programas "educativos" de televisão condicionam nossa mente para atravessarmos a vida como sonâmbulos. Os meios de comunicação inibem o sono REM (*Rapid Eyes Movement* ou Movimento Rápido dos Olhos) e programam sutilmente ou até controlam nossa mente para sermos bons membros do sistema. A "espiritualidade" do sistema é baseada no medo. Enquanto isso, as pessoas são alimentadas com organismos modificados que desestabilizam mais ainda suas mentes, para funcionar contra a natureza.

A indústria da publicidade faz você acreditar que deveria dirigir um carro de luxo com um aparelho de som impressionante — ou deveria deixar o carro dirigir a si mesmo com um sistema embutido de autonavegação, para o *Big Brother* encontrar você mais facilmente caso você se perca. Não se importe com o fato de não haver, logo, mais estradas onde você possa dirigir, devido a terremotos de grandes proporções, deslizamentos de terra e inundações.

Seus filhos serão imbecilizados com implantes subconscientes de alta tecnologia planejados como vacinas. Eles também vão gerar e criar membros igualmente imbecilizados da sociedade. Sua segurança e a segurança de sua família será garantida sem falhas do berço ao túmulo, e depois aos descendentes. Enquanto isso, as pessoas conscientes adotarão uma existência longe da "matriz", como os elfos antes delas.

A sua alternativa nessa situação é prestar atenção aos "Entes Especiais". Alguns seres de luz surgirão fisicamente neste mundo. A maioria agirá a partir de domínios invisíveis e interdimensionais. Se quiser, você tem condições de ver, ouvir e falar com as dimensões invisíveis. Guardiões e colaboradores da raça humana existem de fato, mas cabe a você desenvolver a sensitividade para interagir com eles.

O "olho no céu" pode querer vigiar a todos nós com fins "humanitários e benevolentes". Seu computador central de rede pode transmitir um *script* eletrônico de obediência sobre um determinado assunto num tempo predefinido. O alcance de transmissão do *script* pode ser limitado a um único prédio ou cidade. Talvez mais tarde ele se estenda para cobrir uma grande zona geográfica como a América do Norte, a Europa ou ambos, ou talvez todo o planeta.

Em troca do bom comportamento e dos cuidados vindos do sistema, você terá de abrir mão de sua liberdade. Isso significa o fim da liberdade de expressão e de imprensa. O fim do direito de reunião e de criticar o Estado. Você não estará seguro pessoalmente ou na sua casa, livre da fiscalização do Estado. Terá permissão de viajar só quando e para onde o Estado permitir.

Seguindo em direção ao pior futuro possível, você não terá direito de abrir ou dirigir seu próprio negócio nem o direito de trabalhar como autônomo. Será proibido de inventar, pensar, escrever, desenhar, pintar, esculpir ou criar coisas que o Estado considere perturbadoras, e só poderá ter a quantidade exata de filhos autorizada pelo Estado.

Logo depois do mundo inteiro começar a ser governado por esse sistema, a economia mundial entrará em colapso, assim como Roma e o Império Romano entraram em colapso. As cidades serão devastadas como está dito nas previsões dos maias, dos xamãs e dos sinais astrológicos no céu, e quase todas as pessoas, inclusive as que aceitaram o "contrato" com o sistema, morrerão de doença, inanição ou violência. Poucos de nós sobreviverão.

O caos prevalecerá por algum tempo até as coisas voltarem ao normal. Os métodos do sistema para modificar o comportamento terão sido inúteis. Por isso aconselho você a abandonar agora, do ponto de vista psíquico, esse sistema mentiroso. A partir de 2009, podemos esperar os efeitos da má administração do sistema começarem a ficar evidentes ao redor do mundo. Será como uma doença mental, começando no interior dos EUA e crescendo como um câncer para englobar outras áreas.

A chegada de Plutão em Capricórnio será provavelmente um anúncio do "contato" com extraterrestres. Já surgiram sinais claros de raças não humanas nos observando. O contato também incluirá a aceitação e prática da astrologia de alto nível. Não resta muito tempo para tomar uma decisão sobre continuar dentro da "matriz" ou recusar-se a tomar parte nela para criar suas próprias soluções inteligentes.

Você tem de entender: aquilo que percebe como "realidade" é uma inversão do seu senso natural de auto-orientação e saber. Deixe-me explicar isso de maneira mais sutil, mostrando-lhe uma porta para você atravessar a realidade psíquica interior. Percebemos sobre nós mesmos uma mera construção mental de algo que antigamente era real e verdadeiramente poderoso.

A manipulação genética transformou a realidade do que percebemos numa projeção. Por meio da criação de imagens mentais, achamos que percebemos a realidade, quando na verdade é só um fragmento dela. Uma visão mais ampla inclui a consciência de reinos invisíveis, reinos espirituais, reinos transdimensionais... e assim por diante.

Com uma consciência extremamente limitada tentamos dar sentido ao que na verdade não entendemos. Tentamos lidar com isso, mas não compreendemos quem realmente somos, e o sistema usa nossa ignorância em benefício próprio.

A realidade foi deturpada para a humanidade, espelhada, invertida, virada de pernas para cima e cabeça para baixo. É como se vivêssemos dentro do negativo de um filme fotográfico. Nossa existência é como uma cópia de papel-carbono, não o original que deveria ser.

Na verdade, vivemos numa ilusão. Podemos recuperar nosso poder original entendendo primeiro a ilusão criada por nossos sentidos e nossas capacidades mentais deturpadas, para começar a reconstruir a nós mesmos a partir de dentro. Ninguém pode nos ensinar esse processo; temos de aprendê-lo — nos auto-orientar — por conta própria.

Você é seu próprio poder e tem de entender isso claramente. Ninguém fará por você o que você pode e deve fazer a partir de dentro. O sistema colonialista está aqui para enganá-lo e transformá-lo num escravo — com sua cooperação. Dando-se conta dessa lei Cósmica do processo de inversão, as pessoas tendem a olhar para fora, no interior do sistema, procurando respostas e orientação. Mas *nós somos a resposta.*

Nossa missão é seguir adiante em direção ao canal de energia, não regredir em direção ao tempo vertical. Nós somos a energia que procuramos. Quando você entender isso, a inversão será derrotada. A paz, então, se seguirá naturalmente.

"A observação da Fonte em Todas as Coisas é o princípio de que todas as manifestações de vida contêm uma expressão da Fonte Primária. Por mais que a energia unificadora tenha sido distorcida ou pervertida, a Fonte pode ser observada. É o ato de perceber a unificação da energia, mesmo quando as manifestações exteriores parecem aleatórias, distorcidas, fragmentadas ou caóticas." [A Filosofia dos WingMakers, Câmara Um: "Observance of Source in All Things" ou "Observando a Fonte em Todas as Coisas". Citação do **website** ***Wingmakers.com]***

Crianças do futuro

"Além de um ponto crítico dentro de um espaço finito, a liberdade diminui à medida que os números aumentam. A questão humana não é quantos têm condições de sobreviver no interior do sistema, mas que tipo de existência é possível para aqueles que sobreviverem."

~ Frank Herbert: *Dune*

Até agora ainda não comentei o lado extraterrestre, ou digamos o lado do mundo "invisível", do conflito Cósmico, que levou à ruptura do saber original em vários fragmentos isolados. Como astrofísico, sei muito bem: a filosofia da astrologia é talvez mais antiga do que o próprio tempo, se a encararmos de um modo apropriado ou "primitivo". A astrologia é a mãe de todas as ciências e é a "linguagem cósmica" por excelência. Talvez seja anterior à própria Terra. Para mim, é a manifestação visível das frequências originais.

Logo chegará o dia dessa realidade cósmica ser de novo a ciência principal, excluindo a religião. Eruditos e sábios antigos estudaram astrologia. O célebre pensador jesuíta Pierre Teilhard de Chardin (1881-1955) desenvolve esse tema em sua teoria da "cosmogênese". Não sou um especialista em tudo, mas graças à astrologia posso entender melhor quais perguntas relevantes devo fazer. Assim, consegui me informar rapidamente sobre diversas áreas de conhecimento. Usei essa atitude aberta para reunir informação e escrever meus livros.

De alguma maneira, a astrofísica e a passagem de Urano (que rege a astrologia como ciência) em Peixes, símbolo da compaixão e do misticismo cósmico, até 2011 certamente lançará luz sobre algumas questões. Quero mencionar algumas delas. Quero examinar vários assuntos do nosso planeta e do universo, pois vejo uma relação entre eles durante esses movimentos planetários. Também gostaria de apresentar meus pontos de vista para dar uma ideia adequada ou apropriada das peças principais do quebra-cabeça.

As religiões dominantes na Terra vêm na verdade de uma única escola de pensamento. As escrituras originais foram ocultadas quando os fragmentos da escola original começaram a se separar e disputar o poder. Cada fragmento individual "achava" que tinha razão e os outros estavam errados. Mas todos vieram da mesma fonte. Fragmentando o conhecimento, perverteram os ensinamentos originais e destruíram até seu pequeno fragmento de "verdade".

Temos de encontrar nosso caminho de volta à fonte original, ao material original, e então ir além. Eu amo em meus canais do tipo "portal do tempo", de comunicação entre os mundos, eles não poderem ser destruídos, fragmentados ou modificados de maneira alguma. A linguagem deles não é escrita; é uma linguagem viva de verdade e luz. A sabedoria na Terra se fragmentou e se perdeu, mas não naquele outro mundo. Ali ela continuou, e ainda está intacta.

A alma humana é objeto dessa "guerra entre fragmentos" e os próprios seres humanos são agora o campo de batalha. De onde viemos e para onde vamos? São perguntas antiquíssimas cujas respostas estão escritas nas estrelas, perto do 13º signo da constelação de Ophiuchus (Serpentário), o encantador de serpentes ou a Consciência de Cristo; perto do Cruzeiro do Sul.

O mundo de hoje tem obsessão por salvadores individuais ou messias futuros e a paz que eles trarão à humanidade. Mas sem paz agora — hoje — não haverá paz futura. Isso já foi tentado muito tempo atrás. Seres de luz vieram à Terra para "salvar" seus amigos e companheiros decaídos. Talvez seja essa a origem da história imaginária. A tentativa deles falhou.

Por que falhou? Porque seus amigos decaídos e presos à Terra não os reconheceram e voltaram-se contra eles. Então, começou uma nova batalha — as almas presas à Terra contra os seres de luz. Esses "salvadores" tiveram de aceitar a verdade amarga: os que eles amavam se tornaram inimigos — e, de certo modo, os inimigos somos você e eu.

Os seres de luz que desceram à Terra foram contaminados pela doença da raça humana que eles tinham vindo "salvar". Então, uma nova leva de "salvadores" chegou para resgatar o primeiro grupo de salvação da Terra. As almas presas à Terra viram a nova onda de "libertadores" como uma invasão. A confusão foi completa.

Então, os antigos sábios arquitetaram um plano para lidar com o aspecto estranho desse novo problema. Formaram uma rede altamente complexa de seres espirituais extraterrestres e de outras dimensões, cujo objetivo era ensinar, iluminar e apoiar a nova leva de libertadores.

As mudanças necessárias — como ficou claro — só podiam ser acionadas a partir do interior de cada um. A força do mal, claro, não quer permitir isso. Assim, uma estranha batalha está sendo travada dentro dos próprios seres humanos. Como eu disse anteriormente, "os humanos são o campo de batalha".

No futuro, os "Entes Especiais" mencionados acima nos vencerão no jogo de xadrez da vida. Eles se recusarão a viver uma vida de violência. Com isso quero dizer pensamentos violentos, ódio e a divisão entre mundo interior e exterior. Eles não precisam de um messias para salvá-los, pois os libertadores ajudarão e salvarão a Terra. Só sentirão pena das pessoas que rejeitam a realidade e sua responsabilidade planetária para fazer parte de um mundo insano.

Esses entes sabem como viver e recusarão todo tipo de programação e doutrinação da religião e da hierarquia fragmentada. Para eles, o tempo na Terra deve ser usado com ações, com providências e o cumprimento de sua missão. Eles não conhecem meio-termo. Só conhecem o amor e o amor deles é terrível, pois abrange tudo e está livre das sombras da dúvida.

Esses entes não podem ser detidos pelo dogma e pela fé. Você não precisa acreditar na verdade quando a vê claramente. Eles são o futuro da Terra. Tratarão os últimos remanescentes agônicos das ordens religiosas com a consciência silenciosa de serem uma massa decadente, parece mentalmente retardada e fisicamente incapaz de ação.

Um messias capaz de resolver nossos problemas? Para os participantes responsáveis deste mundo, o que significa o anúncio "nova era" ecoando ao redor das cavidades internas do nosso cérebro sobre "crianças" futuras que nos levarão a um mundo novo? Chamo isso de escapismo.

Não sei se é possível dizer isso de maneira diplomática. Mas escapismo é argumentar que as "crianças com consciência crística" ou "crianças Índigo" são nossos salvadores. Pare e pense um pouco sobre isso! É interessante quando investimos nosso poder numa ideia.

Uma criança bonitinha, mais ou menos como eu fui, vem à Terra; talvez várias delas entrem na realidade física em todo o mundo. Serão os emissários e embaixadores de Sirius? Das Plêiades? De Aldebarã? De Andrômeda? Ou são filhos de nossa humanidade? Muitas dessas crianças são sensatas, pacíficas, em contato com a Terra e com o universo.

Ora, vamos e venhamos! Os humanos brutais e violentos sempre dependeram psicologicamente da religião organizada e dos líderes políticos mas não fizeram nada para transformar a confusão interior, a raiva, a divisão, o medo e a agressão. Esses agora anunciam ao mundo que seres bonitos e avançados (crianças) estão aqui na Terra para resolver nossos problemas? Ou levar-nos para um mundo novo?

Portanto, aqui está uma criança bonitinha. Você pode usá-la para eliminar as divisões políticas, psicológicas e sociais que você criou, eliminar sua própria divisão psicológica interior. Mas como? Se isso fosse possível, não acha que já teria acontecido há muito tempo? A regra é: se você cria confusão, trate de resolvê-la por conta própria ou afunde no buraco que você mesmo abriu.

Estamos aqui para avisar aos que querem agir: tratem de fazer uma mudança alquímica do tempo-espaço, uma mudança interior, não exterior. O ser humano (o "eu") viveu até agora uma vida de confusão. Os conflitos interiores não foram resolvidos e a tentativa de encontrar uma solução externa para os problemas internos não deu em nada. Enquanto isso, os seres "confusos" destruíram boa parte deste mundo.

A poluição psicológica (kármica) só faz aumentar devido aos crescentes conflitos e medos interiores não resolvidos. Então, o que devo fazer como entidade responsável vivendo neste planeta? Devo anunciar que o salvador chegará em breve, ou avisar das crianças especiais cuja missão é ajudar você e eu a evoluir, ajudar você a resolver seu estilo de vida destrutivo, ajudar você a mudar? O livre-arbítrio significa: a escolha é sua e só sua. Não tem nada a ver com alguém ou alguma coisa sem relação com sua própria liberdade de decidir qual a direção a seguir.

Quem garante que essas crianças bonitas estão aqui para "dar um jeito" depois dos erros do cérebro antigo? Quem garante que estão aqui para ocupar suas mentes com problemas do passado? Quem garante que os recém-chegados têm alguma relação conosco? Talvez estejam aqui por outro motivo. Talvez a era dos criadores de problemas tenha acabado e algo novo esteja prestes a acontecer.

Os criadores de problemas, parece, só têm essa obsessão de criar problemas — a serviço do "eu". Para eles, a "nova era" significa: tudo de novo que chegar ao planeta estará aqui para se ocupar com seus problemas. A ideia de uma inteligência nova estar aqui na Terra para resolver a enrascada dos criadores de problemas é simplesmente sem sentido. Talvez esses seres estejam aqui por outro motivo: não é absolutamente para ajudar o cérebro antigo entrar num mundo novo.

No meu modo de ver, cada ser humano, ou indivíduo como entidade soberana, é responsável por seu "eu" e pela transformação do "eu". Não acho que qualquer entidade seja responsável pela transformação de outras. Um mestre aponta o caminho para a transformação interior. Um mestre não é alguém interessado em transformar ou aliviar os problemas, fobias, medos ou conflitos de outros seres humanos. Se a ponte interior não existir, duvido que uma criança possa construí-la ou consertá-la para os outros. Por isso digo: "Deixem as crianças em paz!" Deixem elas existir! O novo é o desconhecido.

Vejo um futuro onde os criadores de problemas levarão todos os seus problemas às crianças ou a mim, mas ouvirão uma resposta bem-educada: "Por favor, deixem-nos em paz porque temos trabalho a fazer". Isso significa que podemos trabalhar juntos, cooperar e ajudar uns aos outros. Mas nosso modo de cooperação é diferente do sistema existente hoje em dia, baseado na dependência.

Os "Entes Especiais" não têm relação com qualquer coisa que os atuais ocupantes da Terra estejam fazendo, criando, construindo ou mantendo. Como um ser fora do tempo pode se comunicar com um ser preso à ilusão do tempo psicológico? Os dois não podem se comunicar. Portanto, sua atual manifestação na Terra precisa ter outra função, outro motivo. Quem está preso ao tempo não enxerga isso. Só consegue pensar em si mesmo. O "eu" é produto do pensamento e a alma está fora do mundo do pensamento.

A maioria das pessoas, não todas, mas a maioria... vive no planeta Terra como se fosse invasora de uma casa enquanto o dono está fora. Não se importam com o modo de vida dela: enchem a casa de lixo, resíduos tóxicos e sua imundície acumulada. Sujam a água e deixam a casa virar um pardieiro. Quando uma criança inteligente não consegue aguentar o fedor tóxico da podridão e da decadência e pergunta aos outros ocupantes da casa o motivo daquela confusão, eles respondem: "Um dia o dono vai voltar, vai limpar a sujeira e pôr tudo em ordem".

Se você imaginar a casa como a mente e o corpo físico humano e que você *é* o dono deles, a solução se apresenta imediatamente. Os "donos que vão voltar" são os entes recém-chegados à Terra, mas eles não pretendem esperar alguém pôr tudo em ordem. Eles pretendem fazer isso por conta própria.

Histórias sobre vetores do espaço-tempo

"Por volta de 2010, a humanidade estará exteriorizando a essência dos céus interiores."

~ St. Clair

Nos primeiros anos de minha infância, senti às vezes, quando estava menos entulhado com todo o "conhecimento" dos adultos, a totalidade de minha própria vida como um único momento exemplar que incluía as vidas passadas. Na astrologia, isso significa o holograma completo de estrelas e planetas no nascimento em progressão e movimento, como uma força concentrada e única, uma coisa evidente em si mesma... um vetor em direção ao espaço-tempo. Enxerguei toda a minha existência de novo quando conheci o "Mestre da Luz".

Isso acontece com todos os seres humanos, mas só poucos conseguem sentir, e menos ainda conseguem entender e decifrar o holograma espiritual dessa energia essencial. O tempo é uma ilusão. Isso não significa que nosso caminho se estenda diante de nós como uma realidade fixa, ela pode ser alterada ou mudada. O holograma não é uma realidade física, imutável e finita. É uma energia dinâmica entrelaçada dentro de nós, tão colorida quanto um arco-íris e tão variada quanto todo o universo das estrelas.

O momento físico do nascimento é a marca holográfica do universo. Quando o ser humano respira pela primeira vez ao nascer, deve-se olhar para o leste para ver qual o grau astrológico do signo Ascendente. No meu caso era o 23º grau de Sagitário, corresponde ao símbolo sabeu: "Grupo de Imigrantes Preenchendo os Requisitos para Entrar num Novo País". Talvez este planeta, a Terra, fosse o local onde eu tinha de chegar naquele momento, trazendo o saber das estrelas dos extraterrestres. Quando chegam ao ciclo terráqueo, aqueles de nós capazes de lembrar tanto o passado quanto o futuro também conhecem o mapa do mundo e como ele evolui.

As chamadas "nações poderosas", seus líderes e uma série de países entrarão em colapso. E, é claro, suas empresas "prósperas" terão o mesmo destino. Os mercados desabarão e os negócios virão abaixo como um castelo de cartas de uma economia inexistente, sem motivo aparente. Mas o motivo será um movimento cósmico e coletivo da "energia essencial", ajudado por algumas mudanças climáticas.

Quando eu estava crescendo no país chamado Suíça, cercado pelas montanhas, sabia que acabaria vivendo à beira-mar, diante de uma praia. Essa imagem eu recebi e enviei. Os dois lados do espelho, dentro e fora... e é claro, aconteceu justamente isso, vivi na beira da praia. Agora vivo à beira de um lago. Quando era menino, costumava dizer a meus pais que queria viver numa grande torre à beira de um lago, e esse foi o primeiro e único apartamento oferecido a mim quando voltei a esse litoral. Agora, é minha torre mágica de Rivendell (Valfenda) — cidade dos elfos em *O Senhor dos Anéis* —, diante do "Espelho de Galadriel", meu lago.

Alguns preferem as montanhas enevoadas. Seja como for, nossa vida nova exigirá silêncio e paz. Teremos de achar locais seguros longe da "matriz". Talvez devêssemos criar um "Eldorado" numa montanha perto do mar, se não ficar diretamente à beira-mar ou numa ilha, pode estar voltada para um mar de estrelas. *Waterworld*, um mundo marítimo: Urano em Peixes até 2011, e depois Netuno em Peixes até 2025, será então o emblema místico dominante por um longo tempo, muitos anos, espelhando de volta para a Terra várias mudanças inesperadas no mar e na paisagem.

O chefe Seattle disse que a Terra não pertence aos homens, mas os homens pertencem à Terra. Qualquer coisa feita à trama da vida, já que somos fibras e partes dela, faremos a nós mesmos. A Terra, outra interface da "energia essencial", é portanto nossa hospedeira e nosso lar. Só precisamos ter certeza de ainda termos uma Terra onde valha a pena viver daqui para a frente, pois sinto as coisas saindo um pouco do normal, para dizer o mínimo.

Os próximos anos serão decisivos e exigem "orientação antecipatória", isto é, como lidamos com a essência de nossa interface holográfica, nossa morada interior, e como cuidamos dela... para entrarmos em contato com a trama de vida espiritual de Urano em Peixes. Para isso estamos nos preparando — para a transição dos magos. Aprendi uma coisa estranha: ninguém pode me dizer quem serei no futuro. Estou criando agora uma dinâmica viva. Na verdade, aprendi que não existe futuro nem passado; só existe um "agora" sempre presente; contém todas as realidades nesse momento. Elas estão ali como um potencial num mapa astral em movimento.

Em algumas ocasiões, a pessoa que tenho de ser veio por meio de algum tipo de "portal do tempo" e entrou em contato comigo. Existe uma sensação de mutação genética ou evolução acontecendo dentro da transição iluminada do mago — a transição esperada pelas pessoas do futuro. Aquilo que recebemos ao nascer continua escondido de nós até pedirmos concretamente à nossa orientação ativar esse potencial.

Somos um tipo de dinâmica viva, e uma parte de mim quer criar a outra realidade aqui e agora, uma vida totalmente diferente da atual. No entanto, meus níveis mais sábios do ser me dizem para continuar na transição atual. Antevejo uma ocorrência que levará a todos nós para um novo futuro. Já passei pela mesma coisa antes. Na verdade, vi e fiz esse trabalho muitas vezes. É a batalha de "Merlin" ou de "Gandalf" contra o tipo de realidade "Mordor" (a terra de Sauron em *O Senhor dos Anéis*).

As pessoas mais sábias da história realmente nunca precisaram dizer uma única palavra, e as pessoas logo descobriam por conta própria que não conseguiam ficar dentro de um campo de energia tão intenso. Quando o espírito nos transferir para outro lugar, a riqueza será medida em termos de felicidade humana e não em termos de "culto do eu". A orientação de nossos ancestrais, ou "as pessoas que somos para além do tempo e do espaço", nos levará mais perto desse campo de energia fora do comum. O mago mais sábio — aquele que se vira para olhar para mim quando observo intensamente a realidade de meia distância — tem ao redor dele uma energia incrivelmente poderosa, mas paciente. Ele é pacífico até certo ponto, mas é insistente, cutucando-me várias vezes.

Os tempos ficarão estranhos. A trama de *Wyrddyn* (Merlin) é um complexo de oposições abstratas. O contraste entre o silêncio pacífico e a força imensa é aquilo que me disseram chamar-se "evolução morfogenética". A força luminosa está sendo acionada dentro daqueles de nós que farão acontecer a evolução genética.

Não temos tempo a perder se quisermos ver o surgimento do "Eldorado" ou de quaisquer outras "Ilhas de Luz". Teremos de atravessar tempos difíceis do ponto de vista emocional, e alguns de nós sentirão muitas vezes esses sentimentos "queimando" por dentro. Aprenderemos a navegar pela vida de novas maneiras, a fim de criar e transformar.

O "Eldorado" não é para os medrosos. O espelho do espírito me mostrou a realidade de nosso triste mundo, e as consequências afetam a todos nós. Você não chega aos níveis da "revelação" seguindo na dependência de outros que você espera serem capazes de criar a ordem para você, apesar de alguns acreditarem nisso.

Enquanto nos preparamos para a mudança de percepção ou elevação da consciência — a "Transição do Mago" — para além do plano dos juízos de valor e das críticas, para *conhecer* a unidade do ser, não pode haver erros. Os enganos não são permitidos nem são possíveis. Não há nada para julgar ou mesmo para lamentar. Não julgamos; *vemos*. Os jogos de pensamento autodestrutivos são ilusões transitórias que nos mantêm presos à vontade do "eu", sem condições de vivenciar a unidade do ser — o dr. Ed Mitchell considerou esse conceito fundamental quando o entrevistei. Ele também sugeriu criar ativamente nosso futuro, não ficar sentados "esperando" ele acontecer.

Espero mais acontecimentos inesperados no mundo exterior, pois algumas profecias feitas por seres humanos chegarão ao fim, salvo melhor juízo. O que está prestes a entrar em nossas vidas vai inundar nossa alma e nossos sentimentos mais profundos como um grande rio. Recebi o conselho — que agora passo adiante para você — de me concentrar na vastidão de Peixes, em vez de ficar preso às pequenas coisas superficiais de Gêmeos. A partir de agora, Urano em Peixes tem de seguir seu caminho pelo universo com muito ímpeto, entrando em contato com você até 2010. Então, você terá de "nadar" em Peixes com a ajuda de Netuno até 2025. Durante vinte anos, o mesmo planeta estará em Peixes em todos os momentos. Use bem esse tempo.

O "Mestre da Luz", que se comunica comigo dentro do espelho da alma, é uma dinâmica viva da vivência integrada dele mesmo para além do tempo e do espaço. Ele sabe, portanto ele é. Ele é meu guia ou professor de consciência. Por que o vórtex é tão forte ao redor dos seres que estão no futuro? Porque "quem somos" permite a força se movimentar por intermédio de nós e ao nosso redor livremente, sem restrição. Isso também é parte importante da energia do vento solar do meu Marte natal em Gêmeos quando nasci, segundo me disseram...

O que é "orientação interior?" Dentro de tudo está a semente de tudo. Por outro lado, nada vem do nada. O "mestre da Luz" me mostrou: cada pequena partícula de poeira cósmica encerra todos os elementos do universo, e portanto do homem. Como esses fragmentos de estrelas e poeira cósmica são trilhões de vezes menores do que um íon ou elétron, essas sementes têm de esperar — como tudo o mais que não se pode reconhecer ou compreender — pelo momento destinado de expressão e crescimento.

O "senhor do tempo" e o mago sabem que o crescimento só pode acontecer de duas maneiras: pela natureza ou pela arte, isto é, de maneira natural ou artificial. Portanto, inevitavelmente nos aproximamos da época e da arte de clonar seres humanos, com todas as suas possíveis consequências. Pedindo orientação, aprendemos a fazer as coisas como a natureza costuma fazê-las — não imitando a natureza, mas colocando-nos no interior da natureza.

As partículas são elementos estruturais de tudo no universo, existe um elo necessário entre o comportamento dessas unidades minúsculas e os objetos que elas compõem, inclusive nossa mente e nós mesmos. Num efeito curioso do elo inexplicável entre todas as coisas, pesquisadores que estudam a estrutura cerebral procurando uma base física para os conceitos de mente pensante e de consciência humana descobriram no cérebro estruturas chamadas "microtúbulos".

Essas substâncias contêm um elétron mantido no mesmo estado indeterminado das partículas que constituem tudo o mais no universo. Além disso, a posição do elétron dentro da cavidade do microtúbulo determina a composição proteica da molécula e a função do microtúbulo.

O fato curioso é: quando o elétron fica paralisado no interior do microtúbulo, a pessoa perde a consciência como se estivesse sob o efeito de um gás anestésico. A partir dessa constatação, os pesquisadores criaram a teoria de que o movimento no microtúbulo dá origem à consciência e à mente pensante.

Isso nos faz entrar num território desconhecido. Se a mente consciente resulta mesmo de um processo quântico, então o elétron indeterminado no microtúbulo e toda a nossa percepção da realidade são funções da mente. Portanto, essa percepção depende em última análise do processo quântico, com todo o seu comportamento imprevisível.

Como essa informação afeta nossa vivência dos acontecimentos ao nosso redor? Levando em conta o passado, por exemplo, aquilo que percebemos como presente resulta de um ato da mente funcionando por um processo quântico e criando experiência ao "cancelar" as muitas opções possíveis diante de nós para se concentrar num acontecimento determinado?

Nesse caso, o que é o futuro? Nossas ideias do futuro são meras sugestões dos estados possíveis de vivência mantidos em forma potencial no interior de nossa mente? Será mesmo possível, como já foi dito, visualizar o sucesso com algum esforço, criar de fato a realidade que queremos ver?

Alguma coisa acabará acontecendo em função das mutações da alma que estão acontecendo agora, pois o futuro continua sendo uma aventura incrível. Por isso costumo dizer que "o futuro começa agora"... Vejo isso com clareza quando sua presença vem me guiar. O mesmo poder dentro de nós está em pleno comando de quem seremos no futuro.

É necessário um alto nível de organização nas pessoas ao nosso redor que projetarão o futuro "Eldorado". Indivíduos apenas preocupados com o "eu" não terão condições de viver na energia de paz e na unidade de coração e mente. Essa força intensa não vai tolerar corrupção. A integridade abre seu caminho até a alma de maneira xamânica ou mágica. Ela exige tudo e afeta tudo.

A visão do "Mestre da Luz" sobre o vetor do espaço-tempo é o que sabemos sobre o futuro diante de nós. Antes de respirar pela primeira vez, geralmente temos uma lembrança do que aconteceu antes. Podemos reativar essa lembrança pedindo ao nosso "guia interior" que a mostre para nós. A partir de então, ajustamos nossa capacidade de orientação para as escolhas que faremos no agora. Isso pode ocorrer a qualquer momento, se integrarmos o "guia interior" em nossa existência e nossa visão.

O portal sem portal

"Os humanos são anfíbios — meio espíritos e meio animais. Como espíritos, pertencem ao mundo eterno, mas como animais habitam o tempo."

~ C. S. Lewis

Os ensinamentos dos monolitos e portais das estrelas em nosso planeta são muito vagos na melhor das hipóteses. Na pior, o saber dos "portais sem portais" das estrelas foi ocultado de nós, de modo que por enquanto estamos "empacados" aqui. Essa sensação de "imobilidade" também é uma ilusão autocriada, gerada por nosso comportamento desumano. Com a transição para um novo reino, desfragmentamos o "disco rígido" fragmentado e corrigimos o erro.

Imagino um muro sendo construído ao redor da Pirâmide de Gizé, pois logo acontecerão coisas muito estranhas e maravilhosas. Mas, já que o estranho e o maravilhoso parecem assustar o homem moderno, eles têm de ficar escondidos por trás de um muro.

Somos da linhagem atlante e céltica do Egito, a mesma linhagem dos muitos curandeiros magos. Todos eles, tanto homens como mulheres, foram encarnações luminosas do espírito, a mesma força que costuma ser chamada de "amor". O francês Albert Camus (1913-1960) escreveu: "O homem é a única criatura que se recusa a ser o que é". A verdade foi ocultada para confundir as pessoas. Eles eram todos magos — o povo da luz. Somos filhos do mistério, e o mistério está nos esperando acordar desse pequeno pesadelo para retomarmos contato com aquilo que somos de fato.

"Babilônia" significava originalmente "bebê leão" e referia-se aos sírios ou extraterrestres "sirianos" (da estrela Sirius) meio felinos, meio humanos, que deram origem a uma herança cultural enterrada há muito tempo nos vastos desertos de areia do Oriente Médio. Como é bem documentado nos livros de Zecharia Sitchin, as tábuas da Suméria são a fonte original das religiões hebraica e cristã. Esse material foi usado mais tarde para construir a "re-ilusão" dos tempos atuais e criar sua própria "falsa verdade".

Pode-se dizer que nós, magos, viemos do "povo felino". A "Luz de Cristal", na linguagem interplanetária, é um portal estelar ou pirâmide; a Esfinge é a deusa Bastet, ou "Deusa-Gata", como sugeriram Peter Moon e Preston Nichols em seu livro *The Pyramids of Montauk*. Segundo eles, originalmente, a Esfinge tinha seios e rosto de mulher. Os cristais são necessários para viagens no tempo.

A natureza do "leão estelar" é um som harmônico. Sem ele não se pode atravessar os portais estelares. É uma parte natural de nós, codificada no interior do DNA. Chama-se "Portal do Leão", e tanto os escoceses quanto os iranianos têm um leão em suas bandeiras. Por isso há dois leões em cada um dos lados dos pilares ou portais. Ishtar, cujo nome se refere à estrela fixa Spica, é o refúgio central do "povo felino".

Antigamente, um som partiu da Esfinge egípcia e das pirâmides. Só depois da Atlântida o conhecimento se fragmentou nas várias correntes que conhecemos como "escolas do mistério". Cada fragmento formou sua própria "sociedade secreta" e assumiu um aspecto da verdade, fragmentando-o mais ainda. Ele foi então distorcido para alavancar o controle emocional e mental das massas.

O medo infantil da "besta" ou animal selvagem é o medo do homem por sua própria sombra. Os que governam o mundo querem essa divisão entre homem superior e besta inferior, separando o homem da natureza e de sua própria "natureza interior". Eles também querem destruir a raça ou linhagem daqueles que descendem dos felinos "sirianos" estabelecidos na Terra depois de deixar Marte. Um dia, descobriremos haver construções semelhantes em Marte e em Sirius.

Os arquitetos são a "raça leonina", a linhagem dos faraós, Akhenaton (inicialmente chamado Amenófis IV), Moisés, Cristo, os cátaros e os celtas.

Essa raça pode passar facilmente pelo "portal do leão" ou "portal estelar". Eles são os navegantes das frequências cardíacas. C. S. Lewis refere-se a essas coisas de maneira indireta. Prefiro dizê-las de maneira direta.

Ao longo de minha vida, e também muitas vezes na infância, eu acordava do sono num estado alterado de consciência, uma outra realidade simultaneamente a essa. Ali, você enxerga o quarto em que está, mas o quarto não é feito de matéria sólida. Você o percebe como uma "vibração". Para entrar nessa outra realidade e orientar-se nela é necessária uma percepção quase "animal". O pensamento, que não passa de uma "régua" pequena para medir o tempo, tem pavor desse estado mental. Assim, a mente racional foi programada facilmente pela doutrina religiosa para associar a consciência superior à "besta" desumana.

Os seres da estrela Sirius orientam-se por meio dessa passagem vibratória porque falamos sua linguagem, a linguagem do som, que agora entendo depois de todos esses anos. Quando estou nesse mundo, abro a "porta" com um som. O som vem de uma área ao redor do plexo solar e se parece com o rugido de um leão.

A "porta" interdimensional se abre *exclusivamente* com esse som, uma façanha exata da engenharia espiritual. Só então você pode passar para o outro lado e deixar este mundo. O motivo pelo qual outras raças alienígenas não conseguem ter acesso ou usar os portais estelares é a ressonância harmônica ou proteção de frequência. Elas não passam para o outro lado porque não conseguem emitir a "frequência de disparo" que abre os portais de energia. Quem tem DNA "siriano" pode se mover através de linhas invisíveis do tempo.

É possível ter condições de viajar para trás e para a frente entre a contagem do tempo original do "Criador" e a nossa. Isso nos tornaria filhos do "Cristo", não um Cristo único, mas a verdadeira raça de seres interdimensionais que usam esse nome. Então, seríamos mestres e santos capazes de mostrar à raça humana como transformar sua realidade de volta para a contagem do tempo original.

Quem está no controle não quer deixar os humanos despertem para sua verdadeira origem. A fraude programada no sistema educacional sobre a "besta" selvagem faz as pessoas comuns ter medo dos que conseguem cruzar a linha do tempo, como fizeram os sumérios, os sírios, os assírios e outros povos relacionados com Marte, incluindo os cátaros e celtas, recuando até a Atlântida e seu Oráculo Atlante.

Nosso outro lado instintivo, o lado antigo, não fala uma linguagem fragmentada linear. A psique ou mente "parapsicológica" usa sons inteiros e completos. O rugido de um leão contém camadas de som multi-holográficas, muitas das quais não podemos ouvir. Você já leu os livros de C. S. Lewis sobre o "Príncipe Caspian" (terceiro volume da série *As Crônicas de Nárnia*). Pense nisso: o mar Cáspio, Aslan, o leão criador e rei dos animais. Há muito mais, mas acho que a mensagem é clara.

No outro lado dessa mudança iminente, depois de 2012, veremos um estilo de vida totalmente diferente. Quando as guerras e o Estado demente que as cria forem postos de lado, podemos recomeçar a aprender. Então, voltarei para um corpo novo. Esse é suficiente para o que tenho de fazer agora, mas é limitado. Conforme minha alma vai se iluminando, percebo as limitações e danos causados à genética humana pela raça draco-reptiliana.

Os ETs regressivos foram desambarcados na Terra por outro grupo de extraterrestres depois de uma de suas guerras, e são mantidos aqui por alguém (seja quem for) que não os quer "lá fora". Essa é uma guerra muito antiga. Disseram-me que essa raça está em extinção porque sua genética está implodindo. Nesse caso, faz sentido a intenção dos ETs de levar a humanidade com eles. Nossos corpos físicos foram marcados por sua brutalidade. Para eliminar essa marca, precisamos mudar interiormente nosso estilo de vida. Só então podemos avançar.

Por muitas razões, várias raças alienígenas querem controlar a Terra. Suponho que, da mesma maneira, vários países queiram controlar o Oriente Médio. Imagino algo poderoso acontecendo aqui; talvez também seus mundos estejam morrendo e eles precisem de nossa genética para sobreviver. Eles estão se preparando para lutar uns contra os outros pela posse da Terra. Além disso, um "Conselho Intergaláctico" está cogitando em levar os humanos para uma nova fase evolutiva. Em outras palavras: "Contato!"

Eu não concordo com a ideia de nós, humanos, aceitarmos tecnologia extraterrestre em nosso mundo. Em parte porque sei que podemos desenvolver nossas próprias tecnologias pacíficas, se formos na direção certa. Qualquer encontro entre duas culturas afeta e modifica as duas, às vezes de maneira irreversível. Em vez de caminhar cegamente para um "salto" em direção ao contato e à troca, acredito que teríamos de dar um passo atrás e analisar a situação de uma certa distância... Basta pensar no "Cavalo de Troia" e no desastre posterior para o povo troiano.

Aceitando e usando esse tipo de intercâmbio tecnológico, nós nos abrimos para um "catolicismo científico" do tipo "eles vão na frente e nós os seguimos". Nossas sociedades, então, adotam seu estilo de vida, seguem suas restrições e seus caminhos, não os nossos. Uma das maneiras de destruir uma cultura é apresentar-lhe uma visão de mundo (ou do universo) que você quer que ela tenha, e então manipular essa percepção. Se você for o inventor da tecnologia, a distorção da percepção pode ser incorporada na invenção, e a invenção pode ditar a direção a seguir ou níveis de dependência.

Quando falo em "contato", quero dizer que os humanos primeiro precisam conhecer a si mesmos. Mahatma Gandhi disse sabiamente: "Como seres humanos, nossa grandeza não está tanto na capacidade de recriar o mundo — esse é o mito da era atômica —, mas na capacidade de recriar a nós mesmos". A sociedade atual cria e "educa" uma raça de "escravos". O "portal sem portal" é uma porta para a alma, e a alma não pode ser escrava de ninguém.

Do ponto de vista Cósmico, o "portal sem portal" é o antigo "Portal do Leão" herdado por nós, e um dos mais antigos portais Cósmicos é "Ishtar" ou "Inanna", a estrela fixa Spica aos 22 graus de Libra. Ela tem relação com viagens fora do corpo e astrais, mas há muito mais... algo muito mais difícil de definir, que praticamente ninguém descobriu até hoje. Alguns de nós têm relação com essa frequência desde o nascimento. Mais exatamente, o nascimento do espírito no plano terreno.

Próximo ao corpo mas ligeiramente fora da superfície física, flutuando perto da área do coração (só que mais acima), há um campo de círculos concêntricos como aqueles desenhados no Chaco Canyon, no sudoeste dos EUA. São fluidos como água, mas conservam sua forma. Têm cor azul-escura, mas ela muda conforme nosso estado de espírito. Essa energia é fluida, mas é também uma couraça impenetrável. É um portal estelar vivo. Todo ser humano da raça "siriana" do Leão tem acesso a esse campo psíquico, e todos nós podemos atravessá-lo para chegar a outras dimensões do espaço-tempo.

Esses círculos concêntricos podem ser uma "Bússola Sagrada", alinhada com os portais Cósmicos, que nos permite passar de uma dimensão para outra ou de um mundo para outro. Por que raças superiores de outros sistemas estelares iriam querer ensinar um governo secreto a construir um certo tipo de tecnologia, a não ser que tivéssemos alguma coisa de que elas precisam? E por que manter tudo isso em *segredo*?

Talvez seja por causa de nossa capacidade, o "elo perdido" da genética do portal estelar, uma bússola espiritual interior capaz de coisas que essas raças não conseguem fazer. A informação que ouço geralmente é: elas raptam humanos com capacidades especiais e usam-nos para ampliar seu império galáctico. Quando conseguimos nos concentrar nesse escudo Cósmico e alterar nossa consciência para torná-la maior, então não precisamos de tecnologia — nós *somos* a tecnologia.

As dificuldades com que lidamos são reais, mas o estado interior está protegido e lacrado. Esse é um portal do tempo. Isso vai além das viagens "fora do corpo", pois combina a ressonância holográfica do espaço interior e exterior, da visão interior e da visão remota. Na verdade, sinto as pessoas do futuro me mostrando uma forma superior de consciência, e sinto algo que os *humanos* podem fazer, mas não todas as raças alienígenas. Pelo menos na genética das raças felinas e ornitoideas (semelhantes aos pássaros), isso é conhecido como arte da "bi-locação".

Como está escrito nos textos antigos, a inveja levou algumas raças mais antigas a tentar destruir os seres humanos na Terra, pois somos relativamente recentes no universo e trazemos novos dons e habilidades. Existem raças extraterrestres muito mais antigas, elas não gostam do fato de termos habilidades que nos colocam acima ou pelo menos ao lado delas. O portal do tempo do círculo concêntrico tem relação com raças superiores ou universos superiores, vão além da mentalidade hierárquica dos alienígenas regressivos.

Talvez sejamos "filhos das estrelas" de sábios desconhecidos do universo. Assim, destruir nosso mundo não é uma ideia tão boa, se quisermos aprender o verdadeiro saber das estrelas. Podemos trazer de volta para essa dimensão aquilo que aprendemos em nossas viagens psíquicas. Por isso os outros não nos deixam evoluir. Na verdade, alguns deles têm medo de nós porque, se usarmos nosso poder sabiamente, aparentemente seremos capazes de superá-los.

De certa maneira, os humanos são os emissários de Deus neste universo-galáxia. Eles têm potencial para criar mudança e podem enfrentar desafios não resolvidos pelas raças estáticas. Deus está "sacudindo" a realidade.

Só o fato de uma raça existir há muito tempo não significa ter direito automático de continuar. Portanto, se nós — os habitantes da alma — não nos esforçarmos logo para praticar a arte da existência equilibrada, seremos perigosos demais para existir. Podemos entrar em extinção.

Sinto uma mudança universal muito maior se preparando, e essa mudança não se limita à Terra. O que aconteceria se a chave para abrir ou acionar o "Portal do Leão" (ou portal estelar) nos locais sagrados abrisse ou despertasse o "escudo" localizado nos seres humanos? E com que esse "escudo" está ligado? Acho que é com a "cruz da vida" ou Ankh dentro do nosso DNA, isto é, a alma — aquilo que os regressivos não têm e nunca terão. Somos visíveis, mas estamos fora do alcance. Essa é a nossa vantagem. Temos de usar nosso trunfo agora!

Zonas de transição

"Não posso sentir medo. O medo destrói a alma. O medo é a 'pequena morte' que causa obliteração total. Enfrentarei meu medo. Deixarei que ele passe sobre mim e através de mim. E, depois que ele passar, voltarei o olho interior para ver seu caminho. O medo irá para um lugar onde não existe nada. Só eu restarei."

~ Bene Gesserit: "Litania contra o medo" em *Dune*

É um erro procurar ou concentrar-se num único ponto, pois os pontos de localização de acontecimentos existem como estimativas não locais que se estendem por trechos ou períodos. Quero dizer que você não pode entender eventos específicos concentrando-se em cada acontecimento, pois tem de entender o período de tempo do evento. A vida e os acontecimentos nela contidos movem-se em ciclos completos. Ou seja, se você realçar um evento num determinado alinhamento astrológico, ele se moverá ao longo do período do ciclo, como pequenas ondas percorrendo a superfície de um lago.

O "lago" contém nossa consciência física, nossa experiência deste mundo. Do ponto de vista físico, o tempo que as ondas levam para atravessar o lago pode ser de anos, não de semanas ou meses. A magia aplicada pode mudar o curso dos acontecimentos se a massa psíquica não estiver tão confusa que acabe ficando "presa" ao acontecimento. Quando a massa psíquica se prende ao acontecimento, o futuro acontece por si mesmo segundo a psicose da massa, e não pelo uso da mente inteligente.

A energia pontual dos acontecimentos que evoluem no éon (eternidade) é dominada pela extensão do período de tempo no qual os acontecimentos ocorrem. A mente cósmica se move em ciclos e não reage a pontos locais e individuais de atividade. Por isso, tem mais sentido entrar em sintonia com o universo e não com acontecimentos específicos.

Tendemos a levar em conta cada incidente e concentrar-nos no local e no momento de um acontecimento único considerado memorável ou catastrófico; por exemplo, o assassinato de JFK, a aterrissagem do primeiro homem na Lua ou o 11 de Setembro. O que você ainda não entende direito e, infelizmente, o que os administradores do sistema e os manipuladores da mídia usam em seu próprio benefício é o movimento dos ciclos ou zonas completas do tempo.

Nossa vida cotidiana se move num éter invisível e só existe graças a ele. A partir do éter, a vida física nasce sob a forma de moléculas e as moléculas criam a matéria. As pessoas, todos nós, se movem por meio dessas "zonas etéricas do tempo". Muitas pessoas só se lembram da singularidade de um acontecimento ou ocorrência porque a maioria não tem noção do volume maior de "água" — o éter — no qual todos nós "nadamos".

Estamos metidos na confusão atual sobretudo porque, muito tempo atrás, a manipulação de acontecimentos localizados foi criada para alterar a zona de tempo de um "trânsito" específico que abrange nossa existência terrena e humana. Os "trânsitos" são como cabos de tensão elétrica sustentando uma ponte de energia que devemos atravessar. São como os "tendões"; mantêm unida a experiência coletiva da humanidade.

Grupos de elite "ocultos", tentando manipular a mente humana, acionaram eventos importunos no ciclo de ondas concêntricas de nossa realidade. Esses grupos não tentam manipular acontecimentos de um só dia, pois aplicam seu saber fragmentado para manipular períodos de tempo completos. Essa é uma forma secreta de controle da mente e do comportamento que afeta milhões de pessoas ao redor do planeta e ao longo do tempo.

A sujeição das massas a essa manipulação antinatural de ciclos e acontecimentos é o único motivo que nos faz viver em tão grande pobreza psíquica. Os "senhores do tempo" nos ensinam a modificar a linha do tempo em nosso proveito, criando vidas equilibradas e gerando a ordem a partir do caos. Para alterar o ciclo, temos de viver concretamente o caminho do equilíbrio e da ordem. Os japoneses chamam a isso de Caminho do Tao, ou Zen. Para mim é o "Zen das Estrelas", pois o universo é meu guia.

Os acontecimentos manipulados decorrentes da permissão para o "povo das sombras" colonizar o mundo são manipulações das "zonas de transição" ou "transições do tempo" pela violência e o medo. Esse é o segredo, ou "conhecimento oculto", de que os grupos de elite se aproveitaram ao longo dos séculos. Ao mesmo tempo, o sistema baseado no medo está chegando ao fim, pois o planeta Terra passará por uma transmutação do metal em luz.

Não se esqueça de que o conhecimento de cientistas como Kepler e Copérnico foi censurado, e a obra, as anotações experimentais e a pesquisa de Nikola Tesla e Wilhelm Reich foram destruídas pelo governo dos EUA. Não se esqueça de que os índios norte-americanos foram esmagados brutalmente seguindo pelo "Caminho das Lágrimas" (retirada forçada dos índios Cherokee da Geórgia para Oklahoma) ou no "Massacre de Wounded Knee" em 1890. Esses acontecimentos não são diferentes do assassinato de JFK ou do 11 de Setembro. Foram horrores planejados e calculados para criar um dano específico a cada zona de transição e prejudicar as pessoas que atravessavam a zona ou o "trânsito" daquele momento. Pense com cuidado na palavra "trânsito" e aplique-a ao seu conceito de "passagem do tempo" ou "passagem para a paz".

O tempo se move em "trânsitos", em forma de zonas; e o mais importante, como zonas de consciência. Sonhe com essas zonas e você encontrará as respostas ali. Em última análise, os humanos descobrirão as soluções graças à sua "capacidade de sonhar". Quando sonhamos, atravessamos naturalmente as zonas de transição. Estamos numa era em que precisamos aprender a sonhar acordados.

Toda a humanidade viaja coletivamente, numa "passagem ou trânsito de uma zona para a outra". A invasão do Iraque e de outros países e o caos iminente que ainda viveremos são parte de um emprego equivocado da Astrofísica. Os "líderes das sombras" aprenderam ou foram ensinados a manipular pontos-chave de "trânsito" para afetar a passagem coletiva através de cada zona do tempo. Por isso suas ações manipuladoras têm efeito tão devastador para o planeta como um todo e para os indivíduos envolvidos.

A dualidade é a chave. O universo criou dualidade não como uma divisão, mas como um meio de trazer espaço para dentro de tudo o que existe. A dualidade é simplesmente o pilar sustentando a realidade em forma de tempo e espaço. Assim como a dualidade existe em todas as coisas físicas, que portanto podem ser medidas, existe também em forma de dois pilares erguidos entre as zonas. Por isso chamei meu *website* de *Passage11*. São os pilares duplos da existência física e espiritual, os gêmeos Cósmicos.

Observe as construções antigas da Grécia, Samaria, Egito, Índia, México, Tibete, Ilha de Páscoa, Stonehenge, ou as tábuas de pedra dos sumérios e egípcios. Observe cuidadosamente as figuras nas paredes das chamadas "tumbas", são na verdade locais poderosos de Iniciação e Conhecimento.

Quando os grupos de elite inimigos se fragmentaram e começaram a lutar uns contra os outros, esconderam o conhecimento e chamaram os lugares sagrados de "tumbas". Eu os chamo de "locais de conhecimento encoberto". Eram, e ainda são, sistemas de transmissão para outros mundos, e nós os acionaremos de novo em algum momento do futuro próximo. Vejo portais estelares aparecendo como pontos de entrada em cada zona. Para procurarmos respostas, temos de examinar de maneira abrangente a transição completa de zonas do tempo, e não só o ponto de entrada. Tolkien escreveu em *O Senhor dos Anéis*: "Um anel para governar todos eles". A observação mais óbvia: ele está falando de uma peça de metal usada na mão em forma de anel, o anel único do poder graças ao qual Sauron queria governar o mundo inteiro.

Nos últimos anos, houve sugestões de um anel acelerador de partículas necessário para experimentos de viagem no tempo. Para que se usaria um acelerador de partículas, além das razões divulgadas ao público? Preston Nichols diz haver um acelerador de partículas embaixo de Montauk, em Long Island (EUA), e o maior acelerador do mundo está no CERN (European Organization for Nuclear Research ou Organização Europeia para Pesquisa Nuclear), em Genebra (Suíça).

Preston Nichols e Peter Moon escrevem em *Pyramids of Montauk*: "O que parecia ser um grande círculo recortado na folhagem foi identificado como um acelerador de partículas por meu amigo Danny, um físico nuclear". E eles acrescentam: "A curvatura do tempo não é o único uso do acelerador, pois ele também é usado hoje em dia como arma de feixes de partículas".

Peter Moon também descobriu em suas pesquisas um grande acelerador de partículas usado para alimentar outros menores. Isso me faz pensar em Sauron; ele deu sete anéis de poder aos anões e nove aos reis humanos, mas um anel único governava todos eles... um anel de poder alimentando outros menores. Quando o anel único foi destruído, os menores também perderam seu poder. O desenvolvimento e uso da tecnologia de aceleração de partículas dá novo sentido à obra de Tolkien: "Um anel para governar todos eles... Um anel para achá-los... um anel para juntar todos eles e sujeitá-los à escuridão..."

Pouca gente sabe, a World Wide Web (a *web* ou www) nasceu na CERN como um projeto, de início se chamava "*Enquire*". Mas o projeto *web* da CERN nunca foi liberado para o domínio público. Timothy Berners-Lee desenvolveu os protocolos para os primeiros *web browsers* (navegadores) e mais tarde para o primeiro diretório *web* do mundo. Ele tornou seu trabalho acessível gratuitamente para qualquer pessoa, sem patente e sem *royalties*, para todos poderem aproveitar e usar o sistema que ele desenvolveu.

Em seu livro *Weaving the Web*, Berners-Lee ressalta: "Cientistas da informática têm uma responsabilidade moral, tanto quanto uma responsabilidade técnica". A natureza dessa invenção e os benefícios coletivos para o mundo inteiro são exemplos do uso correto e equilibrado de uma zona de transição. O homem teve capacidade técnica e artística para desenvolver o primeiro *web browser*, também teve a integridade de garantir sua invenção livre de *royalties* e patentes restritivas.

Sinto e vejo um futuro positivo, embora tenhamos de enfrentar tempos difíceis, pois parece que os aspectos mais regressivos da humanidade não querem sair do caminho para permitir cooperação inteligente e fóruns diplomáticos de paz mundial. Existe algo aqui na Terra, quer o poder sobre todas as formas de vida, como Tolkien mostrou tão claramente em sua trilogia. Os humanos teriam de recusar a sedução pela promessa de riquezas, para entender para onde estão indo se concordarem com os muros da prisão.

No *website* dos *WingMakers*, o dr. Neruda fala na criação iminente de uma tecnologia totalmente nova. Ele diz sobre essa tecnologia: "Tudo o que posso lhes dizer é que tem relação com a Internet e uma nova tecnologia de comunicação que os *WingMakers* chamaram de OLIN, ou *One Language*

Intelligent Network (Rede Inteligente de Linguagem Única). Se vocês lerem o glossário que deixei, encontrarão uma referência ali. Os *WingMakers* parecem confiantes em que a tecnologia OLIN ajudará a criar a cultura global por intermédio da Internet. Aliás, isso condiz com as profecias que o Grupo do Labirinto teve condições de datar numa época tão remota quanto o século VI d.C. É claro que a tecnologia que permitiria isso não era chamada OLIN, mas a noção de uma cultura global e um governo unificado foi predita por muitos séculos".

Será possível que os reptilianos com tempo de vida mais longo tentaram controlar o planeta Terra e perderam seu controle em algum tipo de guerra? E que esses seres procuram agora um modo de usar os humanos para retomar o poder na Terra e lutar contra seus inimigos? A Esfinge de Marte é parte de uma antiga rede de passagens entre os planetas? A foto da Esfinge e das enormes pirâmides de Marte é parte de um mistério que está sendo deliberadamente ocultado das pessoas na Terra.

Encontrar as "Zonas de Progressão" permitirá uma compreensão ainda maior da sucessão dos acontecimentos. O tempo é medido em eras ou milênios, a famosa "contagem longa" dos maias. Um amigo meu disse certa vez que tenho uma memória digna da "contagem" dos maias; bem, vamos ver o que minha contagem longa me diz quando avançarmos mais um pouco em minha discussão com o "Mestre da Luz". Ele afirma que, na era do conhecimento, deixaremos o medo para trás quando começarmos a fazer as perguntas certas. A sabedoria dos antigos tem sido ocultada dos olhos e ouvidos dos homens, e continuará assim até aprendermos a usar nosso poder plenamente.

Emanações transmigradoras

"Eu me torno depressa o salvador deles,
Eu, que vim do mundo que é o oceano
Da morte e da transmigração,
Cujos pensamentos estão postos em Mim, Arjuna."

~ Senhor Krishna, *Bhagavad-Gita*

Era tarde da noite e as ruas estavam vazias. Eu me encontrava do lado de fora dos muros do castelo e pensei que estava desperto, quando de repente os muros do castelo ficaram do lado de fora de mim e fui recebido por meu amigo, o "Mestre da Luz". Não despertei do sonho, pois ele continuou. Meu amigo me levou até as escadas inferiores e eu o segui.

Não parei para pensar se estava acordado, assim como faria se estivesse desperto e caminhando na vida cotidiana. O encontro era tão ou mais real do que nosso mundo. Descemos as escadas e nos aproximamos da rocha natural perto do muro do portal. O longo aposento não estava escuro; era iluminado claramente por uma luz sobrenatural. A luz não me incomodou, achei-a agradável, mas mesmo assim não parei para pensar ou perguntar-me se estava "sonhando".

A porta entre os mundos estava aberta e ativa. O brilho do mundo deles chegava até o nosso e a pedra de granito tinha um matiz opaco. Por um momento, pareceu-me que o mundo deles era real e nosso mundo atual era uma sombra projetada nos muros do tempo. Segui o "Mestre da

Luz" através do portal, a pedra do chão se converteu em luz e de repente eu estava caindo no infinito de um céu noturno e estrelado.

Não havia "Mestre da Luz", nem Castelo de Chillon, nem o planeta Terra. Eu estava sozinho. Nesse momento, descobri que estava sonhando ou que havia algo errado em meu controle da realidade. Na verdade, voar no espaço me parecia natural, tenho de admitir. Eu já não tinha aquilo que pensei ser meu corpo quando transpus os muros do castelo. Ele parecia uma massa flutuante e nebulosa, uma massa de luz ou consciência inteligente.

A coisa mais estranha é "eu" não ser aquele que dirigia minhas viagens espaciais fora do corpo. Alguma coisa parecia me levar para o espaço e rumo a um destino específico. Senti o "senhor do tempo" em algum lugar ao meu lado, mas não conseguia vê-lo.

Não demorou muito para eu ver meu porto de chegada, meu destino ligado às estrelas. Abaixo de mim havia um pequeno planeta, semelhante à Terra; mas percebi imediatamente não ser o planeta Terra. Toda a informação me chegava por via psíquica, como se eu estivesse conectado a uma inteligência Cósmica ou uma "Internet" Cósmica e psíquica. Eu sabia coisas sem saber como as sabia ou de onde vinha a nova informação.

Obviamente, eu flutuava para baixo em direção àquele planeta por algum motivo, e assim prestei atenção para entender melhor. Logo comecei a achar que estava de volta à Terra, pois me aproximava das cenas inequívocas de uma guerra. Se você acha que as guerras na Terra são ruins, como de fato são, então aquela era muito pior.

Nas cenas abaixo de mim havia morte e agonia por toda parte. A superfície do planeta era devastada por armas que não podemos imaginar. Senti o perigo e imediatamente procurei uma maneira de me proteger. Eu queria fugir dos sentimentos horríveis e sombrios daquele lugar. A destruição física era ruim, mas pior ainda era o sentimento maligno do ódio. Na verdade, o ódio era mais tóxico do que as cenas de morte, pois a morte emanava dos sentimentos e pensamentos ruins que as pessoas desse planeta tinham umas contra as outras.

Grupos poderosos lutavam uns contra os outros pelo controle das riquezas do planeta. Talvez a cena lhe pareça familiar? Lá de cima, no reino psíquico, eu podia ver as ações desesperadas que cada grupo fazia sem sucesso. A guerra teria de continuar até o fim, e realmente teve um fim — com a destruição do planeta.

Esses humanos odiavam e temiam uns aos outros de maneira tão profunda que já não conseguiam funcionar como "humanos". Se alguma vez tivesse havido diplomacia ou acordos de cooperação, o fato é que isso deixara de ser uma opção para as pessoas desse outro mundo. Enquanto eu as observava, veio-me a informação do éter psíquico de que as pessoas tinham ultrapassado um certo limite irreversível de insanidade. Mesmo se quisessem, não poderiam voltar atrás, tamanhos eram sua insanidade e seu ódio.

Continuei observando a luta que, a certa altura, perdeu qualquer relação com os motivos pelos quais começara. As reservas e a infraestrutura das sociedades do planeta abaixo de mim tinham sido divididas com violência. O exército de cada grupo adversário ficara com a maior parte dos recursos econômicos, e o povo com a menor. De algum modo, essa injustiça só fizera aumentar seu ressentimeto e sua amargura. Nenhum dos lados queria abrir mão de sua parte ou desistir de lutar. O planeta estava condenado.

O pior detalhe do que eu via é que, claramente, ninguém se importava com a situação. Pensei em nosso mundo, onde ao menos algumas pessoas ainda se importam. Mas percebi também as semelhanças entre nosso mundo e o mundo abaixo de mim. Era a mesma ganância e desespero para controlar as reservas do planeta, a qualquer custo. Se os países do planeta Terra partissem para essa atitude de posse a qualquer custo, os resultados seriam os mesmos que eu testemunhava agora.

Do meu ponto de vista psíquico, observei a destruição total de outro mundo como se estivesse olhando por uma janela holográfica do tempo. As cenas eram horríveis, não era algo que qualquer pessoa sensata gostasse de experimentar. Era óbvio para mim que as pessoas desse outro mundo tinham perdido totalmente a saúde mental.

Achei aquilo o fim da minha lição Cósmica e esperava o momento de voltar para casa. Depois de ver aquele pesadelo do outro mundo, já não me sentia muito bem e queria ir embora dali. A próxima coisa que vi foi, de certa maneira, mais perturbadora até do que o fim do planeta.

O planeta físico era uma superfície arruinada e sem vida flutuando no espaço. Nada sobrevivera, ou pelo menos foi o que pensei. Então, do meu ponto de vista psíquico vi algum tipo de movimento no espaço ao redor da atmosfera de destruição. Eu não conseguia distinguir o que exatamente se movia, mas podia senti-lo. O movimento era algo como uma nuvem psíquica negra ou escura. Percebi ser uma entidade feita dos pensamentos de ódio que tinham poluído a mente das pessoas lutando na guerra.

A escuridão psíquica começou a procurar vida, mas não achou nenhuma. Na verdade, imaginei aquela força do mal de algum modo poluindo o coração e a mente dos habitantes originais do planeta destruído. Observei então com horror a nuvem escura de ódio psíquico deixando a superfície sem vida do planeta destruído e seguindo para as profundezas do espaço. Em meu coração, senti ela indo para a Terra.

A outra raça que destruíra a si mesma e a seu próprio planeta era muito mais antiga e mais avançada do que somos agora. Eram mais avançados tecnologicamente, mas de certos pontos de vista eram mais brutais e regressivos. A força psíquica da escuridão alcançou nosso sistema solar e chegou à Terra em alguma era do passado distante, talvez mesmo no tempo da Atlântida.

A nuvem do medo e escuridão estava à procura de uma força energética de vida para sugá-la, para seus pensamentos em forma de entidade poder continuar a existir. Mas a energia de que eles precisavam tinha de ser de uma certa vibração. Tinha de ser a energia do ódio, a energia do medo e do sofrimento, da destruição e da guerra.

Eles fizeram uma aliança secreta com os sacerdotes malignos da Atlântida para viver através deles e ser parte deles, exercendo seu poder físico por intermédio deles para controlar a Terra e os recursos do planeta. A aliança foi concluída secretamente e a força do mal passou a fazer parte da psique humana. Tornou-se uma porção oculta dos homens, a não ser quando se mostrava em atos de ódio ou vingança. A única proteção contra sua malignidade sombria eram a ternura, a compreensão e o amor.

A Tribo da Luz viu a escuridão tomar conta dos sacerdotes rebeldes e começou a tomar providências para limitar o poder destrutivo desencadeado na Terra. A Atlântida afundou sob as ondas do mar e os sacerdotes malignos perderam seu centro de poder.

Embora a força do mal parasítica continuasse perseguindo a vida dos seres humanos, não podia controlar mentes soberanas, pessoas de bom coração, e fugia dos que conhecem e emanam o amor. A psique do outro mundo tentara desprender-se de seu mundo e transmigrar para os corpos dos terráqueos. A batalha pela mente humana tinha começado.

A força do mal não foi destruída quando a Atlântida afundou. Até hoje, ela tenta se manifestar e sugar os humanos que vivem do jeito dela, criando violência e guerras, exprimindo ódio e medo. Seria uma guerra espiritual encenada no palco físico do planeta Terra. A única maneira de o homem sobreviver seria escolher viver a vida do divino, escapar para um "plano mais alto" e deixar a força do mal morrer por si mesma.

Entendi, então, que os humanos da Terra estavam repetindo involuntariamente o ciclo destrutivo registrado nessa força psíquica e parasítica do outro mundo. Vi várias doutrinas e dogmas tomando forma, mas no final eram todas feitas do mesmo ódio e ganância. A psique alienígena não podia assumir forma física ou encarnar-se nos reinos material e físico, mas a ganância e o desejo das coisas materiais estavam sempre presentes e o ódio pela humanidade ainda mais, por causa da inveja.

O desejo de "poder" dos humanos foi o motivo de sua queda. A força do mal começou a se espalhar pelos grupos fragmentados e opostos, e em bolsões ao redor do planeta o conflito insano do outro mundo que eu tinha presenciado tomava forma em nosso mundo. Nações mais ricas e poderosas transmigravam para nações menores e mais fracas, assumindo o controle dos recursos e destruindo a infraestrutura do hospedeiro.

A solução militar, "religiosa" e "política", torna-se um pesadelo, pois os habitantes da Terra assumem seus papéis num roteiro mal-editado, no qual a casa arde em chamas até desabar e as pessoas que assistem a isso também são atingidas pelo fogo e consumidas pela violência. O medo entrara em nosso mundo como um visitante de outro espaço-tempo, mas os humanos estavam vivendo a insanidade como se comessem com prazer uma comida tóxica. Comida que não os alimentava nem os fortalecia — ao contrário, estava envenenando-os.

A única maneira de você se proteger dessa força é a partir de dentro. A força do mal se alimenta de negatividade, conflito, medo e sofrimento. Se você não alimentá-la, a força se enfraquece e morre. Ela não tem estrutura vital própria; precisa da insanidade humana para continuar a existir. Seja sensato e fique em segurança. Ponha-se no interior das emanações do Divino e fora de alcance das emanações do medo. A "ressonância do coração dourado" do Divino é o ouro monatômico (molécula de um só átomo) dos reinos espirituais.

Voltei sozinho para o castelo. A torre de vigia inferior estava completamente às escuras e o portal do tempo era um muro de pedra fria. Nada se mexia, nem um camundongo, e o mundo exterior parecia muito longe e perdido num mar de névoa. No final do longo aposento escuro, consegui ver uma luz frouxa mas cada vez mais forte, como a luz no final de um túnel. Eu sabia que a névoa acabaria consumindo os pensamentos sombrios e toda a negatividade voltaria para o éter. A luz que se aproximava era algo novo. Pela primeira vez, senti que eu era o "senhor do tempo", e então acordei em meu quarto.

"Transmigração": ato de mudar-se para outro país; passagem da alma para outro corpo depois da morte.
"Transmigrar": passar para outro corpo ou outro planeta.

Concebendo um mundo sensato

I-Magi-Nação é sobrevivência

Nós viemos das estrelas

Investigando as migrações humanas

Escolas interdimensionais de luz

Contato com almas transumanas

A era cósmica do conhecimento

A estratégia de Saturno

O futuro da segurança na Terra

I-Magi-Nação é sobrevivência

"Eu sabia, é claro, que árvores e plantas têm raízes, caules, córtex, ramos e folhas que crescem em direção à luz. Mas eu estava prestes a entender que o verdadeiro mago é a própria luz."

~ Edward Steichen

O maior dom e a melhor ferramenta que a humanidade perdeu no século passado foram o poder e a riqueza da nossa imaginação. Em vez de ser encorajada e desenvolvida nas crianças pequenas, a imaginação é sufocada de maneira sutil, mas premeditada. Os professores de hoje, como os do século passado, perderam esse dom. Tornaram-se robôs do sistema, e assim mostram às crianças um mundo mesquinho e sem imaginação. Na melhor das hipóteses ensinam bobagens, e na pior ensinam mentiras.

No entanto, em meu trabalho como consultor, percebi que, felizmente, ao menos algumas das crianças sensitivas e "Índigo" e alguns jovens não acreditam nesses disparates. Trinta anos atrás, eu mesmo os rejeitei. Esses novos líderes, mestres e terapeutas estão procurando orientação da luz; sabem que não podemos continuar nesse caminho destrutivo. Mas a verdadeira ideia do que significa usar a imaginação em tempos de sobrevivência se tornou alvo de desinformação religiosa, acadêmica e política.

De que maneira iremos atravessar as mudanças é uma forma de arte ainda a ser desenvolvida. A Terra, seus povos e nações terão de encarar a verdade da brutalidade visível e secreta de seu comportamento ao longo dos séculos. Meu conselho é que as pessoas não tentem reorganizar a ilusão, pois os planetas em trânsito não favorecem essa decisão. Uma mente verdadeiramente psíquica não destrói a vida, pois é parte dela, e realmente é capaz de criar uma vida nova e sensata. Mentes iluminadas usam a "Imaginação".

A imaginação sempre nos foi apresentada como um sinal de excentricidade, falta de disciplina e falta de maturidade ou, pior ainda, como um sinal de atraso mental, uma fuga da realidade. Pode até ser uma "fuga" em direção a um mundo melhor e mais sensato, e se for assim vamos usá-la para "escapar" da confusão em que nos metemos. O mágico Harry Houdini (1874-1926) foi o maior artista conhecido na arte de escapar de algemas, correntes e locais fechados. Ele usou sua imaginação para nos mostrar como conseguir o impossível.

Quando eu era pequeno, imaginava coisas e fazia perguntas, mas disseram-me que eu tinha a cabeça no "mundo das nuvens". Fui ensinado a ser "prático", não um "sonhador". Assim, meu sonho de me tornar o maior jogador de xadrez teve de ser posto de lado como uma opção nada realista para minha vida. Tenho certeza de que muitas outras crianças tiveram a mesma experiência e desistiram de seus sonhos. Portanto, fingi ser "prático" e conservei meus sonhos estudando outros assuntos, até descobrir o "Zen das Estrelas".

Aparentemente, pessoas que usam sua imaginação não estão em contato com o "mundo real", ou pelo menos é isso o que ouvem dizer. Segundo a opinião geral, elas desperdiçam suas vidas "sonhando" e nunca conseguem nada "real". Os grandes pensadores de nosso tempo são apresentados a nós como uma minoria superior, mas aparentemente nós não pertencemos a essa elite. As pessoas comuns não sonham, "trabalham"... Mas quem pode impedi-lo de sonhar se você se recusar a cooperar com essas regras e regulamentos da "matriz", que destroem a alma?

O cultivo da imaginação é encarado como um perigo para a sociedade ou uma forma de loucura, pois o sistema precisa de robôs submissos, não indivíduos soberanos e inteligentes que estão no comando de suas próprias mentes e usam ativamente seu talento criativo para produzir ordem, paz, sensatez e cooperação.

Sem imaginação, você obedece. Como um robô, você faz o que lhe dizem e não questiona nada. Afirmo que a imaginação é a capacidade de investigar, vital para a sobrevivência. Em outras palavras, imaginação *é* sobrevivência, enquanto tudo o mais é morte. Nossa sociedade é ameaçada agora pela chamada "inteligência artificial". Por isso, o que estou dizendo aqui é de extrema relevância se quisermos sobreviver.

A maior parte da população humana não se adapta nem pode se adaptar a essa sociedade — a esse mundo — como está estruturada agora. A maioria das pessoas deste planeta é pobre, luta sem comida suficiente nem água potável para beber. Muitos humanos no planeta lutam só pela sobrevivência. Seus filhos sofrem em silêncio e o pouco que a estrutura colonial tem para lhes oferecer não é adequado à sua inteligência genética.

Para ser bem-sucedido nessa sociedade você tem de abrir mão de algo precioso: sua liberdade, sua humanidade, sua imaginação criativa — e, pior de tudo, você entrega seu amor para os chefes robôs. Ao fazer isso, você se priva de sua existência e destrói seu futuro.

A estrutura social de hoje, seus padrões e suas regras são autodestrutivos e destroem o planeta. A sociedade moderna desintegra a inteligência humana e o saber interior do coração. Para ter permissão de tomar parte nos grupos sociais e existir neste mundo, cada indivíduo tem de concordar com regras concebidas para prejudicar o crescimento individual, prejudicando assim a própria sociedade. Mas ninguém questiona isso.

Não precisa ser assim; podemos mudar o futuro mudando o presente — pelo uso de nossos poderes singulares de "I-Magi-Nação". Muitas das culturas mais antigas lutam para sobreviver nos níveis mais primitivos, e são mantidas nessa situação para evitar que cresçam e se desenvolvam de maneira nova e mais equilibrada. O escudo que pode nos proteger concretamente contra essa força desumanizadora é nossa imaginação criativa individual e coletiva, que é o poder de sonhar e realizar nossos sonhos. Cabe a cada um de nós reivindicar esse escudo tão importante, pois ele é também nosso guia e age em contato com o coração. O futuro da humanidade é o caminho do coração. A imaginação é a chave para abrir esse caminho.

Ela também é parte do "gerador de poder" que cria uma aura de liberdade ao nosso redor. Isso significa que, exteriormente, talvez você tenha de trabalhar na sociedade para se alimentar por algum tempo, mas interiormente você está bem longe e fora de alcance. Usando o escudo interior da imaginação, você afasta sua psique do campo limitado das estruturas sociais, poupando assim sua energia. A estrutura da sociedade tenta destruir sua imaginação, pois ela precisa que você "acredite" em sua autoridade para essa autoridade funcionar. Se você afastar essa crença interiormente ao desenvolver sua imaginação, então, nesse momento, algo de novo acontecerá.

Mas, se sua imaginação for sufocada até se tornar uma pequena chama frágil e toda a sua energia vital for empregada para acreditar que a sociedade tem poder sobre você, a sociedade de fato *terá* poder sobre você. Mas isso só acontece quando você faz dela sua realidade atual. A verdade é que você pode escolher o caminho a seguir e perceber que a sociedade vai se desintegrar nos próximos anos. Esse é um desafio da vida, mas você tem de agir agora.

A imaginação nos fortalece de maneira única quando investimos algum esforço para desenvolvê-la. É possível participar ativamente na sociedade e ao mesmo tempo dirigir nosso poder interior para imaginar um mundo novo e diferente. As pessoas sofrem controle mental para acreditar que não há alternativas aos carros, aviões ou guerras, por exemplo. O controle mental é parte de um plano dirigido por grupos de elite que não têm interesse no bem-estar das pessoas ou da sociedade em geral. Você é levado a acreditar, por exemplo, que não há alternativas ao petróleo, ao gás ou ao poder nuclear. Mas, se você investigar sua imaginação, descobrirá que isso não é verdade.

O "Castelo de Coral" foi construído por Edward Leedskalnin, nos anos de 1930, na Flórida (EUA), com o poder e os recursos da "I-Magi-Nação". Esse homem pequeno conseguiu talhar e mover blocos enormes de rocha coral, alguns pesando até 30 toneladas, sem a ajuda de ninguém e sem que ninguém soubesse como ele conseguiu. Em 1945, ele escreveu:

"Como eu disse no início, os ímãs dos polos Norte e Sul são a força cósmica. Eles sustentam este planeta e tudo sobre ele, e também sustentam a Lua. A extremidade norte da Lua contém força magnética do Polo Sul e o mesmo acontece com a extremidade norte da Terra. A extremidade sul da Lua contém força magnética do Polo Norte e o mesmo acontece com a extremidade sul da Terra. Às pessoas que se perguntam por que a Lua não cai sobre a Terra, só o que elas têm a fazer é dar meia-volta na Lua de modo que a extremidade norte fique no lado sul, e a extremidade sul fique no lado norte. Então, a Lua viria abaixo.

"Atualmente, a Terra e a Lua têm polos magnéticos nos mesmos lados, e assim seus próprios polos as mantêm separadas. Mas, se os polos fossem invertidos, elas atrairiam uma à outra. Essa é uma boa dica para os inventores de foguetes. Transformem o nariz do foguete num forte ímã do Polo Norte e a cauda num forte ímã do Polo Sul, e disparem o foguete em direção à extremidade norte da Lua. Então, terão melhores chances de sucesso".

A citação acima é de *Magnetic Current*, de Edward Leedskalnin, um dos vários livretos que ele escreveu. A existência do "Castelo de Coral" é um exemplo do poder individual da imaginação, de um homem que foi fiel a seus sonhos e projetou esse poder no mundo físico.

Hoje em dia, um pequeno número de inventores e pensadores criativos luta para tornar realidade a energia livre e inovações de fortalecimento da saúde. Eles nadam contra a corrente dessa humanidade doente e prisioneira. São os aprendizes da imaginação. Se as pessoas imaginassem e investigassem novas maneiras de viver, métodos inusitados de construir casas e soluções alternativas para distribuir poder, tudo poderia acontecer. Mas quando a mente opõe resistência, quando é paralisada pelos donos do poder, é muito mais difícil abrir essa brecha.

Tudo o que temos de fazer é mudar nossa mente para criar mudança. No entanto, isso é um lema absurdo numa sociedade de controle mental onde as pessoas vivem as mentiras que ouvem. As pessoas do "mundo civilizado" tiveram de ser convencidas com mentiras e logros de que era necessário, por exemplo, invadir o Iraque. A partir do momento em que a invasão aconteceu, não importava mais se a verdade era diferente do que se dizia. Nesse caso, não havia motivo para um ataque preventivo, pois no Iraque não foram achadas armas de destruição em massa... mas era tarde demais, o dano estava feito e os donos do poder contabilizaram outra vitória.

A mesma coisa vale para o uso do petróleo e do poder nuclear como fontes de energia. As pessoas são levadas a acreditar que, se essas fontes de energia fossem descartadas, a sociedade não teria condições de funcionar. O medo mantém a sociedade controlando as pessoas, em vez de as pessoas controlarem a sociedade. Se mais pessoas desenvolvessem e usassem sua imaginação — se ao menos pensassem por conta própria, sem ninguém impingindo um sistema de crenças preestabelecido, e se fizessem perguntas —, perceberiam que algo está drasticamente errado. Como a sociedade pode controlar os atos das pessoas se não existe sociedade sem pessoas? Imagine a situação inversa e a mudança acontecerá. As pessoas passarão a controlar sua própria ordem social.

A imaginação é um canal de passagem importante para a parte do cérebro capaz de visualizar o futuro e o passado. A ilusão mais destrutiva usada pelo *establishment* é a mentira de que o cérebro só pode executar uma função por vez ou concentrar-se numa única coisa. Essa ilusão serve para destruir nossa capacidade de usar a imaginação.

A psique ou capacidade intuitiva é o elemento mais importante na criação de qualquer coisa que os humanos fabricam ou usam. Ferramentas, abrigo, roupas e meios de transporte, todos têm origem no aspecto intuitivo, criativo e imaginativo de nossa natureza. Não criamos tudo isso simplesmente com o pensamento. A imaginação não é pensamento, a intuição não é pensamento, embora ambos possam usar o pensamento como ferramenta para executar ou desenvolver seus objetivos e ideias.

Em geral aceitamos qualquer coisa, e isso é errado. Raramente imaginamos que podemos mudar as coisas ou melhorar uma situação simplesmente com o poder da mente. Muito de nossa vida é desperdiçado em pensamentos e temores negativos. Mas a imaginação, usada da maneira apropriada, pode superar a negatividade e com certeza eliminar os temores. Quando você simplesmente imagina a situação diferente do que parece, esse uso da imaginação já basta para mudar a química dentro do seu corpo e do seu cérebro. Aceitar cegamente o que está diante de nós é uma falha de imaginação. Também é uma incapacidade de perceber o poder real existente dentro de nós, não do lado de fora.

Tudo o que construímos baseia-se na falta de imaginação, e isso cria um sentimento de desesperança e uma percepção fatalista do tipo: "Não adianta tentar". Mas nossa tentativa deve ser a *mudança pelo uso da imaginação como recurso para conceber um mundo novo*. Em sua imaginação, você pode voar para qualquer parte do mundo e disparar raios de luz ou energia orgônica nos recônditos mais escuros. Os limites disso são unicamente os limites que você coloca em seu próprio poder de imaginar. Escudos luminosos podem ser criados ao redor do corpo físico usando a imaginação. Sessões de cura podem ser realizadas com e pelo poder da mente.

Conflitos pessoais, problemas no trabalho e confrontos de família podem ser transformados pela luz da imaginação. Você pode criar seu próprio mundo com sua própria mente e transcender essas situações, circunstâncias e problemas indesejados. Usando sua mente, você pode desarmar a negatividade do passado e apagar acontecimentos negativos. Essa é uma maneira construtiva de visualização, e funciona.

Se você trabalha num escritório, pode fazer seu trabalho e ao mesmo tempo imaginar que está nadando no mar, escalando uma montanha ou até voando em direção a Marte. Essas são maneiras sutis de conservar a saúde física e mental. Não há limites para sua imaginação. O corpo e a mente recebem a boa energia de tudo o que você imagina. Porém, o mais importante é você negar à sociedade o poder sobre você ou sua mente. A estrutura do mundo atual tem efeito negativo no sistema humano natural — e esse sistema é a mais antiga consciência genética dentro de nós.

Passei a maior parte do meu tempo na escola usando minha imaginação para passear nas montanhas ou ficar sentado na areia, olhando para o mar. Para mim, isso aliviava o estresse que chamamos "educação". Eu era feliz. Ninguém podia controlar meus pensamentos, portanto eu era livre. Os professores não tinham poder sobre mim. Não existem regras fixas para você desenvolver seu próprio poder de imaginação. Esse é o seu próprio jardim zen, criativo e luminoso.

Cada indivíduo tem sua própria interface única de energia, e o desenvolvimento da imaginação também é algo individual. Ele parte de quem você é, do que aprendeu e do que precisa aprender para continuar crescendo. Imaginação é a ferramenta usada para entrar em contato com os mundos espirituais ou nossos guias. Naturalmente, quando os pensamentos são negativos, não são bons guias, essas entidades querem nos levar na direção errada. Lembre-se, toda decisão afeta você. Portanto, é melhor usar a imaginação para dominar pensamentos negativos do que ser dominado por eles.

Se 10% das pessoas começassem a usar a imaginação para mudar a sociedade e nossa fonte de abastecimento de energia, as coisas seriam diferentes. Em vez disso, nós só nos queixamos e dizemos "Ah, se fosse diferente..." Só quando cada um de nós tiver o poder de dizer "como" se faz e não "se" fosse feito, usaremos esse dom psíquico singular para transformar nosso mundo, seguindo em frente para criar um novo mundo por nós mesmos. O poder de imaginar algo diferente criará algo diferente. Até agora, esse poder foi em grande parte bloqueado pelo medo.

A verdade é: ninguém pode controlar o que você pensa. Só você sabe que está nadando no oceano da sua mente enquanto trabalha no computador, ou colhendo milho nos campos. Isso significa usar a mente de maneira mais ampla para ter perfeita consciência das tarefas deste mundo e ao mesmo tempo ter perfeita consciência do poder do mundo psíquico. Essa habilidade da mente também é conhecida como "intuição psíquica" ou "visão remota". Pratique mais essas técnicas e você pode se surpreender com a facilidade maior de funcionar no dia a dia do mundo físico, manter-se consciente e dominar esse mundo.

Nosso cérebro não funciona com todo o seu potencial porque não o usamos de maneira imaginativa. Ao longo da maioria de nossas vidas, o instrumento dentro do nosso crânio fica desligado ou desativado em grande parte. Imaginação é a chave do crescimento interior. Também é a ferramenta mais valiosa de autodefesa, e portanto de sobrevivência. Ela também pode ser muito divertida, pois podemos criar novas soluções para velhos problemas. Quanto mais você imagina, mais sabe...

"Você não nasce no mundo exterior; nasce no mundo interior, mas habita o mundo exterior."

Nós viemos das estrelas

"O conhecimento era inato em todas as coisas. O mundo era uma biblioteca..."

~ Cacique Luther "Urso em Pé",
da tribo dos Oglala Sioux

Uma das minhas lembranças mais remotas são as estrelas. Sempre tive noção de sermos seres das estrelas, filhos das estrelas. Mesmo quando era muito pequeno, eu olhava para os diamantes de luz no céu e pedia aos seres lá em cima que descessem e me "levassem para casa". Isso acabou levando a uma longa discussão sobre por que motivo era impossível... até agora.

Michael Cremo diz: "Não evoluímos a partir da matéria; ao contrário, nós regredimos ou decaímos do reino da consciência pura ou espírito". Era a sensação que eu tinha na infância, quando olhava de volta para meu lugar de origem — as estrelas. Cremo baseia sua afirmação nas descobertas da ciência moderna e no estudo das grandes correntes de pensamento do mundo, inclusive a filosofia védica da Índia antiga.

Ele propõe, antes de perguntarmos sobre a origem da vida humana, primeiro considerar o que é um ser humano. Cremo afirma que os humanos são uma combinação de matéria, mente e consciência, ou Espírito — isso equivale à energia, já que matéria também é energia.

Eu levaria isso mais além. Somos todos seres únicos — seres de luz, seres humanos, seres alienígenas ou extraterrestres, seres evoluídos ou regressivos. Temos amplas provas científicas de que um elemento mental sutil e um "eu" consciente podem existir independentemente do corpo físico, e de que esse fato da vida foi sistematicamente eliminado da ciência oficial por um processo de "filtragem do conhecimento".

"Em todos os casos de filtragem do conhecimento, pode-se esperar grande dose de resistência, crítica e ridículo quando ela é exposta e denunciada", diz Cremo. Por isso Immanuel Velikovsky (1895-1979) foi atacado pela ciência oficial de maneira psicótica. Os escritos revolucionários de Velikovsky mudaram o mundo da ciência e a história esotérica da humanidade. Seu relato de acontecimentos em *Worlds in Collision* e *In the Beginning* são obras-primas de cosmologia.

Levando isso em conta e olhando para os tempos adiante de nós, estamos a caminho de uma experiência fascinante. Nosso ambiente consiste inteiramente de signos e símbolos. Perguntei no começo deste livro: "O que é real?" Só porque enxergamos a realidade de uma certa maneira, não ocorre à maioria das pessoas que elas estão tecendo uma ilusão — uma mandala criada por elas mesmas, pode ser uma mandala equilibrada e intacta ou fragmentada e corrupta.

Nossa "paisagem mental" como um todo consiste nesses símbolos. O holograma de nossa realidade concreta é feito de símbolos sobre os quais concordamos, e esses acordos estão chegando ao limite que fixamos para eles. Construir consenso pelo bem da paz é concordar em discordar. Você tem de concordar com a realidade que lhe é apresentada. Por isso eu digo: "Liberte sua mente!"

Krishnamurti formulou isso melhor ainda em *Freedom from the Known,** quando disse: "O pensamento é tempo". Tudo aquilo que estamos prestes a vivenciar será um "toque de despertar" de proporções absolutamente inéditas. Pode parecer algo completamente maluco num período de vários anos, e durante esse tempo muitos se apegarão, para sobreviver, ao sentido fixo de seus símbolos e crenças favoritos. É melhor relaxar desde já, para não enlouquecer quando os novos símbolos do destino mapearem a realidade.

Encarnação após encarnação, cada alma ou ser individual pode decidir se muda para a vibração inferior da lição Cósmica ou se transmuta chumbo

* *Liberte-se do Passado*, publicado pela Editora Cultrix, São Paulo, 1970.

em ouro das estrelas. Uma transmutação já foi realizada — a descoberta de não existir "em cima" ou "embaixo"; só existe o que Krishnamurti e outros sábios chamam de "realidade tal como é".

Descobrir isso requer energia, mas nosso atual estilo de vida diminui ou aumenta a força vital do corpo radiante. Acho o "anel mágico" nossa própria espiral de DNA e nossa ligação com o espírito, a luz ou o divino. Nossa conexão mental e imaginação podem e devem acionar soluções para aquilo que chamo de "mundo dos sobreviventes inteligentes em contato com extraterrestres".

O eu ou ego, matéria, dinheiro, poder, sexo, religião, ambição, ganância, orgulho, desejo, medo etc. e o mundo da "fé" estão se extinguindo, pois são inúteis e contraproducentes. Essa abordagem distorcida da vida será substituída pelo "conhecimento" científico do espírito. A fé também é um fator de corrupção na sociedade humana pela maneira como é usada. Ela recompensa os que se inclinam diante do "bezerro de ouro" do ego e do materialismo, e tenta destruir os que se recusam a isso.

Essas pessoas não percebem ainda que um dia perderão seu dinheiro e suas riquezas materiais, em parte por causa das circunstâncias que enfrentamos, em parte por causa das mudanças globais. Esse dia está cada vez mais próximo. O que acontecerá então à importância do ego, com seu materialismo exclusivo e mentalidade individualista?

Se trabalharmos juntos para criar tecnologia luminosa ou acumuladores de orgônio não tecnológicos e outras soluções saudáveis baseadas em energia, estaremos mais perto de nos livrar dos alienígenas reptilianos e regressivos e das entidades que sugam a humanidade. Esse processo pode acontecer de maneira pacífica; só requer uma mudança na coerência cardíaca. Na verdade, sabemos que o processo já começou. Até 2017, haverá alguma destruição até passarmos para outras dimensões. Para mim, "outras dimensões" significa a capacidade do ser humano de substituir realidades e viver de maneira diferente do agora.

Nós somos as estrelas e o universo é o nosso lar. Existe uma radiação não tecnológica que varre completamente uma área, eliminando qualquer sinal de DOR ("radiação orgônica exaurida"). Dirigida contra entidades ou alienígenas do tipo regressivo, eles desaparecem rapidamente. O "gerador de orgônio" construído por Wilhelm Reich é um instrumento conectado com o éter. Dizem que ele faz reviver áreas agonizantes e pode criar nuvens naturalmente. Humanos avançados também são geradores de orgônio e podem criar sua própria ressonância equilibrada que também restaura grandes áreas.

Usar e dirigir seu próprio objetivo e concentrar-se na solução é mais do que fazer uma oração, e muito mais do que meditar no vazio. Isso se refere ao desdobramento dos raios de luz concentrada dos pensamentos em busca de sinais, transferidos por telepatia e atuando como um sinal poderosamente ampliado. O sinal é focado para ser captado por quem puder e quiser ajudar. Isso é o que chamamos de *estabelecer contato*. O que Reich descobriu como orgônio você pode também fazer com a mente.

Se uma pessoa já abduzida por alienígenas — não é a mesma coisa que entrar em contato — soubesse focalizar ou "imaginar" proteção orgônica, poderia se libertar dessa experiência e perder rapidamente alguns maus amigos. Quem entra em contato são os que passam por sessões de modificação mental ou interação hiperdimensional voluntária naquilo que eu chamaria de "centros de contato", ou escolas interdimensionais de luz, nas naves flutuantes dos ETs. Minha própria visão baseada no poder da luz é um exemplo de minha interação com eles.

Por que os poderes no controle — governos, a Igreja, grupos de interesse corporativo com dinheiro e influência e os meios de comunicação — querem reprimir nossa criatividade e inventividade? Por que tentaram destruir, como num ato de vingança, a obra de Galileu, Krishnamurti, Reich e Tesla?

Os dois lados são descritos como forças da luz e forças a serviço da sombra. A força do mal ou entidades negativas se alimentam de sentimentos humanos como medo, sofrimento, sensação de perda, pesar, ressentimento etc. Portanto, para continuar vivas e fazer seu trabalho, precisam aterrorizar os humanos, e esses, por sua vez, têm de viver sob o domínio do medo. Isso os mantém num estado de atraso cerebral.

Tenho certeza de que podemos criar aparelhos orgônicos não elétricos e portáteis, ou blindagens Tesla, e usá-los para nos proteger pela transmissão natural de energia radiante equilibrada. Um cliente meu, um guru da tecnologia, me disse que aparelhos orgônicos dissolveriam a DOR e nos protegeriam das entidades malignas. Joias carregadas com energia luminosa, por exemplo, também seriam um fator de proteção. A tecnologia existe. Podemos desenvolver armas de varredura não letais e pacíficas e pistolas com controles remotos capazes de liberar uma área de espíritos malignos, entidades, alienígenas negativos e reptilianos do submundo.

Ouvi também a explicação de que o atual sistema de controle eliminou as culturas antigas porque essas civilizações avançadas também tiveram contato com extraterrestres. As culturas Anasazi (povo pré-histórico do sudoeste dos EUA, "os antigos" na língua *navajo*), os celtas e outros povos nômades eram pessoas altamente desenvolvidas, em contato constante com seres cósmicos e outros viajantes dimensionais do tempo. Imagine uma entidade maligna tentando se interpor entre você e aqueles que querem entrar em contato. Quando conseguirmos contato — e isso vai acontecer com certeza —, os seres regressivos perderão o controle do planeta. É a batalha espiritual e evolutiva que teremos de enfrentar num futuro próximo. Sua escolha vai decidir o resultado!

O que você prefere — contato ou controle? As culturas de contato eram anticontrole, pois desenvolviam uma ciência psíquica que alguns chamam incorretamente de "religião pagã". Esses povos não tinham religião, enquanto a civilização atual pratica "crenças pagãs" disfarçadas como adoração a Deus. O fato é que eram culturas extremamente avançadas, baseadas no conhecimento e na verdade e guiadas pela consciência Cósmica.

Quem vem até nós do futuro também está trabalhando conosco, pois aquilo que criamos os afeta. Eles vão herdar nossos erros. Isso pode ser difícil de entender, pois tem relação com viagens hiperdimensionais no tempo e teleportagem (transporte automático a longas distâncias) — mas, em essência, o que os seres de luz me explicam é que está acontecendo um *feedback* Cósmico, ou efeito retroativo da consciência.

Se criarmos um futuro muito ruim e arruinarmos o planeta, haverá um *feedback* no circuito deles que mudará o curso luminoso dos acontecimentos em seu mundo. O resultado pode ser todo o campo temporal ser desviado para uma rotação de vórtex negativa — rotação que eles não podem controlar, pois nós a criamos e só nós podemos desativá-la. Estamos todos unidos por intermédio dos campos de tempo e espaço. Estamos interligados por meio das dimensões do tempo e do espaço e além delas, no campo unificado do universo.

Muitas pessoas esperam a elite entrar em colapso ou o povo do Norte destituir a elite, tirando-lhe o poder de dominar o mundo pelo terror. É possível que raças alienígenas estejam ajudando os governos secretos a criarem uma tecnologia do terror simplesmente porque nos aproximamos de uma época em que os humanos mudarão e já não poderão ser usados por eles.

Especialistas e cientistas, gente do governo e representantes do exército virão a público para começar a revelar o que sabem sobre projetos nos quais trabalhavam, por exemplo contato alienígena, portais estelares, mentiras do governo e controle mental; experimentos de frequência HAARP e o controle militar do clima, planejado para 2025; engenharia reversa de discos voadores que caíram na Terra e a *guerra secreta* que está sendo travada. Essas discussões ainda são prejudicadas pela falta de informação, mas a informação está surgindo à luz do dia. A represa vai se quebrar e os pingos d'água vão se transformar numa inundação. Logo tudo estará em domínio público e a verdadeira atividade poderá começar. Os magos sabiam que o futuro é o presente em potencial. Há uma corrida contra o tempo nessa guerra dos magos. Os futuros alternativos são primitivos e devem ser evitados a todo custo.

Os poucos sobreviventes deste mundo e as culturas de contato começarão de novo, a partir do zero. Vamos encontrar e proteger o ouro das estrelas... A corrida contra o tempo termina com o fim dos tempos, pois tanto o *feedback* de reação kármica quanto o tempo se aceleram. Nesse momento surge uma nova vibração física. Veremos o que isso acarreta. Um dia se transforma numa hora e depois num segundo. Mais cedo ou mais tarde, deixaremos a polaridade do tempo para trás. O "Mestre da Luz" olha, para, entra e conversa comigo para além do tempo, pois nós dois viemos das estrelas atemporais.

Investigando as migrações humanas

"Vamos juntar nossas mentes e ver que tipo de vida podemos criar para nossos filhos."

~ Tatanka Iyotake (1831-1890),
conhecido como "Touro Sentado"

Às vezes, a Mãe Terra se livra de uma civilização inteira, e é exatamente isso o que vai ocorrer nos próximos anos. Temos de decidir se queremos criar uma ponte com a próxima civilização ou afundar junto com a atual. Você precisa tomar sua própria decisão — provavelmente uma questão de gosto pessoal.

Logo veremos um tempo de mudança, com mais certeza por volta de 2011. As comunidades terão de reaprender técnicas simples, como navegar pelas estrelas e sobreviver em ambientes desconhecidos. As pessoas urbanas que não têm costume de viver perto da natureza provavelmente não vão sobreviver nesses tempos de agitação social, guerras civis e rebeliões. Muitas pessoas deixarão as cidades para ficar longe dos problemas.

Os que não têm costume de viver de maneira simples e natural precisarão de tempo para aprender, mas o tempo é curto. "Mudar de marcha" do ponto de vista mental ou físico pode ser tarde demais para alguns, no momento em que o sistema imunológico da Terra vier abaixo. A aventura será emocionante, mas só para os corajosos. Estilos de vida doentios esgotaram de 80% a 90% da "energia do vórtex" da população humana. Harmonização espiritual e mudanças pessoais serão necessárias. O novo programa de DNA será chamado de "troca de modelo".

Os líderes da "troca de modelo" serão as crianças e os adultos resistentes, cuja mente for jovem o suficiente para mudar e adaptar-se. A ideia de apegar-se a uma "pátria" ou refúgio é ridícula e pouco realista num período em que Saturno, que dá forma às coisas e controla as estruturas, testa a viabilidade de Plutão e Urano por volta de 2010, quando uma cruz cardinal se formará no céu. Saturno mostra o elo fraco e cria a forma nova. Lares, nações e alianças tendem a se romper sob essa influência. Tratados de paz serão negociados por líderes tribais em todo o mundo. A Rússia se dará bem nesse período.

Magos e migrantes se sentem melhor em movimento constante, mas continuam tranquilos por dentro. Como alvos móveis, eles formarão novos grupos e ensinarão às pessoas o que sabem. No verão de 2010, Urano e Júpiter entram no signo astral de Áries no momento em que o ano-novo céltico começa todos os anos. O símbolo sabeu de Áries é sugestivo com relação aos novos tempos: "Mulher Que Acaba de Sair do Mar, Cingida por um Escudo".

Netuno, nesse momento, está suspenso na zona da cúspide de Aquário e Peixes, área onde o equinócio da primavera se encontra com a mudança de era: "Mudando da fé para o conhecimento". É o momento indicado para fazer a coisa certa.

Os anos 2010 e 2011 são extremamente inovadores, nos quais só trabalhos incomuns e novos caminhos devem ser tentados. Uma tensão notavelmente construtiva estará no ar até 2018, quando Urano entra em Touro. Vejo com clareza o surgimento de um conjunto completamente novo de valores sociais. Grandes experimentos terão início nessa década, nos direcionando para um novo tempo. Será o tempo da ascensão dos novos povos indígenas.

Os magos das migrações terão de confiar nesse aspecto planetário, mas também precisam continuar impenetráveis às ilusões criadas pelos donos do poder. Eles serão profundamente corajosos e firmes, e ninguém poderá dominá-los quando essa fase começar. A migração de pessoas em direção a reservas novas e necessárias começa no final de 2019, com os planetas alinhados em signos de terra.

2020 é o momento em que prevejo a transição entre as eras. Aqui saúdo um colega mago, um dos primeiros líderes tribais modernos da Terra nessa nova era: "Convido vocês a se orgulharem dos povos indígenas, a reserva moral da humanidade". Do discurso de posse de Evo Morales, primeiro presidente da Bolívia de raça indígena depois de quinhentos anos de domínio colonial.

As migrações seguem o padrão de espirais. Plutão em Sagitário até 2008 representa transformação do sistema de crenças e dos caminhos para encontrar a verdade. O planeta da morte e do renascimento atravessou metade do signo do arqueiro desde 1995-96. Isso foi quando começou a jornada interior. Agora, estamos na jornada exterior.

Muitos podem concordar comigo que em 1996-97 partes de suas vidas "decolaram", ou pelo menos evoluíram de maneira inesperada. Desde essa época, só poucas pessoas se adaptaram às mudanças invisíveis. Qual seria o motivo?

Talvez alguns de vocês tenham começado a migrar tanto para o espaço interior quanto para o exterior. Os que quiserem sobreviver sem se prender às coisas antigas vão continuar enxergando bem adiante, em direção à estrela azul. As pessoas com frequência são substituídas e obrigadas a se mudar. Os seres humanos tiveram de aprender e reaprender novas culturas e costumes ou adaptar-se a mudanças sutis e às vezes súbitas.

Os antigos xamãs também eram exploradores. Visões artísticas, monolitos e entalhes, ruínas e templos registraram essas viagens. São um testemunho silencioso das grandes distâncias que percorremos, do que perdemos e da sabedoria que foi conservada. Só poucos são capazes de encontrar o elo com o denominador espiritual comum da magia das estrelas, o código secreto do mecanismo dos planetas que mostra o caminho adiante. Vim até aqui para recuperar e redistribuir esse saber, preparando o tempo em que ele será necessário para nossa sobrevivência coletiva.

Estamos aqui para aprender e ensinar outras pessoas. Lembraremos habilidades básicas quando nos tornarmos nômades primitivos. Em consequência, faremos intercâmbio de recursos em vez de cada um pensar só em si mesmo. Os recursos humanos e planetários estão guardados ao nosso alcance, guiados pelo espírito e acessíveis pela sintonia com os planetas nesse novo tempo. Por muitos anos, aconselhei meus clientes e amigos a tomarem uma posição à frente das mudanças. Mas só poucos seguiram esse conselho.

Depois de 2010, alguns países viverão em estado de sítio virtual para fins de autoproteção, com suspensão quase completa ou impossibilidade de comércio e viagens, ou sob o controle de autoridades tentando impor ordem, embora o caos seja a norma. É preciso entender: o que as autoridades mais temem são as mudanças, e elas têm plena consciência de não poder controlar as pessoas que organizam a si mesmas.

Só as mentes inventivas e engenhosas terão condições de se reagrupar, declarando santuários de liberdade relativa e implementando sistemas econômicos funcionais para benefício mútuo de todos. Haverá uma resistência psicológica crescente e uma defesa contra os "superpoderes" obsoletos. Os grandes negócios estarão perto da extinção. A economia do egoísmo entrará em colapso. O pequeno será mais valorizado. Independência e liberdade individual se tornarão uma posse valiosa, mais do que qualquer dinheiro.

A liberdade de ir e vir significará prosperidade financeira. Novas técnicas serão aprendidas. As migrações de sociedades mágicas mais uma vez seguirão o padrão de espirais e símbolos do infinito. Os exploradores durante e depois do tempo dos jogos de guerra globais não se deslocarão de um ponto a outro numa linha, mas sim em círculos entrelaçados e seguros, cada vez maiores.

Métodos de transferência e comércio terão de ser secretos para funcionar. Mensageiros serão enviados, bases serão estabelecidas e as pessoas aprenderão a criar redes inteligentes de sobrevivência. Elas vão desenvolver técnicas de preparação para poder lidar com situações inesperadas.

Migrantes surgirão de maneira inesperada, juntando-se em grupos com base em acordos tácitos e compreensão silenciosa. O mundo pode ser ganho pela interação pacífica, mas não conquistado pelo controle violento. O coração das pessoas seguirá a liderança em ressonância com a paz e a alegria. A liderança inteligente terá de ser reunida ao longo do mundo e coordenada eficazmente para beneficiar os bolsões de sobreviventes.

Comunidades pequenas sobreviverão pela bondade e gentileza, tolerância e justiça, paz interior e exterior. Nações sem justiça ou virtude perecerão, não importa seu tamanho. Por isso os livre-pensadores vão abandonar logo as estruturas e se reagrupar de maneira informal, preparando-se para novas sociedades pequenas e interdependentes.

Os sobreviventes serão aqueles com virtude inerente para se deslocarem sem a menor resistência, como água. Em termos práticos, isso significa que os que querem sobreviver têm de estar dispostos e preparados para se deslocarem de maneira rápida e eficiente, movimentar-se livremente e continuar invisíveis. Ou abandonamos os velhos hábitos ineficazes, ou estamos perdidos.

O distanciamento é a maneira de alcançar esse estado supremo de liberdade interior. Os novos "migrantes" terão essas virtudes. As pessoas estarão dispostas a trabalhar com os líderes que ganharam respeito por seu caráter firme e sua capacidade de ajudar outros a sobreviverem. Essa autoridade não precisa de leis nem de instituições. A única coisa que tem de existir é o desejo de ajudar um ao outro.

A simples orientação espiritual levará aos objetivos almejados nesses novos assentamentos. Será fácil reconhecer matizes de evolução e determinar a capacidade de sobrevivência. Observe os temores de uma pessoa ou sociedade. Sociedades atrasadas e infantis temem perder suas posses e seu *status*, prendendo-se às vantagens materiais, enquanto sociedades cultas e pessoas avançadas temem perder a liberdade, a justiça e a paz.

O futuro pertence às pessoas de liberdade, justiça e paz. Elas precisarão estar sempre em movimento, agrupando-se e reagrupando-se como as correntes marítimas, em algum momento vivendo à beira-mar para observar como a água se move e flui. Elas também terão de estar "centradas" no ser, em parceria com o espírito. Vão prosperar porque seu senso comum é mais forte do que os desejos interiores e exteriores. Os subjugados por seus desejos vão desaparecer.

No passado, navegantes, exploradores, viajantes sagrados e pesquisadores curiosos encontraram civilizações importantes. Nos próximos anos, se formos capazes de migrar e dependermos menos dos recursos externos, seremos mais fortes e mais capazes. Teremos de encontrar novas energias ou aprender a viver com as atuais.

Antigamente, navegantes descobriram terras longínquas. Também teremos de partir pelo mar para recolonizar uma nova civilização, depois que acabarem as longas guerras e os eventos cataclísmicos súbitos. Quanto mais cedo nos acostumarmos à parceria com a natureza e os oceanos, mais preparados estaremos para sobreviver. Homens e mulheres corajosos terão de mostrar o caminho.

Poucos sobreviverão em terrenos muito montanhosos. A vida à beira-mar e em barcos acabará sendo mais realista quando a Terra se acalmar de novo. O mar será uma fonte de alimento saudável mais fácil de obter do que no interior dos países. Novos princípios de coexistência compassiva serão estabelecidos mais facilmente à beira-mar, em pequenas comunidades acostumadas à tolerância e à disciplina, do que entre pessoas cercadas de terra e sem familiaridade com trocas transculturais.

As trocas vão prosperar em lugares dos quais nunca ouvimos falar. Novas massas de terra vão emergir, enquanto outras afundarão no oceano. Já que não podemos prever essas mudanças, é melhor viver a mais de 1.500 metros de altura, onde você não terá de lidar com o impacto da elevação do nível do mar. A tendência dos desalojados de se reagruparem à beira-mar será cada vez maior. Serão projetados novos navios, funcionarão por meio de energia solar.

Futuras redes de pessoas numa jornada sagrada vão se expandir ao redor do globo. A comunicação se dará cada vez mais por sinais de rádio ou por meio de uma comunidade virtual semelhante à Internet. Veremos sociedades paralelas vivendo uma perto da outra. O velho mundo desaparecerá, enquanto outros crescerão pela busca de sabedoria antiga em tempos incomuns. Só existe saber real onde existem pessoas reais.

Plutão em Capricórnio por volta de 2009 inaugurou a "fenda no muro". Os que querem liderar um novo espaço-tempo e estar na vanguarda da civilização quando surgirem as oportunidades devem ter condições de mudar-se de um instante para outro. Também precisam de treinamento em técnicas de sobrevivência. As mudanças serão inesperadas, frequentes e surpreendentes.

O reagrupamento das sociedades, que também começa a acontecer nessa época, vai continuar pelos anos seguintes até 2008 quando será criado um novo tipo de governo inteligente e integrado.

A regra antiga para o sucesso dos migrantes é ser capaz de discernimento em três variáveis principais: conhecimento das estrelas e do céu acima de nós; compreensão e familiaridade com a terra sob nossos pés; e uma percepção clara da condição humana em mutação. Os homens e mulheres com essas habilidades vão liderar as migrações futuras.

Siga o mago que segue as estrelas e torne-se independente de *status*, riqueza e outros vínculos. O mais importante para a migração, além do inevitável e do óbvio, é integridade, firmeza, pureza de espírito, lucidez, sabedoria e disposição de adaptar-se e aprender. Quanto mais cedo você se adaptar, melhor.

Para investigar a migração humana, você precisa ter equilíbrio com o céu e a Terra. Conhecer o universo acima de sua cabeça, enxergar o que há no céu e respeitar o que está abaixo dos seus pés criarão o migrante mago, o navegante dentro de você.

Escolas interdimensionais de luz

"Acredito firmemente que a autoeducação é a única forma possível de educação."

~ Isaac Asimov

Será o caos global vivenciado hoje em dia resquício da destruição do saber antigo ensinado nas civilizações de Mu ou Lemúria e da Atlântida, em suas escolas interdimensionais de luz Cósmica? Ao colonizarem o mundo, os exércitos ocidentais exterminaram culturas antigas, destruindo suas histórias de coexistência e cooperação pacíficas. Essas civilizações e suas escolas eram culturas de contato Cósmico. Agora, são espécies em extinção.

Estamos prestes a destruir os *habitats* naturais do mundo, prestes a destruir a nós mesmos com guerras tanto civis quanto nacionais. Comida e água potável logo serão bens escassos, e "guerras da água" se seguirão às "guerras do petróleo". Se um país não tiver água potável, como poderá manter seus carros de luxo movidos a petróleo? A maioria das pessoas neste planeta não se importa mais com as plantas e árvores; temem a natureza selvagem e se escondem da escuridão dos céus noturnos por trás das luzes das cidades e metrópoles iluminadas. Pessoas não são robôs, mas comportam-se como tal, nunca olhando para cima em direção ao céu noturno.

As massas se excluem e se isolam das grandes escolas das estrelas e planetas acima de nós, ou das escolas vastas e antigas da natureza no planeta Terra. As pessoas já não veem nem ouvem a sabedoria das plantas, árvores e rochas. Elas não abrem seus corações para o desconhecido e perderam contato com seus "ancestrais" e os seres de luz do mundo do espírito. As escolas interdimensionais de luz eram locais sagrados de contato para os pictos, celtas, tibetanos e índios norte-americanos. Os humanos aprenderam outrora maravilhas maiores do que aprendem agora.

As iniciações dos egípcios, índios norte-americanos ou toltecas não eram formas hierárquicas de criação de uma elite no poder — como nas sociedades secretas atuais. Os indivíduos tinham de merecer o saber, caso contrário só causavam dano a si mesmos e aos outros. As esferas de poder que os aprendizes visitavam e estudavam eram locais altamente perigosos para os que não estavam em sintonia ou que pudessem prejudicar o mundo natural do espírito por meio da ignorância.

Os ensinamentos secretos eram as universidades do coração, e em segundo lugar da mente. As coisas vão mudar agora, pois estamos voltando para os caminhos da luz. Haverá de novo uma cidade de luz Cósmica para entender o destino humano graças à ciência luminosa. Será um centro de ciência e arte, combinando verdade espiritual com a tecnologia da paz, e será também um ponto de encontro entre mundos visíveis e invisíveis.

Ao redor do mundo, antigos portais estelares são repositórios de sabedoria arcaica. Por caminhos hoje esquecidos, o "Mestre da Luz" distribui as energias por igual, contra a maré de violência e medo que varre o planeta Terra. Ao contrário dos europeus modernos que começaram a conquistar o mundo a partir do Império Romano no início da era de Peixes, essas culturas mais antigas da era de Áries, de Touro e remontando até a era de Escorpião há vinte mil anos estavam em contato com algo real, mas misterioso.

Em cada uma dessas eras, incluindo a do povo celta, que também fazia parte de Stonehenge e outros círculos de pedras ao redor do mundo, os locais sagrados eram portais ou canais de passagem para outras dimensões. Eram pontos de contato usados não só para reuniões humanas, como também para reuniões de outros mundos. Eram e ainda são sítios essenciais para a disseminação de ensinamentos sagrados e para manter contato com o universo.

Em cada sítio sagrado do Egito, Peru, México, ilha de Páscoa, Tibete e ao redor do mundo, pessoas-chave eram educadas para desempenhar certas funções no interior da comunidade, com vistas à orientação e à proteção.

Ao longo do planeta havia pontos de poder nos quais se cruzavam as dimensões de espaço e tempo. Esses pontos importantes de poder ou "chakras da Terra" estavam ligados a várias regiões em todo o planeta, como linhas magnéticas ou veias que levam às artérias principais do coração pulsante. Essas regiões, por sua vez, se ligavam a uma grade aparentemente invisível ao redor do planeta, conhecida como "pontos de grade Terra-Estrelas".

Em minha infância, lembro-me vagamente de ter sido levado a uma antiga escola extraterrestre, numa noite em que estava dormindo. Seres extremamente avançados me mostraram as verdades altamente complexas da geometria sagrada, que tinham relação com paralelos entre a paisagem física da Terra, o universo e a psique humana. Aprendi que nada acontece nesta Terra fora dessa ordem cósmica essencial e perfeita.

As consequências da poluição são um sinal de que violamos as regras mais básicas. Os efeitos das bombas destroem as conexões de geometria sagrada da Terra, ao mesmo tempo em que dilaceram o espaço-tempo físico e a fabricação de energia. Os símbolos geométricos sagrados são parte de uma linguagem Cósmica avançada, ou verdade Cósmica.

Quando eu era jovem, o motivo pelo qual me interessava por xadrez e geometria era o fato de reconhecer as antigas cores luminosas nesses ensinamentos. As formas e linhas geométricas são descrições lineares de padrões sutis de energia, e cada um representa algum tipo de portal. Na infância eu adorava brincar com esses padrões e construir estruturas que não têm sentido na desordem do mundo atual.

As lições das "Escolas da Luz" não são fáceis de aprender. Os professores são de uma raça tão antiga que não podemos calcular, e não se parecem conosco. A geometria sagrada também era usada para colocar as crianças face a face com uma profunda consciência espiritual e kármica. Muitas crianças de outras redondezas também eram levadas a essas "escolas noturnas". Mas a maioria delas não conseguia lidar com os ensinamentos, pois eles exigiam que cada um de nós encarasse a si mesmo; isso não é fácil — pois requer honestidade total e a perda do "eu".

As escolas luminosas da noite Cósmica eram rigorosas e exigentes de um jeito impossível de descrever. Cada criança determinava sua própria educação, dependendo de como lidava com as realidades espantosas que eles nos mostravam sobre nós mesmos. Aprendi que essas escolas interdimensionais de luz cósmica existem há milhões de anos.

Nossos professores se preocupavam com deformações e desvios em nosso corpo de luz que poderiam causar zonas de sombra capazes de refletir mais tarde em nosso comportamento. Aprendíamos a corrigir esses desvios autoinduzidos na armadura de energia pela mudança consciente do nosso comportamento. Nem preciso dizer que não comentava essa experiência com adultos. Só observava que eles pareciam disfuncionais em comparação com os seres da luz.

Aprendi que nosso sofrimento é a incapacidade de sentir amor, e sempre voltamos à escuridão do nosso isolamento voluntário porque continuamos traindo uns aos outros — isto é, traindo a nós mesmos. A dor e o sofrimento sentidos só aumentam porque não atravessamos o portal desses ensinamentos de amor em direção à luz Cósmica.

Os antigos professores ou guardiões dessas escolas conheciam cada alma como se cada um de nós fosse seu próprio filho eterno. Ao contrário das escolas da Terra, que são como instituições, os professores não encorajavam nem exigiam nada. Todo o potencial de crescimento, aprendizado e mudança tinha de vir de dentro. Outra coisa nas "escolas noturnas" exigia atenção completa e o máximo de percepção: estava em toda parte, nas paredes, no ambiente, no ar e dentro de nós. Era a verdade. Era a escola viva do grande Merlin.

Aprendi também que as escolas interdimensionais de luz estavam se afastando do contato imediato ou direto com humanos, pois viam os humanos prestes a destruir seu mundo. Era essa a tristeza que eu sentia na infância, a inutilidade do modo de vida das pessoas. Também foi a solidão que encontrei depois de adulto: a incapacidade de ver ou encontrar pessoas que tivessem feito contato com as "escolas noturnas" de Merlin.

Vi ao longo dos anos os portais se fecharem e a educação das crianças em todos os continentes diminuir. As pessoas se tornavam disfuncionais e perdiam sua autoestima. Então, depois de adultos, criavam filhos parecidos com eles mesmos em matéria de comportamento, hábitos e atitudes.

Finalmente um dia, em 1991, percebi o equilíbrio básico se acabar e os humanos se tornarem bárbaros, aviltados e ainda mais disfuncionais. Vi as pessoas não conseguirem mais lidar com emoções e sentimentos avassaladores que as esmagavam. A ordem estrutural interior estava desaparecendo e deixando os humanos só com suas vidas de egoísmo. As pessoas não aprendiam mais nada, só se deterioravam ao se afastarem da luz interior.

Uma força do mal ou energia desarmônica atacava os muitos pontos de contato com as dimensões, isolando os humanos dos mestres da luz e sujeitando as massas a um foco materialista e inconsciente. As multidões esqueciam por que tinham sentimentos e por que estavam vivas neste planeta. A maioria das pessoas já não se lembrava de suas origens. Não eram treinadas para conhecer seus sentimentos, e assim não sabiam como estabelecer o que os mestres da luz chamam de "contato Cósmico". Elas tinham perdido sua visão.

Os sentimentos começavam a se acumular como grandes nuvens, quase irritados por terem sido ignorados e por sua evolução ter sido negada. Vi um tempo em que o último portal para as dimensões se fecharia e os seres humanos começariam a ficar completamente loucos. Começou uma guerra no planeta entre os sentimentos abandonados e os humanos paralisados, atacados por seus próprios sentimentos e emoções. O caos que se seguiu é o "lixo radioativo" liberado nessa guerra.

Cada vez mais pessoas vivem só para os desejos do "eu". Por isso, esquecem quem são e por que estão aqui. O desejo de morte e destruição de toda a sabedoria antiga do planeta vem do medo. Os romanos começaram a se afastar do alto nível de aprendizado e consciência de si mesmo para servir a outro patrão. Eles não queriam encarar essas verdades duras, só queriam destruir esse contato para todos os seres humanos ao redor do mundo. Só desejavam o poder e o domínio sobre todas as coisas vivas. Isso significava que qualquer portal para as dimensões que ensinasse liberdade era um perigo e devia ser destruído pelos que serviam ao ego.

Por que as igrejas e escolas são os principais inimigos no mundo do conhecimento verdadeiro e antigo? Infelizmente, não só o conhecimento estão destruindo. Eles estão matando nosso futuro, a esperança da humanidade. A ditadura mundial é um futuro sem saída para as pessoas deste planeta. Se os planos das forças do mal derem certo, a vida como a conhecemos deixará de existir sem aviso. A ditadura será o fim da humanidade.

Foi por nossa própria culpa que nos traímos em nome do isolamento, do egoísmo e da nossa própria ganância. Nascemos num mundo lindo. O universo enorme fica acima de nossas cabeças, visível para todos. A eternidade se mostra bem aí, diante dos nossos olhos. Vemos um céu azul durante o dia e um céu escuro cheio de estrelas à noite. Nenhum véu foi colocado diante de nós para nos impedir de enxergar essa beleza incrível. É óbvio que acima de nossas cabeças há um espaço vasto e incompreensível.

Pela evidência que nos cerca, a vida é extraordinária, e parece estranho os humanos não enxergarem muito além de suas vontades e desejos. Graças aos ensinamentos das "Escolas da Luz", percebi que nossa doença vai além de simplesmente desejar qualquer coisa material que se possa ter. A verdadeira doença é o fato de nos recusarmos a encarar a nós mesmos no plano da alma.

Depois de fazerem algo errado, depois de violarem as leis do universo, os humanos não querem ver ou enfrentar a grande dívida que assumiram; do ponto de vista espiritual pode parecer algo feio e repelente no espelho da alma. Talvez o demônio que nos persegue seja o que criamos para nós mesmos. Olhando para trás, vemos nosso próprio rosto no espelho. Portanto, só podemos vencer o demônio do "eu" por nosso próprio esforço.

As pessoas se feriram umas às outras, mas negam completamente esse fato. Elas causam danos ao planeta, mas negam isso completamente. O uso de megabombas é justificado por mentiras e fraudes. As "Escolas da Luz" ensinam que tudo isso vai se voltar contra nós. A retaliação já começou em 2003, quando Urano entrou no signo de Peixes.

Os efeitos da atuação de um grupo de almas se estendem por muitos milênios. A evolução de um grupo de almas acontece em períodos mais longos do que só algumas gerações ou encarnações. Ciclos geométricos duram períodos de treze mil e vinte e seis mil anos. Todo o período contém as sementes do nosso desenvolvimento ao longo desse tempo.

Ao contrário da mente ocidental, dominada pelo materialismo, a mente dos povos nativos, celtas e indianos usaram esse grande ciclo para intensificar seu sonho coletivo. A cosmologia dessas civilizações não conhece rival até hoje por suas explicações intricadas e seu conhecimento do mundo.

Com base na opressão e na restrição, as espécies predadoras — começando mais recentemente pelos romanos — continuaram a viver de acordo com o plano maligno da elite inferior. Mesmo quando as antigas culturas xamânicas foram esmagadas e escravizadas pela "Nova Ordem Mundial", elas continuaram fiéis ao desenvolvimento ancestral, saudável mas silencioso, do seu grupo de almas. A maior parte do trabalho dos "ancestrais" continuou quase totalmente oculta no mundo das ciências espirituais.

A preocupação central dos xamãs e videntes tomou a forma de um plano para salvar vidas e enfrentar o terror do "novo mundo" emergente vivido hoje em dia. O plano é nos concentrarmos de volta na energia maior da ciência espiritual que nos cerca por toda parte no universo, trabalhando e aprendendo juntos e evitando a ameaça crescente da guerra e do medo.

Os tempos futuros não mais permitirão o desenvolvimento "racional" tal como o conhecemos, nem o terror conservará seu domínio sobre a mente humana. A verdadeira guerra se dá na psique dos homens, e as guerras físicas são produto desse conflito interior. Estamos lutando contra nós mesmos, tanto no plano interior quanto exterior.

A imposição colonialista, religiosa e social no mundo inteiro impede qualquer cultura de pensar de maneira diferente. Nenhuma sociedade teve permissão de se desenvolver fora das regras sociais que surgiram na Roma antiga. Mesmo quando países mais pobres e subdesenvolvidos prosperam com base em sistemas de cooperação originais do tipo céltico, têm de seguir as regras de Roma. Por que, ao longo de vários milênios, ninguém criou uma alternativa inteligente para o dinheiro?

Existe uma alternativa, mas talvez não seja tão fácil de controlar, tributar e reunir numa conta bancária central. Por que os governos restringem o crescimento do dinheiro disponível como um modo de controlar as pessoas? Num mundo que começa a pensar e agir de maneira diferente, essas regras podem e devem mudar da noite para o dia. Os sobreviventes terão de conceber uma sociedade inteiramente nova, não condicionada e livre das cadeias do passado recente.

O DNA humano foi adulterado por aqueles que tentam controlar o mundo, pois os fios luminosos do DNA ligam nossa consciência às dimensões de luz do outro mundo. Os ensinamentos de cada ciclo terreno estão implantados em nosso DNA, e podemos facilmente ter acesso a eles pela consciência do coração. O catalisador para acionar esse conhecimento sagrado está no interior das emanações da alma. A informação dentro do DNA é ativada pela investigação consciente da alma. É essencial nos abrirmos para os ensinamentos da "autopercepção" *antes* que a nova vibração luminosa alcance o planeta Terra.

A onda de luz que se aproxima tenta reunir as sementes mais claras da humanidade que brilham na Terra como diamantes. A ferramenta que lapida e dá forma a esses diamantes é o "Contato". Nossa interação com os mestres da humanidade vai determinar o que o futuro nos traz. Nossa reativação consciente e concentrada da sabedoria interior abre os portais na Terra. Quando as dimensões se abrirem, uma luz necessária brilhará sobre a Terra e em nosso DNA. Os ensinamentos desse ciclo estão inscritos em nossos genes como padrões luminosos. Nada se perdeu, pois todo o conhecimento está dentro de nós.

Ao chegarmos ao fim desse Grande Ciclo, a experiência como um todo se contrai e se concentra numa "transmutação" de eras. As pessoas estão vendo muitas coisas estranhas, como se os fantasmas do passado e do futuro se comprimissem num espaço minúsculo. Graças a isso, temos uma última oportunidade de usar os portais para acordar desse sono tranquilizador e induzido.

A pureza e a intensidade de um tempo remoto também estão se concentrando no ciclo atual. Por isso forças negativas ou contrárias ficam perturbadas e assustadas, pois sentem-se cada vez mais sob pressão diante do avanço da luz. As coisas mais estranhas, para as quais não há respostas lógicas, estão prestes a acontecer. Rupturas esquisitas que afetarão grandes regiões vão acontecer da noite para o dia, sem explicação ou motivo. Mudanças vão ocorrer e ninguém saberá por quê. Haverá racionamento de água; comunicações eletrônicas serão interrompidas ou destruídas e sistemas elétricos entrarão em pane sem motivo aparente.

Uma mente incapaz de pensar com independência não saberá lidar com essas mudanças de longo alcance. Um grupo de almas que passou milhares de anos reprimindo o desenvolvimento humano vai colher aquilo que semeou. Sua própria consciência coletiva não terá inteligência para enfrentar o que vem pela frente. O caos que nos espera é a força luminosa e autorreguladora, vai destruir o mundo da ignorância. O resto de nós só poderá sobreviver pela redescoberta de nossas verdadeiras origens.

A chave para entender o que chamo de "Contato" é perceber que a mente é ao mesmo tempo o navegante e o navio; ver, entender, agir e pôr-se a caminho. São a ciência e o conhecimento alquímico que vamos recriar para estarem disponíveis aos que buscam a verdade, aos que conseguem se orientar na escuridão e visitar os lugares que chamo de "Ilhas de Luz".

John F. Kennedy disse certa vez: "Os que tornam a revolução pacífica impossível tornarão a revolução violenta inevitável". Mas hoje já estamos além dessa previsão essencial do jovem líder assassinado.

Os que tornam nosso progresso humano e cósmico impossível tornam também sua própria ruína inevitável. Raças de outro mundo que vivem para reprimir civilizações diferentes criam sua própria ruína, da mesma maneira como a impõem às outras. Como faço parte do "grupo de almas" que não abandonou a Terra, perguntei às outras almas por que elas estão voltando agora. Elas me contaram que, quando surge tirania entre civilizações planetárias mais fracas e as mais fortes simplesmente cruzam os braços, chega um dia em que a tirania se estende também aos seres que poderiam detê-la, mas não fizeram nada.

Para as pessoas da Terra, o futuro se baseia na cooperação, não na divisão. O futuro será planejado e construído no plano comunitário. É obviamente um erro permitir que uma grande infraestrutura social determine o desenvolvimento da comunidade, com uma estrutura de recursos centralizada, dominante e indiferente, preocupada só em perpetuar sua própria existência. As estruturas no poder atualmente só desumanizam a sociedade. O sistema do egoísmo e da ganância faz com que tanto os indivíduos quanto a comunidade dependam de um governo e de um sistema bancário central, e também sejam vítimas de um grupo de elite central que controla os recursos básicos e essenciais no mundo inteiro.

Sem a responsabilidade local e comunitária pelos assuntos do meio ambiente, a porta fica aberta para o abuso corporativo. Já que a poluição da água e do ar é da alçada do Estado centralizado, decisões ambientais importantes ficam nas mãos de alguns políticos corruptos, manipulados por elites corporativas. Governos e políticos individuais podem ser mais facilmente controlados do que as comunidades locais, que sofrem as consequências de beber água poluída ou respirar ar poluído.

Chamo esse sistema de "escuridão criando mais escuridão", uma ganância nascida da ignorância. Mas as "Escolas da Luz" estão fora do alcance da escuridão. A própria Terra é nossa mestra, e toda a natureza se comunica conosco numa interação direta. Ela é perfeita em seu projeto e sua execução. Acima de nós está o universo, a universidade dos céus. Tudo o que temos de fazer é ouvir...

Contato com almas transumanas

"A existência de civilizações, inteligências e formas de vida altamente avançadas lá fora é uma certeza estatística. Acredito que sejam tão avançadas que até fazem viagens interplanetárias. Acho possível até que tenham vindo até aqui."

~ Astronauta Storey Musgrove

Somos muito reservados sobre fatos simples da vida cósmica. Como transmissor-receptor, ou médium, aceitei a incumbência de trazer clareza à informação confusa e fragmentada. Preocupo-me com nossa origem e tento entendê-la melhor, como astrólogo capaz de medir e interpretar os movimentos dos planetas e como um ser que veio das estrelas.

Conheço e me comunico com culturas antigas, nossos ancestrais, e com seres de outros espaços físicos e dimensionais do universo que entraram em contato com a Terra no passado e continuam a manter contato constante com aqueles de nós que tiveram a sorte de conhecê-los e comunicar-se com eles.

Todo assunto relacionado aos OVNIs é uma grande fonte de desinformação. Em vez de ficar confuso ou ser levado na direção errada, é melhor você usar seu "radar" espiritual e sua própria bússola interior para *enxergar* o que é verdadeiro e o que é falso. A descoberta traz uma quantidade ainda maior de informações confusas.

O cientista da NASA e construtor de foguetes Wernher von Braun, nascido na Alemanha, afirmou mais ou menos o seguinte (estou parafraseando): os donos do poder têm uma estratégia perversa. Primeiro, usam a Guerra Fria e a ameaça "comunista" como base de negociação do medo para controlar as pessoas livres. Quando a Guerra Fria não funciona mais, usam a "ameaça terrorista" — com o pano de fundo do 11 de Setembro e da *Jihad* (Guerra Santa) muçulmana. No futuro, quando a ameaça terrorista não funcionar mais, tentarão usar o "Planeta X", Nibiru, Marduk, a ameaça dos asteroides. E no final de tudo, por volta de 2012, jogarão a cartada final... a "ameaça alienígena".

Isso está sendo bem preparado com operações psicológicas como os filmes *Guerra dos Mundos* ou *Independence Day*. O objetivo é criar um medo subliminar do desconhecido na mente de todas as pessoas do mundo. Você pode ver isso acontecendo agora — a transformação dos alienígenas em nossos inimigos, quando na verdade os "Dragões Indigo" são os elfos humanos ou "seres reluzentes" — trazidos até aqui para sobreviver às mudanças no planeta e liderar a raça luminosa da humanidade para a libertação das coisas conhecidas. Os tecnocratas na "Nova Ordem Mundial" têm medo de assumirmos o comando com onze filamentos entrelaçados e plenamente conscientes de DNA luminoso.

O general Douglas MacArthur disse em 8 de outubro de 1955: "As nações do mundo terão de se unir, pois a próxima guerra será uma guerra interplanetária. Algum dia, as nações da Terra terão de construir uma frente comum contra o ataque de seres de outros planetas".

Por acaso não sei? Toda ação moderna da sociedade humana não visa somente à guerra? Estamos em guerra com a natureza, com os elementos, em guerra com a Terra e uns contra os outros... e agora generais predizem que logo estaremos em guerra com seres de outros planetas. Espero que não, pois com toda a probabilidade eles nos varreriam da face da Terra.

Na minha opinião, se raças extraterrestres quisessem incendiar o planeta com raios escalares, já o teriam feito há muito tempo. Sempre houve raças de seres no submundo deste planeta, assim como em outras estrelas e planetas do nosso sistema solar. Os historiadores documentaram antigas mitologias que tratam de outros mundos estranhos e de estranhos seres não humanos que habitam esses mundos.

Em breve, seres de outros mundos se darão a conhecer aos humanos, pois a fraude acabará e a verdade sobre nossas origens se tornará mais amplamente conhecida. Nos próximos anos, você verá em primeira mão o que eu e alguns outros humanos do planeta já vimos antes.

Esses seres avançados deixaram artefatos e cápsulas do tempo para nos mostrar sua cultura e trazer-nos energias renováveis e pacíficas e tecnologia avançada do espaço-tempo, transferida de sua época para a nossa. Eles trazem esses presentes por uma ponte de luz que é atemporal e eterna. Já temos esse conhecimento no interior do nosso DNA. São códigos que só podem ser acessados por aqueles que os usam para o bem da humanidade. Só temos de aprender como acessar.

Quando chegar o tempo, os seres de luz também nos mostrarão vários sítios arqueológicos secretos da Terra, sagrados e antigos, onde acharemos artefatos extremamente sofisticados que nos ajudarão a sobreviver durante e depois das mudanças globais que já começaram. Sinto que o contato conosco no momento atual é parte de uma estratégia para despertar nossa mente galáctica e ajudar-nos a descobrir como sobreviver desenvolvendo e aplicando nosso saber, inteligência, arte, cultura, ciência, espiritualidade, cosmologia do espaço-tempo e outras ferramentas inter-relacionadas.

Se uma nave espacial chegasse carregando tábuas luminosas de cosmologia do centro da galáxia, ficaríamos tão preocupados em estudar a natureza desses seres que isso nos impediria de aprender como fazer o conhecimento funcionar para nós. Já que os humanos não querem fazer o trabalho por si mesmos, projetam soluções no mundo exterior, procurando por deuses, salvadores e ajuda externa. Os mestres da luz estão aí, mas os humanos têm de criar soluções por si mesmos, começando por internalizar a fonte de luz.

Esses seres — extraterrestres, alienígenas ou como as pessoas prefiram chamá-los — usaram a viagem no tempo por períodos muito mais longos de "tempo" do que podemos imaginar, mesmo vagamente. Seres de alto nível interagiram com várias outras culturas ao longo da história, e alguns de nós que vivem na Terra hoje em dia também vêm de outras dimensões do espaço-tempo. As escrituras, outros textos sagrados e tábuas os chamavam de "anjos" e até de "deuses" para esconder sua verdadeira realidade, o que é parte da grande ilusão humana.

Artefatos antigos estão sendo descobertos e poucas descobertas são divulgadas, mas acontecerão muitas outras que não será fácil esconder. As descobertas sobre nossas verdadeiras origens têm de ser compartilhadas com todos os seres humanos, e assim fico feliz em predizer que acharemos provas concretas. É claro que teremos de quebrar a regra do silêncio dessa sociedade doente o mais rápido possível e antes de 2012.

Os que têm acesso a essa informação, em lugares como a "Instalação" na Sibéria ou a "Área 51" nos EUA, preferem a sensação elitista de manter o conhecimento oculto, apesar do fato de que eles nem mesmo entendem o que lhes foi revelado. Nosso dever como seres humanos é expor o mistério à luz do dia. Nenhum governo do planeta pode impedir que seres humanos façam contato com o DNA luminoso herdado de outras regiões do espaço-tempo. Temos de ir além dos que ficam escondendo a informação necessária para nossa sobrevivência.

Só pessoas doentes tentariam se elevar acima das outras e esconder a verdade dos habitantes da Terra. Esse conhecimento não é só para políticos e cientistas escondidos em abrigos antiaéreos. Manter esses assuntos em segredo por trás de portas fechadas, com todo o clima de desconfiança que isso implica, cria uma ênfase desnecessária em atos ilícitos.

Quando explico às pessoas o que se sabe e o que sei sobre contato extraterrestre e assuntos alienígenas, ponho em risco — pelo menos por enquanto — minha credibilidade, na opinião de algumas pessoas. Eu gostaria de encará-las nos olhos no dia em que souberem o que sei. A realidade verdadeira e conhecida da vida Cósmica ou extraterrestre na Terra e ao redor dela tem muito mais aspectos e inter-relações do que podemos discutir aqui. Mas logo você verá tudo isso por si mesmo.

Os que vêm de outros setores do universo, como Andrômeda ou Sirius, são um "banco genético" que tem origem no grau zero da consciência, e os que vieram de Marte são uma raça humanoide feita do mesmo "banco genético" dos humanos deste planeta. Esses últimos viviam em pequenos grupos em bases subterrâneas de Marte. A sociedade atual não tem a menor ideia do que existe "lá fora" na realidade.

Os antigos pictos e as nações célticas tinham consciência e interagiam com níveis diferentes da realidade. Esse conhecimento se perdeu depois do terror imposto pelos romanos. Mas ele será redescoberto e usado de novo. Alguns grupos na Terra que cooperam com a rede galáctica têm plena consciência desses assuntos e estão estudando modos alternativos de comunicação com extraterrestres. As pessoas tentam agora entender o espaço maior da realidade que nos cerca, pois as eras do caos vão se fundindo aos poucos num conjunto mais coerente.

As novas "crianças Índigo" — nascidas a partir de 1958 — são líderes em potencial que têm noção da fonte de inteligência. Às vezes, a informação que recebemos é registrada muitos anos à frente, para levar nossas decisões na direção que a rede da mente galáctica considera benéfica para toda a humanidade. Isso inclui mudanças globais e preparações para essas transformações; mas, como sabemos, a Terra não será devastada gratuitamente. Podemos tomar qualquer decisão que desejarmos, e em última análise teremos o poder de influenciar, com nossas mentes plenamente conscientes, decisões estratégicas que vão afetar a estabilidade econômica e a segurança ecológica, além de transformar a ordem social como um todo.

A rede galáctica é uma instância Cósmica e global que inclui muitas outras raças e espécies do espaço lá fora. Por isso, já é tempo de acordarmos para esse fato concreto. Pelo que sei, somos um pouco lentos neste planeta. Somos como uma sociedade do "Terceiro Mundo" no universo, carentes de conhecimento galáctico em matéria de compreensão espiritual e cosmológica.

As raças alienígenas avançadas não cooperam com organizações governamentais corruptas, pois desconfiam extremamente delas — e com razão. Para elas, os governos humanos não são inteligentes o suficiente para merecer seu tempo ou energia. Eles preferem interagir com contatos de sua escolha, criando assim uma nova rede de liderança e ignorando a ordem (ou "desordem") estabelecida.

Os conceitos que os seres de luz querem nos mostrar — cultura, arte, tecnologia, filosofia e espiritualidade — se ampliam na presença deles. É por isso que temos de manifestar essa ampliação por conta própria, em busca de uma integração com a nova cosmologia.

No nível atômico, nosso corpo físico é feito de estrelas. No nível subatômico, nossas mentes são repositórios não físicos de uma mente galáctica. E no nível subsubatômico, nossas almas são repositórios não físicos da fonte, isto é, do Cosmos inteligente que permeia todo o universo e é auto-organizador, como o dr. Edgar Mitchell me explicou. Eu também diria que o Cosmos não pode ser quantificado ou conhecido.

A rede de mentes galácticas e a Federação sentem que a espécie humana pode se defender, pois pertence à mente galáctica estelar e ao Cosmos, ou fonte primitiva. Se não tivermos sucesso e a hostilidade se espalhar para outros locais da galáxia, a Federação saberia disso e seus membros defenderiam sua soberania. Veremos o que acontece quando nos aproximarmos da encruzilhada. Sinto que estamos olhando para 2020: alinhamento em nodo de Marte, Júpiter, Saturno e Plutão em Capricórnio, o que eu chamaria de um perfeito "conselho estratégico Cósmico".

A humanidade ainda não percebeu que a Terra é especial, com sua tremenda biodiversidade e sua gama complexa de ecossistemas. As reservas naturais do planeta são únicas e, até certo ponto, ainda abundantes. A Terra também é uma biblioteca genética valiosa e o equivalente de um banco genético galáctico. Outras espécies querem conquistar nosso planeta para possuir essa rara biblioteca genética.

Existem agora civilizações extraterrestres muito sofisticadas, que integram cosmologia, espiritualidade, cultura, arte e ciência de maneira apropriadamente holística e não têm envolvimento com governos, sobretudo por causa do seu papel na Federação. Cada galáxia tem uma Federação ou organização informal que inclui todas as formas de vida sencientes de todos os planetas no interior da galáxia. Em algum momento, nós também faremos parte dessa Federação intergaláctica. Por mais que isso lembre a série *Guerra nas estrelas*, é de fato algo próximo da verdade. A Federação seria o equivalente das Nações Unidas da galáxia.

A "Federação Galáctica" tem membros observadores e ativos. Membros ativos são espécies que se comportam de maneira responsável como guardiões do seu planeta nativo, combinando tecnologia, filosofia e cultura, o que lhes permite comunicar-se como entidade global com uma plataforma política unificada. Já os "membros observadores" são espécies fragmentadas, ainda em luta umas com as outras sobre posses, terra, controle, dinheiro, poder e sistemas limitados de fé, o que as impede de formar um fórum mundial inteligente para a cooperação e a paz.

A raça humana do planeta Terra é uma espécie fragmentada e, por enquanto, está sendo simplesmente observada pela Federação, mas não é convidada para sua criação de políticas e seus sistemas econômicos. Isto é, com exceção de alguns poucos que estão aqui para preparar as mudanças globais.

Uma das regras da espiritualidade cosmológica avançada é o livre-arbítrio. É por isso que os extraterrestres não se incomodam em intervir contra os alienígenas regressivos e agonizantes da Terra. A Federação não se intromete na situação de espécies de nenhum tipo. É um corpo ou rede de regulação e ajuda, não uma força de governo com presença militar. Eles podem nos observar, aconselhar ou ajudar com sugestões, mas não vão intervir em nosso favor.

Como membros convidados desse conselho de federações, algumas das mentes galácticas mais avançadas vão ajudar a humanidade. Mas nem todos os membros têm a tecnologia defensiva superespecial que vou explicar agora. Essa tecnologia se chama "amor". Não falo de um conceito imaginário, algo relacionado com anjos e fadas, no estilo "nova era". Falo de uma "tecnologia" real e muito eficaz, mas também de alto nível espiritual, baseada na luz Cósmica. Tesla e Reich estavam no caminho certo.

O desafio é esse. Tenho esperanças de que o estágio da espécie como um todo não seja o fator determinante, mas que um subgrupo no interior da espécie possa adquirir a "tecnologia" e proteger a Terra. As chamadas profecias sobre um novo mundo de paz vêm do "futuro". A consciência comum a toda a humanidade que vai permear o planeta depois das mudanças climáticas e globais mudará dramaticamente o aspecto da nossa realidade. Não só o aspecto físico exterior, como também a realidade interior mudarão de maneira drástica.

Alguns dizem que extraterrestres de alto nível, com tecnologia de supercomputadores, farão amizade com nossos governos mais sensatos e funcionarão como aliados da Terra. Eles tentarão orquestrar um mundo unificado por meio de um conselho de sábios. A primeira cooperação das nações, depois de todas as lutas revolucionárias, acontecerá em 2018. Ou talvez em 2020, quando todos os planetas se alinharem em Capricórnio, as nações suplantem a ONU e estabeleçam um novo tipo de cooperação mundial sem governo centralizado. Em alguns casos, terão de usar de esperteza para enganar os grupos de elite que querem conservar o poder e o controle.

Temos o equivalente de uma década, até 2018, para encontrar algumas respostas inteligentes sobre como queremos viver num "mundo marítimo" pacífico. O ideal seria termos tecnologias defensivas não violentas e fontes de energia magnética livres e renováveis, para detectar e proteger pontos-chave de passagem intergaláctica. Veremos o que vai acontecer.

Nessa altura, teremos de rever nossas noções preconcebidas de tempo e espaço para entender o que se passa, até mesmo além das viagens no tempo, pois passado e futuro são na verdade parte do eterno "agora". Só quando tivermos essa compreensão podemos mudar o futuro. Se nós, humanos, concordarmos sobre o que queremos e nos livrarmos dos governos que criam dissensão e das facções em luta — aquelas que escondem todo esse conhecimento para conservar o poder e o controle exclusivo —, então podemos mudar os acontecimentos antes que o planeta chegue a uma situação sem retorno. Afinal de contas, é o nosso planeta.

Os seres de luz ensinam um tipo especializado de visão remota, que permite a um operador treinado transitar mentalmente no espaço-tempo, observar acontecimentos e até ouvir conversas que ainda não aconteceram. O viajante do tempo é invisível para as pessoas que observa no tempo para onde "viajou". Portanto, sua atuação é segura e não invasiva. A informação inteligente que isso permite reunir é usada para desenvolver outras tecnologias avançadas. Estamos entrando num novo mundo em que os pensamentos se tornam coisas em questão de segundos. A reconstrução da memória global é um dos caminhos que temos para "pensar acontecimentos pacíficos" e fazê-los acontecer, mudando assim nosso próprio futuro.

A tecnologia concreta das viagens no tempo tem sido usada por outras raças que interagem com a Terra. Pelo uso dessa tecnologia avançada, elas tentam provocar mudanças na trama do tempo sem prejudicar a sequência de acontecimentos que conhecemos como realidade. Em outras palavras, elas procuram pontos-chave de intervenção que criem o resultado desejado com o mínimo de ruptura. Essa tecnologia requer um time de operadores capazes de transitar para um espaço e um tempo exatos. Muitas ocorrências estranhas vistas na Terra resultam muitas vezes de uma intervenção nessa realidade do espaço-tempo.

Simplesmente pare um pouco e pense que vivemos num universo de vastidão inimaginável, no qual você tem a opção de cooperar e respeitar a natureza e outras formas de vida ou pode escolher destruir a vida. Tenho certeza de que a vida não criou você para destruir a vida, mas você tem essa opção. Tenho certeza de que a fonte de inteligência tem o mesmo poder de destruir você, assim como você tem o poder de destruir outras formas de vida. Mas ela não destrói ninguém e deixa que você descubra tudo por sua própria conta.

Nesse sentido, a consciência Cósmica é imparcial, pois permite que as formas de vida biológicas se exprimam como quiserem. No plano mais elevado, onde atua o que os humanos chamam de "Criador", tudo tem um objetivo. Mesmo espécies agressivas que querem dominar outras espécies, raças e até planetas têm seu objetivo. Nós só temos de entender o objetivo. Nessa altura, uma conclusão prévia em minha mente é de que o universo não orquestra nada *per se*, mas entende tudo, na frequência universal da vida, e o transmite para sempre através das mentes galácticas. Seja bem-vindo a essa realidade!

Existem mentes planetárias, mentes do sistema solar, mentes galácticas e uma mente cósmica ou universal capaz de conceber tudo. A ordem é esta: planetária, solar, galáctica, cósmica. É difícil para a maioria de nós imaginar que cada galáxia tem uma consciência ou mente coletiva, um campo de energia viva que é a soma de todas as espécies presentes no interior dessa galáxia.

A mente cósmica é estruturada para perceber e não para pensar. Graças a essa percepção, ela cria o projeto arquitetônico inicial para cada uma das galáxias relacionadas com sua mente galáctica ou com a vibração global da consciência. O código genético não existe só nas plantas, animais e seres humanos físicos.

O código está implantado na própria galáxia, dentro e a partir dos campos magnéticos, do espaço e dos planetas cristalinos. A criação é de fato uma cadeia vibrante de DNA cósmico, uma geometria viva e sagrada de interfaces de energia formando espirais umas com as outras e por meio das outras, todas num estado de inter-relação como partes do Cosmos. Talvez agora seja mais fácil entender por que não estamos realmente sozinhos no universo, embora ainda sejamos crianças em nosso desenvolvimento do projeto inicial.

Não é tarde demais para ativar a chave da nossa mente Cósmica e acender o fogo interior da consciência. A decisão cabe a nosso livre-arbítrio, e para isso não precisamos de governos ou autoridades. Em vez disso, temos de agir e estabelecer contato com a grande mente Cósmica por nosso próprio esforço.

A era cósmica do conhecimento

"Bem no fundo do inconsciente humano, há uma necessidade difusa de um universo lógico que tenha sentido. Mas o verdadeiro universo está sempre um passo além da lógica."

~ Frank Herbert: *Dune*

A era de Peixes e da fé acabou. Agora começa a era de Aquário, ou era do conhecimento. Discussões sobre a fé só nos levaram às guerras e ao sofrimento. Quero me engajar na busca do conhecimento e aconselho você a fazer o mesmo, por sua própria conta. A era do conhecimento será longa e vai abranger tudo. Vai durar cerca de dois mil anos. Não acredito simplesmente nisso — eu sei. A crença se baseia no medo, e o medo se baseia no pensamento. O pensamento é a medição do tempo linear, enquanto a inteligência é baseada na observação, no entendimento, na compreensão e na verdade.

As crianças com dons paranormais nascidas com Plutão em Sagitário (depois de 1995) vão se mostrar e, dentro de poucos anos, serão conhecidas em todo o mundo. Muitas, na verdade, já apareceram como "Boriska, o Menino Marciano" e o Menino Budista do Nepal que receberam atenção da mídia em 2004 e 2005. Esses novos seres estão aqui entre nós, agora, como se não fossem deste mundo, um pouco como se viessem de outro mundo; vieram para realizar sua própria missão à sua própria maneira.

Quando pais e professores pedirem a essas crianças especiais que se juntem à loucura do mundo atual e se tornem "escravos do sistema", elas só vão rir e perguntar: "Você está louco?" Lembre-se do que Calgaco, chefe dos pictos na Escócia, disse antes da luta contra os exércitos romanos invasores, na qual foi derrotado em 85 d.C. tentando defender a liberdade do seu povo:

"Nossos bens e fortunas foram consumidos para pagar tributos, nossa terra e suas colheitas para fornecer grãos, nossos corpos e mãos para construir estradas através dos bosques e pântanos — tudo isso debaixo de golpes e insultos. Escravos, nascidos na escravidão, recebem sustento de seus donos quando são vendidos. Mas, no caso da Bretanha, nunca se passa um dia sem que ela pague e alimente seus escravizadores".

Os antigos colonizadores vão encarar nos olhos as crianças da Terra, de muitas gerações atrás, e saberão que a dívida kármica global tem de ser paga agora. Em algum momento, quando estiverem em situação crítica, vão até pedir ajuda a essas novas crianças. Elas terão de pôr a casa em ordem e estabelecer a verdade e a justiça, mas já sabem disso. O facho de luz de outra dimensão que acontecerá no futuro é o mesmo facho de luz de quando a Atlântida afundou. É uma transformação da consciência, de tudo o que nos cerca. Essa vibração diferente mudará o cenário para os seres que estão aqui.

Nós não escolhemos o futuro; ao contrário, é o futuro que nos escolhe. A espiritualidade era antigamente uma ciência exata e não um objeto de "veneração". Os povos antigos sabiam disso.

Eu estava olhando para o lago lá embaixo, do alto da montanha, quando avistei um facho de luz forte que partia dos reinos invisíveis. Nesse momento, percebi que já tinha visto aquela luz não física muitas vezes. Ela se movia ao longo das eras num *replay* em marcha lenta, através de muitas vidas, no futuro, no passado. Tenho revisitado essa visão, às vezes quando estou desperto e às vezes em meus sonhos.

Vi Aldebarã, Antares e a Atlântida combinadas. Dentro da visão da luz radiante, senti e vi a realidade que chamamos "mudança". A maioria das pessoas pode nem saber quando ela vai acontecer, pois vamos nos tornar a nova realidade. A inversão do tempo de volta para a Atlântida se aproxima agora de nós. Esses são os portais das estrelas, gêmeos e abertos, de nossa realidade.

A mudança vai permitir telepatia instantânea, empatia, poderes psíquicos maiores, entrelaçamento e alteração do DNA de outras dimensões.

Haverá mais luz? Ou será que nossos sentidos serão mais aguçados, percebendo mais luz e a mudança de cores? Haverá uma transição para o pensamento multidimensional, capacidade de viajar através das dimensões e buracos de minhoca do espaço-tempo. Graças ao conhecimento direto, será como se tivesse sido sempre assim. É o salto quântico em direção à nova era. Nesse contexto, vamos descobrir também novos tipos de comunicação. Vamos saber e ver coisas antes que aconteçam. Nossa percepção será mais aprofundada.

O Futuro chega e reúne os seres que criaram luz com suas ações e seu comportamento; o futuro nos procura, "operários da luz" e criaturas pacíficas. Tudo o que temos de fazer é viver de maneira impecável. O Futuro virá e entrará em contato. Ele vai nos encontrar e levar até sua nova realidade. A energia do universo vem e nos recolhe, nos põe em contato e nos "planta" num jardim relacionado com aquilo que somos agora.

Nunca se sabe quando essa inteligência vai mudar tudo em volta. Espero que você entenda que estou falando de uma nova ciência, não de um sistema de crença. Não importa se você acredita nela ou não. Quanto mais cedo assumirmos nosso próprio poder, mais depressa vamos nos acostumar a trabalhar com a Força. Uma boa fórmula para a criação coletiva do futuro é: X (ser humano) mais Y (universo) cria F (o futuro).

No plano ideal, X mais Y e o Futuro são a mesma coisa, mas poucos conseguem fundir os elementos e alcançar essa unidade.

A realidade (o tempo) não avança num *continuum* linear. A realidade não "avança" de maneira alguma; nós avançamos e a realidade *é*. Para mim, a alquimia espiritual é a ciência do universo. O conhecimento é sua própria ação certa no momento certo. Estamos no "agora" e avançamos de momento a momento, e ao fazê-lo reunimos poder. Mas, quando vivemos em desordem, perdemos poder. O universo (o futuro) nos visita regularmente e muda tudo de acordo com quem somos e quem havemos de ser.

Isso significa que acontecimentos e mudanças acontecem em pulsos de longo alcance, transições do espaço-tempo, ao longo de anos, gerações e ciclos. Quando o futuro chega e procura por nós, há um ciclo maior, uma mudança mais demorada que depende de termos o poder necessário. É o universo agindo de maneira invisível.

Quando reunimos poder interior coerente e ele brilha ao nosso redor como um halo de luz, o futuro nos cria a partir dessa luz. Ele é concreto e real, ao passo que o jogo da "fé" é uma fraude impotente. Nos próximos anos ficará claro que os chamados "demônios" são tão reais quanto você e eu. Talvez eles existam em níveis de vibração ligeiramente diferentes, mas interagem com nosso mundo de maneira real. Isso significa que temos o poder de mudar o modo com que interagem conosco. Se os humanos tivessem se desenvolvido espiritualmente, poderiam lidar com isso. A estratégia da ilusão é fazer os humanos acreditarem que são só matéria física, enquanto os "donos do poder" são espíritos.

Muitas religiões contemporâneas descreveram as entidades como seres aparentemente invencíveis. Mas, em muitos sentidos, são exatamente como nós e tão vulneráveis quanto nós. É por isso que todo o "terrorismo" se dá de maneira oculta e dissimulada. O engraçado é que a aparência tão poderosa dessas entidades ou o fato de habitarem mais de um mundo se deve provavelmente a um tipo de tecnologia. A ilusão é extremamente complexa. Quando estamos diante de muitas ilusões, o melhor é descobrir qual delas é real.

A maneira mais fácil de lidar com outras entidades-vibrações é saber além de qualquer dúvida que elas são reais como eu e você. Essa é a chave para vencê-las e superá-las. Os seres inteligentes do outro mundo nos dizem para criar paz agora, parar com as guerras e cooperar em conjunto como uma só humanidade.

O fato de a entidade ter criado um mistério a partir de uma realidade, é algo que a elite não quer que nenhum de nós perceba. Ela inventou uma série confusa de nomes variados: gênios, espíritos, fantasmas, demônios, alienígenas. Fez de tudo para convencer os humanos a acreditar que nenhum desses seres existe num plano em que se possa lidar com eles. Aparentemente, são mais poderosos que os humanos.

Quando você percebe que as entidades existem como você e eu, o mistério se torna realidade. Eu sei disso porque os seres de luz me mostraram que elas existem; eles também me ensinaram, na antiga tradição pré-Atlântida, a conhecer a mim mesmo para conhecer a verdade. No passado, as sociedades nunca teriam acreditado nas bobagens que a "ciência" e a "religião" nos ensinam hoje; elas teriam se revoltado contra tudo isso.

O mundo dos espíritos não pode interferir na vida física, mas pode nos aconselhar a prestar muita atenção e tomar cuidado com as ilusões. Isso é importante, porque na condição de espíritos não físicos os inimigos do homem não podem alterar ou afetar a humanidade, mas podem fazê-lo como seres físicos reais. Os índios norte-americanos, os povos aborígines e outras civilizações antigas conheciam a verdade sobre isso, uma verdade que está prestes a se voltar contra a sociedade que a ocultou.

Ao longo de muitos milênios, algumas espécies alienígenas perderam a capacidade de sentir. São seres intelectuais sem emoções. Sua espiritualidade se perdeu junto com seus sentimentos. Como os humanos atuais, essa perda dos sentimentos é considerada um estágio mais alto na evolução da espécie, pois eles investiram sua energia em níveis mais altos de tecnologia sem alma.

Esses seres estão descobrindo agora que chegaram a um beco sem saída, pois já não podem avançar no plano evolutivo. Estão morrendo devido à sua falta de emoções. Sua única preocupação era o avanço científico, e assim eles ignoraram o aspecto espiritual de sua evolução. Para eles, o universo era um parque de diversões científico. Seus objetivos e sistema de valores se baseiam quase totalmente em avanços tecnológicos. Nunca lhes ocorreu que as emoções são o sistema de navegação do DNA, e que sem emoções a base genética começa a ruir. Numa aliança secreta com governos da Terra, estão criando híbridos alienígenas-humanos na esperança de recuperar suas emoções.

Quando o corpo físico de uma espécie não recria sua carga energética, mais cedo ou mais tarde a espécie se extingue. Nossa carga energética mantém viva a semente de energia. Se os humanos cometerem o mesmo erro e perderem suas emoções, seus filamentos de DNA genético também se enfraquecerão e a raça humana não poderá sobreviver. Quando as almas não conseguem completar o ciclo de aprendizado enquanto seres físicos, para onde elas vão? Nesse momento, a tecnologia aparentemente avançada chega ao fim, pois não há ninguém para usá-la. Portanto, de que serve tudo isso?

Seres espiritualmente mais evoluídos perguntariam: como uma tecnologia pode ser "avançada" quando é usada para matar? Você pode usar um porrete, uma bomba ou uma arma altamente letal de raios *laser* — os três servem para agredir alguém até a morte. Isso significa que, na realidade, são tecnologias primitivas; não são nem um pouco "avançadas". O intercâmbio complexo de tecnologia militar dos extraterrestres pode parecer "avançado" para os humanos na Terra, mas qual é a diferença em ser atacado por um porrete, uma espada ou um raio *laser*? Acho que a resposta é óbvia.

Todas as formas de violência tecnológica são igualmente primitivas e atrasadas do ponto de vista cultural e espiritual. Infelizmente, as pessoas na Terra ajudaram a criar essa confusão destruindo as civilizações guardiãs que sabiam o que faziam. Essas civilizações incluem os maias, os índios norte-americanos, os tibetanos e os celtas; eles ainda conservavam o conhecimento e a consciência de que o planeta e a humanidade precisam de escudos de proteção.

Quando essas civilizações espirituais foram destruídas pela colonização, os escudos planetários e psíquicos foram destruídos também. A consciência humana caiu para o nível em que está hoje em dia — o nível da barbárie. Nenhum poder neste universo pode impedir você de despertar agora. Se você tiver consciência de si mesmo, nem mesmo o implante de um *chip* eletrônico pode assumir o controle da sua mente ou da sua alma.

Imagine por um momento a vastidão do universo como um todo. Então, pense na história inteira do universo. Por fim, pense na alma invisível e eterna. Como eles vão controlar essa vastidão com implantes? Se você analisar como os humanos constroem coisas e com que frequência todas essas coisas vêm abaixo, pode imaginar que esses *chips* tampouco funcionam muito bem, e com um grande raio de sol provavelmente serão destruídos num segundo. Compare essa força criativa poderosa ao implante de um *chip* eletrônico. Como um *chip* de tecnologia oculta poderia controlar todo o universo?

O desejo de controle mental permeia todos os aspectos da sociedade. Por que as pessoas comuns não têm permissão para usar telescópios espaciais construídos com o dinheiro delas? Por que não há observatórios com telescópios espaciais em nossas cidades? Nunca tive aulas de astronomia na escola. Sou um astrólogo autodidata. Tendo em vista a vastidão do universo acima de nossas cabeças, não é estranho o fato de todos nós o ignorarmos? Mas se pudéssemos olhar para longe e enxergar essas coisas incríveis, assombrar-nos com a força que criou e ainda cria tudo isso...

Quando a Lua nova e Urano se combinam, criam momentos muito eletrizantes... Talvez então você tenha se perguntado por que está vivo neste planeta. Talvez pergunte como se pode criar ou como se pode mudar. A resposta é simplesmente ser, existir. Quando você vive essa experiência e tem consciência disso, quando você é dono desse momento... você o observa, você *é* esse momento e recupera sua integridade.

Essa é a mudança. É só isso. O estudo da Cosmologia me ensinou e me mostrou a realidade. Com um olhar e nossa simples presença, realizamos a mudança. Então, podemos *ser* a mudança que queremos e podemos mudar os outros. Essa transformação é constante e chama-se "estar vivo"...

Eu estava observando uma nuvem e percebi que ela, a nuvem, me observava também. O estranho é quando você diz à nuvem para mudar de forma, e ela muda de forma. Isso é cooperação inteligente. Ou será que a nuvem que eu observava pôs esse pensamento em minha cabeça? Se você pensar que o observador é a coisa observada, então quem observa quem no universo? Talvez as estrelas videntes construam nosso mundo pela observação constante. E é por isso que gosto de observar o céu noturno. Quando olho para as estrelas, vejo a mim mesmo.

A estratégia de Saturno

"O futuro da segurança na Terra depende de nossa disposição para cooperar."

~ St. Clair

Para entender a necessidade de estratégia e segurança real, costumo apelar para Saturno, que comanda o tempo. Saturno organiza a ordem no caos cósmico; o planeta leva 29 anos para sua revolução ao redor do Zodíaco, assim como a Lua leva 29 dias para a translação ao redor da Terra. O alinhamento a cada 500 anos de Saturno e Urano em trígono ocupava a parte principal de minha mente quando atravessávamos os anos 2004 e 2005.

No futuro, as pessoas terão de criar sua própria "zona livre do medo" se quiserem encontrar uma passagem segura através do caos que nos espera. Chamo minha própria visão do futuro de "Eldorado".

Sinto que temos de criar uma alternativa sensata para a loucura que nos envolve agora. Para entender essa alternativa, temos de estudar a verdadeira história da humanidade e do universo. Nosso professor será Saturno, o mestre do tempo, e os aspectos que ele formará com os outros planetas até atingir a posição do Cruzeiro do Sul em 2013, em Escorpião Ascendente.

Para aqueles que atravessam a ponte do tempo, o futuro depende de escolhas e de confiança. Ao dar o primeiro passo nessa ponte do tempo, visualizo a Cidade do Ouro; será uma pequena ilha de luz no caos que se aproxima.

Embora organizações hierárquicas do tipo "Nova Ordem Mundial" continuem com seus planos de destruir o livre-arbítrio individual, tenho certeza de que vão fracassar, pois os humanos têm outro destino pela frente. Por enquanto, a força do mal está instalando suas marionetes ao redor do mundo. O próximo país será o Irã. E os ataques pela Internet serão cada vez mais frequentes, pois as instituições estabelecidas tentam recuperar o controle mental das pessoas. O desafio será criar soluções para proteger as comunicações nos próximos anos até 2007, ou não haverá mais desenvolvimento da Internet tal como a conhecemos hoje.

Nossa sobrevivência futura depende da cooperação. Unidades pequenas, isoladas e rivais são alvos fáceis e podem ser excluídas do sistema. Prevejo uma cooperação maior entre os que começarem a entender que o futuro da humanidade depende de inovações. Adaptação é a palavra-chave.

Uma inteligência espontânea por parte de rebeldes do sistema vai encontrar soluções e criar um novo futuro. Ser capaz de repensar as regras e regulamentos e encontrar novas soluções, é a verdade mais importante que aprendi quando era um jovem oficial do exército suíço.

Temos de criar nossa própria linguagem da paz para comunicar novas ideias. Nossa liberdade de expressão precisa ser preservada. Também temos de achar maneiras de preservar o conhecimento antigo das culturas nativas, em vez de assistir à sua destruição pelos que querem mandar a humanidade de volta para a era das trevas.

Urano em Peixes até 2011 avança rapidamente, mostrando telepatia espiritual e métodos *high-tech* de troca de informações, alguns dos quais vêm do futuro até nós. Vi a estrutura de uma nova linguagem em sonhos que logo se tornarão realidade e mudarão nossa maneira de pensar. Certas informações chegam a nós de maneira codificada ou mediúnica e não podem ser entendidas racionalmente. Esse novo tipo de comunicação abrirá as portas de nossa percepção.

Embora no momento as pessoas estejam polarizadas por suas crenças diferentes, somos uma humanidade única e precisamos uns dos outros para existir e sobreviver à convulsão social e política dos próximos anos.

Os livros atuais de História afirmam que Hitler errou ao mover suas tropas em direção à Rússia. Eu vejo isso de outra maneira. Hitler não tomou decisões erradas, foram os russos que tomaram as decisões certas. Foi isso o que mudou a história. Isso ficará evidente quando as forças do mal perderem o controle numa tentativa de criar novas divisões no Oriente Médio.

Muitos imaginam que "cair fora" é um modo de vida não violento e construtivo. Mas já não podemos nos dar ao luxo de pensar em nossos grupos individuais, famílias, corporações, países etc. Mais do que nunca, temos de cooperar uns com os outros e sair do isolamento. Temos de pensar coletivamente como uma rede global de homens e mulheres de ação.

Se tudo o mais falhar, o isolamento tampouco será uma opção. Só porque nosso estilo de vida até agora nos protegeu do que está para acontecer, não significa que essa atitude possa nos proteger no futuro.

Precisamos nos unir e entender a cultura uns dos outros. Nossa prioridade tem de ser a superação do plano individual e a conexão com outros. O dilema para os ocupantes da Terra nesse ponto do espaço-tempo é que eles não têm uma ressonância cérebro-mente que fale diretamente com o coração. Essa ressonância com o coração tem de ser ativada, se quisermos sobreviver como espécie.

Outras raças superiores, provavelmente do espaço cósmico, estudaram o prejuízo em seres humanos mandando seus próprios representantes à Terra para curar os homens por dentro. Sementes das estrelas estão entre nós. Seu grau de evolução e senso de equilíbrio para estudar e entender o ser humano a partir de dentro fez com que eles se tornassem mestres e terapeutas das pessoas na Terra.

Erros foram cometidos na Terra que também os afetam, e eles querem curar a Terra como parte da libertação de sua própria jornada espiritual e evolutiva. A Terra determina um tempo e um espaço restritos só para nós, humanos. As mesmas restrições não valem para seres que visitam este planeta. Aprendi que nós, humanos, somos de fato seres excepcionais, mas no momento não temos nenhuma noção disso, pois estamos presos e restritos a uma rede de negatividade e duvidamos de nós mesmos.

Os homens e mulheres que formam as várias forças de segurança especiais e espiritualmente avançadas ao redor do mundo também são parte dessa dinâmica do despertar da mente. Dentro do ser humano existe uma consciência antiga que fala conosco num nível muito mais profundo do que a mente linear. Essa inteligência é a fonte codificada de cada ser humano ao nascer.

Os níveis de vibração da maioria das pessoas que vivem na Terra atualmente não podem lidar com a realidade emergente dessa essência além do espaço-tempo. É isso o que sinto que Netuno e Urano vão nos mostrar quando se alinharem com certas estrelas, construindo uma ponte no tempo e abrindo novos níveis de consciência.

Para a evolução e sobrevivência futuras da raça humana, é necessário que a humanidade atravesse e explore o portal de sua própria existência. Sem a "bússola interior" dessa unidade antiga, a raça humana vai se extinguir num tempo muito curto.

Cabe a nós escolher se nossa raça vai continuar ou se nos tornaremos relíquias da história, como os dinossauros. Cada um de nós é parte de um conjunto maior. Cada um de nós pode e deve fazer a diferença. Eu já disse muitas vezes que o lugar mais seguro é dentro do nosso DNA, bem longe das áreas habitadas ou civilizadas e modernas.

Desde a infância, senti atração pelos escritos de Tolkien e *O Senhor dos Anéis*. Conforme envelheço, continuo a descobrir mais profundidade nessa obra admirável, como se ela fosse uma profecia-gigante codificada. "Um anel para governar todos eles, um anel para sujeitá-los." E o que seria o anel, senão os filamentos do DNA e os movimentos planetários espelhados dentro e fora?

A consciência humana é só um grão de areia num universo vasto do espaço atemporal. Graças a nossas interações com a Terra, construímos uma ponte frágil de viagem Cósmica entre nossos sonhos do presente e os do futuro. Atravessar essa ponte exige o fim da dúvida.

Quando você rompe o fator da confiança, cria dúvida e a ponte frágil vem abaixo. É por isso que os celtas diziam: "Nunca traia a verdade, ou você nunca sairá dessa".

Nos próximos anos, teremos de navegar para longe do dano e da injustiça. Os sobreviventes concretos de nossa espécie precisarão de alta magia avançada ou conhecimento Cósmico, tipo *O Senhor dos Anéis*. Essa alta magia é uma fusão de estágios superiores de misticismo e ciência, e mais coisas a serem descobertas, que ainda não têm nome.

Nesse período de transição, parar de pensar em termos de inimigos e adversários é vital para os que querem sobreviver. Eles têm de libertar a mente coletiva para enxergar e lidar com o que está acontecendo agora, no plano fatual. Examine os problemas conforme vão surgindo e lide com eles; ache as soluções e aja.

Analisar e discutir os problemas restringe a energia e limita a capacidade de encontrar soluções. A mente humana é a ferramenta mais poderosa do universo. Não a limite, e ela se tornará sua "bússola" fiel.

Como indivíduos podemos defender uma família, uma corporação, um país. Se tiver de ser, por que não? Com todos os recursos ao seu alcance, defenda a Patagônia, defenda a França, defenda a Suíça, defenda a Alemanha, defenda a Rússia e defenda os EUA. Mas, como força coletiva, podemos defender muito mais; podemos defender o futuro de nossa espécie. É claro que primeiro temos de entender o objetivo por trás disso, e então tomar as providências para agir.

Como disse Krishnamurti, se não nos encararmos um ao outro como parte da humanidade, seremos inimigos da humanidade. Nesse sentido, precisamos de uma nova estratégia universal, pois estamos aqui todos juntos.

A "Nova Ordem Mundial" não é a estratégia correta, pois seu alcance é limitado e sua orientação é errônea. Como psique coletiva ou coletividade psíquica, cada um de nós conserva sua identidade única, mas juntos formamos um escudo protetor para o futuro. Temos de levar em conta que estamos protegendo nosso próprio futuro. É possível que cada um de nós esteja de volta aqui, depois de nascer num mundo ainda por existir. Estamos olhando para desdobramentos de longo alcance do nosso próprio destino, assim como para o destino coletivo da humanidade.

Se considerarmos que nossas decisões de hoje afetam não só as pessoas que existem agora, como também as que vivem num futuro que sempre se aproxima, nós nos tornaremos homens e mulheres universais, viajantes no tempo do futuro. Estamos trabalhando numa escultura maior do que parece agora. Somos como artistas diante da tela, com consciência suficiente para dar um passo atrás e ver a obra em sua totalidade, criando assim, juntos, um novo espaço-tempo.

Cada um de nós só é responsável por si mesmo. Nenhuma força vai se intrometer e mudar o curso dos acontecimentos para nós; temos de fazê-lo por conta própria e para o nosso próprio bem. Se confiássemos em forças externas, a tela seria deles e não nossa. Os desafios que enfrentamos no plano pessoal, como nação e como mundo, nos dão a oportunidade de trabalhar no nível máximo e criar algo novo. Ter a consciência de que existimos no futuro é suficiente. Não precisamos enxergar o que esse futuro trará, pois a reflexão basta para nos guiar e conduzir nossa estratégia. A decisão só cabe a nós.

Continuar isolando nossas forças individuais vai acabar em desastre quando chegar o tempo do juízo. Cada um de nós cria a probabilidade de uma sociedade sensata e saudável, todos juntos. Se as forças individuais se fragmentarem, continuarão se dividindo em facções adversárias, criando caos e anarquia. Existe um perigo a partir de dentro, assim como existe um perigo externo. Mas se houver uma força unificadora capaz de agir, um sistema de cooperação baseado na lei do "não faça mal a ninguém", então a fragmentação interior será evitada.

Numa sociedade baseada na cooperação, cada indivíduo fica mais forte. Novos tipos de comunidades de sobrevivência vão proteger tradições únicas, ajudando assim a criar força e sustentação. Cada um de nós pode conservar suas lições e estratégias aprendidas com dificuldade, respeitando e integrando os outros com base numa compreensão comum.

Saturno é um chefe que leva seu trabalho a sério. Em sua relação com Urano, ele mostra que estamos repetindo um ciclo de quinhentos anos. 1004, 1504, 2004 — é onde estamos agora. É um contrato social que o mundo parece renovar a cada cinco séculos, pelo único motivo da ignorância.

Ascender de volta em espiral à Fonte da Criação é remediar os problemas e portanto criar um equilíbrio conjunto em nossa vida, depois do que nossa alma volta em espiral para o que se costuma chamar de "lar" ou universo. A humanidade, como grupo de almas, experimenta emoções como parte de uma realidade programada ou um experimento no tempo e na emoção. Energias eletromagnéticas criam a polaridade de positivo *versus* negativo, tentando achar o equilíbrio para relembrar sua jornada até a ascensão. O "caminho para casa" está perto das estrelas, numa evolução morfogenética da Criação.

O futuro da segurança na Terra

"Se você souber quando tem o suficiente, não cairá em desgraça.
Se você souber quando deve parar, não correrá perigo."

~ Lao-tsé

Antes de continuar a examinar a intuição psíquica e sua evolução, eu gostaria de resumir minhas previsões dos últimos anos, divulgadas em meus textos publicados, em meu *website* e em programas de rádio.

As civilizações nativas conseguiam enxergar o futuro até a era atual, mas suas advertências e profecias não eram talhadas em pedra. Eram advertências de futuros em potencial, sendo a maioria delas transmitidas para que esses futuros pudessem ser evitados.

Tudo o que está escrito em pedra é passado, e muitas vezes foi arquivado pelo tempo para os que chegaram depois poderem entender o que eram e o que são os ritmos cíclicos da natureza e dos céus. As profecias são lições tanto de esperança quanto de advertência. Muitas de minhas previsões de 1999 a 2003, como estão documentadas em meu *website*, já aconteceram.

Desde 2002, aconselhei clientes a vender tudo e transformar o dinheiro em ouro ou prata. O valor do ouro e da prata vai dobrar e triplicar respectivamente, tornando-as operações seguras e rentáveis do ponto de vista econômico. O valor de proteção dos dois metais continua existindo. Eles também podem ser guardados em casa, em pequenos lotes de barras e moedas, e serão o mecanismo válido de troca quando o dinheiro circulante perder o valor.

Previsões previamente documentadas desde 1999

* 2000: vitória de Bush na eleição presidencial norte-americana e recontagem dos votos (previsão feita em 1999).
* O mundo em estado de sítio (em guerra) por volta de 2003.
* 2001: eleição de Sharon em Israel e marginalização de Arafat.
* A Suíça torna-se membro da ONU (previsão confirmada em 2002).
* Reeleição de Chirac e Schroeder (previsão feita semanas antes das eleições).
* Data exata do ataque norte-americano no Iraque (com margem de precisão de 24 horas).
* A guerra no Iraque durará muitos anos, pois o país será uma base para invadir o Irã.
* Presença militar ampliada no Iraque e insurreição atual.
* Graves variações climáticas na Europa e nos EUA.
* Perda de submarino(s) russo(s).

Algumas previsões futuras

Previsões que fiz em 2001:
* Mudanças climáticas graves que começam em 2003 e devem piorar.
* Reeleição de Bush em 2004.
* Assassinato ou deposição de Arafat e Sharon.
* A "Terceira Guerra Mundial" como conflito global em torno das reservas naturais do planeta.
* Descoberta de uma nova cosmologia e um novo modelo de realidade.
* Nova tecnologia terapêutica baseada no uso do som.
* Crianças altamente dotadas começam a surgir no mundo inteiro.

Previsões que fiz em 2002:
* Colapso econômico mundial e crise do petróleo.

* Lei marcial nos EUA, com toque de recolher e redução do tráfego aéreo.
* Terremotos de grandes proporções em 2004-2011: Itália, EUA, México...
* Descoberta de uma nova energia livre e não poluente.

Previsões que fiz em 2003:
* Instituição de um novo recrutamento militar nos EUA.
* Colapso total do mercado imobiliário norte-americano.
* Tempestades violentas começam a atingir os EUA a partir de 2004-2005.
* Pane em instalações de fornecimento de água e energia elétrica em todo o mundo.
* Elevação dramática do valor do ouro.
* Revolução / guerra civil nos EUA de 2011 a 2017.
* Naves luminosas antigravidade observadas acima de cidades e metrópoles no mundo inteiro.
* Novas descobertas a respeito do DNA mostram verdadeiras origens extraterrestres do homem.
* Armas de controle climático causam impacto na Terra.
* Colapso da "Nova Ordem Mundial".

Essa lista é só um resumo das previsões mais importantes. Apresento a seguir um sumário prático de narrativa profética do tipo problema/solução, com alguns conselhos sobre o que podemos fazer. Vou resumir da maneira mais consistente possível todas as minhas previsões passadas, presentes e futuras, até onde consigo lembrá-las das centenas de páginas do meu trabalho nos últimos sete anos, isto é, desde que comecei a pô-las em forma escrita na Internet.

Vi acontecer as seguintes coisas quando estávamos perto de 2003-2006. Não me alegrei ao ver muitos dos acontecimentos se cumprirem, pois eu já sabia nessa época que as coisas podiam ser feitas de maneira diferente. Quando observei a tendência em direção à guerra, soube que os outros conflitos iriam se cumprir também.

Do final de 2002 até o começo de 2003, os humanos tiveram uma oportunidade de mudar um futuro de destruição extrema para um futuro de coevolução com a Mãe Terra. Mas as pessoas precisariam ter feito uma opção consciente para transitarem do modelo de existência materialista e fragmentário para um modelo Cósmico de consciência.

Os habitantes do planeta não ouviram o "som da terra", e assim não mudaram seu estilo de vida. O limite foi transposto e nosso tempo tinha acabado. A nação mais poderosa da Terra optou pela guerra e outro limite foi transposto. Desde então, cada sequência de acontecimentos nos aproximou um pouco mais de uma nova guerra mundial e do perigo definitivo de autoaniquilação.

Já não "prevejo" o que está diante de nós... Estamos vivendo o futuro e o que temos de fazer agora é encontrar soluções. Usando nossa inteligência, temos de enxergar os fatos e lidar com as coisas como são. Enquanto nossos irmãos e irmãs lutam e se matam uns aos outros, temos de continuar a procurar (e encontrar) soluções para esses conflitos, a poluição e o problema energético. A alternativa é essa, e ela ainda pode acontecer.

Infelizmente, os acontecimentos mundiais foram "sequestrados" por um pequeno grupo de elite que se acha no direito de decidir o futuro da humanidade. Como estão no caminho das trevas, eles tentam levar todos os seres humanos na mesma direção. Se não formos por vontade própria, eles usarão suas armas para nos mandar por esse caminho *contra nossa vontade.* Afirmo que temos o poder de continuar com a luz, independentemente das manipulações mecânicas da nossa evolução coletiva.

As guerras que estão acontecendo não são "predestinadas", e sim "fabricadas". Os acontecimentos são colocados no mapa da realidade por um grupo de pessoas que acreditam que o único caminho para controlar o mundo é destruí-lo, e então criar uma prisão para os poucos sobreviventes que puderem ser mantidos. Depois de mergulhar a humanidade em outra síndrome traumática, acreditam que estaremos dispostos a mais um ciclo de insanidade com governantes insanos.

Mas posso dizer agora que não precisa ser assim. Existem outras forças e outros níveis. Esses níveis luminosos podem ser manifestados na Terra pelos que seguem os caminhos da luz. Fiéis à realidade primitiva, esses seres podem criar uma base para o avanço da cultura e sociedade humanas. A chave da transformação são os sinais do coração para a mente humana, que criam esta última.

A economia entra numa espiral descendente nos EUA/Reino Unido e na Europa Ocidental até 2009-2010; a recessão global leva à depressão mundial; o mercado imobiliário entra em colapso. A consequência será uma queda no varejo, com grandes déficits nacionais de orçamento e falência das nações industrializadas. As pessoas têm de comer alimentos saudáveis, em vez de grãos quimicamente tratados e geneticamente modificados (GMO — *Genetic Modified Organism*, os chamados "transgênicos"). Precisaremos de estufas; as sementes naturais têm de ser preservadas. Sementes e grãos valerão mais do que ouro depois de 2006. Invista seu dinheiro neles.

2008 — 21 de março —, quadratura-T, do equinócio da oposição Marte-Plutão, com um potencial de grande violência além de qualquer descrição. Transforme suas economias em moedas de ouro ou prata; deixe só reservas pequenas para as despesas mensais nas contas bancárias. Fusões de megaempresas ocorrerão em todos os meios de comunicação, telefonia, energia e ramos relacionados com transportes, por exemplo indústrias automobilísticas, companhias elétricas e estabelecimentos bancários da França, Reino Unido, EUA e Japão, até surgir um dia uma indústria única e transnacional no mundo ocidental, em oposição ao mundo não industrializado. A Alemanha vai cooperar com a Rússia e a China ao longo da próxima década.

Ao mesmo tempo, haverá muitas investigações sobre as práticas bancárias de diretores financeiros em todo o mundo. Novas leis de segurança e finanças serão implementadas. Muitos executivos serão obrigados a renunciar quando grandes empresas enfrentarem falência nos esquemas de fusão e aquisição que ocorrerão globalmente. Bancos do mundo inteiro se fundirão com mais frequência para esconder sua insolvência iminente e monopolizar e controlar os fluxos de liquidez de caixa e câmbio.

Conselho: crie economias com valor de troca como solução eficaz no futuro, pois serão independentes do sistema; transforme seus ativos; converta suas economias em euro, moeda que logo vai liderar os mercados mundiais!

Guerras: aumentam no Oriente Médio e no Extremo Oriente, com interrupções, envolvendo Israel e mais tarde Rússia, Coreia do Norte e China. Pode acontecer uma invasão dos EUA a partir de dentro. O tratado de paz entre Israel e Palestina só pode ir adiante se Sharon e Arafat forem afastados. O Reino Unido enfrenta violência incomum por causa da corrupção de

Tony Blair. O Iraque começa a se defender eficazmente contra a guerra civil enquanto prossegue a ocupação norte-americana. Tropas continuam em estado de prontidão por muitos anos, pois as perdas humanas chegam aos milhares. O Vietnã parecerá um episódio pequeno comparado ao que ainda está por vir. Eu previ isso em detalhes em novembro de 2002.

Políticos: pode-se prever que líderes políticos atuais serão assassinados, marginalizados ou forçados à renúncia por causa de escândalos financeiros ou acordos relacionados com o Iraque que serão divulgados. Os que estão fora da arena da corrupção são alvos de ataque, pois tentam resistir às tentativas da elite corporativa e política de controlar as reservas naturais do planeta. Oscilações extremas do clima europeu podem ser causadas por ataques de manipulação HAARP.

Haverá mais notícias de escândalos de corrupção, pois várias personalidades conhecidas vão cair em armadilhas especialmente preparadas para isso. Se elas não obedecerem às ordens dos "donos do poder", pode-se esperar mais vazamento de notícias, pois os "infiltrados" usarão a informação como arma de chantagem e coação. A verdade sobre os ataques de 11 de Setembro virá à luz. Ações judiciais contra os governos vão totalizar trilhões de dólares.

Companhias de seguro vão entrar em falência quando as perdas alcançarem níveis insuportáveis na economia em fase de implosão. Quando as seguradoras quebrarem, as operações de resseguro também virão abaixo, e nesse momento qualquer tomada de risco financeiro será mínima. É provavelmente tarde demais para combater esses efeitos, a não ser mantendo distância e formando comunidades de sobrevivência e economias pequenas baseadas em sistemas de troca.

Energia: pode-se contar com mais falta de eletricidade, mais colapsos no sistema e até a paralisação completa. Depois dos "apagões" haverá o que chamo de *brownouts*, isto é, "apagões" em série que causam dano às instalações elétricas e computadores. Desligue as máquinas da tomada quando não as estiver usando e use técnicas de aterramento para proteger equipamentos.

Conselho: as pessoas terão de se acostumar a checar todos os equipamentos, aparelhos de telefone, carros, circuitos, meios de comunicação, máquinas etc. Verifique cada item e confira também seus cartões de crédito e contas bancárias, exatamente como um piloto testando sua nave antes de decolar. Você vai descobrir que é melhor depender de poucas coisas para reduzir o trabalho de checagem. A dependência de equipamento eletrônico deve ser mínima, pois colapsos e desastres vão destruir o mundo tecnológico no qual costumávamos confiar.

Terremotos de grandes proporções: podem ser esperados a partir de 5 de setembro de 2004 até dezembro de 2011, ocorrendo no mundo inteiro em muitos novos locais e com intensidade cada vez maior. O Japão é um alvo que costuma ser subestimado, pois tem potencial para um colapso sistêmico de grande escala. Para mim, é difícil indicar lugares seguros do perigo de terremotos e vulcões, por isso aconselho você a ficar longe de todos os vulcões e falhas geológicas conhecidas. A nova falha geológica de Madri é agora um objeto de pesquisas. A Califórnia não é segura.

Clima: eu previ variações extremas no começo de 2002 e de novo em maio de 2003. Os padrões climáticos vão sair ainda mais do controle, tornando-se mais perigosos: ondas de calor, grandes incêndios de superfície alastrando-se em florestas e cidades, inundações costeiras graves, redução das reservas de água potável em todo o mundo, secas terríveis e enchentes cada vez maiores, até o clima literalmente se voltar contra a humanidade. Procure áreas seguras. Só lugares remotos, longe das cidades, sobretudo perto de pequenos lagos no interior ou montanhas distantes em altitudes bem maiores, podem equilibrar essas variações climáticas. Mas uma área realmente segura tem de ficar a centenas de quilômetros de qualquer base militar. De modo geral, o hemisfério sul parece mais seguro do que o hemisfério norte, com suas muitas bases militares.

Incidentes isolados e acontecimentos com consequências graves: precisamos entender desde já que os chamados "terroristas" não existem da maneira como são descritos pelos meios de comunicação. Prevejo a ocorrência de pelo menos dois ou três acidentes aéreos de grandes proporções ou desastres de avião, assim como pane ou vazamento em duas ou três grandes usinas elétricas (por exemplo nucleares) e afundamento de submarinos tanto ocidentais quanto russos. Antevejo grande agitação social na China e uma revolução no mundo oriental que tende a se espalhar para o Ocidente.

Somado a isso podemos contar com vírus de computador, *hackers* e ataques de "ciberterroristas", guerra biológica com agentes infecciosos, sobrecarga no sistema, triagem médica, comportamento vicioso cada vez mais frequente, invenção de novas drogas letais, colapsos no centro das metrópoles, revoltas em penitenciárias e nas classes baixas, e fabricação de armas biológicas e químicas.

A poluição do meio ambiente vai ocorrer não só por negligência ou acidente, mas pela destruição proposital do *habitat* biológico, causando escassez de alimentos e subnutrição no mundo inteiro. Graças à engenharia reversa de artefatos secretos, novas armas estão sendo desenvolvidas para destruir pelo menos metade da população do planeta.

Conselho: invista em alimentos não perecíveis e esquemas básicos de proteção. Tome cuidado também com riscos à saúde cada vez maiores e novas epidemias causadas por vírus, doenças globais e contaminação da água. Use seu próprio bom senso para cuidar de sua saúde e aprenda a usar ervas e outros produtos da medicina alternativa sempre que possível. Pense nas reservas de água e instale aparelhos de "osmose reversa" (processo de filtragem da água) ou sistemas de destilação. Use geradores e tente manter uma reserva de energia elétrica. Lembre-se de que o sistema tentará forçar o implante de *chips* eletrônicos e outras formas de identificação para manter você sob controle. Confie em seus instintos para decidir até onde você quer cooperar.

O objetivo dos que gostariam de controlar o clima global é desestabilizar o mundo com atos de terrorismo e ameaças constantes para dominar o planeta. O plano da elite é reduzir a população, encarcerar os que resistem e continuar oprimindo um sistema falido em grande parte. Pode-se esperar um medo maior no interior da sociedade, pois vai começar uma "síndrome dos incendiários": os "incendiários" são os que ateiam fogo e as "forças de segurança" incitam os crimes.

Segurança e policiamento: todas as forças policiais no mundo inteiro serão reformuladas para impor ordem à força. A polícia será militarizada. A ONU vai ganhar mais poder até um dia ser finalmente abolida e substituída por um consenso de cooperação inteligente com base em valores humanos. O que estará em jogo é a oposição entre caos e controle, anarquia e fascismo, ordem e liberdade e regras democráticas *versus* despotismo. Essa é uma transição forçada para um mundo mais sensato. A tendência é piorar antes de melhorar. Crie suas próprias equipes para vigiar as redondezas! Aja em comunidade! Cuide da segurança!

Poluição: tende a crescer e fugir do controle até nós percebermos que temos de encontrar substitutos para as tecnologias baseadas no petróleo e os produtos químicos tóxicos. Os mares ficarão mais violentos e as tempestades, mais frequentes. Os tubarões começam a se reunir em locais que costumavam evitar. Embora estejam acostumados a viajar grandes distâncias — milhares de milhas náuticas ligando continentes, em profundidades variáveis e temperaturas muito diferentes nas quais os humanos não poderiam sobreviver —, eles começam agora a crescer em tamanho e em número. Isso se deve à poluição de mercúrio nas águas do mar. Os tubarões tendem agora a viver mais perto de portos e águas rasas, canais e áreas pequenas, por causa das mudanças na temperatura marítima.

Os animais em geral se tornam testemunhas silenciosas da transição no planeta, reivindicando seu território. Não nade em águas paradas, no fim da tarde ou ao nascer do sol. Esses são os horários e lugares em que os tubarões se reúnem agora. Observei os hábitos dos tubarões e ouvi relatos de que animais terrestres mostram comportamento parecido. Observe cuidadosamente o comportamento animal e peça a opinião de especialistas no assunto.

A vida marinha vai mudar, pois tubarões, baleias e golfinhos também podem dar à praia devido ao estado retrógrado de Netuno e Mercúrio, ou porque experimentos militares norte-americanos com sonares e frequência HAARP vão afetar os sistemas de sobrevivência e orientação dos cetáceos, baseados na navegação por sonar.

Essas tendências negativas não precisam ocorrer de fato, assim como o desperdício de vidas e recursos naturais. E, se ocorrerem, não precisam nos afetar diretamente. Elas estão aqui para nos preparar para um novo estilo de vida, aconselhando diligência e cautela durante um período que deve durar vários anos.

Ciência e tecnologia: vejo enormes avanços no desenvolvimento de aparelhos de energia livre, baseada em antigravidade ou magnetismo, e comunicações livres. Fontes de energia natural a partir de campos de vácuo, radiação ou ponto zero serão descobertas. Haverá conflitos para libertar os inventores e afastá-los do sistema, dando condições às pessoas para criar alternativas e enfrentar os desafios em todos os aspectos da vida.

Cosmologia: uma teoria inteiramente nova sobre a origem do universo e uma nova astronomia serão desenvolvidas. Sistemas planetários antigos ou "novos" serão descobertos e explorados. Juntamente com os avanços tecnológicos, haverá contato com extraterrestres do interior da Terra e de outros mundos. O resgate das antigas verdades xamânicas vai levar a um modo de vida natural. A fé será substituída pelo conhecimento. Novas cores vão surgir com as mudanças de frequência na energia luminosa do universo.

A fragmentação do nosso conhecimento será superada para integrar o saber, as técnicas terapêuticas e a visão holística antigas. O processo multidimensional de pensamento baseado na "visão" e na "intuição psíquica" será descoberto e novas escolas que ensinam esse processo vão surgir. Haverá centros de sobrevivência e métodos de ensino do novo estilo de vida. Uma nova física cósmica será revelada. Teremos conhecimento direto sobre nossas origens.

Por volta de 2020, governos de líderes pouco qualificados ou inescrupulosos terão desaparecido. O analfabetismo e a pobreza serão coisa do passado. Monopólios e grandes empresas que só visam ao lucro virão abaixo. A sincronicidade de informações será ensinada. Vamos aprender a proteger e preservar o planeta.

Veja minha trajetória e julgue por si mesmo quem vem dando informações corretas desde 1999. Nos negócios mundiais, a ignorância não é uma bênção — é na verdade um mal. A era da fé chegou ao fim. A fé se baseia no medo. Você não deve sentir medo, pois ele sufoca a mente.

Portal do tempo: quando o portal natural e muldimensional do tempo se abrir, alguns de nós mudarão para uma nova linha do tempo — um universo paralelo onde estaremos num planeta idêntico. Nós nem saberemos o que aconteceu, mas alguma coisa vai causar uma redução da população humana. Mudaremos para a espiral do vórtex.

Muitas pessoas vão morrer porque investiram num mundo material e egoísta e contra o planeta. A loucura coletiva vai se manifestar à luz do dia. Primeiro ela se formará como uma nuvem escura ao redor da Terra, dissolvendo-se depois no vazio junto com os que sustentam sua vibração. É tempo de despertar. As pessoas estão sendo testadas. Acho que muitas tiveram uma oportunidade de fazer alguma coisa, mas não agiram porque acharam que outros fariam isso por elas. Elas acreditaram em seu "contrato". Seres mais evoluídos nos observam. Ouvi dizer que essa geração de nossa espécie humana é como um dinossauro fazendo estrondo nesse planeta, mas condenado à extinção em breve.

A Terra pode literalmente nos varrer de sua superfície da noite para o dia. Ninguém vai saber o que o atingiu, só vai saber que será um espírito sem corpo e sem futuro. Para evitar isso, haverá um tempo de purificação. Os humanos têm grande potencial e parece que alguns vão sobreviver para criar um novo futuro. Não acho que esse futuro promissor vá começar tão cedo. Mas vejo sinais de mudança positiva; antes da primavera da beleza temos de atravessar o inverno do nosso descontentamento.

Nos próximos anos vão ocorrer muitos alinhamentos planetários interessantes, que sugerem mudanças, e não é fácil listar todos eles. Em resumo: Urano em oposição a Júpiter e Plutão em quadratura com Júpiter espelham ou sinalizam uma série de acontecimentos violentos. Os mapas no momento da oposição são assustadores. Júpiter no meio do céu, exageradamente grande, e Marte (guerra, violência) em conjunção com Urano sugerem acontecimentos súbitos e inesperados, por exemplo terremotos, com uma intersecção do Nodo Sul (nodo lunar descendente) que é uma expressão de karma negativo ou dívidas de vidas anteriores. O "gatilho" potencial desse alinhamento — a Lua em conjunção com Urano — ocorre uma vez por mês. Com mapas selecionados, esse "gatilho" mostrou ser confiável para calcular a data e a localização de terremotos.

Mantenha a calma e procure força em seu interior; mergulhe em Peixes! Violência, ação guerreira, confronto e também malícia podem ser necessários; Lua em oposição a Júpiter: oposição em assuntos religiosos e esforço para encontrar a verdade. Tudo isso com a intersecção do nodo levando à liberação do karma negativo. Esse é um processo que começou nos primeiros meses de 2003 e deve durar até depois de 2020.

Essa é uma liberação de energia altamente explosiva que pode se manifestar na Terra em forma de terremotos ou bombas fabricadas pela tecnologia alienígena de engenharia reversa e explosões de luz e sombra. Como já afirmei antes, pode ser uma surpresa, um acontecimento imprevisível. Pode ser um facho de luz que sempre vai pegar você desprevenido. Pode abranger grandes movimentos geológicos e outros comportamentos explosivos e imprevistos em todo o planeta, inclusive envolvendo os direitos humanos.

Plutão estaciona em quadratura com os aspectos de Urano em 2011-2017. Em meados de 2013 Urano faz oposição a Plutão com Júpiter em Câncer, que é quando as coisas realmente chegam a um ponto crítico em matéria de segurança interna. Plutão governa o submundo e, na minha opinião, é o catalisador da transcendência. Podemos chamá-lo de "Fênix Renascida", a profecia da índia norte-americana "Sem-Olhos" como foi descrita por Mary Summer Rain — em palavras xamânicas quase além da compreensão.

As localizações da liberação de energia de Urano e Plutão no mapa de cartografia astrológica mostram o conflito na Terra. Trace uma linha descendo da Noruega até a Alemanha e os Bálcãs. Continue as linhas de Plutão e Urano descendo através do Egito, o Sudão, a Tanzânia e continuando em direção sudeste. A linha de Plutão transita de Norte a Sul, da Rússia até a fronteira entre Turquia e Irã, descendo através do Iraque, Arábia Saudita e Somália. A Arábia Saudita vai entrar em ruína. A costa ocidental dos Estados Unidos será gravemente afetada, como previram os grandes chefes índios norte-americanos há um ciclo plutônico, ou 250 anos atrás, quando da fundação dos Estados Unidos.

A energia a ser liberada é de proporções dignas de Velikovsky, autor de *Worlds in Collision*. Essa linha pode mostrar um terremoto de nove graus ou mais na escala de Richter, tecnologia escalar (termo da Matemática e da Física) equivalente ou outra liberação de energia. O leste da China e a Coreia do Norte também estão em destaque nos mapas da liberação de energia. Sabemos que os norte-coreanos podem entrar em guerra; eles foram treinados para ser o "curinga" do baralho.

De modo geral, a vida no Hemisfério Sul será mais segura, mais agradável e um pouco mais pacífica, embora boa parte da América do Sul vá afundar no oceano. Na Europa não será diferente. Os EUA vão se dividir, não há dúvida quanto a isso. Esses mapas do futuro são espantosos em suas implicações globais e cósmicas. Logo veremos até que ponto eles estavam corretos, pois nos aproximamos de um dos três momentos potenciais entre agora e o final de 2012, quando as redes magnéticas forem ativadas.

Construindo uma ponte entre os mundos

Acabando com a Era do Medo

Escudo de Defesa Psíquica

Cooperação planetária

O Portal do Destino

Em busca de sinais

O verdadeiro campo de força

Energia Orgônica: tecnologia da paz

Vislumbrando um futuro integrado

Acabando com a Era do Medo

"Não se pode compreender um processo se ele for interrompido. A compreensão tem de caminhar no fluxo do processo, tem de juntar-se a ele e fluir com ele."

~ Frank Herbert:
Dune (Pimeira Lei de Mentat)

Se você apresentar a informação certa da maneira certa pode levar qualquer pessoa a acreditar em qualquer coisa. O escudo de navegação mais importante é o "discernimento". Como saber se algo é verdade? Como discernir a natureza de algo? Como você sabe se aquilo que vê e ouve é mentira ou não, se é seguro ou não? Quais são as regras e como aplicá-las?

Você surgiu no interior de um corpo humano e vê o mundo físico lá fora. Sua consciência, ou espírito, está preso de certa maneira ao receptáculo físico pela ação de uma força aglutinante e desconhecida — um tipo de magnetismo. Antes de nascer nesse mundo, talvez você pudesse voar, enxergar e interagir com o desconhecido. Você era um ser Cósmico, não "humano". Então, o que está fazendo agora aqui embaixo?

Acredito que a maioria de nós concordaria em que voar por aí numa massa livre e flutuante é bem mais divertido do que viver num mundo tridimensional cada vez mais parecido com um campo de concentração poluído. Você tem escolha? Alguns dizem que não e outros dizem que sim. O que você diz?

Desde sua primeira infância, duvido que muitas pessoas estivessem realmente interessadas no que você tinha a dizer. A partir dos primeiros dias na Terra, você é governado e as pessoas lhe dizem o que fazer, o que pensar, como pensar, o que não se deve dizer, o que não se deve pensar e como se comportar. Isso se chama "medo".

Caso você não se tenha conformado com o fluxo de condicionamentos conhecido como "família", com certeza recebeu vários tipos de "castigos". O próximo passo foi o "sistema", que lhe disse exatamente o que você pode e o que não pode fazer. Você recebeu um número e esse número paga ao sistema o que lhe é devido, com uma "segurança" adicional de benefícios e prêmios. Mas tudo isso poderia ser feito de maneira totalmente diferente, uma maneira que poderia significar libertação, e não posse.

Se sua mente não estiver ocupada em macaquear a educação do "sistema" tal como foi mostrada, então está ocupada com trabalho e mais tarde com o circo da mídia, diversão, problemas, conflitos, fugas, confusão, velhice e morte. Enquanto tudo isso acontece, o que você realmente pensa? De onde você veio? Por que está aqui?

Talvez você acredite ou não que existem seres de outro mundo, entes espirituais habitando aquilo que — para você — é um mundo invisível. Talvez pareça irrelevante o fato de que passado, presente e futuro podem se fundir no agora. Pelo menos, quando você morrer estará livre do sistema e não terá mais problemas. Talvez você pare para pensar sobre isso no futuro e, por enquanto, lute para sobreviver. Essa é uma vida baseada no medo.

Os seres humanos temem o desconhecido, temem o futuro e temem a memória do passado. Eles herdaram temores e projetam temores. Jiddu Krishnamurti disse num debate público em Adyar (Índia):

"Você segue um sistema ou se adapta a um padrão porque existe o medo, o temor do certo e do errado que foi criado de acordo com a tradição de um sistema. Quando o pensamento funciona meramente nos trilhos conhecidos sem entender o significado do que está em volta, o resultado é o medo consciente ou inconsciente. Isso leva inevitavelmente à confusão, à ilusão e às ações erradas". Ele também disse: "Examine o medo e você terá condições de superá-lo".

Nossa mente é tão preguiçosa que a maioria das pessoas não presta atenção ao que acontece dentro dela. Até agora, a maioria das pessoas podia atravessar a vida aceitando as coisas como são e fazendo concessões dolorosas, que geram mais medo. Mas garanto que no futuro não será mais assim. O motivo pelo qual sociedades inteiras estão em ruína no mundo todo é exatamente o fato de que as coisas não podem continuar como estão.

O sistema está desmoronando porque o campo psíquico que sustenta a nós e o nosso mundo começou a desaparecer. Ele desaparece porque está em transformação. Está em transformação porque a vida como um todo não é estática. As coisas mudam — acostume-se com isso!

A existência de seres de outro mundo, seres extraterrestres ou do interior da Terra, logo será posta em discussão, assim como a questão do mundo invisível, a existência de espíritos e o contato aberto com nossos "ancestrais". O verdadeiro problema não é o que existe "lá fora", mas sim sua própria força mental para lidar com isso.

Para tornar isso mais claro, imagine que você é piloto de uma espaçonave viajando pelo espaço e encontrando as várias ondas e torvelinhos da viagem no tempo. A questão é saber como pilotar e orientar a espaçonave através das mudanças que ocorrem no espaço sideral. A mesma coisa vale para seu corpo físico. Você tem de aprender a pilotar esse "veículo" e entender os controles.

Basta trocar a espaçonave pelo corpo humano e imaginar que você está na Terra no interior de uma "nave" física, baseada em engenharia biológica, projetada e criada para você por um criador desconhecido e invisível. Quando você nasce, ninguém na sociedade ao redor lhe ensina a pilotar o pequeno veículo de exploração espacial que é seu corpo. Portanto, você tem de aprender por conta própria.

Existem outras formas de vida no universo. Algumas são amigáveis e outras não muito amigáveis, e algumas nos odeiam... ou pelo menos odeiam esse modelo de exploração espacial. Também existem outras raças no interior do mundo, assim como mundos, raças, seres e formas de vida interdimensionais. Mas o mais importante para você não é o que existe "lá fora", e sim o que existe em seu interior.

O domínio de suas capacidades interiores e dos controles de seu veículo de exploração espacial é vital para entender e interagir com seres de outros mundos e do mundo invisível. De certa maneira, os vários relatos e experiências de pessoas que tiveram "contato" estão aí para atiçar sua curiosidade, fazendo você pensar de outra maneira e convidando você a explorar o desconhecido. Saber que um explorador não pode "explorar" nada se não dominar os recursos de sua espaçonave é a chave para um futuro sem medo.

Nesse sentido, o medo é um mecanismo que impede seu caminho, a não ser que você o observe, torne-se consciente dele e enxergue-o tal como ele é. O medo também é um desafio para suas restrições; se você não sentisse medo, não saberia que algo está errado.

Certa vez, eu estava caminhando nas montanhas com um grupo de amigos, numa noite clara e estrelada. Tínhamos passado horas observando a Via Láctea e acompanhando "fachos" que riscavam o céu. Era uma noite muito clara.

No momento em que voltávamos para casa naquela noite quente de verão, avistei três seres de pé sob algumas árvores antigas na estrada acima de nós. Não disse nada sobre isso aos amigos que estavam comigo. Era uma sensação familiar, difícil de explicar. Você simplesmente sente ou sabe que eles estão ali, e então você os "vê".

O que me surpreendeu foi outras pessoas também sentirem haver alguém ou algo debaixo das árvores, e todas reagirem com medo. Ninguém quis passar perto das árvores, por isso parei e esperei os outros se afastarem às minhas costas. O medo generalizado se devia ao fato de não poder aceitar a "presença".

Fiquei ali e consegui aceitar a "presença", embora fosse muito poderosa. Era tão forte que quase me derrubou. Eu podia ver os três seres poderosos esperando por nós, e achei o encontro um sinal de que tudo era como devia ser. Eu tinha dificuldade para entender por que os outros sentiam tanto medo, mas os seres me explicaram que a maioria das pessoas não tem domínio sobre seus sentidos ou sua percepção interior.

A partir desse encontro, percebi que a percepção dentro de cada ser humano é muito maior do que a maioria imagina, e acontecimentos ou encontros com o "desconhecido" levam a uma ampliação da percepção que assusta a maioria das pessoas. De certo modo, é como sentir medo de sua própria sombra, pois a percepção está dentro de nós, e não do lado de fora.

As pessoas geralmente sentem medo do alcance de sua própria percepção, suas próprias capacidades — das quais sabem pouco ou nada. Na verdade sentimos medo de nós mesmos, e para superar esse "medo" temos de nos conhecer, saber quem somos realmente.

Nesse momento, eu gostaria de render homenagem ao falecido John E. Mack, professor de Psiquiatria na Faculdade de Medicina de Harvard e um dos principais pesquisadores de abdução de humanos por seres desconhecidos. John foi um dos poucos profissionais que aceitou o desafio de estudar seriamente a abdução de humanos, seja causado por extraterrestres ou outros fenômenos desconhecidos. E, ao aceitar o desafio, ele foi atacado por seus pares e colegas famosos.

A "síndrome do ataque" costuma ser encenada para que profissionais mais fracos e mais temerosos aceitem as regras do jogo e façam o que se espera deles. Mas John Mack era diferente; ele não podia ignorar as provas e varrê-las para baixo do tapete. Ao contrário, usava seus talentos para investigar a questão.

Numa entrevista à revista *Nova*, ele disse: "Quando me deparei com esse fenômeno pela primeira vez, ou mais exatamente até antes de ver de fato as próprias pessoas, eu sentia pouca inclinação em minha mente para levar isso a sério. Como a maioria de nós, fui educado para acreditar que, quando a humanidade descobrir vida inteligente, isso vai acontecer por ondas de rádio ou por sinais e coisas desse tipo.

"A ideia de que podemos ser contatados por outro tipo de ser, criatura ou inteligência capaz de entrar realmente em nosso mundo, causando efeitos físicos assim como efeitos emocionais, simplesmente não cabia na visão de mundo em que fui educado. Por isso, com muita relutância, cheguei à conclusão de que havia ali um verdadeiro mistério".

A obra extensa e provocadora de John Mack é resumida em seu livro *Passport to the Cosmos*, no qual ele escreve: "A experiência do encontro com alienígenas parece quase um 'curso de extensão' do universo para os deficientes do ponto de vista espiritual". Penso exatamente assim. As pessoas que passam por encontros com alienígenas são os primeiros exploradores de um "novo mundo". Não é necessariamente um movimento para fora; é muito mais provável que seja um movimento para dentro. Quando encontro a presença de outra raça, ser, entidade ou *persona*, encontro um fenômeno da consciência. Afinal de contas, somos seres espirituais e conscientes que habitam o reino físico.

Uma entrevista publicada pela revista *Nexus* em 2002, sobre o consultor de tecnologia espacial David Adair, descreve a propulsão por fusão eletromagnética e discos voadores que colidem com a Terra, observados em suas experiências na instalação secreta "Área 51" em Nevada, EUA. Ele conta o que sentiu quando teve a oportunidade de explorar o espaço interno de um disco depois da colisão. Descreve como subiu na nave e entrou nela e o que aconteceu depois.

Ele disse: "Essa espaçonave podia fazer qualquer coisa. Fiquei imaginando quem poderia tê-la construído. Então, quando comecei a descer pelo lado de fora do motor [...] percebi que agora, quando eu tocava o motor, ele não reagia mais com aquelas belas espirais de energia azuis e brancas. Essas espirais tinham agora um padrão avermelhado ou laranja, parecido com uma chama. E, quando me acalmei para tentar entender o que era aquilo, as espirais voltaram ao padrão branco-azulado, que parecia mais tranquilo.

"Foi então que percebi que o motor não era só sensível ao calor; ele também reagia às ondas mentais. Era algo simbiótico, capaz de reagir ao que você pensa e sente. Isso permitia uma interação. E significa que essa coisa tinha algum tipo de consciência". [Robert Stanley: "*Electromagnetic Fusion and ET Space Technology*", Revista *Nexus*, setembro de 2002.]

O assunto dos OVNIs é ao mesmo tempo fascinante e polêmico. Se não serve para nada, pelo menos nos faz imaginar mundos muito afastados do nosso. Mas é só uma parte da herança antiga do homem misterioso, recebida quando surgimos pela primeira vez neste planeta: a herança dos espíritos, fadas, elfos, dragões, anões, anjos, seres de luz, deuses e fazedores de "mágica".

Uma história estranha começou a emergir na Internet no ano 2000, chamada "The Lacerta Files" [Arquivos Lacerta]. As transcrições foram traduzidas para o inglês a partir do texto original sueco e descrevem uma entrevista do autor com um pequeno ser reptiliano não humano, do sexo feminino. Os textos são estranhos, mas interessantes.

Os arquivos descrevem uma guerra secreta acontecendo na Terra, baseada em tecnologia desconhecida, e conclui que a maioria das pessoas não tem noção do que acontece ao redor delas. Numa parte da entrevista, a criatura "Lacerta" diz:

"Na verdade, vocês estão tão longe de entender o universo quanto estavam há quinhentos anos. Para usar um termo que talvez vocês entendam, as outras espécies não vieram desse universo, mas de outra 'bolha' na espuma do 'omniverso'. Talvez vocês a chamem de outra dimensão, mas essa não é a palavra certa para descrevê-la (aliás, o termo dimensão é geralmente equivocado da maneira como vocês o entendem).

"O fato que vocês devem lembrar é que as espécies avançadas conseguem 'caminhar' de uma bolha para outra usando o que vocês chamariam de 'tecnologia quântica', e às vezes de maneira especial só pelo uso da mente. Minha própria espécie também tem capacidades mentais avançadas em comparação com a sua, mas sem tecnologia não temos condições de operar a mudança da matéria em bolhas. Porém, outras espécies ativas neste planeta conseguem isso. Essa operação parece mágica para vocês, como pareceu para seus ancestrais". [*The Lacerta Files — Parte I*, por Jimmy Bergman e Christian Pfeiler, editor-tradutor. Shan-Lyn Forsythe também colaborou na tradução.]

Como eu já disse, a "mágica" é sua própria ciência. Você só tem de aprender a usá-la. Já que os humanos não sabem empregar essa ciência sagrada, ela é chamada de "mágica". Mas, na verdade, nada fora do comum acontece fora das leis do multiuniverso. A questão é que não entendemos essas leis, por isso não sabemos usá-las em nossas vidas. Isso significa: temos de aprender a usá-las sem medo.

Quem são nossos amigos? Essa é a grande pergunta. Nós mesmos somos nossos amigos! Por isso meus "conselheiros" me dizem que temos de criar nossa própria soberania interior. Tomem o controle! Sejam donos de seus próprios destinos — sejam donos de si mesmos! Recusem-se a ser dominados pela tecnologia aparentemente avançada dos "extraterrestres" e construam seu próprio poder. Depois disso, podemos decidir o que fazer com os vários visitantes deste planeta.

No que diz respeito aos humanos, temos de nos unir, percebendo que somos uma só raça. Temos de nos organizar finalmente e criar nossas próprias bases de poder. Então, imagino que seja irrelevante quem são nossos amigos e inimigos. Simplesmente seguiremos em frente com nossa transformação silenciosa. Temos de pensar no futuro e criar nossa vida sem depender de quaisquer conflitos intergalácticos, subterrâneos ou extraterrestres.

Acho que precisamos, como comunidade planetária unida, assumir o comando e o pleno controle dos assuntos globais. Essa é a tarefa mais urgente. Se não fizermos isso, ninguém poderá nos ajudar, nem mesmo uma espécie alienígena amigável. Plutão e Júpiter em Capricórnio com Urano em Peixes, conjunção que vai acontecer em 2008, são espelhos dessa zona de transição, marcadores de um novo tempo e de uma nova data anunciando a evolução da humanidade livre dos governos e da ganância, livre dos segredos e das guerras, livre do controle e do medo.

Escudo de defesa psíquica

"Ataque quando eles não estiverem preparados —
Aja quando eles não esperarem!"

~ Sun Tzu: *A arte da guerra*

Por que teríamos de criar ou possuir um "escudo de defesa psíquica"? Na realidade, isso nada mais é do que ter uma mente saudável e equilibrada. E, quando digo "mente", quero dizer tanto a "normal" quanto a "paranormal". A intuição é o elemento invisível da mente humana, funciona quer estejamos conscientes dela ou não. O "suprassentido" costuma ser ignorado, pois manda sinais que fazem a mente racional se sentir desconfortável. Por exemplo, se lhe pedirem para fazer algo errado, sua intuição mandará um sinal para o córtex cerebral que mais tarde, quando você praticar a ação errada, será bloqueado pelo pensamento.

Digo que o sinal vai para o córtex cerebral porque a mente "paranormal" pode mandar sinais diretamente a todos os órgãos do corpo. O cérebro é simplesmente uma parte de uma rede complexa de inteligência corpo-cérebro. Você sente e vivencia o mundo diretamente com a totalidade do corpo-cérebro, não apenas com o cérebro dentro do seu crânio.

Seguindo minha definição, pode-se dizer: pessoas que se sentem muito desconfortáveis ou se recusam a fazer coisas que sabem ser erradas são também altamente intuitivas. A maioria delas não se dá conta disso, pois o chamado "sistema educacional" desenvolve o pensamento à custa da inteligência. Para se adaptarem ao sistema, muitas pessoas intuitivas reprimem suas habilidades e sofrem com isso. Não é boa ideia abrir mão de seus sentidos mais aguçados. Mas, para controlar melhor a população humana, os parasitas tiveram de aprisionar as pessoas no interior do pensamento e prejudicar ou destruir as habilidades intuitivas.

A intuição é o principal campo de energia dentro e emanando ao redor da forma humana física. É um tipo de descarga elétrica e consciência viva. Alimentar pensamentos ruins ou sentimentos de raiva prejudica o campo intuitivo. Assim, tendo em vista a própria saúde e bem-estar de cada um, o ideal é aprender a lidar com a raiva, em vez de exteriorizá-la.

Fortalecer o "escudo de defesa psíquico" tem mais a ver com o zen da existência de cada um. É sua própria personalidade que você tem de cultivar. Quanto mais você trabalhar sua personalidade e encontrar paz dentro dela, mais forte será seu escudo magnético ao redor do corpo-mente.

É claro que você foi programado para reagir, para se sentir uma vítima, para culpar forças externas, para reclamar e protestar. Você foi programado para fazer todas as coisas que prejudicam seu corpo e sua mente e diminuem sua força. Mas por que você aceita viver assim? Por que não tem um instinto saudável para enxergar, reconhecer e evitar o que é errado? Isso implica ouvir sua própria intuição interior.

Desenvolvendo seu poder interior, você tem mais condições de lidar com frequências destrutivas e ataques parasitas. Os métodos para enfraquecer a população incluem, entre outros, todos os tipos de frequência extremamente baixa como as ondas de ELF/VLF (*Extremely Low Frequency* e *Very Low Frequency*), descargas de pulso eletromagnético (EMP ou *Eletromagnetic Pulse*), tecnologia escalar, manipulações climáticas e sísmicas. Esses métodos podem implantar mensagens predefinidas de controle mental e até atacar as pessoas em seus sonhos, graças à tecnologia de programação "oculta" ou "paranormal". Quem são eles? São parasitas do corpo físico e da mente, e precisam dos seres humanos para viver num nível baixo de efeito negativo, controlando-os e alimentando-se deles.

Isso significa que as guerras, o sofrimento, a raiva e o medo são bons para alimentar a força parasítica, mas são ruins para os humanos. Não fomos criados para viver nesse nível, mas apesar disso decidimos viver de maneira negativa. O ambiente interior é a chave do autodomínio e da liberdade.

O escudo de orientação psíquica é a força que protege você e sua jornada. Quando as pessoas prejudicam seu ambiente interior, criam buracos em seu próprio escudo psíquico e abrem a porta para as forças do mal. Meu conselho é: preserve a bondade do seu coração e mantenha-se protegido e seguro.

Também aconselho você a manter segredo sobre seus pesadelos, ou pelo menos não comentá-los em público; isso bloqueia o *feedback* das forças atacantes. Os pesadelos podem ser desprogramados pelo uso da luz. Sentimentos negativos podem ser mandados de volta ao lugar de onde vieram. O cérebro pode ser purificado pela meditação.

Uma maneira de proteger a mente dos pesadelos é programar o cérebro para tomar o poder quando os ataques ocorrem. Isso pode ser feito facilmente antes de adormecer, dando ordem ao cérebro para que bloqueie ataques ou assuma o controle. O cérebro vai seguir as regras que você lhe ensinar para derrotar, superar ou dissolver qualquer ataque de pesadelos contra sua mente. Esse é o caminho do guerreiro pacífico e não implica nenhum lado negativo.

Ensinaram-me um método mais cuidadoso que consiste em desfazer os sonhos ruins. Dissolver pesadelos é uma arte em si mesma. No entanto, é melhor usá-la só para sonhos perturbadores ou desagradáveis, pois nossos sonhos também contêm elementos positivos e valiosos. O cérebro humano tem uma capacidade incrível de aprender, e boa parte do aprendizado e da purificação acontece quando sonhamos.

Nem todos os pesadelos vêm do subconsciente. Quando você recebe um sonho especialmente perturbador ou ataque do tipo de frequência oculta, é melhor fortalecer seu cérebro logo após o despertar. Afaste cuidadosamente qualquer temor ou sentimento negativo pelo restabelecimento concentrado do seu próprio poder psíquico. Você pode então voltar ao sonho mentalmente, começando a dissolver os elementos do ataque com frequência luminosa ou simplesmente mandando esses elementos de volta para o vácuo. Só vai restar uma bolha vazia.

Quando você é atacado, tem de observar com cuidado a natureza dos ataques. É como se você tivesse de vencer o ataque só pela espera paciente e pela observação sutil. Algo semelhante ao processo de ficar à espreita, reunindo informações sobre o inimigo. Mesmo se isso levar vários dias, é melhor observar do que agir imediatamente. Então, o campo do medo projetado desmorona por si mesmo. Quando essas forças não recebem resistência, perdem seu poder.

Nunca se esqueça do mantra: quando você resiste, o problema persiste. Portanto, não se prenda a uma atitude de resistência; em vez disso, contorne o problema! Muitas pessoas reagem por medo. Por isso a força do mal, que se alimenta do medo, tenta usar esse elemento contra os humanos. É possível a tecnologia "oculta" e os ataques "psicotrônicos" só poderem nos afetar externamente quando ativarem primeiro alguma coisa no interior da mente, que então se autodestrói a partir de dentro.

Com base em minhas próprias observações, descobri elementos negativos semelhantes no interior da psique reagirem à negatividade do exterior. Por isso digo que você deve se concentrar na ação interior, no comportamento interior. Assumindo o controle sobre si mesmo e suas reações, você cria uma base sólida para se proteger pacificamente.

Descobri que a força luminosa da psique é o segredo dos verdadeiros mestres. Esses seres ancestrais estão ligados ao cerne ou "C-Entro" humano de nossa existência. Se você soubesse que o medo interior aciona sua própria ruína, tentaria se preparar melhor. Na verdade, os ataques emocionais ou psíquicos usam sua energia contra você mesmo.

Não existem regras rígidas e simples. O fato é: quando você se torna sensitivo e fica mais consciente de sua própria força interior, descobre existirem certas coisas que você pode ou não pode fazer. As coisas que perturbam seu senso de existência são as que você deve evitar, pois percebe imediatamente serem perigosas. O verdadeiro problema não são as perturbações externas; o problema é a perda interior de sensibilidade.

Quando nós nos anestesiamos e perdemos a lucidez ou capacidade de reação, fazemos ou aceitamos coisas que podem prejudicar os nervos, a mente e os sentidos. Por isso os meios de comunicação bombardeiam adultos e crianças com imagens e conteúdos violentos. Quanto maiores seu embotamento e sua submissão, menor é sua capacidade de defesa.

A sensibilidade e a lucidez protegem, realimentam e elevam. A perda da sensibilidade significa que nos tornamos vulneráveis ao lado escuro da existência, e algumas pessoas ficam tão insensíveis que se tornam o próprio lado escuro da existência. Mas isso acontece a partir de dentro, quando se desliga o sistema defensivo da autoconsciência e se perde de vista o plano divino.

Se você não ceder seu poder interior, a força exterior será impotente. A alma é única, e essa unicidade é expressa de alguma maneira. Portanto, ela não se funde simplesmente com o universo, tornando-se tudo o que existe. Em outras palavras, a alma é uma entidade universal, mas separada. Digo isso porque a existência da alma implica oposição. Algo misterioso faz com que a alma consiga manter sua forma individual no interior de um universo alimentado por uma força única. Cientistas avançados chamam isso de "efeito retroativo" ou "efeito de retroalimentação".

Se é verdade que a alma tem essa força única e incomum, ela também tem e é sua própria proteção. Há um "sistema imunológico" psíquico que permite à alma repelir a força como um todo, mantendo assim sua unicidade. Certamente, isso significa que então nada pode invadir ou perturbar essa pureza da alma.

Nossa pureza é um programa "anti-*hacker*" incorporado em nós no nascimento. Levando isso mais longe, parece certo que os ataques de frequência e o terror mental induzidos pelos parasitas ou entidades psíquicas estão causando uma "reação" no interior das pessoas. A fraqueza não está do lado de fora; ela reside no interior, também significa que a solução está dentro de nós. Não temos nada a "temer".

Se aprendermos, por exemplo, a não enfocar a força atacante do lado de fora, mas a focalizar nosso interior mantendo nosso próprio senso de equilíbrio, a força do mal não terá condições de criar sentimentos de terror mental, impotência ou medo. No momento em que você percebe estar no "C-Entro" de sua própria encarnação e assumir o volante de sua própria jornada... a vida muda drasticamente.

As frequências do terror são usadas para provocar algum tipo de ressonância energética de medo no interior do indivíduo único. Observei que as entidades tentam organizar ataques relacionados com nossas próprias "fraquezas". Quando conseguem criar a sensação interior do medo, nós literalmente trememos por dentro. Mas o verdadeiro poder do medo que nos faz tremer é o nosso. Quando a semente do medo vinga, ela cresce dentro de nós. Portanto, temos de aprender a prestar atenção, ficar conscientes e conservar nossa soberania pacífica.

Assumindo o controle dos meus sentimentos, percebi que pessoas capazes de evitar que as entidades psíquicas as levem a um estado de medo são deixadas em paz mais cedo ou mais tarde, pois as entidades perdem mais energia durante o ataque e não ganham nada em troca.

O motivo pelo qual essas entidades psíquicas nos atacam é para se alimentarem do terror, angústia, medo, raiva ou qualquer outra emoção distorcida que os humanos carregam dentro de si. Quando essas emoções são acionadas e abastecidas a partir de dentro, emitem uma frequência que alimenta as entidades. Já se sugeriu que, durante as abduções de seres humanos, os alienígenas regressivos também se alimentam de emoções negativas.

O objetivo da tecnologia "psicotrônica" de baixa frequência é desestabilizar o indivíduo ou causar exaustão pela perda maciça de energia quando uma pessoa vibra continuamente em estado de terror, raiva ou desespero. Portanto, devemos tentar conscientemente ensinar a nós mesmos o domínio de nossa mente e sentimentos. Ao não permitir que o corpo ou cérebro emocional sejam manipulados e levados a estados negativos, nós também nos protegemos. Eu diria que a mente humana é um milhão de vezes mais poderosa que qualquer tecnologia, e portanto pode derrotar qualquer inimigo.

Cada indivíduo tem de encontrar sua própria maneira de dominar a mente e as emoções e não permitir que forças externas as manipulem. Cada pensamento tem de ser questionado antes de se transformar em ação. É importante perceber que a mente tem o poder de modificar frequências, mesmo as criadas por seres humanos, pelo domínio interior e pela construção inteligente de aparelhos de ressonância orgônica e outros semelhantes.

Nós, humanos, somos artistas criativos, e uma de nossas habilidades é construir coisas. Sonho com o dia em que teremos condições de construir aparelhos-gigante de ressonância orgônica para equilibrar, proteger e restaurar o planeta. O dia em que os locais de moradia coexistam de maneira harmoniosa e pacífica com o planeta. Podemos usar nossos talentos para proteger a vida, em vez de destruí-la. As criações exteriores serão também reflexo de nossa mente interior.

Cooperação planetária

"O que está em cima vai mergulhar nas profundezas, e o que está embaixo será elevado."

~ Nostradamus

Para criar uma nova sociedade, temos de aprender a cooperar no intercâmbio planetário de recursos. É óbvio que não podemos esperar desenvolver nossas próprias sociedades à custa do resto do mundo. Assim como temos criado problemas ambientais e problemas sociais, também podemos criar para nós mesmos as soluções para esses problemas. No entanto, a mentalidade que cria os problemas não inventa as soluções.

A solução genérica para deixar o sistema de lado e abrir novos caminhos é a criação de mecanismos equitativos de troca e escambo de bens e produtos necessários, serviços valiosos, habilidades, conhecimentos e tudo o que se baseie na justiça e na compaixão. No plano econômico e social, já não tem sentido continuar construindo hierarquias monopolísticas para fabricar as ferramentas de que precisamos como sociedade. A palavra "monopólio" tem raízes gregas e significa "vender sozinho" ou "ser o único vendedor".

Culturas antigas tinham condições de crescer e sobreviver com eficiência e sucesso porque planejavam com antecedência. Elas sabiam fazer isso porque usavam o que chamo de "visão" ou "segunda visão". Essas pessoas eram videntes e também grandes planejadores. Perdemos essa capacidade por causa de nossa urgência insana de monopolizar e capitalizar só com base em métodos dependentes de tecnologia e inspirados pela ganância.

Tudo, inclusive a economia e a tecnologia, existe graças ao desenvolvimento, coordenação e otimização do potencial humano. Tudo em nossos lares é produto de ideias que nos foram dadas graças à imaginação e à visão. Então, com o trabalho duro de um pequeno grupo de indivíduos pioneiros, nossas ferramentas são aperfeiçoadas para se tornarem funcionais. Esse conhecimento e os produtos resultantes são compartilhados com o conjunto maior da sociedade. O resultado dessa troca é chamado desenvolvimento, produção ou economia.

Os recursos do nosso próprio potencial interior são ignorados em grande parte num mundo dividido em corporações isoladas e fragmentadas, com objetivos conflitantes e métodos contraditórios. O maior potencial dos seres de luz é a capacidade de compartilhar, cooperar e desenvolver-se em conjunto. Temos de reaprender essa capacidade agora.

A criação de centros de ensinamento Cósmico é parte de uma visão mais ampla, abrange o uso da intuição psíquica, ou visão remota, como ferramenta da inteligência humana para tomar as decisões certas. Os futuros inovadores de uma nova mentalidade tecnológica pretendem usar essa habilidade humana para criar informação e tecnologias informáticas em pequena escala, compartilhando mais tarde esses recursos com a nova sociedade global emergente.

A economia é a interação entre seres humanos. Para entender a teoria econômica, é importante ter uma concepção realista do futuro em sua relação com o presente. Nossas ações no interior da economia criam constantemente um futuro específico para nós mesmos. Essa visão de conjunto é necessária para um bom estrategista enfrentar e superar qualquer mudança súbita que pareça desestabilizar a economia e a sociedade.

Uma visão econômica de curto prazo pode atender às necessidades e desejos do estrategista hoje e amanhã, mas não será satisfatória num futuro de longo prazo. Erros cometidos no curto prazo têm efeito prolongado na memória de uma sociedade, como na memória de um elefante. De certo modo, a economia nunca esquece. É algo equivalente à "contagem longa dos maias", como vimos no Iraque, com manifestações de caos social, colapso estrutural e anarquia crescente.

Para gerir um bom negócio ou, numa escala mais ampla, uma sociedade sustentável, é importante levar em conta as necessidades de longo prazo pelo controle ou condução do atual comportamento econômico. Esse conceito os economistas tradicionais não gostam de aceitar. Gosto de contrariar economistas — alguns deles são meus clientes — com fatos da dura realidade:

1. A teoria econômica é a observação do comportamento humano.
2. Não existe economia sem seres humanos.
3. A economia não é a cotação das ações da Bolsa numa tela de televisão.
4. A economia é a cooperação de recursos humanos.
5. Humanidade é economia.
6. Não existe dinheiro, só existem instrumentos de débito.
7. Cada ser humano é seu próprio banqueiro particular.
8. A natureza é a única economia capaz de funcionar perfeitamente.

Talvez não possamos satisfazer todas as necessidades do planeta, mas podemos criar um novo começo. É vital aprendermos a lidar com interações humanas de uma maneira que não só amplie, como também valorize as invenções, projetos, desejos, esperanças e necessidades. A verdadeira economia cresce como uma árvore. No fundo, a natureza é o exemplo perfeito da teoria econômica aplicada na prática, e deveria ser estudada por todo economista. A Terra, o Sol, os planetas e o próprio espaço cósmico são modelos perfeitos de concepção econômica.

Para encontrar um equilíbrio verdadeiro entre desenvolvimento e lucro, o economista tem de considerar todos os aspectos envolvidos na interação humana. O dinheiro como único critério para avaliar o lucro cria um grande desequilíbrio para demonstrar a função e as necessidades da sociedade, pois não tem valor real de longo prazo. Os altos lucros de hoje podem se transformar facilmente na falência de amanhã.

Em toda avaliação econômica, é preciso haver estimativa ou exame dos valores sociais. As condições sociais de cada região têm de ser encaradas e tratadas como parte do crescimento geral da economia, com o ajuste das interações entre seres humanos cujo objetivo é sobreviver e viver de maneira decente. Todos os ganhos ou lucros que resultem de um novo projeto têm de refletir seu sucesso no interior da comunidade como um todo. O objetivo do crescimento da economia é a criação de pessoas saudáveis num ambiente saudável. De que outra maneira podemos satisfazer nossas necessidades numa sociedade planetária?

Como na natureza, uma situação de crescimento beneficia muitas criaturas. O crescimento forte e saudável de um jovem carvalho produz mais tarde alimento e sustento para muitas criaturas. Cria abrigo para animais e seres humanos. Também traz beleza majestosa à paisagem e purifica o ar. Por isso, é importante para uma economia saudável e tem de ser incluído em nossa compreensão da estrutura de qualquer empreendimento financeiro com chances de prosperar.

Todo projeto econômico é como um jovem carvalho. Seguindo as regras "econômicas" do planeta, o carvalho estimula muitas áreas de crescimento, o que gera equilíbrio, proteção e riqueza. Sem consciência social, uma economia torna-se uma torre isolada de aquisição de riquezas que no final não beneficiam ninguém.

Uma análise do comportamento de Saturno nos dá pistas para entender a relação entre consciência social e economia. A posição de Saturno nos próximos anos indica uma transformação econômica.

Quando o desenvolvimento econômico beneficia um número maior de pessoas do que aquelas que criaram as novas oportunidades, a sociedade como um todo cresce para o bem de todos. Desenvolvimento é meramente a organização da interação humana e a cooperação de recursos humanos de maneira equilibrada.

Não existe crescimento isolado. Quando os economistas se dão conta dessa verdade, conseguem corrigir desequilíbrios que podem criar catástrofes humanas no momento em que a "torre escura" dos lucros isolados vem abaixo. Isso vai acontecer em breve, pois os economistas perderam a capacidade humana da "segunda visão" — se é que a tiveram algum dia.

Quando as culturas xamânicas deste mundo foram destruídas, as pessoas perderam noção da verdadeira teoria econômica e de como fazer a economia funcionar. Temos de entender que essas culturas sobreviveram por séculos e milênios. Depois de destruí-las, os "vencedores" isolacionistas transformaram nosso planeta num monte de entulho em menos de um século. Olhe ao seu redor!

O conceito céltico-helvético de verdade, integridade e honra é simples, e seu significado pode ser observado na forma de uma pirâmide. Os recursos mais duráveis de uma pirâmide estão na parte inferior da estrutura, na base. Quanto mais alto subimos, mais escassos são os recursos materiais. A parte superior da pirâmide depende da inferior para ter apoio, mas pela mesma lógica o topo é necessário para dar uma função à base. Uma parte da pirâmide não pode existir sem a outra.

Para os celtas, o topo da pirâmide é representado pelo chefe da tribo ou pelo sábio do clã. Antes que a nossa cultura fosse varrida da face da Terra, as pessoas tinham ligação com a economia da natureza. A cultura original se baseava na coordenação espiritual e física de todas as pessoas no interior da comunidade. O chefe era o homem ou mulher no topo da pirâmide. Examine com cuidado essa posição. O topo está em equilíbrio perfeito entre o céu e a Terra, em contato com o espaço infinito mas ligado a toda a estrutura física da pirâmide sobre a Terra abaixo.

A posição do chefe é a mais importante de todas. Ele não possui nada, mas tudo lhe pertence. Tem todos os recursos abaixo dele e o espaço infinito acima dele. É uma situação de equilíbrio, a posição de um vidente. O chefe abriu mão de tudo; não se importa com as coisas mundanas, mas controla todos os recursos do mundo em função de sua ligação cósmica.

Não é difícil aplicar isso ao mundo cotidiano da economia e do intercâmbio de recursos humanos. Tudo o que essa pessoa fizer pela prosperidade e equilíbrio da sociedade vai criar prosperidade e equilíbrio em sua própria vida. É a síntese da "co-operação", termo que vem do grego — e que significa "colocar lado a lado".

Saber como e onde você deve se colocar é parte do uso sagrado da ação correta. Um modelo saudável de economia leva a um modo de vida correto, e só com um modo de vida correto os humanos vão parar de poluir seu mundo e mostrar respeito, gratidão e amor pelo planeta que os sustenta. Por mais que as coisas estejam difíceis, mostrar gratidão sincera por tudo o que existe pode equilibrar o caos.

O futuro da economia e da própria vida depende de sabermos onde colocar as coisas. A saúde da economia se baseia na saúde das decisões humanas. A educação das pessoas leva ao aperfeiçoamento da economia como um todo. A tarefa do engenheiro-chefe ou do líder do clã é proteger a educação e a visão criativa individual e coletiva. Economia é a visão da pessoa colocada entre o céu e a Terra. É a Pirâmide dos Celtas.

O Portal do Destino

"Uma nova criatura vive na vastidão do espaço negro. À distância, ela reflete seu criador — pois foi feita à sua imagem. A força sobrenatural que trouxe a humanidade até esse ponto está nos esperando aqui e agora. O que vamos fazer com ela?"

~ St. Clair

Em todo o mundo, as instituições chamadas "espirituais" ou "religiosas" — prefiro não dizer quem são — e mesmo algumas organizações "nova era" ou organizações extraterrestres afirmam, de uma maneira ou de outra, que algum dia um ser de altíssimo nível, superavançado e iluminado chegará para transformar a vida de "todos nós" em algo melhor. Ou pelo menos a ideia é que esse ser mudará a vida das pessoas "escolhidas", sejam elas quem forem...

Vários grupos extraterrestres afirmam que diversos seres cósmicos chegarão para nos salvar, afastando a humanidade do abismo da destruição. A todo momento, seres humanos equivocados olham para longe e sonham com uma "força externa" vindo resolver seus problemas. Mas não acho que isso vá acontecer. Na verdade, tenho certeza de que isso já foi tentado no passado e não funcionou.

Salvar os homens do caminho de sua própria destruição não impediu a manifestação repetida do problema, pois nós mesmos somos o problema. Somos também a solução e, se não mudarmos, nosso futuro vai continuar miserável e sombrio. Tanto homens quanto mulheres têm de se desviar juntos do caminho da autodestruição e criar essa mudança. A responsabilidade é nossa e só nossa.

Se grupos de ETs altamente avançados fossem surgir na Terra para pôr as coisas em ordem, destruir todas as armas e criar uma nova sociedade... esses grupos teriam de ficar aqui cuidando de nós pelo resto da eternidade, pois não nos transformamos em seres autônomos e soberanos. Sem alguém do lado de fora nos dizendo o que fazer, voltaríamos às guerras, às divisões, aos conflitos e ao sofrimento causado pelo medo. Que tipo de futuro seria esse? Você entende agora por que essas profecias são equivocadas?

Se existe um ser de alto nível e profundamente iluminado capaz de afastar você do caminho do desastre, esse ser é a luz e a sabedoria de sua própria alma. Escute sua alma — você pode se surpreender! A resposta pode estar dentro de *você*.

Todos os que vivem neste planeta sabem: matar é errado. O problema é eles ignorarem o que sabem. Não é preciso ser um Einstein para entender que matar é errado, mas mesmo Einstein ajudou a criar a bomba atômica. Levando vidas violentas, desrespeitamos as regras do universo e fazemos isso de maneira consciente. Ninguém "lá fora" precisa nos mandar parar. Podemos tomar essa decisão voluntariamente. O cérebro que decidiu ir à guerra tem de acordar e decidir acabar com todos os conflitos para possibilitar a paz.

Sei que as várias raças extraterrestres não vão nos salvar porque, ao longo de toda a minha infância, interagi de maneira consciente com diversos ETs visitantes. Alguns deles vêm de reinos invisíveis ao nosso redor. Estão ocultos à luz do dia. Conheço os ETs Nórdicos — não os que vivem com os Cinzentos. Conheço dois grupos de Cinzentos: um que tenta ajudar e outro que causa mais danos do que benefícios.

Conheci os "Elfos Superiores" e a raça dos anões, e também seres humanoides e altos como os mestres de Sócrates, de épocas mais antigas. Também conheci vários tipos de seres "reptilianos" — os protetores e os destruidores.

Os ETs mais espiritualizados me ensinaram a lidar com os grupos invasores graças a um tipo de poder mental semelhante ao *biofeedback* (método de treinamento psicofisiológico). Aprendi que a mente humana é a chave do futuro, um futuro de paz, e, sem o domínio dessa poderosa ferramenta mental, a humanidade vai definhar e desaparecer no vazio.

Aprendi a não me irritar quando lidava com seres de vibração inferior. Quando algo me irritava, eu meditava alguns dias em vez de me aborrecer. Eu tentava me isolar e, nesses momentos de silêncio, aprendi a emitir um sinal poderoso de livre-arbítrio da mente e do coração, dizendo à energia para transformar a vibração baixa em paz, liberdade e amor.

Então, aprendi a controlar o tempo não linear, e por tentativa e erro descobri maneiras de usar minha mente para "visitar" acontecimentos do passado e pacificá-los. Uma coisa que os ETs Nórdicos me ensinaram é viajar de volta para essas situações e modificá-las usando o poder da minha mente. Posso viajar para qualquer época e qualquer lugar usando minha mente para me proteger, e além disso anulando a energia psíquica negativa daqueles que me atacam. Nesse sentido, sou meu próprio guardião, e qualquer ser humano pode aprender isso por si mesmo.

Se você considerar o tempo não linear, pois fica "empilhado" e comprimido como vértebras na coluna vertebral, então essencialmente o tempo é o eterno presente. Usar a mente para proteger a si mesmo funciona de fato. Os seres das estrelas do futuro me ensinaram a anular a energia negativa de qualquer situação e substituí-la pelo poder dinâmico de minha própria mente livre. A tentativa de prejudicar outros volta para o agressor em sua própria forma negativa. Trabalhadores da luz desativam forças do mal e afastam linhas negativas de energia.

Isso significa que podemos usar a mente para "visitar" qualquer acontecimento e pacificá-lo. O acontecimento pode ser modificado. Esse uso consciente do poder da mente transforma o passado, o presente e o futuro. As possibilidades são infinitas — a única restrição são os limites de sua própria mente.

A coisa mais importante que aprendi com os seres de luz é nunca prejudicar ninguém, nem mesmo meus "inimigos" — e não praticar atos de negatividade que só voltam da forma como saíram. A regra desse tipo de compromisso é só usar a proteção do guerreiro pacífico ou manobras habilidosas de outro tipo. Faz parte da pureza espiritual desconectar e desativar energias negativas e parasíticas, mas não atacá-las, lutar ou debater-se contra elas. Quando usamos violência, tornamo-nos iguais aos magos do "lado das trevas" e nos destruímos nesse processo. Tenho que admitir: seguir essa regra não é fácil.

No final das contas, não importa o que os outros têm a dizer, sua própria mente tem o poder e as soluções para todos os problemas e dificuldades que possam surgir. Você é o artista, o alquimista, o criador dessas soluções. Como já expliquei, somos os arquitetos do nosso próprio jardim zen, dispondo os cristais, plantas e decorações em nossa casa chamada "mente", graças ao poder da nossa própria "I-Magi-Nação".

Você tem o poder de mudar o mundo, e esse poder é o poder de sua própria mente. Ninguém pode tirar isso de você, mesmo quando tentam convencer você do contrário. Se você continuar centrado em sua própria soberania interior, nenhum tipo de manipulação ou controle mental pode mudar sua mente. E, se você tiver noção do aspecto não linear do tempo, nenhum tipo de trauma ou lembranças ruins pode alterar seu futuro.

Por mais dificuldades que tenhamos de enfrentar, descobri também existir um diamante de luz dentro de todo acontecimento negativo. Examinando com cuidado minha história de vida, aprendi a transformar o conflito e a divisão, trazendo-os de volta para um curso mais equilibrado e saudável e pondo a descoberto o diamante da verdade cósmica. Seu próprio espelho da alma está além do infinito. Olhe para ele e mantenha-se consciente.

Se você puser em prática a sabedoria tipo "Livre-se do Medo", não tem muito com que se preocupar. Ela funciona sozinha e tem sua própria órbita dinâmica. Quando você se fortalecer pelo poder da mente e começar a retrabalhar acontecimentos com o poder do amor, pode modificar o passado, o presente e o futuro da maneira que achar melhor. Por isso estou aqui.

Em busca de sinais

"Quem diz que algo não pode ser feito não deve interromper quem faz."

~ Antigo provérbio chinês

Para além dos limites do nada, vejo claramente o futuro. Quando os moradores fugirem em breve do asilo de loucos deste planeta que habitam, alguns sábios vão se reunir para ver o que podem fazer para colocar o planeta numa direção mais sensata. Meus professores jesuítas me ensinaram a questionar a autoridade. Eles eram simplesmente homens sábios, não os grupos que hoje recebem atenção mundial num sentido negativo.

Os mestres zen que aperfeiçoaram meu crescimento espiritual sugeriram que eu também aconselhasse você a questionar a realidade. Os amigos jesuítas eram mais científicos, ensinaram-me a duvidar e verificar tudo, enquanto os budistas aludiam a um "misticismo quietista", com a ideia de aceitar as coisas como são e viver no agora.

Eu sempre me interessei em ouvir as pessoas sem formar opiniões e sem julgá-las. Meu interesse sempre foi a busca do misterioso e do impossível, dando pouca atenção às organizações, rituais ou métodos... pois nenhum deles respondia às perguntas que eu tinha em minha "busca de sinais".

No final de um longo caminho, descobri o que sempre soube: o próprio universo tinha as respostas que eu estava procurando, e sou um filho das estrelas... ou seja, as respostas estão dentro de mim.

Tanto os jesuítas quanto os budistas são pessoas bem-intencionadas, contribuem com pensamentos positivos para um mundo ameaçado. Mas vamos precisar de uma visão mais holística e integrada sobre o conhecimento e a existência, a percepção e a intenção, para atingir alguma coisa semelhante à consciência cósmica, essencial neste novo milênio. Quando digo "holística e integrada", sugiro que devemos pensar em termos mágicos, combinando misticismo e ciência numa fé cósmica. Temos de olhar mais longe e num ângulo maior. Temos de olhar para as estrelas.

Como seres humanos, temos de persistir, mas não resistir. Porque, se resistirmos à mudança, ela vai persistir apesar de tudo. Como sabemos bem no fundo de nós mesmos, tudo precisa mudar, vai mudar e já está mudando. O fim da sociedade organizada, ou das estruturas sociais como as conhecemos, também vai significar o fim das concentrações do poder institucionalizado, e portanto dos governos, nações, profissões de fé do passado e o fim da religião tal como a conhecemos.

O que nenhum dos grandes pensadores dos últimos mil anos conseguiu vislumbrar é perfeitamente possível: um mundo livre com autonomia real, liberdade concreta de expressão e verdadeira igualdade. Esse sistema poderia ser administrado em função de sua própria lógica, com o direito de cada pessoa perseguir a felicidade, ou ao menos de seguir seu próprio destino com senso de responsabilidade.

Seria uma visão ideal, a realização do potencial máximo dos seres humanos, o que implica a cocriação cósmica em vez da antiga mentalidade de causa e efeito, ensinada nas escolas. A distância entre a realidade atual e a visão potencial cria ilusão e frustração. Mas a arte da mudança envolve enxergar a realidade sem nenhum tipo de ilusão.

No mundo real que nos cerca encontrei os sinais apontando para um futuro melhor e para um modo de vida integrado no agora. Em vez de cruzar os braços, nossa responsabilidade sagrada é tentar mudar o que nos desagrada em nossa vida e no mundo. A arte da mudança, então, é substituir o sistema defeituoso por nossas próprias visões novas e mais claras. Esse é o primeiro passo para construir um mundo novo com nossos sonhos de progresso. Esse projeto tem característica semelhante à da alta magia. É uma arte, só podemos encontrá-la dentro de nós mesmos.

A fé no futuro cósmico — a força autorreguladora do universo — pode nos dar a convicção e inspirar em nós a certeza de que realmente podemos realizar nossos destinos pessoais, coletivos e cósmicos, alcançando assim o máximo potencial humano. Antes de chegarmos a esse ponto na evolução humana, temos que desejar concretamente a mudança. Operar a mudança é o maior desafio da humanidade. Mas também será o maior trunfo da humanidade, pois dominar a mudança é vital para cocriarmos nossa evolução como seres humanos.

Mais cedo ou mais tarde, a ciência vai ter condições de interromper o processo de envelhecimento. Nós vamos viver muito mais tempo. Tenho certeza de que o "Mestre da Luz" tem mais de mil anos de idade, embora pareça ter 30 ou 35 quando o vejo. A vida neste planeta vai mudar por si mesma, e cabe a nós decidir se mudamos com ela ou se, pelo menos, não incomodamos os que querem mudar.

Apesar de as pessoas muitas vezes se intimidarem com o meu poder de visão e com o meu desprendimento da situação mundial, elas pedem minha opinião sobre a melhor maneira de operar mudança em suas próprias vidas. Minha sugestão é: todos nós devemos questionar o que aprendemos e fundir nossas noções de ciência e misticismo para redefinir um novo espaço-tempo onde valha a pena viver.

Para começar, devemos questionar a concepção atual de evolução. Muito tempo atrás, seres de uma raça muito mais antiga semearam na Terra o "ouro das estrelas". Ninguém sabe ao certo, nem mesmo os seres humanos sabem o que há dentro de nós que nos faz funcionar. Sinto que deve ser o DNA que os cientistas chamam de "*junk DNA*" (literalmente, "DNA Lixo", isto é, porções da sequência do DNA sem função definida), simplesmente porque eles ainda não entendem para que serve essa herança genética. Só os ancestrais entenderam: o universo age através de nós.

O criador incorporou a essência Cósmica das estrelas em nossos genes e em nossa mente. Essa essência é uma percepção ou consciência auto-organizadora. Ela age da mesma maneira que todas as formas de vida autocoordenadas do universo. O que faz as estrelas e planetas se movimentarem em simetria perfeita? A mesma força que criou o homem.

Raças alienígenas do passado e do futuro estão vindo para cá para encontrar o "ouro das estrelas" genético no interior do ser humano, pois sabem que os antigos "plantaram" e esconderam sua essência dentro da raça humana. É uma espécie de "corrida do ouro" no universo, mas essas raças não vão encontrar o ouro. Como eu disse, ele está oculto e só pode ser ativado a partir de dentro. Isso significa que ninguém vai achá-lo até a humanidade acionar esse mistério a partir de dentro e por conta própria.

Os "observadores" mencionados no *Livro de Enoch* (um dos textos conhecidos como "manuscritos do Mar Morto", descobertos em 1947 em Israel) são provavelmente o que podemos chamar de extraterrestres ou alienígenas. Mas eles não interagem abertamente com os humanos, como fizeram milhares de anos atrás. A verdade é que, se não acontecer essa descoberta interior (o despertar do DNA ou do "ouro do dragão" céltico), então o "ouro das estrelas" voltará para o mistério, a humanidade morrerá e será criada uma nova semente. Por isso, faríamos melhor começando a proteger nossa própria semente, a alma do nosso DNA, ativando sua inteligência e vivendo de maneira inteligente.

O aspecto visível do "ouro das estrelas" é nosso comportamento e o aspecto invisível é o DNA. Alinhamentos planetários são configurados em cada mapa astral para criar a alquimia da alma. Cada alinhamento planetário tem uma vibração superior e uma inferior. Nosso planeta está sofrendo porque as raças antigas, que tentavam nos ensinar a equilibrar as vibrações superiores e inferiores, foram exterminadas por alguém que quer nos impedir de aprender sobre nossa verdadeira natureza.

Todo o espectro das emoções humanas, do medo ao amor com todas as nuanças entre os dois sentimentos, é parte de um sistema interior de orientação espiritual, uma "bússola da unidade" cósmica, mas interior. Sem emoções, não podemos navegar pelo espaço interior ou exterior, e com certeza não teremos condições de percorrer o universo como é nosso destino. O verdadeiro sentido de tentar viajar pelo espaço lá fora é voltar para a nossa origem, encontrar nosso caminho para casa, fazer contato.

A geometria sagrada é simples. Os aspectos superiores dos alinhamentos planetários energizam o corpo radiante da alma, a ferramenta que nos permite viajar lá fora, no universo imenso. Os aspectos inferiores dos alinhamentos planetários sugam nossa energia vital, mantendo-nos presos a uma esfera limitada. Afinal de contas, essa "bola de lama" bastante pequena e coberta por um mar salgado que chamamos "Terra" é só isso — uma escala numa longa jornada de volta para casa.

A "escola da Terra" é um fator de segurança da criação, pois o criador não quer "ouro das estrelas" desgovernado, percorrendo o universo e destruindo-o. Raças extraterrestres mais antigas que a humanidade encontraram um jeito de anular os ensinamentos importantes de orientação interior e controle das forças universais, destruindo suas emoções e concentrando-se nos desenvolvimentos racionais e científicos. Elas cortaram os "fios" genéticos que transmitiam o conhecimento do corpo emocional em direção ao espaço-tempo e só desenvolveram suas capacidades e habilidades tecnológicas, à custa do "corpo emocional".

Esses extraterrestres aprenderam a viajar no tempo de maneira limitada, usando a tecnologia que chamamos de "Objetos Voadores Não Identificados" ou, na terminologia antiga, "Carruagens de Fogo". O fato é que não existe uma maneira de enganar o universo e anular a rede de segurança inteligente. Assim, o comportamento deles causou uma deterioração terminal do seu DNA genético, a "Alquimia da Orientação Divina" ou o veículo da força vital.

Ao deixarem seu mundo sem ter resolvido os ensinamentos interiores, os extraterrestres começaram o processo de sua própria deterioração, que agora os está levando à extinção. Eles causaram esse prejuízo contra si mesmos, e nós, humanos, temos de tirar uma lição disso. Os sentimentos não são nossos inimigos, pois são essenciais para o nosso sistema de orientação interior.

Cada sentimento que temos é parte do que meus amigos humanoides e altos chamam de "ouro das estrelas". Nossos verdadeiros sentimentos e emoções são um tipo de educação poderosa e contínua que vem de nossa "bússola interior" e nos ensina a equilibrar nossa vida. Em vez de reprimir ou fugir dos nossos sentimentos, temos de prestar muita atenção e escutá-los.

Um dos motivos pelos quais nem sempre lembramos em detalhes nossas pequenas viagens a bordo das "escolas de luz" voadoras é porque os seres de luz sabem que, quando nos devolvem ao planeta Terra, nós nos sentimos infelizes. Então, eles nos deixam lidar com o que nos parece suportável. Existe algo a respeito desses seres superiores que falta nos seres humanos. A memória humana só aos poucos está despertando de novo para as lições espaciais da inteligência Cósmica.

Os "agroglifos" (círculos nas plantações) servem para chamar a atenção daqueles de nós que não estiveram a bordo das naves. Um dos símbolos deixado algum tempo atrás era o símbolo maia do espírito. Ele me permitiu entender com mais clareza o que o cientista e arqueólogo Michael Cremo afirmou em seus livros *Forbidden Archeology* e mais tarde *Human Devolution*. Esses livros foram o equivalente de um *tsunami* na comunidade da "ciência espiritual". Aconselho você a ler os dois, caso ainda não o tenha feito.

O livro *Forbidden Archeology* apresenta uma enorme quantidade de provas mostrando que os humanos existiram na Terra por centenas de milhões de anos. Mesmo assim, isso é menos tempo do que a existência de alguns extraterrestres, mas essas provas anômalas contradizem a ridícula teoria darwiniana da evolução a partir do macaco. Tudo isso catalisou agora uma investigação global sobre nossas verdadeiras origens. Se nós não viemos dos macacos, de onde viemos?

Os "círculos nas plantações" são definitivamente um milagre de nosso tempo. São uma linguagem luminosa, ninguém pode explicar. Estamos sendo educados por caminhos misteriosos, e nosso guia são as forças da natureza. A força estranha usa os campos abertos de nossa existência para nos apontar nosso próprio mistério. Os seres de luz têm perfeita consciência da verdade Cósmica: a segurança deles é nossa segurança, o bem-estar deles é nosso bem-estar.

O verdadeiro campo de força

"A garra do tempo morre — para continuar vivendo na morte — como um tronco de árvore."

~ Nostradamus

Certa noite, enquanto as luzes piscavam acima do lago na vastidão profunda do espaço, perguntei ao "Mestre da Luz" como ele controla o campo de força que dá forma ao universo. A pergunta era indiscreta, mas era uma pergunta muito importante e cheia de beleza, ficara em minha cabeça desde que eu era um menino interessado em magia. Eu sabia poder controlar a realidade criada por conta própria. Mas como isso é possível? Como se pode penetrar no campo de força? O "Mestre da Luz" me deu a seguinte explicação.

Uma farsa extremamente elaborada foi inventada ao longo de vários milênios. A farsa é transparente, mas a maioria das pessoas na Terra não a enxerga como ela é, nem pensa em arranhar seu verniz frágil. A fé é a chave para manter as pessoas escravizadas a uma mentira. Por isso digo que temos de substituir a fé pelo conhecimento direto.

O que quero dizer com "conhecimento" vem das minhas próprias interações com essa força ou inteligência, existe no espaço ao nosso redor e se movimenta no universo. O "conhecimento direto" ou inteligência é um sistema de orientação holográfico e vivo. Nossa própria consciência pode se orientar da mesma maneira como os pássaros se orientam no planeta.

Para nós, humanos, o conhecimento direto pode alterar nossa concepção de arquitetura, nossa maneira de construir e projetar, a ergonomia das localizações naturais. Um projeto natural é a aplicação de informação científica relativa aos seres humanos na construção de objetos, sistemas e ambientes para uso humano. Algo que tem sentido, se você pensar sobre isso.

As populações humanas usam suas habilidades imensas de maneira limitada. Temos a capacidade de calcular o movimento das estrelas e dos planetas, mas a maior parte da nossa espécie vive em pobreza extrema. Podemos projetar e construir sistemas complexos de canalização de água, mas a maior parte da nossa espécie não tem quantidade suficiente de água limpa e potável. Sabemos o que a poluição significa e qual é o seu efeito para o corpo humano, mas poluímos diariamente nossas reservas de água. O que está faltando para termos um juízo tão errado?

É isso o que quero dizer quando falo no "verdadeiro campo de força" — uma forma de proteção inteligente e ao mesmo tempo uma frequência de orientação para nossa inteligência, mostrada por e através da nossa percepção. Nossos ancestrais nunca aceitariam beber a "água" que canalizamos para dentro de nossas casas todos os dias. Uma água sem vida, uma água que perdeu seu oxigênio e fica cada vez mais poluída.

Se você se der ao trabalho de ler o livro *Liberte-se do Passado*, de Jiddu Krishnamurti, encontrará a seguinte citação: "Quando se separa, pela crença, pela nacionalidade, pela tradição, gera-se violência. Assim, o homem que deseja compreender a violência não deve pertencer a nenhuma nação, nenhuma religião, nenhum partido político ou sistema partidário; o que deve interessá-lo é a compreensão total da humanidade".

Basicamente, nossa sensibilidade se limita à nossa própria esfera de identidade, crença religiosa ou tradição nacional, em vez de se voltar para a questão mais abrangente da humanidade. Podemos olhar para as estrelas e nos admirar com elas, mas não temos consciência planetária, ou seja, não somos "conscientes".

Se você refletir sobre isso por um momento, um ser imenso criou "tudo o que existe" ou "as coisas que existem", e não apenas criou como ainda está em processo de criação. Portanto, em todos os momentos algo mantém unido o universo inteiro enquanto ele se expande e se transforma mais ainda, continuando a ser basicamente o mesmo. Chamo isso de "mudança imutável".

Se você considerar essa imensidão e depois pensar que uma inteligência tão vasta gostaria que você "acreditasse" em sua existência, vai perceber a mentira. Se o criador é tudo o que existe e está dentro de todos os seres do universo, duvido que essa força precise de nossa "fé". Caso contrário, estaríamos todos em sérios apuros. A situação exige de nós agir, viver mais perto do plano divino, e isso as pessoas não fazem, pois continuam a destruir o mundo — a obra do criador.

O homem destrói fisicamente um mundo criado pela origem de tudo o que existe, e é isso o que quero dizer quando falo nas limitações e falsidades da fé. Ela faz com que os humanos destruam seu *habitat* natural e se afastem do divino ao destruírem a vida.

Essa inteligência criou o livre-arbítrio, os seres podem se afastar da compaixão do coração ou podem olhar para dentro e descobrir a verdade por si mesmos. O livre-arbítrio significa o impulso de mudança vir de dentro, e esse aprendizado do "alinhamento" interior do plano divino cria o puro "ouro da alma" em sua jornada de volta para casa.

A ilusão frágil dessa farsa em escala mundial, ao longo de muitos milênios, foi criada originalmente por seres que usam a fé como uma ferramenta de controle. Essa é a forma mais antiga de "controle mental" das massas. As manipulações da fé ajudam esses seres a impedir as pessoas de rasgarem o véu fino das mentiras projetadas e dos padrões ilusórios. A ilusão só funciona quando as pessoas acreditam nela, aceitam-na e vivem de acordo com isso. Por mais que a ilusão seja perfeita, as pessoas têm de acreditar nela voluntariamente para ela funcionar. Estou aqui para mostrar como você pode acabar com essa farsa.

Lembre-se, a ilusão só vai durar enquanto as pessoas quiserem acreditar nela, negando assim a si mesmas o direito de abrir um grande buraco na visão barata e passar para o outro lado. O medo é o principal fator de controle nessa síndrome da fé. Quem dentre nós realmente acredita em Deus? Imagino que essa fé verdadeira levaria as pessoas a acabar com qualquer ilusão.

Parece que os humanos vivem para acreditar na desigualdade — ricos e pobres, classe alta e baixa —, e os colonizadores, até recentemente, continuaram a matar brutalmente sociedades inteiras e as culturas que se recusavam a engolir suas crenças e mentiras. Vamos, salve sua pele! Acredite na mentira!

Os humanos têm uma opção: afundar no medo ou transpor o muro da ilusão. A beleza do livre-arbítrio é ele não poder ser destruído. É uma luz — a luz da consciência. Se as pessoas usarem essa luz de maneira silenciosa, a ilusão vai se desvanecer no vazio.

Líderes espirituais e gurus são parte da hierarquia, mantêm uma relação de dependência para garantir o controle mental que nos impede de perceber a resposta dentro de nós. Imagine que, no momento em que sua consciência começa a enxergar a natureza da realidade, surge uma divindade ou um mestre, ou alguém que você considera superior. Então, você se concentra na imagem da divindade ou em sua presença e, sem perceber, interrompe sua evolução interior, passa a usar a energia da nova consciência para alimentar a divindade, o líder espiritual, o guru ou mestre supremo.

As pessoas não percebem, mas a dependência psicológica de qualquer forma de vida é um sinal de relacionamento parasítico. Quando você se torna uma pessoa superior às outras, suga a energia das que acreditam em você e torna-se um parasita. Quando você acredita que outros são seus mestres, perde energia para uma entidade parasítica.

Existe um campo vibracional de várias camadas ao redor do planeta; não é outra dimensão, mas outra "textura" onde vivem essas entidades impalpáveis. Elas não podem ser vistas pela maioria de nós, e assim influenciam facilmente as mentes que não sabem de sua existência.

Assim como nós exploramos as riquezas do planeta, essas entidades nos exploram. Quando surge um ser humano capaz de enxergar o mundo intermediário e interagir com as outras camadas, as entidades se conectam diretamente com esse "guru" — por meio do qual elas podem receber a adoração da humanidade.

As divindades podem dar e realmente dão a determinadas pessoas o "poder psíquico de iludir", em compensação recebem a energia da veneração das pessoas dispostas a acreditar que um ser humano é mais sábio do que o outro. Tudo começa com a fé. Só o que posso fazer é apontar o perigo. Cabe a você dar o primeiro passo por conta própria; a consciência começa em sua própria mente.

O teste decisivo é bastante fácil de realizar. Se você vivenciar uma expansão da consciência e surgir uma divindade ou um mestre, não lhes dê atenção nem pense que eles valem mais do que você. Em vez disso, peça para ver o que há por trás deles. Um autêntico ser de luz nunca afirma ou tenta convencer você de que ele é seu mestre. Você vai perceber o poder e verá que ele é seu próprio mestre, seu próprio poder. Você não será coagido nem obrigado a pensar que esse ser é digno de veneração.

As divindades existem para se alimentar de sua fraqueza, e talvez com outro objetivo: testar se você está pronto para dar o próximo passo. Essa é uma lei autorreguladora pela sobrevivência. As pessoas têm a opção de viver para o ego ou transcender o egoísmo em direção a outro nível. As divindades também existem como uma "barreira psíquica", para filtrar ou bloquear o acesso a outros planos Cósmicos superiores — enquanto carregarmos conosco a consciência do "eu" ou ego. Os que vão além da síndrome divindade-mestre, e nesse momento desistem do ego, ficam livres para viajar para outros níveis nos quais não existem ilusão e desejo de poder.

Muitos relatos sobre experiências de quase-morte descrevem mundos luminosos e agradáveis, povoados por seres gentis. São lugares pacíficos e sem egoísmo, ganância, desejo ou medo. As pessoas que sobrevivem a experiências de quase-morte muitas vezes encontram paz depois de voltarem da presença luminosa, pois seus desejos e sua inquietação desaparecem.

Essa experiência pode acontecer aqui na Terra. Você não precisa esperar até morrer para presenciar algo além da morte. Mas cada pessoa tem de buscar isso por conta própria, pela ação direta da vontade e pela perseverança da intenção. Tomar a decisão certa a cada momento, transcender o desejo, o medo, a valorização de si mesmo ou o desprezo por si mesmo são usos inteligentes do livre-arbítrio. Nenhum mestre, nenhum guru, nenhuma doutrina e nenhum dogma podem libertar o ser humano ou aproximar a humanidade do plano divino. O maior poder está dentro de você — use-o!

A descoberta mais espantosa a ser feita neste século XXI — e comprovada cientificamente — é: a realidade que nos circunda é na verdade "psíquica" e não "física". Em outras palavras, o que faz as coisas acontecerem é o campo de força psíquico, com sua ação invisível e de segundo plano. O campo psíquico da natureza e do universo nos envolve e interage conosco de maneiras que não percebemos claramente. Mas isso se deve a nossa própria cegueira, pois a vida reage a cada uma de nossas ações no plano do agora.

Essa verdade ficou oculta para aqueles de nós que se separaram ou se dividiram de sua "bússola da unidade interior". Fomos condicionados a reagir àquilo que uma força ou autoridade exterior nos manda acreditar ou fazer. Organizações políticas e religiosas foram criadas para desvirtuar nossa educação, nossa ciência e nossos pensamentos, fazendo com que nos afastássemos da verdade interior. Esse é o pior tipo de violência mental.

O verdadeiro gerador do campo de força do universo é o nosso próprio poder psíquico. Só esse lema já basta para você se libertar, explorar sua própria consciência psíquica e desenvolver sua própria liberdade vibracional. Para mim, o "poder psíquico" também significa sensibilidade à vida, ao universo, à natureza, à humanidade, aos padrões climáticos e ao "clima" interior da psique. O poder psíquico é a percepção direta da dimensão espiritual no interior do veículo físico na Terra, nesta galáxia.

Promover o egoísmo, o conflito, a divisão, o medo e as guerras diminui a força vital por meio do que Wilhelm Reich chamou de DOR, isto é, "radiação orgônica exaurida ou morta". Viver uma vida de mentiras leva à morte lenta. Uma realidade saudável se forma, se mantém e se desenvolve a partir de uma "radiação psíquica" pura, na qual o plano físico é um receptáculo ou veículo para o plano da alma ou psíquico. Este último, portanto, é o próprio conteúdo ou mensagem.

Por milhares de anos, a mente humana foi educada para pensar que tudo provém do plano físico, quando na verdade tudo provém do plano não físico da alma, da Terra, da natureza e do universo. O corpo material é só um meio ou instrumento para vivenciar o plano psíquico; ele não é o agente — capaz de vivência direta.

O desenvolvimento e a precisão de aparelhos de energia livre também têm relação com a exploração da nossa realidade psíquica. Essa energia livre é conhecida como "energia Tesla" ou "energia radiante", como a chamou um amigo meu anos atrás quando me explicou o "campo magnético do ponto zero". Essa é de fato a energia psíquica, pois vem do plano de fundo psíquico do qual todos fazemos parte — o próprio universo.

O plano psíquico não é só telepatia ou contato de mente para mente. É algo muito mais amplo. É a força movendo a energia ou o éter que inventores como Tesla e Reich descobriram e usaram. O plano psíquico é a força que cria o caos e, a partir do caos, cria a ordem. "As estrelas nascem do caos", disse Nietzsche.

Deus não é o caos nem a ordem. O criador de tudo o que existe criou o caos e a ordem como irmãos gêmeos da força vital do universo. Os xamãs celtas sabiam disso. Civilizações destruídas pela colonização viviam com base nesse princípio. Não precisavam explicá-lo de maneira lógica, pois tinham contato direto com a verdade cotidiana da vida ser uma realidade psíquica. Suas mentes eram claras e cristalinas. Essa verdade não é uma questão de fé; é puro conhecimento. Ela é a verdadeira ciência Cósmica.

Por essa mesma razão nossa mente se tornou um campo de batalha. A manipulação das informações, dos conteúdos psíquicos e psicológicos são parte da guerra espiritual que a elite no poder quer esconder de você. Mas a verdade é que a mente é movimento livre. A elite também quer usar você e sua energia para sua própria sobrevivência energética. Quando você acordar para essa verdade, vai mudar instantaneamente a situação. Vai despertar da ilusão e dar um passo além. Só você pode usar o "campo de força psíquico" como um processo de autoconsciência ou percepção do universo.

A prisão do ego, com seus medos e desejos, existe para manter você isolado da grande psique da natureza, da Terra, dos planetas, das estrelas e do universo onipresente. A ilusão do "eu" serve para desconectar você da força-inteligência natural e psíquica em seu interior. Graças à sua conexão com esse campo de força positivo e difuso, você tem condições de descobrir coisas simplesmente incríveis, indescritíveis. Essa é uma capacidade humana total, existe fora do pensamento, mas dentro da nossa própria imaginação — está além do pensamento. O plano psíquico é uma paisagem interior e vasta intimamente relacionada com o universo exterior.

Sugiro a você que a palavra inglesa *imagination* seja lida como *I-Magi-Nation* (algo como "Eu-Mago-Nação"). A mente tem de ser modificada pela consciência psíquica para enxergar a unidade como um objetivo de longo prazo, talvez até como um destino. Costuma-se pensar que a percepção da psique superior é um privilégio espiritual para poucos, quando na verdade pode fazer parte da experiência de todos nós. A mente humana não só pode ser parte normal e natural da nossa energia vital, como pode ser ensinada a manter contato com o plano cósmico ao mesmo tempo em que realiza as atividades humanas do dia a dia. Ter uma percepção mais profunda é um sinal de saúde mental. Só essa mente mais profunda pode criar uma tecnologia espiritual inovadora, pacífica e duradoura.

Energia orgônica: tecnologia da paz

"E algumas coisas que não deveriam ter sido esquecidas se perderam. A história virou lenda, a lenda virou mito, e por dois milênios e meio não se teve notícia do Anel. Até que, quando chegou a ocasião, ele atraiu um novo dono. O Anel chegou às mãos da criatura Gollum, que o levou para dentro dos túneis longínquos das Montanhas Sombrias. E, lá, o Anel o consumiu. Ele deu a Gollum uma vida artificialmente longa. Por quinhentos anos, ele envenenou sua mente. E, nas trevas melancólicas da caverna de Gollum, o Anel esperou. A escuridão rastejou de volta para a floresta do mundo. Cresceram rumores sobre uma sombra no Leste, sussurros sobre um medo sem nome, e o Anel do Poder percebeu isso. Agora, seu momento chegara."

~ Galadriel, *O Senhor dos Anéis*

Será que o "mal" educou a humanidade para odiar e guerrear porque não pode nos usar quando somos pacíficos? As entidades inferiores precisam de nós num estado de guerra para nos controlar? Não vejo outra explicação. Até onde sei, o ser humano original não foi criado para ser um exterminador violento, ou promover guerras, ou começar a construir armas de destruição em massa. Mas foi esse o caminho que escolhemos.

É revelador o fato de tantos dos chamados escritos "religiosos" serem violentos, ou descreverem atos de violência, ou exigirem atos de violência. O que há de espiritual em matar pessoas? As mais antigas tábuas e escritos sobre pedra contêm descrições dos chamados "deuses" fulminando, soltando fumaça ou disparando raios de energia para eliminar grande quantidade de seres humanos ou eliminar-se uns aos outros. Um "Deus" criaria essa forma humana magnífica só para que as formas se matassem umas às outras? Não tem sentido. Na verdade, é mentira... As religiões pregam o morticínio, não Deus. Todos os seres são filhos de Deus, e para Ele ou Ela não existe uma "raça escolhida" que deveria reinar sobre as outras neste planeta ou fora dele.

Todas as religiões se consideram proprietárias legítimas da Terra, com base na "hierarquia" (do grego "hierós", isto é, "sagrado"). Elas se arrogam o direito de matar os que se "opõem" a elas e a seus direitos "outorgados por Deus". Também se arrogam o direito de atacar e colonizar os países que ainda não a possuem. Como Zecharia Sitchin ressaltou em seus vários livros sobre a antiga Suméria e o Planeta X (o décimo segundo planeta), os deuses que desceram à Terra eram extraterrestres, mais tarde lutaram entre si pelo controle das riquezas terrenas, e depois usaram os seres humanos em suas muitas guerras.

Esses chamados escritos "espirituais" se baseiam em sistemas de fé e conclamam as pessoas a "matar em nome de Deus". Em vários relatos sumérios, comunidades inteiras são destruídas ou varridas da face da Terra num instante, em consequência de algum tipo de luta ou guerra com armas de luz do tipo alienígena. Desde épocas remotas, os humanos são ensinados a matar em nome de Deus, ou em nome da fé, e são incitados a "lutar para valer" e eliminar o mal violentamente.

Isso não tem nenhum sentido, nem se esperava que tivesse desde o início. Não existem guerras justas, ou boas, ou santas. Claro: toda guerra é ruim. Em seu livro *The Wars of Gods and Men*, Sitchin menciona a descrição suméria de uma tempestade, ou vento maligno, que percorria os céus. Ele observa:

"Invasão, guerra, morticínio — naquela época, todos esses males já eram bem conhecidos da humanidade; mas, como os textos de lamentação mostram claramente, aquele mal era único e nunca fora experimentado antes:

"Sobre o país [Suméria] abateu-se uma calamidade
que os homens desconheciam:
Algo que nunca se vira antes,
algo contra o qual não se podia resistir".

"A morte não ocorria pela mão de um inimigo; era uma morte invisível, *que vagueia nas ruas e percorre as estradas; ela caminha ao lado de um ho-*

mem — mas ninguém pode vê-la; quando entra numa casa, sua presença é ignorada. Não havia defesa contra aquele *mal que assolava o país como um fantasma...*"

Embora os vários "escravos" acadêmicos do sistema tenham tentado provar que os relatos escritos em tábuas antigas são parte de uma mitologia ilusória, eles não conseguem explicar o fato de esses relatos descreverem exatamente o que parece ser uma guerra nuclear. Sitchin escreve:

"*...uma maldição, uma dor de cabeça... seus espíritos abandonavam seus corpos*". Quando eles morriam, era de maneira horripilante:

"As pessoas, aterrorizadas, mal conseguem respirar;
o Vento Maligno se apoderou delas,
não lhes concede nem mais um dia de vida...
As bocas se empapam de sangue,
As faces empalidecem diante do Vento Maligno".

Aparentemente, como tentam nos fazer acreditar, existem guerras "justas" que valem a pena. Todas as formas de colonização e subsequente genocídio dos povos nativos foram chamadas "guerras justas". E a ênfase é sempre a luta, a violência e a ideia de um "bem" triunfando violentamente sobre algum tipo de "mal". Poucos param para pensar: o país do mundo que se considera "campeão da liberdade" é o mesmo país que construiu *e usou* armas de destruição em massa contra populações civis.

Enquanto nos aproximamos da era do conhecimento, ou mais corretamente da era do saber, a ciência da guerra pesquisa métodos ainda mais drásticos de transformar edifícios em montes de entulho ou matar vários milhões de pessoas com raios de energia fulminante. É sempre a mesma brutalidade, o desejo de explodir a vida física em pequenos fragmentos e usar energia para esmagar ou incendiar alguma coisa, seja um edifício ou um ser humano. A ênfase é a violência, o sofrimento humano e a manifestação do terror.

Profecias antigas falam na chegada de uma nova era, um tempo de grande evolução espiritual, um período de progresso Cósmico e de paz. Falam sobre o uso de meios pacíficos para criar novos mundos, isentos de violência, cheios de amor e compaixão. Mas como isso pode ser verdade? Que soluções pacíficas podem resistir ao poder brutal do complexo militar?

As soluções existem, e são mais abrangentes do que você imagina. O despertar espiritual pode parecer inútil contra metralhadoras, bombas e raios de energia. As pessoas ainda não sabem que a verdadeira força espiritual cria suas próprias soluções pacíficas, práticas e não violentas. Será necessária uma "liderança" altamente treinada e equilibrada; esses líderes também terão de atravessar seu rito xamânico da transição para a paz. São os "guerreiros pacíficos do arco-íris" do planeta Terra.

A doutrinação incansável da violência e a ênfase militarista no morticínio e na destruição levam as pessoas a acreditarem que não existe outro modo de vida. Elas concentram sua atenção em pensamentos sombrios ou conspiratórios, embora muitos sábios tenham falado na necessidade iminente de encontrar novos caminhos para lidar com velhos problemas. Existem soluções pacíficas: tecnologias de luz Cósmica ou energia orgônica são mais poderosas do que qualquer arma conhecida na Terra, e não matam ninguém. Podemos nos proteger de maneira não letal e eficaz, mas só com o poder do éter de outra dimensão. Essa força só pode ser usada para proteger, não para atacar.

As entidades de vibração baixa, é claro, ficarão longe dessa força luminosa altamente evoluída. Portanto, a tecnologia orgônica é uma proteção perfeita para os que querem se afastar da violência e do morticínio. Essa energia acabaria com todas as guerras da noite para o dia. Não haveria mais necessidade de bombas ou armas nucleares. Não haveria mais o desejo de matar ou ferir ninguém.

Essa evolução espiritual é também uma evolução mental e "tecnológica" da humanidade para um cenário mágico de coexistência e aprendizado verdadeiros, por meio de trocas e intercâmbio, sem a necessidade de fronteiras ou governos. Esse é um estágio que transcende definitivamente a violência, muito mais avançado do que as pessoas podem imaginar. É triste o fato de que, hoje, nosso foco mental na violência nos leve a desenvolver tecnologias altamente primitivas e destrutivas — que estão nos destruindo.

Mandei construir cones geradores de energia orgônica para mim, e também aprendi a fazê-los sozinho. Os meus são mais artísticos agora, pois gosto de enfeites bonitos e cheios de vida ao meu redor. Mas, seja como for, geradores orgônicos são para mim o mesmo que a água para meus amigos golfinhos. Se você quiser, pode construir seus próprios geradores orgônicos para sua casa. Desse modo, você pode criar seu campo de força orgônico para gerar paz e prosperidade — riqueza espiritual.

O uso e desenvolvimento generalizados dessa outra frequência dimensional luminosa, ou energia orgônica, vai ocorrer quando os humanos perceberem que têm capacidade de criar novos recursos tecnológicos para domar o éter ou energia magnética ao seu redor. Embora outras espécies deste vasto universo tenham desenvolvido tecnologias altamente avançadas, isso não significa que seu avanço espiritual se compare ao dos magos da Terra. Tecnologia não é necessariamente um sinal de inteligência avançada. Nossa verdadeira inteligência está codificada dentro do DNA humano — "assim em cima como embaixo".

Quando uma espécie não evolui para um nível espiritual superior, usa a tecnologia para atingir seus objetivos. Assim, ela tem de encontrar e distribuir um poder único e expandir essa fonte de poder ou combustível para alimentar sua tecnologia e fazê-la funcionar. Mas existe outro nível de evolução, e o desafio é encontrar esse outro nível enquanto a realidade terrena se transforma ao nosso redor. Na minha opinião, muitas das escrituras sagradas são tentativas de revelar esse conhecimento científico, mas suas traduções são precárias. Apesar disso, encontramos em alguns textos avançados e antigos as fórmulas matemáticas corretas dessa "tecnologia".

Esse nível de evolução pode exigir o mesmo tempo que Netuno vai levar para chegar às profundezas de Peixes, em 2012 e depois. Então, outros graus evolutivos farão contato com o divino e o que chamo de "iluminação espiritual-tecnológica", valendo-se de uma tecnologia poderosa que transforma facilmente em energia o harmônico da luz em 144.000 frequências e em oito dimensões, graças ao pensamento concentrado ou mágico, capaz de ver e ouvir.

Assim como Nikola Tesla e Wilhelm Reich tentaram dar esse salto, nós vamos redescobrir esse conhecimento. Não resta outra "porta da percepção" ou da salvação para nós. Se não dermos esse salto, não teremos futuro. Precisamos nos concentrar agora no som luminoso do universo. É tudo.

Os que querem controlar a humanidade tentam nos impedir de dar esse salto. A energia orgônica é simples, pode proteger nosso desenvolvimento humano de maneira pacífica e vencer qualquer força negativa inferior que tente nos deter. Experimentamos violência e sofrimento porque há um conflito oculto no planeta. Para encerrar esse conflito, temos de ser donos do nosso destino. Temos de assumir o comando da força interior, em vez de combater uma força exterior.

Mesmo os extraterrestres amigáveis, que em nossa infância levaram alguns de nós em suas viagens superluminais (mais rápidas do que a luz) através do tempo, são levados a seguir um plano. Por mais que o plano seja positivo, não deixa de ser robótico; mesmo assim, são nossos amigos. Eles deixaram boas lembranças naqueles de nós que interagiram com eles dessa maneira educativa e divertida. Eles gostam de coisas previsíveis e controláveis, por isso tenho simpatia por eles. São muito mais confiáveis e simpáticos do que os humanos. Deveríamos tratar de imitá-los.

Os humanos têm um trunfo, mesmo os seres mais avançados do ponto de vista espiritual e científico não o possuem. Chamo esse cerne do DNA de "curinga da alma". Acho que fomos destinados para isso. Essa é a jornada do Louco, no Tarô. Podemos chamá-la de "senso divino de humor". Essa característica nos leva a fazer coisas malucas às vezes. Dê uma nave espacial para um humano e você vai causar guerras nas estrelas das mais caóticas. Isso torna os humanos interessantes. Somos almas transumanas e transdimensionais.

Quando perde a dignidade, qualquer ser, humano ou alienígena, torna-se primitivo e brutal e tenta diminuir outros seres para descer ao mesmo nível. Parte da perda de nossa dignidade se deve a essa falta de conexão espiritual. Ela mostra o modo de vida "antimágico" de muitos de nós, enclausurados em sistemas de fé e medo. Nossa água é poluída, as cidades têm cheiro de morte, áreas habitáveis são superpovoadas e nossos alimentos não têm vida. É o preço que pagamos por nossa codependência de "deuses alienígenas" e pela falta de controle da nossa própria força interior.

Se assumirmos conscientemente o controle da força interior, da "bússola" da alma, nada lá fora pode nos impedir de crescer e encontrar soluções pacíficas para nossos problemas. O caminho até lá começa dentro de nós. Desenvolver energia livre é nossa proteção, nossa garantia de sucesso e nosso novo futuro. A paz também é uma ciência. É a pedra angular do poder para os humanos que possuem a energia magnética livre. A ciência da paz se perdeu quando os poderosos povos xamânicos misteriosamente deixaram a Terra.

Os antigos Naguais* toltecas e seus aprendizes sabiam transmutar-se, retroceder através do "Sol Negro" até chegar ao cerne da Criação. Acredi-

* Segundo Carlos Castañeda, o "nagual" é tudo aquilo que existe e não podemos perceber. (N. do T.)

ta-se que toda a cultura tolteca se transferiu para outro lugar, deixando para trás as pirâmides de Teotihuacán, até elas serem descobertas muito mais tarde pelos astecas. A civilização tolteca foi dominada pela cultura de Teotihuacán, com seus ideais elevados de comportamento pacífico. Esses cientistas e artistas formaram uma sociedade para explorar e conservar o conhecimento e as práticas espirituais dos antigos. Os toltecas encaravam a ciência e o espírito como coisas idênticas; toda energia derivava da mesma fonte.

A tradição tolteca se baseava em três poderes: "percepção", "transformação" e "intenção". Os estudantes precisavam de coragem para analisar e conhecer a si mesmos, e por meio desse conhecimento mudar seu modo de vida. Os antigos toltecas sabiam que nossa percepção racional ou linear da realidade é um "ponto de vista" singular e isolado, geralmente não leva em conta de que maneira nos enquadramos num universo em expansão, vivo e inteligente. Transferir a fonte do nosso poder pessoal da mente para o espírito nos permite ter acesso a um poder silencioso e criar a energia necessária para transformar nossa vida. Essa é a consciência iminente do "portal estelar", começa com o alinhamento de 2012 e suas transformações.

Vislumbrando um futuro integrado

"Os cosmólogos discutem a estrutura do universo, sua idade, forma, dimensões, características e composição. Eles aplicam fórmulas e teorias, acreditando ou talvez esperando que o universo possa ser encarado como uma coisa governada por um conjunto estável de leis. Mas não é assim. O equívoco dominante da cosmologia é ignorar o fato de que o universo é plural e, por causa de sua pluralidade, é dinâmico a ponto de desafiar qualquer previsão ou análise."

~ WingMakers.com

No mundo inteiro, as coisas estão desmoronando de maneira silenciosa e invisível. Nós nos aproximamos de um período crítico, um momento de "onda zero", o portal dos movimentos planetários entre 2012 e 2047. Agora, os planetas estão alinhados para dar um caráter tecnológico e espiritual à vida nas próximas décadas. Esse pode ser também o começo de um tempo de profunda introspecção e visão interior.

As correntes de ar e água vão se inverter aos poucos. Veremos muitos sistemas climáticos fora de controle nos próximos anos, inclusive incêndios de grandes proporções e inundações devastadoras, frio extremo, céus escuros e vermelhos, mudança da percepção do tempo e espaço e uma nova compreensão dos mecanismos climáticos quando as estações se comprimirem numa nova realidade.

Esse é o momento de procurar novas possibilidades e usar nossas habilidades naturais de intuição psíquica. Enxergar o futuro a partir do futuro é ao mesmo tempo divertido e interessante. As palavras que uso não são a realidade concreta e substancial. A realidade da intuição psíquica ou visão remota não pode ser descrita por meio de palavras. As palavras são postes indicadores, como placas de trânsito na estrada indicando a direção a seguir. O momento em que você, leitor, parte em direção e chega ao destino concreto, vendo-o e experimentando-o, está além das palavras.

Como eu disse antes, podemos supor com boa margem de certeza: dentro de poucos anos o mundo não existirá mais em sua forma atual. Tudo mudará se quisermos ter uma vida funcional, e vai mudar. Portanto, nós também vamos mudar — quanto antes, melhor. Então, por que não hoje?

Para além das previsões, meu conselho aos poucos que desejam superar o comportamento disfuncional é: temos de fazer algo mais do que sobreviver. Temos de viver. Já ressaltei também, para além de minhas previsões, que vi o futuro a partir do futuro, ou o presente próximo como se fosse um passado longínquo. Posso dizer que alguns poucos vão sobreviver e reorganizar um novo estilo de vida. A Terra terá pessoas espiritualmente saudáveis, vão recuperar a antiga conexão da oitava função cerebral e o dom de ver o "futuro" em detalhes — enxergar o caminho adiante e agir em função da inteligência. Essa foi a visão ou experiência recorrente ao longo de minha infância.

Essa experiência incomum definiu meu caminho ao longo da vida. Levou-me para além do que as pessoas descrevem como "normal". Já contei que o mundo em que nasci, em 1959, não me parecia nem um pouco "normal". Eu sentia que o mundo não funcionava da maneira certa. Hoje estamos vendo provas disso. Haverá uma situação de falência se continuarmos na direção que escolhemos. No entanto, sei que temos um futuro excitante pela frente. Experimentei coisas interessantes nessa nova realidade. Minha capacidade de "visão" me mostra de que maneira outros mundos ou outras possibilidades existem para nós, humanos.

Em meus primeiros anos de vida, a experiência das visões do futuro era normal para mim. Mas eu sabia guardar segredo. Meus pais, família, amiguinhos, colegas de escola, professores e mais tarde colegas de trabalho não tinham interesse em ouvir sobre as coisas que eu via. Meu conhecimento ou saber era assustador para eles, embora me parecesse divertido. Só minha babá, descendente dos cátaros, entendia minhas visões e encontros com o "outro mundo". Ela me deu um bom conselho. Disse: "Não conte nada a ninguém... por enquanto".

Bem, o momento chegou. Aos 12 anos de idade, as experiências e visões do futuro subiram a um alto grau de intensidade, afastando-me do mundo racional para eu poder entender e sentir-me à vontade no mundo do espírito. Minhas vidas passadas pareciam me ensinar sobre coisas ainda não ocorridas. Essa percepção não tinha sentido para as pessoas ao meu redor, elas tinham perdido o equilíbrio e a função do "oitavo cérebro", a parte da mente que sente a realidade como uma presença espiritual na Terra. É a parte de nós que nos liga ao coração, à luz divina ou ao vórtex da intuição psíquica.

Meu desafio era continuar funcionando no mundo "normal" e ao mesmo tempo tempo viver nos comprimentos de onda do grande mundo espiritual e invisível. A visão remota, em sua forma mais pura, é um tipo de sensibilidade interior, não exterior — como algumas pessoas podem tentar encará-la. Você só tem de imaginar e entender que sua mente é um espelho holográfico de sensibilidade remota, capaz de captar qualquer parte dessa vasta realidade Cósmica. Para enxergar — ou ver — a magnífica realidade externa, você tem de olhar para o espelho holográfico interno de sua própria mente. A conexão está dentro, não fora.

As pessoas que se conscientizam dessa capacidade visionária natural mergulham dentro de si mesmas e veem o mundo lá fora a partir de dentro. A partir da profundeza interior, elas conseguem enxergar com os olhos do espírito. Eu podia ter chamado isso de sensação remota de aventuras. Eu o teria chamado de ver com os olhos da alma, ou com os olhos do espírito. Isso é algo que todo ser humano pode fazer. Basta decidir como queremos usar nossa energia.

Cada um de nós tem a opção de pensar de maneira racional e desperdiçar sua vida em padrões lineares de pensamento ou enxergar o que "existe" — a outra realidade não linear — e aproveitar a vida. Esse tipo de visão era um sinal de saúde mental em tempos antigos. Os magos da Atlântida sabiam enxergar longe.

A experiência que vou descrever agora aos poucos se tornou comum em minha consciência cotidiana, quando estou sozinho e ninguém me interrompe. Se você já leu *Dune*, de Frank Herbert, sabe do que estou falando. À noite, eu acordava num estado diferente de percepção que podemos chamar de "sonho lúcido". Nesse estado de vigília, objetos remotos como o planeta Júpiter surgiam em minha mente ampliados e detalhados de maneira indescritível. Ao mesmo tempo, objetos próximos me pareciam microscópicos, como se estivessem muito longe de mim.

A mente é o espelho visionário do universo, o espelho da alma. "Assim em cima como embaixo" e "o lado de dentro é igual ao lado de fora". Quando digo "muito longe de mim", quero dizer além desta galáxia. Assim, em qualquer coisa que eu via, o longe parecia perto e o perto parecia longe, ao mesmo tempo aquém e além do espaço-tempo.

Dentro de cada um de nós há um espelho da alma. Esse espelho interno é multidimensional. É uma função natural do cérebro ou mente humana, mas torna-se nebulosa quando só pensamos em termos abstratos. Pare de pensar! Essa parte do cérebro foi bloqueada ao longo dos séculos passados pela doutrinação e pelas guerras. Assim, as pessoas não têm lembrança de quem realmente são e por que estão na Terra neste momento.

No entanto, quer estejamos conscientes ou não, o espelho interior funciona dia e noite dentro de cada um de nós. A visão é um grande dom — pois é o cerne da nossa existência. Sensibilidade interior e remota é a capacidade natural de ver ou enxergar o mundo exterior a partir do interior. Temos de olhar para dentro para descobrir o espelho da alma, reflete a eternidade através do espaço-tempo. Os celtas, tibetanos, maias, índios nativos e atlantes (povo da Atlântida) usavam esse espelho. Conheciam-no graças à sua herança lemuriana, muito anterior.

Não tenho receio em predizer que isso se tornará em breve, para muito mais pessoas, uma experiência normal do dia a dia. Tem de ser assim, ou não vamos sobreviver como raça. Algumas crianças, nascidas recentemente, recuperaram alguns desses dons e habilidades naturais.

Um bom senso de equilíbrio vem da região mais profunda e silenciosa do cérebro, onde não há pensamento. Essa região se forma primeiro e define o resto da encarnação física ao longo da vida. Somos os arquitetos de nossa existência de uma encarnação para outra. Mas, presos num esquema de pensamento baseado na sobrevivência, perdemos esse senso interior de equilíbrio. O dom da criação se tornou mera ferramenta para sobreviver, em parte porque algumas raças extraterrestres que visitaram o planeta extirparam segmentos do DNA humano para nos controlar mais facilmente. Somos uma fonte valiosa de filamentos de DNA.

Acho essa a única explicação para um modo de vida no qual as pessoas não têm noção das realidades multidimensionais. Depois da Atlântida, o acesso à parte visionária do cérebro, o "espelho de obsidiana", foi completamente destruído. Por esse motivo, a maioria dos humanos vive num estado que podemos chamar de "deficiência cerebral", pois perderam sua capacidade de visão.

Quando cheguei a meu corpo, logo percebi que estava sendo prejudicado pelas pessoas ao meu redor. Mas, de alguma maneira, o isolamento me permitiu preservar a capacidade de construir minha própria imunidade à loucura. Também defendi meus pontos de vista diante dos outros da maneira mais racional possível para minha idade. Minha principal pergunta era: "Por quê?". Eu sabia que os outros não teriam condições de responder. Então, se eles não podiam responder às minhas perguntas, pedi-lhes que me deixassem em paz. E funcionou. Eles me deixaram em paz. Conquistei a liberdade desejada para progredir em meu próprio ritmo.

Então, escolhi cuidadosamente meus livros e meus mestres. Rejeitei os professores que os outros queriam me impingir, e basicamente me tornei uma dor de cabeça para meus pais e mentores. Mas, se eu era mais esperto e também mais coerente do ponto de vista acadêmico do que as outras crianças ao meu redor, chegamos a um acordo: eu poderia progredir do meu jeito, e eles me deixariam em paz. Eu sabia: muitos dons naturais eram deliberadamente suprimidos pela sociedade. Mas guardei isso para mim — até agora. Agora, chegou o momento de mostrar como iremos escapar dos desastres inevitáveis.

Não se iluda: poucas pessoas vão encontrar um caminho para longe do sistema. Se você fizer questão de segurança e depender de um sistema externo, ele lhe dará em troca um escudo protetor — mas ao mesmo tempo vai se alimentar de você. Para mudar isso, cada um de nós tem de aprender o que chamo de "intuição psíquica". Muitas pessoas já ouviram falar em "visão remota", uma pequena parte da intuição psíquica. A visão remota foi criada por militares e outros estrategistas malévolos de serviços secretos na Rússia e nos EUA para atingir alvos militares e políticos. Os russos foram os primeiros a usar VR (visão remota), seguidos pelos norte-americanos. Seus experimentos combinados acabaram levando ao mau uso de nossas habilidades espirituais e psíquicas.

Nos experimentos de VR, o operador (o vidente) tem um alvo e usa algumas técnicas para vigiar, localizar ou influenciar o alvo. Eu diria que esse método usa cerca de 1% da capacidade disponível para esse tipo de atividade mental. Na visão remota, um alvo exterior é escolhido pelos militares ou pelo vidente. Na intuição psíquica acontece o contrário: o vidente é alvo de uma força superior.

A visão remota nos permite usar a consciência para descobrir algo exterior a nós. A intuição psíquica é uma consciência ligada ao nosso interior, capaz de ouvir a informação oculta. O que você precisa saber ou ver torna-se visível a partir de dentro. Essa inteligência age por conta própria, sem pensamento.

Os primeiros praticantes de visão remota também começaram a ter experiências espirituais e encontros incomuns durante algumas sessões. Não eram alucinações: forças espirituais lhes mostravam consequências do que estavam fazendo. O exército os treinava para prejudicar ou influenciar alvos ou políticos específicos para manipular decisões. Algumas pessoas mais sábias abandonaram esses programas quando perceberam as consequências de longo alcance e o karma que estavam atraindo para si mesmas.

Os seres humanos são videntes e têm o dom divino da intuição psíquica incorporado em seu sistema genético. As pessoas usam esse dom o tempo todo, mas de maneira limitada e inconsciente. Com naturalidade e constância, nós nos localizamos no tempo e no espaço usando habilidades das quais não temos noção. Isso é intuição psíquica, mas na maioria das pessoas ela existe apenas como uma ação subconsciente. Ela simplesmente faz as pessoas perceberem outro nível de percepção e que elas podem ter acesso a ele.

A visão remota atende aos objetivos limitados de um sistema, mas a intuição psíquica obedece a uma inteligência mais elevada. Todos nós temos acesso a essa mente divina ou Cósmica, e só precisamos decidir trabalhar com ela. A opção é sua. Nem preciso dizer que às vezes o dom da vidência é algo incômodo, mas apesar disso sinto-me grato por ter aprendido já na infância a cuidar de mim e manter contato. Eu não podia aceitar o jeito como as coisas acontecem neste mundo. Simplesmente não tinha sentido.

A consciência da sobrevivência é apenas 5% da intuição psíquica interior e dos dons de sensibilidade Cósmica com os quais nascemos. Como raça, fomos programados para sobreviver, mas a ênfase na autopreservação nos afastou da união com o espírito. Não estamos aqui só para sobreviver; seria algo monótono. Estamos aqui para perseguir um objetivo mais elevado.

Se você examinar sua própria percepção interior e estendê-la mentalmente para além dos limites que lhe foram impostos, pode ter uma sensação de medo ou perigo extremos. Isso acontece porque as limitações incorporadas em seu pensamento impedem você de enxergar mais longe e explorar o desconhecido. Mas, se você insistir, pode se associar a forças criativas interiores além da sobrevivência.

Como atingir o grau máximo de potencial humano? Temos de estender nossa percepção da energia interior para além de suas limitações normais e dirigir nossa mente em direção ao espírito, superando o instinto de sobrevivência. Assim nos tornaremos luz Cósmica e aprenderemos a lidar com as mudanças no planeta e a ilusão do sistema.

A única maneira de criar o mundo exterior "à nossa imagem" é explorar a região interior onde o medo não existe. Assim em cima como embaixo. O que está dentro é igual ao que está fora. Somos o mundo que queremos revelar. Cada um de nós pode construir seu próprio "Eldorado" ou centro de contato, criando assim um mundo de paz efetiva.

Se você pensar sobre isso, vai descobrir: não é possível enxergar o futuro a partir do presente. Os olhos do espírito veem o futuro a partir do futuro. Isso é importante para entender a intuição psíquica como a capacidade de construir pontes sobre a realidade percorrendo aquilo que podemos chamar de "nosso próprio hiperespaço interior".

A intuição psíquica é simplesmente a capacidade de enxergar um acontecimento do ângulo vantajoso do futuro voltando-se para o passado. Enxergar o futuro a partir do futuro só exige alguns segundos de concentração profunda. Qualquer um pode fazê-lo aliando-se às forças da integridade, da luz e da verdade.

Temos dons de orientação interior que nos permitem uma adaptação melhor e a tomada de decisões mais sábias. A astrologia é a medida racional para minha capacidade de intuição psíquica, um dom que muitas pessoas não conseguem entender, mas esteve à nossa disposição desde o começo dos tempos — se é que houve um começo dos tempos.

A visão é um espelho de obsidiana, reflete todas as coisas. É o observador silencioso no interior de cada um de nós. É o não movimento, a tranquilidade absoluta, um estado mental que funciona dia e noite quer estejamos ou não conscientes dele. A visão age independente do pensamento. A arte de transformar a percepção é a chave para conhecer ou explorar esse mundo. O "oitavo cérebro" ou "oitavo sentido" absorve a informação e usa-a para podermos observar o passado, o presente e o futuro como uma realidade única.

Chegar o mais perto possível do espelho interior faz o oitavo cérebro recuperar a intuição psíquica e enxergar objetos, pessoas, realidades ou sistemas estelares mais distantes. Os limites só são ditados pela mente que usa a ferramenta. Por isso é importante transcender as limitações e restrições dos pensamentos e crenças.

Você já teve a sensação de ser observado pela Lua? Isso me aconteceu durante um dos últimos eclipses lunares. É uma sensação poderosa. Quando olhei para a Lua numa noite de eclipse, ouvi as palavras: "O primeiro posto avançado". Ao contemplar o orbe luminoso, imediatamente senti-me próximo do meu observador interno, ele olhava para mim como se estivesse lá em cima. Algumas pessoas parecem enlouquecer em eclipses ou mesmo em períodos normais de Lua cheia. Mas, na verdade, quando adotamos essa percepção poderosa, entramos em sintonia com o universo e com o desconhecido.

Se outros de nós já tivessem integrado a função do oitavo cérebro em suas vidas cotidianas, as coisas agora seriam diferentes. A parte racional do cérebro atrapalha porque tenta desativar e controlar o processo de intuição psíquica que ocorre no plano mais profundo do oitavo cérebro. Descobri: quanto mais uso essa visão, mais ela se integra em minha realidade cotidiana.

Com a fusão do futuro olhando para o passado, a mente fica mais abrangente, permite estabelecer várias realidades sem esforço nem dificuldade. Lidar facilmente com realidades múltiplas nos ajuda a encontrar nossas raízes. Vamos precisar de uma base mais sólida no futuro próximo. Temos de ativar e usar o oitavo cérebro. Temos de enxergar longe para ir longe.

O cérebro reage criativamente a realidades múltiplas. Ele começa a despertar quando consegue se conectar de maneira natural. Humanos desconexos e egoístas simplesmente não têm consciência, pois falta-lhes a conexão do "espírito interior". Significa a pessoa olhar para fora e não para dentro. Portanto, ela não entende a realidade. Pode-se dizer que ação egoísta é o pensamento racional olhando para fora, em situação de medo. Nesses momentos de egoísmo, o indivíduo tem de mudar de atitude e olhar para dentro. Quando olhamos para dentro, vemos o mundo exterior com mais clareza.

A consciência é essencial para mudarmos o mundo. São os acontecimentos interiores, e não exteriores, que nos fortalecem ao longo do tempo e do espaço. Olhe para dentro e abra a flor de lótus da visão divina. Por que se diz que a flor de lótus tem oito pétalas? Por que há oito chakras e oito círculos?

O lótus branco simboliza a natureza búdica, a pureza e a perfeição. As oito pétalas correspondem aos "Oito Caminhos". Mas é importante entender: todos esses ensinamentos e símbolos são reflexos alquímicos de uma ordem Cósmica, ou geometria sagrada. Essa é uma realidade viva, tornou-se símbolo só porque os humanos estão se afastando da realidade viva do equilíbrio e da pureza.

Olhamos para dentro a partir do exterior, em vez de "existirmos" dentro e aplicarmos a geometria sagrada do conhecimento Cósmico. O espelho da visão interior se abre quando o indivíduo olha para dentro. O olho interior é a força usada para enxergar a luz que vem de dentro — a próxima etapa em nossa evolução.

O planeta Terra não é algo banal e o universo não é uma "coisa". Recentemente vi o nascer do sol, bem cedo pela manhã, e quando a luz tocou em minha testa ouvi, senti e entendi que "o filho de Deus é o sol de Deus" (trocadilho em inglês: *The son of God is the Sun of God*). Isso me ocorreu em palavras, mas a realidade concreta que eu enxergava não era verbal. Continuei a ver, sentir e apreciar a luz do sol e percebi que ela era um ser vivo e me ensinava alguma coisa — dava-me um tipo de "saber" e de consciência... pois eu estava, e ainda estou, consciente. O silêncio dessa percepção preencheu minha mente nova.

Vislumbrar um futuro integrado para a humanidade significa entender as mudanças se aproximando, ou seja, entender a si mesmo. Para isso você não precisa de um método ou de uma hierarquia espiritual. O "Mestre da Luz" nunca me ensinou a construir ou usar um sistema para eu poder ver. Todas as perguntas do tipo: "Como posso ser mais consciente, como posso ver mais claro, como posso ser mais intuitivo?" são perguntas que vêm do ego. Mas o ego não pode ter consciência, ver com clareza ou desenvolver dons psíquicos. Por quê? Porque tudo isso só acontece quando o ego não interfere.

Sistemas de ensinamento espiritual são muletas baseadas em ilusões. Como posso alcançar a iluminação? Estranhamente, o "Mestre da Luz" nunca mencionou nem defendeu a iluminação individual. Ele ocasionalmente me mostrou a porta de entrada para a iluminação coletiva: pareceu um objetivo, um estágio supremo que eu devesse atingir. Consegui subir até o ponto mais alto de uma montanha, bem acima do lago de Genebra (a cerca de 3.650 metros de altitude) e, em vez de me sentir realizado, vi as quatro direções cardeais e, à distância, ainda mais montanhas.

Procurar a iluminação individual é uma atitude egoísta. A verdadeira iluminação só é possível quando todos os seres humanos forem iluminados. Trabalhamos pela iluminação de todos. Como um ser não iluminado pode trabalhar pela iluminação de todos? Sabendo que isso é ação direta, independente do pensamento.

X

A Chave Cósmica

O mandala de eventos no horóscopo

Quando Netuno estiver em Peixes

As origens do Senhor do Tempo

Navegantes cósmicos das estrelas

O poder dos elfos-dragões

O Caminho do Mago

Mudança total

Uma visão do futuro

O futuro é agora

A ampulheta vazia

Alcançando a iluminação

O mandala de eventos no horóscopo

Áries 9 — Olhar Atento e Cristalino: "Símbolo da capacidade humana de abranger um universo inteiro com o poder da mente. Existem faculdades elevadas de compreensão humana, mas não superiores às possibilidades ilimitadas da experiência pessoal no plano da potencialidade. O que está implícito aqui é o conceito de mundo e indivíduo em parceria irrevogável — cada um refletindo o outro, proporcionando assim uma percepção de qualquer estado ou situação possíveis".

Palavra-chave: ACUIDADE.

~ Marc Edmund Jones:
The Sabian Symbols in Astrology, 1953

Este livro nasceu durante o eclipse solar de 29 de março de 2006. O símbolo sabeu do Sol em 29 de março é o 9º grau de Áries explicado anteriormente. Em 2006, o eclipse de Áries 9 foi observado diretamente na Turquia, Líbia, Rússia, Chade e Nigéria; e é interessante verificar o significado.

Um nascimento, ou outro acontecimento qualquer, é um momento "capturado" pelos planetas e estrelas no que equivale a uma fotografia desses planetas e estrelas sobre o tempo e o lugar do acontecimento. Geralmente, os astrólogos encaram isso de maneira bidimensional, e o evento inteiro, conhecido como "mapa astral", é na verdade um desenho esquemático, congelado no tempo. Claro que esse desenho não pode ser muito exato, pois temos de encarar o "uni-verso" como um "multi-verso". É melhor imaginar os signos astrológicos numa esfera, não num círculo.

Quando começamos a pensar pelo menos esfericamente, em três dimensões, temos uma ideia melhor da natureza do acontecimento, observado de fora do plano terreno. Os signos mantêm relação matemática uns com os outros, e assim os planetas que se movem nesses signos formam conexões que, por sua vez, se espelham em nossa própria essência e existência. Meus dois livros anteriores tratam dessa "linguagem dos signos" na Astrologia. Michael Donovan também a explica muitíssimo bem em seu livro *Letters upon the Mast.*

Minha versão do "Zen das Estrelas" é uma técnica para visualizar a configuração de estrelas e planetas em nosso nascimento e ao mesmo tempo um tipo de meditação energética que pacifica a mente e o coração. No conjunto, é um tipo de magia ou caminho de vida em progresso permanente — leva à iluminação espiritual no melhor dos dois mundos, ou pelo menos fortalece nossa soberania ao nascermos.

O "Zen das Estrelas" ensina que vários problemas da vida têm origem nas três aflições básicas: **raiva, desejo** e **ignorância** — todas decorrentes de um condicionamento errado da mente ou um mau karma astrológico, conforme o caso. Pode-se afirmar o seguinte: do ponto de vista terminológico, na Astrologia a "raiva" é cardeal, o "desejo" é fixo e a ignorância é mutável.

O mapa astral de um ser humano é uma interface de energia psíquica, uma estampa da qualidade do tempo nesse instante, e com certeza é um campo de "energia do vórtex" inscrito no DNA em forma de uma "mandala" planetária, ou holograma em movimento constante e invisível. Essa mandala pode ser usada como objeto de meditação ou fonte de inspiração, se você souber a localização dos planetas sobre seu mapa astral num dado momento.

O holograma planetário também é uma ferramenta para você descobrir o futuro mais provável e os motivos de seus problemas e chances específicos, com os riscos e oportunidades inerentes à sua existência aqui e agora. Nós temos de entender a mandala do nosso nascimento e trabalhar com nosso escudo energético — pois eles são únicos para cada ser humano, a não ser quando são gêmeos nascidos no mesmo minuto.

A energia do horóscopo mostra claramente o destino potencial, isto é, o curso predestinado dos acontecimentos ou o futuro mais provável. As estrelas, planetas, signos e casas fixos indicam claramente o condicionamento mental e emocional, mas também familiar, que distorceu nosso modo de encarar a vida, e mostra nossa dificuldade para alcançar a iluminação e realizar a missão de vida escolhida ao chegar a essa dimensão.

Por enquanto, vamos examinar os signos do zodíaco segundo sua qualidade (cardeal, fixo e mutável) e o modo como revelam o *dharma* (ou verdade) individual. A energia dos signos, como sabemos, pode ser expressa de maneira positiva ou negativa. A expressão negativa ocorre quando agimos ou reagimos de maneira condicionada. E quem pode se considerar totalmente livre dos condicionamentos?

A soma de Astrologia e "Magia Zen" equivale à "Magia Zen das Estrelas", que pode nos ajudar a superar os condicionamentos e exprimir a energia positiva dos signos em que estavam os planetas em nosso nascimento.

Temos um signo solar, um signo lunar, um signo de Vênus, de Marte, de Plutão e assim por diante... mas, apesar disso, creio que somos mais do que nossos signos astrológicos. Faríamos bem em conhecer "intimamente" a distribuição dos planetas na mandala do nosso nascimento, para poder lidar com eles energeticamente e combiná-los num escudo psíquico de energia luminosa dentro de nós mesmos.

Temos de aprender, numa era futura, a trabalhar "com" nossos mapas astrais. Não somos vítimas dos alinhamentos em nosso nascimento, pois na verdade escolhemos esse mapa inicial antes de nascermos nessa dimensão. Apesar disso, quais são as distorções potenciais ou desafios implícitos que podemos experimentar em nossos mapas astrais?

As distorções da nossa natureza verdadeira causadas pela emoção aflitiva conhecida como "raiva" são indicadas no horóscopo pelos signos cardeais. Os signos cardeais ou "iniciais" são Áries, Câncer, Libra e Capricórnio, que formam os quatro quadrantes principais da roda da vida.

A autoafirmação da energia **Áries**, primeiro signo cardeal, é necessária para a sobrevivência e a autodefesa em nosso mundo. Mas, quando se torna raiva cega, dirigida contra outros, a energia ariana pode causar muito sofrimento. Zen, o espírito do Samurai, apoia o desejo ariano de lutar pelo que é justo, mas pede ao guerreiro que refreie o egoísmo e o culto do eu. Urano entra em Áries em 2011, começando ali uma verdadeira revolução na identidade individual.

Câncer não parece à primeira vista um elemento causador de raiva ou ódio. Mas pense um pouco. Câncer é o signo do lar e do patriotismo. Quantas guerras não foram travadas em nome da pátria? Quanta angústia (em alemão, *Angst* significa "medo") os humanos não sofreram ao longo de suas vidas, especialmente causada por problemas que têm origem na infância?

O zen, no entanto, vê a Terra como uma mãe protetora, que dá sustento a todos nós independentemente de raça, nacionalidade ou ideologia política. Todos esses fatores se encontram no setor de Câncer.

Libra é considerado o único signo inanimado e setor da "paz nos céus", mas a energia libriana também pode se converter em raiva na forma de um combate aberto contra inimigos conhecidos. Libra também é o signo dos relacionamentos, e é justamente no casamento e no círculo íntimo de relações que podemos experimentar mais raiva. Em termos zen, Libra simboliza o desejo (falaremos mais adiante sobre o desejo), a harmonia que existe em toda parte — harmonia com nosso meio ambiente, nossos irmãos humanos e com o Tao, a coisa sem nome que criou e mantém este universo, exprimindo a si mesma por meio de suas inumeráveis criações.

Capricórnio simboliza a ambição; quando está sob controle, leva um indivíduo a encontrar o lugar que lhe cabe na sociedade. Mas, associado a um ponto de vista egocêntrico, o impulso capricorniano pode se tornar uma busca sem trégua de *status* e prestígio. O imperador Wu ficou chocado ao perguntar a Bodhidharma (que introduziu o zen-budismo na China no início do século V d.C.) que mérito ele conquistara por ter construído muito mosteiros e universidades. O patriarca zen respondeu: "Absolutamente nenhum". Plutão estará em Capricórnio de 2008 a 2023.

Segundo o zen, a cura para todos os males psicológicos com origem na raiva é a compaixão. Muitos de nós são capazes de formas limitadas de compaixão. Sentimos compaixão por aqueles que amamos e com quem nos identificamos. Mas o zen pede compaixão universal por todos os seres. As próximas décadas serão um "teste" de compaixão cósmica e global. Faça todo o possível para passar nesse teste.

Os signos fixos indicam em que situações um indivíduo pode se enredar nas malhas do desejo, a ambição em suas muitas formas e facetas.

Touro tem relação com a posse e os valores. Esse signo deseja amor e bens materiais ou espirituais. Quando é vivido e expresso positivamente, isso resulta em sólidos juízos de valor que levam a uma boa tomada de decisões e formulação contínua de objetivos. Mas o zen inverte nossa maneira condicionada de definir valores. Quando um monge perguntou ao mestre Tung-shan, fundador da escola Soto: "O que é a natureza búdica, ou valor supremo?", ele respondeu imediatamente: "Três libras de linho" — algo aparentemente sem valor. O mestre percebeu que o condicionamento mental do monge o levava a acreditar que a natureza búdica é só algo mais para se perseguir e conquistar, a fim de melhorar a existência. Isso também é conhecido como materialismo espiritual, e deve ser evitado a todo custo para a iluminação ser possível.

Leão quer manifestar seu poder e tenta brilhar e agir da melhor maneira possível. Existe, sem dúvida, algum egocentrismo em Leão, assim como magnanimidade e generosidade. Os leoninos, quando não têm plena consciência de seus processos interiores, podem ter ambição excessiva de amor, apreço e reconhecimento. Mas o Sol, regente de Leão, também é a chave da salvação pessoal — o caminho de que falou Krishnamurti e que devemos perseguir até o fim e de todo o coração. No zen, quando uma pessoa se dá completamente à vida e deixa a natureza agir por intermédio dela, é chamada de "leão da juba dourada". **Saturno é o Zen dos Anéis**.

Escorpião é o signo do desejo por excelência, pois seu lema é: "Eu quero". Nenhum outro signo do Zodíaco está mais associado aos vícios e armadilhas que o desejo pode criar. Na verdade, Escorpião é conhecido como a "Águia que leva uma serpente em suas garras", e de fato este signo simboliza a intensidade e o desejo de ser totalmente consumido pelo objeto da atração, da paixão ou da vontade. A qualidade superior da Águia, portanto, é a concentração que isso pode trazer, até onde ela pode ser usada de maneira útil. No zen, esse foco de interpenetração profunda é conhecido como "Samadhi" — absorção total da mente na prática da meditação, ou o indivíduo integrado à Unidade — "Tudo o que existe e o que não existe, ou o Tao".

Aquário, cujo lema é: "Eu sei", representa individualidade, rebelião e inovação, e as pessoas que procuram algo diferente, chocante ou único. Aquário hospeda tanto Quíron quanto Netuno até 2010. Por volta de 2024, Plutão começa sua viagem através do signo do aguadeiro ou portador de água. A expressão aquariana positiva é humanitária e intuitiva. Uma expressão condicionada leva as pessoas a chamarem a atenção a qualquer custo, parecendo únicas e especiais. O espírito zen é muito aquariano por natureza, e a iluminação chega num clarão típico de Urano. Ao longo da história, os mestres zen sempre usaram técnicas que chocavam ou confundiam seus discípulos.

O remédio para emoções distorcidas e males psicológicos motivados pelo desejo ou pela ambição é o amor. Por meio do amor incondicional, não sentimos mais desejo de possuir ou acumular coisas para nós próprios, pois nossa prioridade é o que podemos dar aos outros.

A ignorância e a ambição e seu oposto, a sabedoria, são o território-chave dos quatro signos mutáveis.

Gêmeos condiz claramente com a descrição zen de "mentalidade do macaco". Este signo, regido por Mercúrio, apreende facilmente tanto o sujeito quanto o objeto, mas o zen ensina que esse modo dualístico de percepção é a raiz de todos os problemas. O pensamento racional tem sua utilidade, mas só pode nos levar até certo ponto. Ele para nos limites da compreensão verdadeira. A partir daí, Gêmeos demora bastante para entender a percepção de Sagitário, seu signo oposto. A energia geminiana gosta de agilidade e de opções múltiplas.

Por outro lado, **Virgem** — outro signo mercurial — busca a perfeição e quer conhecer o mundo em maiores detalhes. Mas, quando seu foco é muito estreito, a energia virginiana "vê as árvores mas não vê a floresta", tornando-se a "mente discriminatória" que o zen tenta superar em favor de uma visão mais transcendental. Seng-ts'an, terceiro patriarca do zen, disse certa vez: "*O Grande Caminho é muito simples. Basta evitar as escolhas*".

A visão de longo alcance de **Sagitário** — cujo lema é "Eu vejo" — busca os horizontes muito mais vastos do conhecimento, pois estuda a vida e quer entender a verdade absoluta, ou pelo menos perene. Seu objetivo último é a sabedoria. Mas, quando uma pessoa se apega demais à sua visão de mundo, muitas vezes o resultado é pedantismo e preconceito. Para formar nossas próprias opiniões, temos de manter a mente aberta em todos os momentos. Plutão esteve no final de Sagitário até 2008, influenciando esses assuntos. Este livro é um produto típico de Plutão em Sagitário, assim como os "Entes Especiais" dos quais falaremos mais adiante.

A energia de **Peixes** é essencialmente de amor puro e incondicional. Este signo hospeda Urano até o final de 2010, enquanto Netuno é recebido por Aquário. Essa recepção produz resultados amplificados no modo como Peixes perceberá mais tarde a realidade e a irrealidade. Mas, entre todos os signos, Peixes é o que tem mais tendência a sucumbir à ilusão. Da mesma maneira, a décima segunda casa do horóscopo, associada a Peixes e ao fim de alguma coisa ou aos negócios secretos, é um lugar onde a mente busca a iluminação ou se perde em ilusões. Essa casa também é considerada um local de exílio. Peixes é meditação e consciência pura, o lugar onde percebemos a verdade das palavras de Hui-Neng, sexto patriarca zen (638-713 d.C.): "*Do princípio, nada existe*".

Netuno, regente de Peixes, estará em Peixes de 2012 a 2025, dando início ao período mais transcendental da história humana, que dissolverá claramente o que julgávamos conhecer. A superação da ignorância depende do cultivo tanto ativo quanto meditativo da sabedoria. Peixes (cujo corregente é Júpiter) e Sagitário, regido por Júpiter, são signos considerados capazes de reunir essa sabedoria. Segundo o princípio zen de que "os que sabem não falam, e os que falam não sabem", temos de ouvir a voz que vem de dentro e seguir o exemplo do pequeno monge zen que diz a outros: "É claro que você tem razão, não quis ofendê-lo".

A terapia planetária do "Zen das Estrelas" consiste em achar um caminho para nos protegermos das três energias emocionalmente aflitivas: raiva, desejo e ignorância.

Penso que sofremos na vida porque dependemos demais das condições externas da nossa existência. De acordo com o zen, podemos mudar isso meditando sobre os *koans* budistas — versos ou enigmas misteriosos para os quais não existem respostas certas ou erradas. Quando as coisas vão bem, sentimo-nos felizes. Isso tem sentido. Quando a vida desmorona, entramos em pânico — e é isso o que o zen interior nos ajuda a evitar.

O objetivo da "Magia Zen" é afastar o condicionamento mental pelo estudo da mandala do nosso mapa astral tanto no trânsito do tempo ou dos movimentos planetários quanto em nós mesmos, para descobrir a qualidade correta do tempo e atingir nossa natureza verdadeira.

O objetivo último da compreensão do nosso mapa astral é atingir a iluminação a partir de dentro. No plano ideal, a Astrologia Zen ou "Zen das Estrelas" existe para isso. Um dos *koans* zen que descreve melhor o processo da energia do horóscopo é conhecido como **Roda de Keichu**. Getsuan disse a seus discípulos: "Keichu, o primeiro fabricante de rodas da China, fez duas rodas com cinquenta raios cada uma. Agora, imaginem que vocês removeram o cubo que une os raios da roda. O que aconteceria com ela? E, se Keichu fizesse isso, poderia ser chamado de mestre fabricante de rodas?" Comentário de Mumon: "Se qualquer pessoa responder a essa pergunta instantaneamente, seus olhos serão como um cometa e sua mente, como um clarão de luz".

Quando gira a roda sem cubo,
mestre ou não mestre podem detê-la.
Ela gira acima do céu e abaixo da terra,
Em direção sul, norte, leste e oeste.

Quando Netuno estiver em Peixes 2011 - 2025

"As pessoas são como vitrais. Quando faz sol, elas cintilam e brilham. Mas, quando chega a escuridão, sua beleza verdadeira só se mostra se houver uma luz interior."

~ Elizabeth Barrett Browning

O mundo girando em 2011 — Este ano começa com a Lua em trânsito de Escorpião para Sagitário, com uma dose de grande otimismo quando Júpiter (regente sábio de Sagitário, com sua visão de longo alcance) atravessar os últimos graus mutáveis de Peixes, em conjunção com Urano. A sincronia estará agindo quando 2011 se abrir para uma nova realidade Cósmica; as pessoas terão de acordar ou dormir para sempre, pois os véus do sistema serão derrubados.

Netuno e Urano em recepção mútua significam que as pessoas teoricamente poderão enxergar o mundo invisível e entender a mensagem do além. Essa é uma abertura surpreendente, pois o regente de Peixes e da espiritualidade Cósmica — Netuno em Aquário — formará ângulo de 30 graus com Urano, e assim estará em recepção mútua com Urano em Peixes. Urano é o planeta do despertar e da libertação, que governa Aquário e as multidões e pode anular aos poucos a influência de Netuno, com sua energia ilusória de "controle mental" netuniano...

Esse alinhamento significa bons augúrios para 2011 e os anos seguintes. Mas em março Urano segue Júpiter de novo em direção a Áries, e nesse momento as coisas se intensificam, como vimos na abertura surpreendente da década em 2010. O signo de Áries, que representa tenacidade e o local onde as coisas começam, hospeda os dois planetas energizantes que impelem e impulsionam a humanidade em direção à mudança, abrindo caminhos e derrubando todas as barreiras; as coisas terão de se renovar ou morrer. Esses dois planetas se opõem então a Saturno (que governa a ordem) em Libra (signo da justiça e da paz), enquanto todos eles são desafiados por Plutão transpessoal em Capricórnio, instando a Terra a se reestruturar e unir-se finalmente numa raça conhecida como humanidade. Isso indica uma luta entre os Titãs Cósmicos — Cronos, Urano e Zeus. Com base no critério de quem está mais longe, e portanto pode influenciar as coisas por mais tempo, o vencedor será Urano, aquele que quebra as resistências...

O asteroide Quíron entra em Peixes em fevereiro e ali fica por um bom tempo depois disso, até 2017/18, reforçando a ideia de unir os seres humanos e diluir os limites e divisões artificiais entre todas as raças da humanidade. Quíron ainda se desloca para perto de Netuno, ressaltando a tendência em direção a uma curva de aprendizado transpessoal, altruísta e mística. Júpiter atravessa Áries rapidamente em um ano, enquanto Netuno entra pela primeira vez em seu próprio domínio — Peixes — depois de mais de dois séculos. De agosto de 2011 a janeiro de 2012, Netuno mais uma vez mergulha de volta para o final de Aquário.

O memorável 1º de Maio pode trazer um código de alerta. É interessante o fato de que nesse dia, um pouco antes da Lua nova, a Lua, Mercúrio, Vênus, Marte, Júpiter e Urano (seis planetas) passam todos para a zona de Áries, enquanto Saturno está na metade de Libra. Nesse dia, a Lua e Marte se alinham com Júpiter aos 22 graus de Áries. Um acontecimento e tanto! Você terá de acordar cedo para observar essa amostra gloriosa do poder planetário de Áries. No mesmo dia, o Sol está em 10 graus de Touro, a 20 graus de distância. Não tenho certeza se o alinhamento será visível — talvez ligeiramente, um pouco antes do nascer do Sol. Já que o nodo no Centro Galáctico faz trígono com o alinhamento, vejo nisso uma energia espetacular e renovadora, carregada de sabedoria Cósmica.

Júpiter em Touro, depois do começo de junho, traz uma energia positiva para todos os assuntos transpessoais. Isso significa que, em junho e julho, Júpiter e Netuno formam um alinhamento benéfico de 60 graus que pode muito bem se manifestar numa atividade útil e pacífica, tanto de caráter prático quanto espiritual, em escala global. Acho que a "cadeia alimentar" ficará feliz vendo tudo isso acontecer.

Saturno atravessa todo o ano de 2011 em Libra, fazendo com que algumas alianças sejam úteis e benéficas. Saturno em Libra se preocupa com a justiça e a equidade, mas a desvantagem nessa posição é que a justiça pode ser exigente e elevada demais, muitas vezes com efeitos negativos. Isso poderia levar a uma ruptura de acordos ou criar expectativas irreais. Além disso, na maior parte do ano de 2011 Saturno mostra aspectos de exigência em relação a seus "vizinhos" Cósmicos, os outros planetas exteriores em Áries e Capricórnio.

Capaz de vencer Plutão em Capricórnio (signo governado por Saturno), quando está em Libra Saturno não tem chances, mas tenho de admitir que essa combinação sugere guerra, não paz. No entanto, 2011 termina com uma formação triangular incrível entre Saturno e Netuno, na qual conceitos espirituais e imaginários podem se sincronizar por um momento e produzir resultados concretos. Acho que será uma época propícia para assinar contratos ou tornar realidade um novo acordo global.

O eclipse lunar total do dia 15 de junho tem perfeição geométrica, pois aproxima o Sol de Mercúrio aos 24 graus de Gêmeos e põe a Lua cheia eclipsada exatamente no Nodo Norte aos 24 graus de Sagitário, ou perto do Centro Galáctico. Haverá um momento de sabedoria e paz Cósmica durante esse dia e nos dias seguintes. O eclipse total oposto ao lunar parcial de 10 de dezembro põe Sol e Lua em graus astrológicos opostos, e é igualmente influenciado por outros planetas.

Em 2011, veremos uma causa primeira ou fonte original, que transcende a alma, ligada por uma energia ou movimento (chame isso de tempo e espírito) a todas as pequenas almas na Terra nas quais passado, presente e futuro se encontram num grande portal que dá para o universo. Haverá uma elevação da consciência coletiva e, seja o que for que acontecer no mundo real, será algo significativo, sugerindo uma nova compreensão da sabedoria antiga e fragmentada. Haverá grandes descobertas quando Urano e Júpiter estiverem em Áries, e essas novidades vão mudar para melhor o futuro dos terráqueos.

A ciência dará grandes passos em direção ao aperfeiçoamento e fará enormes progressos para se juntar à espiritualidade, a fim de explicar o que nenhuma religião jamais pôde entender ou comunicar às pessoas em termos do que será realizado. Talvez então se descubra o segredo da vida. A vida artificial e a explicação do que é a alma estarão mais próximos, mas ainda fora de alcance.... Em retrospecto, 2001 pode ser visto como o ano do aperfeiçoamento, embora eu não possa predizer exatamente que tipo de crise se anuncia nessa nova consciência. Do ponto de vista tecnológico, 2011 não é para os medrosos — e os pequenos alienígenas também terão algo a ver com isso.

O mundo girando em 2012 — É o ano do pentagrama, pois 2012 é igual a 5. Houve muitas previsões para o final de 2012, mas posso garantir que não será o fim do mundo, embora eu não saiba ao certo quantos de nós estarão vivos em 2013. Isso depende da nossa intenção consciente, que temos de comunicar ao universo. Orações são inúteis nesse momento, mas definir e comunicar uma intenção pode criar milagres de física quântica...

Há dois principais pontos de interesse em 2012: primeiro, o segundo trânsito de Vênus em Gêmeos neste milênio, depois do trânsito de 8 de junho de 2004, e segundo um eclipse lunar entre 4 e 6 de junho de 2012, metade em Gêmeos e metade em Sagitário. Sabemos que esse trânsito de Vênus no interior do disco solar assinala o fim do calendário maia. Sugiro, portanto, também ser o começo de um novo calendário. Sabemos que Vênus, a Terra e o Sol formam belos pentagramas em ciclos de oito anos. Mas uma passagem dupla através do disco solar é um acontecimento raro, só ocorre uma ou duas vezes a cada milênio.

O outro alinhamento relevante (que uso para predizer as tendências do ano 2012 e seguintes) é o solstício de inverno de 21/12/2012 (igual a 11!), e ainda melhor: a Lua cheia uma semana depois, em 28 de dezembro de 2012. Ela mostra claramente de que se trata. A Lua cheia em Câncer será precedida por um eclipse total do Sol em 13 de novembro de 2012 (também igual a 11, pois 13/11/2012 = 11) aos 22 graus de Escorpião — cálculo tropical pelo sistema de Placidus. Pode-se dizer que, nesse momento, é preciso abandonar tudo o que não deu certo.

O chamado "fim do calendário maia" tem algo de assombroso do ponto de vista visual. As posições dos planetas mostram uma geometria simplesmente bela e sagrada, com várias recepções mútuas entre planetas estacionados em signos regidos por outros planetas que eles influenciam, e mostram também uma grande dose de significado interior.

O alinhamento no Cairo ao meio-dia em ponto: Sol 8 Capricórnio — Lua 8 Câncer — Nodo 24 Escorpião — Mercúrio 25 Sagitário — Vênus 15 Sagitário — Marte 2 Aquário — Júpiter 9 Gêmeos — Saturno 9 Escorpião — Urano 5 Áries — Neturno 1 Peixes — Plutão 9 Capricórnio — Quíron 6 Peixes — Lua Nova 12 Gêmeos.

Isso significa a formação de um misterioso "Dedo de Deus" ou alinhamento "Yod". Saturno e Plutão formam entre si um ângulo de 60 graus nos signos regidos por cada um deles, e assim estão em recepção mútua, com o Sol alinhado a Plutão e a Lua do outro lado. Além disso, a base de 9 Escorpião e 9 Capricórnio aponta em dois ângulos de 150 graus para Júpiter alinhado ao olho-de-boi, estrela fixa Aldebarã, que forma a ponta do Yod, ou topo do triângulo. Marte em Aquário, o visionário, está em sextil com Urano em Áries, o impetuoso, ambos também em recepção mútua. Urano faz uma quadratura com a Lua cheia em Câncer e com o Sol e Plutão em Capricórnio. Saturno em Escorpião, dominador e todo-poderoso, se insere num benéfico e grandioso trígono de signo aquático com a Lua em Câncer e a conjunção de Quíron e Netuno, que se encontra em Peixes, signo regido por ele. Júpiter recebe nada menos do que sete aspectos de todos os planetas.

Não vejo por que o mundo deveria acabar nessa altura. Mas vejo, sim, um grande momento de reflexão. Na verdade, sinto uma certa suspensão e paz de espírito, e é claro que vejo também uma quantidade enorme de palavreado porque Júpiter, obcecado pela informação, retrocede em direção a Gêmeos, seu signo outonal, aquecido por Aldebarã e em oposição a Vênus, procurando uma visão de longo alcance em Sagitário e em quadratura com Netuno. Mercúrio é o único planeta que não forma um aspecto específico com os outros, mas está posicionado no melhor local — o Centro Galáctico —, no final de Sagitário, no décimo terceiro signo, Ophiuchus, provavelmente capaz de comunicar sabedoria aos terráqueos a partir do "campo magnético do ponto zero".

Esse é o quadro para o qual nos dirigimos no final de 2012 e começo de 2013. Saturno em Escorpião é a marca genérica de 2012, assim como Júpiter em Gêmeos; significa que os maníacos pelo domínio serão confrontados com seus medos e perderão o controle. Desejamos entender a informação chegada até nós e temos de abandonar tudo o que é mórbido.

Vejo 2012 como um ano poderoso e renovador. Quando examino a posição de Urano, Plutão e Saturno, admito poder haver alguns fenômenos climáticos perturbadores e grandes tempestades, assim como agitação extrema; mas, de modo geral, por volta do final de 2012 prevejo uma virada estratégica para o planeta Terra como um todo. A terra firme se tornará um *Waterworld* (Mundo Aquático, alusão ao filme)...

O planeta Netuno é, sem sombra de dúvida, o regente dos mapas de 2012 e elemento-chave para muitos anos depois. Netuno está posicionado em Peixes, que governa Posêidon com seu tridente, que governa a Atlântida; também controla óleos, vazamentos, grandes tempestades, mares agitados, ilusões, sonhos e imposturas, coisas místicas e invisíveis, mas que inspiram poder...

Esse planeta vai pregar peças à humanidade entre 2012 e 2013, pois é quando começa sua longa jornada para redescobrir as civilizações perdidas do continente que afundou há cerca de treze mil anos, ou metade de um ciclo do Grande Ano... jornada apoiada por Plutão e Saturno em signos e posições mutuamente benéficos. Isso possibilita soluções para encontrar tesouros ocultos — desde o campo unificado, o "campo magnético do ponto zero", a energia dos ventos solares do espaço cósmico, até as tecnologias escalares e orgônicas para libertar e fortalecer as multidões humanas.

2012 e 2013 verão mudanças radicais e falhas no fornecimento de energia, com efeitos devastadores em todos os aspectos de nosso mundo. Todas as infraestruturas serão afetadas de maneira drástica e persistente até 2020 e mesmo depois. Uma organização mundial de inteligência e gestão para regular a produção e distribuição dos recursos existentes, com base na busca de fontes alternativas e renováveis, se tornará uma necessidade absoluta.

Nos bastidores, Saturno em Escorpião, Plutão em Capricórnio, Netuno em Peixes, os administradores e magos do mundo futuro vão tomar parte nessa cadeia de acontecimentos a fim de restaurar a igualdade para os povos do mundo e as raças indígenas. Essa igualdade tem de estar além do domínio e controle de interesses especiais e poderes dominantes, e tem de garantir justiça. Esses são objetivos difíceis, mas de importância capital em 2012-2013. Esse novo tipo de justiça tem de buscar uma força justa para as confederações globais como instrumento de liderança mundial. Isso é o que nos mostram as posições planetárias transpessoais até 2020. Depois disso, pode-se dizer que a memória de todos será "apagada" no sentido metafórico.

Com Netuno em Peixes e sofrendo influência construtiva de Plutão em Capricórnio durante mais de uma década, o elemento espiritual estrutural da evolução humana está fortemente integrado ao tema abrangente das reservas globais de energia. Tudo isso vai se acelerar drasticamente quando a maioria dos seres humanos perceber que seu poder agora é bem maior. As elites dominantes terão de dar lugar às "crianças Índigo", como o futuro novo líder da Índia que, aos 33 anos de idade em 2004, está no horizonte.

A migração humana sobre a qual escrevi no capítulo "Emanações transmigradoras" deste livro é um plano Cósmico em andamento. A humanidade evolui numa direção e migra em outra. No setor de sua evolução, os humanos se tornam mais avançados tecnologicamente, com a habilidade de multiprocessar dados visuais, auditivos e intelectuais mais sofisticados. O sistema cerebral muda para se tornar mais holístico no modo de processar a informação. Os computadores têm papel central nessa tendência evolutiva; mas, até que os humanos reaprendam a enxergar com e a partir do coração, como faziam milênios atrás, a evolução será só isso — tecnológica, ou Aquariana.

Os humanos também estão migrando das noções de divisionismo — separação por razões de nacionalidade, religião etc. — para uma grande unificação graças à Cosmologia espiritual. Mais cedo ou mais tarde, a humanidade vai se aglutinar. Até Nostradamus previu que as raças se juntariam numa só, embora isso ainda pareça distante, pois vamos continuar tendo guerras e conflitos até 2016/17. A evolução acontece gradualmente. Com o tempo, por volta de 2020, o mundo será um lugar melhor, depois que a poeira assentar...

Se tudo isso significar que haverá um deslocamento do eixo polar ou um enorme abalo tectônico para desenterrar o conhecimento e o saber que outrora era a ciência unificada de nossos ancestrais cósmicos de Marte, Aldebarã e Sirius, não há nada a fazer. Convido você a se associar a mim na descoberta de nossas origens... de volta para o futuro.

A unificação ou internacionalização do mundo deve ocorrer aproximadamente dentro de mais um trânsito venusiano — no final de 2020 ou perto disso... quando Júpiter, o sábio, Saturno, o mestre do tempo, e Plutão, dono do poder nuclear, entrarem em conjunção para uma "reunião de diretoria" importante aos 22 graus de Capricórnio. Essse é o domínio de Saturno ou Sauron, signo do cornudo... A boa notícia é que Netuno estará localizado a apenas 60 graus de distância em Peixes, manobrando delicadamente a situação em favor de uma percepção esotérica ou metafísica e um resultado pacífico.

2012 — outro ano com total de cinco — e nove anos em direção ao futuro do ponto de vista de 2012, começa com Júpiter e Saturno em Aquário, reforçando o tema de esforços transpessoais em direção a uma humanidade unificada. Mais uma vez, um novo presidente norte-americano vai assumir o cargo em 20 de janeiro de 2021 — se os EUA ainda existirem como país e o mesmo sistema eleitoral ainda estiver em vigor. Se a eleição ocorrer em novembro de 2020, Saturno e Júpiter estarão em Capricórnio, a maldição de Tecumseh; a mesma configuração se deu quando John F. Kennedy foi eleito sessenta anos antes, em 1960.

O ciclo chinês de contagem do tempo, de sessenta anos, pode equivaler aos cinco elementos, doze signos, cinco translações de Júpiter ou duas de Saturno. Seja como for, Nostradamus disse que chegaria o tempo em que a Terra Nova iria desaparecer. Penso que os verdadeiros novos ciclos começam em 2020-2021, com Urano em Touro e em quadratura com o grupo aquariano de planetas, numa relação de animosidade. Talvez simplesmente as pessoas tenham confundido os algarismos dos oráculos maias. 2012 ou 2021 — qual seria o ano fatal?

O mundo girando em 2013 — A inauguração do ciclo. 2013 será lembrado por seu clima chuvoso e um grande eclipse anular do Sol em 3 de novembro, em Escorpião, quando o Sol será recoberto pela Lua e por um Mercúrio retrógrado no Nodo Norte e alinhado com Saturno — tudo isso precisamente na região da constelação do Cruzeiro do Sul, aos 12-13 graus de Escorpião. No simbolismo sabeu, isso é conhecido como "Engenhosidade de um Inventor Fazendo Experiências", o que sugere um ano cheio de inovações, no qual devemos nos livrar das coisas antigas e do que não funciona. Pode-se dizer que 2013 será o ano do Cruzeiro do Sul.

Júpiter estará em Gêmeos, sempre obcecado pela informação, com muito palavreado superficial, passeios e viagens divertidos, até o final de junho, quando Júpiter entra em Câncer, o ranzinza, pela segunda metade de 2013. Um belo alinhamento de um grande triângulo em trígono nos três signos aquáticos vai ocorrer ao longo de julho e agosto entre Júpiter em

Câncer, Saturno em Escorpião e Netuno em Peixes. Portanto, cautelosamente os sonhos espirituais podem se tornar realidade e fundir-se. Depois disso, Júpiter em Câncer tende ao sentimentalismo e à preocupação excessiva com segurança, como vimos em 2001 e 2002, por volta e depois do 11 de Setembro.

O impulsivo Urano em Áries avança com ímpeto de vingança, abrindo caminhos, inaugurando novas ideias, derrubando todas as barreiras; tudo isso em posições desafiadoras, pois ele ancora uma quadratura dupla com Plutão em Capricórnio e Júpiter em Câncer. Em outras palavras, Júpiter faz oposição a Plutão em agosto, e os alinhamentos mais nítidos ocorrem no fim de julho, quando Júpiter se alinha a Marte em Câncer, e por volta de 20 de agosto, quando a quadratura T nos signos cardeais é perfeita.

Boriska, o "menino marciano" nascido na Rússia, mencionou que 2013 seria o segundo ano — depois de 2009 — em que haveria uma grande catástrofe na Terra. O final de agosto certamente será marcado por desafios, e um abalo tectônico é possível ou provável. Nessa altura, a Lua Negra também está em Câncer, em oposição a Plutão. No verão de 2013, as pessoas vão procurar segurança dentro de suas "conchas"...

Apesar dos alinhamentos benéficos e reciprocamente receptivos nos signos aquáticos, os outros aspectos criam uma estratégia de tensão. Por mais que ela implique a melhor das intenções, leva a confrontos e a um conflito silencioso. Saturno em Escorpião age de maneira reguladora e sutil, e segredos se criam e se acumulam.

A primavera de 2013 será notável; 27 de março mostrará uma esplêndida Lua cheia em Libra, opondo essa Lua ao Sol, Vênus, Marte e Urano em Áries, o que sugere um começo extremamente poderoso e surpreendentemente sobrecarregado de um "Ano Céltico". Aproveite o primeiro sopro de ar fresco no novo ciclo segundo os cálculos maias...

2013 pode ser um ano de reviravoltas profundas, como abalos geológicos e incidentes sociais em escala global. Perto disso, o *tsunami* de 2004 pode parecer inofensivo. Será como se o planeta inteiro fosse sacudido. Acredito que 2013 será um ano do tipo emocional ou opressivo, dominado por questões de segurança e preocupações exageradas com a proteção.

Na minha opinião, os vários planetas aquáticos podem tornar a última parte de 2013 num ano tempestuoso e úmido. Cuidado com as inundações e prepare-se para o "Mundo Aquático".... com Plutão em Capricórnio, a terra firme está bem acima ou no espaço cósmico... Sinto que haverá um pano de fundo de tendências revolucionárias e eletrizantes em 2013, mas elas só chegam ao auge um ano mais tarde, quando, por volta do eclipse total de 8 de outubro de 2014, Urano em Áries — em quadratura com Plutão capricorniano e superdominador — forma um grande trígono, ardente e intenso, com o organizador Júpiter em Leão e o ousado ou até frenético Marte em Sagitário. Portanto, o final de 2014 será uma fase de transição dinâmica, com a irrupção de novos processos de maneira realmente corajosa.

2014 — Descoberta de uma nova Cosmologia. 2014 está a meio caminho de um período de catorze anos entre 2007 e 2021 que eu defino como a fase decisiva de nossa tão necessária "transição para a paz". 2014 termina com Saturno entrando em Sagitário e o regente de Sagitário, a luz central da galáxia, Júpiter em Leão. No espaço de um ano, passamos de um grande trígono aquático para um ígneo, de certa maneira construindo assim um tetraedro nos céus, marcado por planetas exteriores poderosos.

No dia 12 de dezembro de 2007, Júpiter encontrou Plutão no Centro Galáctico no final de Sagitário, e poderemos interpretar isso como a essência da sabedoria — um "buraco negro" aparentemente a partir do qual emanou tudo o que criou vida. Nessa altura, eu gostaria de ter visto o começo de uma nova Cosmologia. 2014 promete ser um ano muito instrutivo, problemático mas também movido pelo desejo de mudança e pela compaixão. Tudo o que se possa imaginar sob o sol será vivenciado nesse ano-chave. Os planetas ígneos, aquáticos e terrenos influenciam-se uns aos outros de maneira que só pode ser interpretada como uma libertação das coisas conhecidas. O grande trígono aquátivo no começo de 2014 entre Netuno em Peixes, Júpiter em Câncer e Saturno em Escorpião significa que compaixão e percepção atingem um raro ponto alto para toda a humanidade. Todos nós vamos atravessar o grande portal da existência em algum nível de nosso ser. O último grande trígono tipo "batismo de fogo" formado por Urano em Áries, Júpiter em Leão e Saturno em Sagitário, na passagem para 2015, incita a humanidade a finalmente derrubar as barreiras.

Depois de 2014, adicionando outro ciclo uraniano de sete anos capaz de "renovar as células", chegamos a 2021, com a maioria dos planetas em conjunção em Aquário visionário, desafiados por Urano — então em Touro — promovendo a era do "elétron cósmico" ou nova Cosmologia. Uma compreensão e um saber totalmente diferentes sobre nossas origens terá origem nos anos entre 2014 e 2021.

A história ou origem do universo, tal como o concebermos na transição que terá lugar entre 2014 e 2021, é o sentido da palavra Cosmologia. Como podemos nós, seres humanos, entender e valorizar nossa identidade se não soubermos de onde vem o universo? Por outro lado, como podemos entender o universo se não soubermos avaliar nossas pequenas personalidades? A questão é: quem criou o Criador? 2014 vai mudar todos esses conceitos. A polêmica será resolvida de maneira satisfatória por volta de 2020, quando todos os planetas de maior importância (Plutão, Saturno, Júpiter, Marte etc.) estarão alinhados em Capricórnio, criador das estruturas.

Minha própria cosmologia é simples, ou pelo menos baseada no senso comum. Admito que nada surge a partir do nada, para falar claro. Muitas vezes, é mais importante aprender o que não sabemos do que fingir saber alguma coisa sobre algum assunto. Pelo menos, podemos ter certeza sobre o que *não* existe, mesmo sem saber o que existe. Como alguma coisa pode ter explodido, se no início não havia coisa nenhuma? Sabemos, portanto, por simples dedução lógica, contra toda a probabilidade, que a teoria do "*Big Bang*" é um disparate, uma bobagem. O universo é matéria autocriada e auto-organizadora, ou conceito cheio de correntes e movimentos. Podem-se usar expressões como "universo eletrônico" ou "origem de tudo o que existe".

A coisa mais ridícula e ao mesmo tempo mais deplorável do planeta Terra é a aparente incapacidade mental de coordenar e correlacionar seu conteúdo de maneira útil ou eficaz. Essa falha faz com que meus amigos, os extraterrestres invisíveis, achem graça da maioria dos pobres humanos. As ciências baseadas na fé, cada uma contorcendo-se em sua própria dimensão, prejudicaram a Terra; mas um dia as peças soltas do quebra-cabeça do conhecimento Cósmico serão reunidas, inaugurando concepções da realidade mais vastas, mais eficazes e transformadoras. Os humanos ficarão loucos diante da revelação do saber ou trocarão as sombras pela paz serena e a segurança tranquila de uma nova era de luz.

Uma busca interdisciplinar da verdade ou uma investigação humanista da cosmologia, como a proposta neste livro, exige que a própria comunicação se torne absoluta. Caso contrário, poderia surgir um desafio. As dificuldades mais importantes de comunicação ficam claras quando alguém questiona algo já tido como verdade. Numa discussão sobre questões básicas como "De onde viemos?", a confiança em ideias estabelecidas — baseadas na fé — pode ser tão grande que o discurso quase fica sem sentido. Esse problema é reforçado e às vezes até agravado pela fragmentação do processo de coleta e avaliação de informações.

Os últimos milênios desde a Atlântida e os últimos poucos séculos depois da "era da iluminação" levaram a humanidade a uma dissociação do saber. As chamadas "ciências" ficaram incompatíveis umas com as outras, e a especialização detalhada de quase todos os ramos de investigação espiritual ou intelectual é perigosa, pois hipóteses de uma disciplina são baseadas em hipóteses anteriores de outros campos do conhecimento. Mas, enquanto não juntarmos tudo isso, sabendo e sentindo cada coisa em sua essência, estaremos perdidos. O cérebro humano parece — mas não é — incapaz de concatenar as coisas para chegar ao que importa. O que importa é o "plano diretor", o filão principal de todas as ciências e disciplinas.

Nós "pensamos", mas não temos noção concreta de que ninguém pode saber tudo. E, quando consideramos possibilidades para além dos conhecimentos pessoais de um especialista — seja qual for o significado dessa palavra —, parece uma reação humana, ou pelo menos natural, confiar no que os "especialistas" em outros assuntos afirmam saber. Você questionaria um neurocirurgião? E ele questionaria uma cientista espacial?

Quem garante não podermos entender tudo o que interessa e quais as consequências desse questionamento e dessa compreensão, quando uma suposição teórica como a do *Big Bang*, embora aceita como um fato, não é compatível com novos dados irrefutáveis como o Planeta X? Você acha que esses astrônomos têm alguma ideia do que estão dizendo? Precisamos entender que tudo muda e a transformação do saber aceito é constante e generalizada. No final, sabemos muito pouco — e não há problema em admitir isso a nós mesmos.

Dada a fragmentação extrema da atual comunidade científica tradicional e estabelecida, mais parecida com uma Torre de Babel, parece impossível ou praticamente inviável traçar uma nova imagem sobre nossa origem. Também parece impossível imaginar a ciência da Cosmologia reunindo e correlacionando seu conteúdo num contexto maior e multidimensional de conhecimento contínuo com sentido para todas as pessoas.

Já fui chamado de grande "simplista", mas na verdade sou uma pessoa extremamente complexa. A única coisa que me torna um pouco diferente dos demais é saber que tenho muito a aprender, e por isso tento ouvir e entender. Todos nós daremos passos extraordinários em direção ao futuro próximo, vislumbrado por pessoas como Ray Bradbury, Immanuel Velikovsky e H. P. Lovecraft, quando ficar claro que as coisas que prevejo ou antevejo são viáveis graças a uma abordagem evolutiva e total de nossa compreensão do mundo.

O éter Cósmico ou fenômenos magnéticos-eletrônicos vão receber toda a atenção merecida assim que começarmos a enxergar além do que julgamos saber. Existe uma coerência subjacente àquilo que procuramos no universo. Para as pessoas capazes de identificar princípios unificadores, os novos horizontes serão assombrosos e excitantes, mas ao mesmo tempo de uma simplicidade infantil.

Não precisamos de instituições ou gurus para nos ensinar de onde viemos e para onde vamos. Somos memórias mutantes conectadas à mente Cósmica — onisciente, onipotente e auto-organizadora. O direito de escolha é inerente ao DNA humano. Não é preciso rezar; você tem o poder de escolher o caminho a seguir.

Este livro — como parte de um *Zeitgeist* ou "espírito de uma época" — representa uma visão do que queremos saber, enfatizando de maneira muito profunda e ao mesmo tempo cristalina aquilo que sentimos, mas não somos capazes de enxergar. Essa é uma visão do universo físico e psíquico, uma visão de partículas subatômicas que atravessam dimensões galácticas. Para os poucos visionários suficientemente capazes de construir sua própria visão remota e psíquica, a vida é um caminho rumo ao desconhecido.

Ao perceberem o poder do conhecimento como uma ilusão total, o horror sentido pela elite, em seu estado mental de medo, e por suas organizações subalternas, do alto de sua experiência e certeza, é uma forma de liberdade para você. A primeira onda de incerteza, quando ideias aceitas por muito tempo forem descartadas ou pelo menos questionadas por meio de fatos seguros e raciocínios simples, vai dividir a humanidade. Algumas pessoas vão continuar acreditando em milagres e outras vão tentar entender.

Por volta de 2020, a ciência estabelecida e o castelo de cartas da política vão desmoronar, como aconteceu à Inquisição depois que Galileu fez algumas investigações simples. Com coragem de enxergar claramente, a própria aventura poderia ser uma das experiências mais fascinantes em todo o universo, pois estaríamos acrescentando novas ideias aos grandes dramas da antiga história humana. Além disso, estaríamos fornecendo uma perspectiva vital à atual situação da humanidade no universo.

Ao cruzarmos o portal do conhecimento, todas as coisas se abrem de par em par. Não é o medo que nos acompanha nessa passagem; ao contrário, são a alegria e a aventura da descoberta. O que nos leva a entender melhor quem somos são a antecipação e a expectativa de descobrirmos o que existe "para além do além".

De onde viemos e para onde vamos? Depois do período 2020-2021, com os planetas exteriores alinhados nos signos transpessoais de Capricórnio e Aquário, haverá uma transição do pensamento estrutural para o eletrônico e uma interação dinâmica que não se prende às coisas conhecidas. Livre-se da realidade observada, pois a verdade nunca é algo que sabemos ou soubemos. É algo sempre e eternamente novo...

As origens do Senhor do Tempo

"Eu só queria olhar para trás e dizer: 'Até que enfim! Aqui está uma existência incapaz de me prender. Vejam! Desapareço! Nenhum constrangimento ou rede de intrigas humanas pode me aprisionar de novo. Renuncio à minha religião! Esse instante glorioso é só meu! Estou livre!'"

~ Paul Atreides, em *Dune*

Talvez você imagine que um Senhor do Tempo capaz de surgir no espaço de nossa existência fragmentária usaria sua identidade passada para provar que existe... E talvez você imagine ele usando sua presença para influenciar sua própria passagem através da ponte invisível do tempo. Mas você se engana.

Na infância, eu naturalmente gostava de visitar o Castelo de Chillon, mas meus pedidos de visita eram frequentes e contrariavam meus pais, pois eles não queriam ir até lá tantas vezes. Desde os primeiros anos de vida, o castelo se tornou meu lar, mesmo sem a aprovação dos adultos. Mas não me lembro de ter encontrado ali o "Mestre da Luz". Os sábios não impõem sua vontade sobre os outros; eles criam as oportunidades e esperam, deixando o crescimento acontecer naturalmente e sem esforço.

Eu via e entendia vários avisos sobre nosso futuro coletivo, mas esses sonhos vinham de minha própria capacidade de percepção e não tinham nada a ver com "influência" exterior. Aos poucos, os sonhos e avisos vividos na infância, e que continuam até hoje, começam agora a se transformar em realidade; minhas visões se tornam fatos. Eu sempre disse: queria criar soluções baseadas em minhas visões. Sou um grande otimista e sei que o espírito humano vai prevalecer, mas só se tiver a informação correta sobre o futuro — e só se os humanos aprenderem a adaptar-se a esse novo futuro.

Alguns amigos meus também experimentaram sonhos e avisos "paranormais" desde a infância. Portanto, não estou sozinho nesse sentido. De maneira mágica, nós nos reunimos agora, formando uma rede informal de "guardiões" do futuro planeta em escala global. Juntos, estamos elaborando um plano. Sua essência é a adaptação às mudanças que nos esperam e a não interferência no curso natural dos acontecimentos.

A mensagem recebida agora é de suma importância: os "guardiões" me disseram que temos de nos adaptar para salvar nosso planeta. Precisamos construir ao redor do mundo o que chamo de "Escolas Interdimensionais de Luz", ou centros de contato. Precisamos ir além da "sobrevivência" para viver a vida em toda a sua plenitude; também significa cooperarmos uns com os outros e acabarmos desde já com todos os conflitos.

Os "centros de aprendizado mundial" serão escolas espirituais para além de todas as restrições de dogma religioso ou político. Os seres humanos têm de desenvolver poder espiritual baseado na liberdade e no livre-arbítrio para se adaptarem às próximas mudanças globais.

Não basta sobreviver fisicamente. Isso não tem absolutamente nada a ver com sistemas de fé, pois não acredito em nada. Tem a ver, sim, com o conhecimento — o antigo saber Cósmico e a alquimia da verdadeira ciência. Vamos viver juntos, novamente em equilíbrio com a Terra e seus sistemas interdimensionais de orientação.

Acho que somos os "guardiões espirituais" da Terra presente e futura. Estamos todos aqui especificamente para garantir a sobrevivência do futuro. A única coisa em jogo são a sobrevivência e o futuro da humanidade, que nossos supostos "líderes" colocaram em risco.

Mais do que nunca na história do planeta, precisamos de centros de contato onde as pessoas possam conectar seu mundo interior ao mundo real e interdimensional onde vivemos. O contato interior é o "centro de comando" de tudo, onde cada um de nós tomará a decisão de abraçar a vida ou fugir e esconder-se. A vida não teria cor ou variedade se não existissem desafios inesperados. Não há como fugir.

O "contato Cósmico" significa aprender a assumir o controle e agir com base no poder. Isso assusta a maioria das pessoas, pois agir de maneira poderosa significa abandonar as resistências e aceitar o curso natural das coisas. Aprender a controlar o contato a partir de dentro elimina o medo e o isolamento. A natureza e os guias espirituais também vão nos guiar ao longo das dificuldades, se soubermos ouvi-los.

Ninguém conhece ainda a verdadeira natureza das próximas mudanças. As pessoas só pensam nas mudanças físicas do meio ambiente, mas poucas se dão conta de que a mudança mais importante vai ocorrer no interior da psique humana. O horizonte da psique humana é muito mais vasto do que qualquer planeta ou continente.

Quando o poder psíquico mudar, só isso será um choque para muitas pessoas, caso não estejam preparadas para lidar com a mudança. Na verdade, temos de aprender o mundo psíquico mais real do que o físico, tal como se apresenta diante de nós. Os "centros de contato" serão parte de um treino de autodescoberta, vai preparar a mente para mudanças ou alterações da percepção. A essência desse treino será aprender a contactar nossa existência futura, usando esse contato para nos orientarmos no presente.

O contato se dará com o cerne da existência humana, o "C-Entro" do ser. É o "C-Entro" de contato definitivo para atingirmos a autorrealização. Nesses locais de aprendizado, as pessoas vão trocar ideias. Depois disso, elas podem voltar para seus mundos, usar o que aprenderam e ensinar outras.

Estamos iniciando algum tipo de operação espiritual de "forças especiais", e neste momento não podemos ter medo — não só das operações psicológicas comandadas pela "Nova Ordem Mundial", como também do "sistema" dirigido pelos alienígenas. Esse é um momento em que temos de distinguir a verdade das mentiras e embustes. Temos de ser capazes de agir com fé inspirada e pensamento positivo, não importa o que transpirar no mundo exterior. Seja o que acontecer nos próximos anos, não podemos e não devemos deixar isso nos afetar negativamente. Temos de manter a elegância sob pressão e agir com coragem. A intuição psíquica ajuda a superar essa emoção tipicamente humana chamada medo.

Com a intuição psíquica, sabemos exatamente o que nos espera. Não podemos mais cruzar os braços e ver o mundo desmoronando ao nosso redor. A operação de 11 de Setembro foi um exercício de percepção ilusória, um exemplo cuidadosamente planejado de operação psicológica para influenciar as multidões. Haverá muitos outros truques desse tipo. Temos de aprender a usar nossos dons psíquicos — sobretudo porque Urano estará por sete anos (até 2010) em Peixes — para transcendermos a dimensão natural em direção ao que as pessoas chamam de "sobrenatural", e eu simplesmente chamaria "divino". Todos nós podemos ser profetas e professores. E, quando chegarmos a esse estado, também poderemos mudar o rumo de nossas vidas e o curso dos acontecimentos.

Nossa sociedade atual se baseia num sistema hierárquico de controle que oculta a verdade por trás de mentiras convincentes... manipulação engenhosa de poucos para controlar bilhões de pessoas. Essa manipulação vem acontecendo há séculos. Porém, desde 2001, as tentativas de controle ficaram muito mais perigosas.

A maioria das pessoas está dentro do "sistema", vivendo feliz sob o condicionamento da hipnose em massa. A maioria se contenta em que outras pessoas lhes digam o que fazer, como viver, o que pensar e até em que acreditar. Mas eu aconselho você a não acreditar em nada, e em vez disso adquirir conhecimento.

Aqui vão alguns exemplos de controle mental: religião, educação, sociedade, casamento, a mídia, o rádio, os jornais, a economia, o mercado de trabalho, o governo, os alimentos e a "medicina". Talvez você não tenha aprendido a cuidar de si mesmo e a assumir responsabilidade por sua vida. Ou talvez você nunca tenha se importado com isso. Possivelmente você não questionou as autoridades estabelecidas e simplesmente fez o que lhe pediam porque não queria ser incomodado ou porque não queria problemas.

Você se sente seguro e à vontade com as coisas como são. É assustador abrir mão do que nos parece familiar e seguro. Além disso, você ama a tradição porque ela lhe dá algo com que você possa se identificar — sua identidade. Talvez você prefira a cegueira. Ao longo da história, muitos até aderiram às regras do jogo e aos criadores dessas regras, que manipulam e controlam todas as pessoas ao redor. Eles se venderam em troca de família, fama, dinheiro e poder. Você tenta se adaptar e não causar confusão, certo?

Talvez você conheça a verdade, mas não saiba como escapar do "sistema". É tudo uma questão de decisões e consequências. Decida! Torne-se livre e poderoso de um jeito inimaginável, ou continue no sistema e viva com as consequências. A religião cria divisões e tem sido uma das maneiras mais fáceis de controle das massas. Ao longo da história, os homens usaram divindades para construir um sistema de fé que escraviza a todos. Esses "líderes" do controle mental tiram seus sermões de livros antigos nos quais todas as referências ao livre-arbítrio e às verdades cósmicas ou universais foram omitidas.

Os livros sagrados contêm histórias transmitidas ao longo de gerações, adaptadas a cada nova edição para suprir as necessidades sociais e políticas do momento. Escribas homens e alguns poucos membros da elite eram os únicos que sabiam escrever e ler na época em que essas histórias foram coligidas em rolos de pergaminho ou livros.

A inspiração divina existe sem necessidade de organização. Cada um de nós é parte do universo divino, algo que não tem a ver com organizações. Você é uma alma evoluída que chegou até aqui, nesta encarnação e neste planeta, com uma única mensagem: o livre-arbítrio — use-o como quiser. Mas lembre-se: nosso comportamento em relação aos outros se reflete de volta em nós mesmos.

O amor é o poder subjacente do universo. Quando uma pessoa poderosa e carismática fala, as outras tendem a ouvir e obedecer cegamente. Ouça a si mesmo! Seja seu próprio líder. Escute seu coração. Confie em seus sentimentos e siga seu próprio caminho. Não faça mal a ninguém. Você precisa depender de estranhos para orientar sua vida? Precisa adorar estátuas e símbolos? Precisa de uma estrutura fabricada pelos homens com um fim específico, como igrejas, sinagogas e mesquitas, onde se praticam rituais baseados nessa dependência?

No livro *Dune*, de Frank Herbert, Paul Atreides se torna o lendário Muad'Dib, líder dos Fremen (algo como "Homens Livres") e controlador da especiaria *melange* no planeta deserto de Arrakis. Prevendo a destruição da humanidade, Paul se adapta para colocar o futuro num rumo novo, evitando a destruição das espécies. Ele consegue mudar o curso dos acontecimentos recusando-se a ser o Messias e libertando assim as gerações futuras da tirania mais opressiva que o universo poderia conhecer, a ser criada em seu nome depois de sua morte.

O filho de Paul, Leto Atreides, começa a entender a visão de seu pai. Ele também se adapta para mudar os acontecimentos e evitar a morte inevitável das espécies, inventando um processo que leva à sua própria destruição e, assim, liberta a humanidade.

Uma ideia central ao longo de toda a série *Dune* é a grande maioria das pessoas ser tão responsável pela confusão e pelo perigo quanto os controladores e manipuladores — pois não quer assumir o controle de suas próprias vidas.

Aqui começa e termina o verdadeiro problema. Você acha que tem de acreditar em alguma coisa? Não vê que tudo isso leva à divisão, ao conflito e à infelicidade? Como os líderes e as organizações ficaram tão poderosos? Quem lhes dá esse poder? Por que, depois de milhares de anos, a humanidade continuou violenta, sempre às voltas com a divisão e o conflito?

Quando lutava contra os romanos na região montanhosa de Alba (Escócia), Calgaco, chefe dos pictos, disse: "O saque, a matança e o roubo são chamados de Império; e, quando eles transformam tudo num deserto, chamam a isso de paz". Os pictos foram o último povo realmente livre do hemisfério norte, e com a perda de suas terras caíram mais tarde no esquecimento, como os elfos.

Hoje, as pessoas que herdaram a Terra se aproximam ainda mais da autodestruição completa, devido à complacência, a uma preguiça inerente e à incapacidade de agir com autonomia. O monstro da autoridade fica ainda maior e mais pesado por causa da fraqueza dos que não querem assumir responsabilidade plena por sua vida.

O universo não julga nem condena. A criação é energia, não pode morrer — só pode transformar-se. Pelas leis naturais, cósmicas e planetárias da transformação, o governo e a religião estão condenados a desaparecer. Se você continuar a depender de um agente externo para coordenar sua vida para você, mas o sistema entrar em colapso, o que você fará então?

"Um homem tem de ser meio louco para imaginar que poderia governar até uma porção mínima dessa imensidão." — Paul Atreides, contemplando as estrelas com sua "visão sem olhos" em **Dune*****, de Frank Herbert.***

Navegantes cósmicos das estrelas

"A Astrologia é uma ciência autônoma com um corpo instrutivo de conhecimento. Ela me ensinou muitas coisas e devo muito a ela. Evidências geofísicas revelam o poder das estrelas e planetas sobre as coisas terrenas. Em troca, a Astrologia reforça esse poder até certo ponto. Por isso, ela é como um elixir da vida para a humanidade."

~ Albert Einstein

A guerra do controle sobre a consciência do planeta Terra começa a ser travada agora e vai até 2020. É uma guerra espiritual, uma luta pelo controle das mentes humanas e reservas naturais do planeta. Nesse sentido, os humanos podem ser encarados como uma "reserva natural". O mais importante nos próximos anos — quando embarcarmos na onda de novas energias que vão desafiar a hierarquia — é integrar nossas ações ao novo cérebro e superar os instintos de sobrevivência do cérebro antigo, baseados no medo. Deixaremos o antigo trauma para trás quando enxergarmos um futuro pleno e não fragmentado.

Não há nada a ser corrigido na "ilusão do eu", pois ela é só isso: uma ilusão. Ela não tem substância, a não ser a substância que você lhe der. Simplesmente afaste-se dela. Só então teremos uma relação mais plena com aspectos poderosos de nossa experiência da vida e poderemos alterar nossa percepção para "ver" e entender o valor dessa experiência, sentindo gratidão por tudo o que complete nossa vivência da "Grande Visão Mitológica" — o futuro integrado da humanidade, para além do trauma e dos mecanismos de autopreservação baseados no medo.

Pensando bem, a existência da humanidade neste universo é na verdade um milagre. Mas sempre achei que os milagres acontecem, sobretudo quando temos a intenção consciente de que aconteçam, isto é, quando praticamos a ação direta. Em 2020, os planetas exteriores formam uma configuração precisa em Capricórnio, com Saturno (o planeta-líder) entre eles. Isso indica uma fase em que serão necessárias a liderança pelo exemplo e a construção de uma comunidade autossustentável por um longo período de tempo.

Nos próximos anos, começaremos a criar redes funcionais de cooperação para enfrentar as mudanças globais. O esforço para transformar o sucesso econômico e o sistema moderno de investimentos financeiros num processo estável de crescimento — em vez da montanha-russa de um modelo econômico condenado ao fracasso — requer uma visão sensata e concentrada das forças que movimentam a sociedade.

A ética empresarial e os investimentos na preservação ecológica não bastam para garantir o sucesso futuro. Uma grande maioria nega a realidade dessas mudanças. Durante meus retiros espirituais, mostro a meus clientes a necessidade de entender essas forças e a maneira como afetam o mundo. Tudo isso, então, forma a base do conhecimento futuro para construir um mundo mais sensato. Os passos principais são a consciência, saber usar e movimentar melhor os recursos, saber lidar com uma economia em transformação e avaliar corretamente os resultados.

Nesse sentido, mostro a meus clientes que o conhecimento é sua própria ação direta. Os que se interessam por economia ecológica e investimentos integrais, e tentam enfrentar as ondas do sistema, precisam entender: o sistema como um todo está prestes a desabar. Muitos anos de investimento cuidadoso podem evaporar da noite para o dia. À luz desse fato, um investimento empresarial cuidadosamente planejado para criar um mundo melhor pode se perder no tumulto geral da economia e da sociedade.

Talvez você se sinta seguro sabendo que o trabalho de toda a sua vida foi inserido com inteligência num sistema que precisa de reestruturação urgente. Mas a realidade dura se aproxima de nós, nos anos que levam até 2013 e depois, será a de um colapso econômico e social não vai distinguir entre seus recursos e os recursos das grandes empresas multinacionais.

No futuro, não haverá homens nem mulheres de negócios; haverá "artistas" econômicos e arquitetos cuidadosos, vão cooperar através de uma rede de recursos compartilhados e capital de risco de tipo integral. O futuro mundo dos negócios é o reino criativo e inovador de artistas e pioneiros da economia, capazes de entender e trabalhar com uma sociedade estruturada de acordo com um novo modelo.

Os "papas" da economia e os "gurus" financeiros não vão mais supervisionar a organização e estruturação dos recursos sociais, pois serão despedidos. O uso inteligente dos recursos naturais e humanos é, ao contrário, uma questão de planejamento arquitetônico e de modelos de investimento altamente precisos.

O "Arquiteto Cósmico" é um conceito muito antigo e poderoso. A geometria sagrada da economia ainda não encontrou seu caminho até a superfície da mente humana moderna. Com o retorno a essa base de conhecimento xamânico, a ciência da gestão econômica se torna uma arena para artistas, criadores e inovadores. O "plano cósmico" tem de ser introduzido na geografia da paisagem humana para a criação e manutenção da ordem social.

A "engenharia energética" é uma configuração interna, no planeta Terra, seria chamada "saúde". Os sistemas antigos do Yoga e das terapias taoistas são geradores perfeitos de engenharia energética. Você foi levado por essa sociedade a acreditar que a saúde vem e vai por acaso, os que possuem energia têm sorte e os que não a possuem têm azar — como se forças kármicas misteriosas aumentassem ou diminuíssem a força vital energética de um ser humano. Mas os antigos sabiam: isso não é verdade.

Todos nós, que vivemos neste planeta, somos seres antigos. Nossas almas são "Navegantes Cósmicos das Estrelas" atemporais e eternos, e as estrelas são diamantes refletidos em nossas almas. Somos viajantes do tempo e não estamos presos ao presente. Habitamos e vivenciamos realidades diferentes através do tempo e do espaço. O "europeu" de hoje é o "iraquiano" de amanhã. Quando será que nossos "olhos da alma" vão despertar e abrir-se nos próximos dois milênios de existência terrena? As pessoas que somos em qualquer encarnação criam quem haveremos de ser no futuro. Essa é a definição de saúde. Suas decisões e atitudes de hoje criam suas oportunidades amanhã...

Se você imaginar o ser altamente avançado que seria você no futuro, muitas vidas depois desta, olhando com compaixão a pessoa que você é agora... que orientação daria a si mesmo a partir do futuro? E, mais importante, se você seguisse essa orientação, como sua vida mudaria agora? Os sistemas antigos usados na China e na Índia eram parte de uma "Ciência Cósmica" sagrada cujo objetivo era conectar o usuário à sabedoria das estrelas e do além: a ciência espiritual e alquímica dos "Navegantes das Estrelas".

Você é a energia das estrelas trazida à Terra. A engenharia energética é envolvimento consciente e ajuste cuidadoso da pessoa que você é através do tempo e do espaço. Assim os seres das estrelas definem a saúde.

Num futuro muito próximo, temos de começar a pensar sobre como vamos viver no sentido físico mais essencial, básico e prático. É preciso considerar tópicos como a estruturação inteligente da logística de uma casa, os recursos de proteção, a produção e armazenagem de alimentos, as reservas de energia e água potável.

Refúgios e centros de "Sobrevivência Cósmica" entrarão em contato com técnicos e especialistas em questões de estratégia e proteção. A transição através das mudanças Cósmicas até a próxima década pode acarretar longos "apagões" temporários de energia e a erosão das comunidades costeiras, o colapso de cidades no interior dos continentes e o abalo da infraestrutura social. Vamos assistir à perda de regiões inteiras em áreas antes habitadas.

Precisamos descobrir tecnologias novas e pacíficas que nos ajudem a sobreviver de maneira independente e criar uma transição funcional a partir de um sistema obsoleto. Vamos aprender a nos comunicar com o futuro deixando nosso passado para trás. A Internet vai se transformar numa "Omni-Net" de saber, linguagens informáticas revolucionárias e *software* de "fonte aberta", pois surgirão sistemas operacionais totalmente novos.

A dinâmica da sobrevivência espiritual vai incluir capacidades de clarividência ou a arte da visão. Para enxergar um futuro correto, você precisa adquirir o dom de entender os sinais de advertência e usar esse dom para ajudar seus amigos e sócios em tempos de turbulência.

Há uma grande necessidade de líderes comunitários eficientes que sejam fonte de conselhos. As pessoas terão de aprender a se comunicar com a natureza e ouvir a linguagem silenciosa das árvores, pedras e corpos hídricos vivos. A vida nos próximos anos vai se basear em conceitos inteiramente diferentes de inovação e criatividade. Só os dons de adaptação e de inventividade sem limites podem ajudar comunidades inteligentes do futuro a assumir o controle e reestruturar uma existência digna para todas as pessoas ao redor.

Com a criação de vários centros ou refúgios, teremos condições de aconselhar as pessoas livres a adaptar-se melhor dentro dos novos parâmetros, num mundo em estado de sítio. A chave para o sucesso é uma estrutura soberana e completamente autárquica ou autossuficiente em harmonia com o meio ambiente, cujas leis são Cósmicas por natureza, isto é, superiores às leis humanas.

O dr. Edward Bach, criador das Essências Florais de Bach, foi um desses inovadores de métodos novos num mundo novo. Ele usou seu gênio para ajudar as pessoas a recuperarem o equilíbrio como primeiro passo da cura. O dr. Bach foi além da concepção usual de combater sintomas específicos com medicamentos, descobrindo uma maneira mais poderosa de fortalecer a psique e lidar com a fonte dos problemas dentro de nós.

A Fundação do Dr. Edward Bach continua divulgando sua visão: "O Dr. Bach trabalhou por vários anos em hospitais e estava bem consciente de seu efeito negativo no espírito humano. Depois de deixar Londres e começar seu trabalho com remédios florais, sonhou com um tipo diferente de hospital, aonde as pessoas iriam livremente para encontrar a si mesmas e aprender as lições que a vida lhes ensina. Ele sonhou com médicos capazes de encarar as pessoas como indivíduos e estudar a natureza humana, em vez de tubos de ensaio e resultados de laboratório. E imaginou pacientes cuidando de sua própria saúde pela compreensão e aceitação das necessidades de suas almas, em vez da mera satisfação das necessidades do corpo.

"Quando se pensa sobre isso, chega-se a uma conclusão surpreendente: o hospital e o médico e o paciente que o dr. Bach descreve são todos a mesma coisa. Eles estão todos em cada um de nós. O hospital não é um prédio situado em algum lugar, mas um estado mental dentro de nós, um ângulo da alma. O médico do futuro e o paciente fortalecido somos você e eu, cada um de nós ajudando a si mesmo e ao outro com esses remédios."

Nos próximos anos, métodos terapêuticos totalmente novos com frequências de ressonância, de som e de luz serão descobertos e usados. Vamos descobrir interações moleculares de essências como formas profundas de comunicação, além de fontes de renovação física e psíquica. A comunicação essencial é o equilíbrio, a interação de substâncias físicas em sua própria linguagem sutil. O mundo físico contém sinais magnéticos codificados em forma de frequência luminosa. Quando interagimos, nós nos comunicamos. Se os humanos entenderem isso, deixarão de destruir este mundo tão bonito. A verdadeira medicina é a arte de ouvir.

O poder dos elfos-dragões

"Nós, os habitantes mais longínquos da Terra, últimos dos seres livres, fomos protegidos por nosso isolamento e pela obscuridade que cobriu nosso nome... Além de nós não há país nenhum, só ondas e rochas..."

~ Calgaco, chefe dos pictos

O "Mestre da Luz" veio me visitar certa noite no inverno de 2006 em minha própria casa moderna, com vista para o lago a uma altura ainda maior do que o Castelo de Chillon. Na verdade, observamos juntos nosso castelo de oitocentos anos atrás e sentimos que isso bastava para entender a história das duas torres. Alguns dizem que 2006 foi 1706, pois os romanos falsificaram três séculos de passagem do tempo documentada. "Isso é realmente possível?", perguntei a ele.

De pé em meu próprio santuário, fitando-me em silêncio, ele me deu uma explicação do tipo elfo-dragão sobre coisas que pensei e analisei desde menino. "Você sabe disso há muito tempo — e pode acionar esse conhecimento assim como aciona a inteligência fluida", sugeriu ele com pensamentos mudos.

Eu o ouvi dizer: "Tudo o que você observa, vê, assimila, pensa, diz, escreve ou faz forma a pessoa que você é. Somos todos parte da mente Cósmica. Tudo o que constitui você é um espelho seu — seu futuro olhando para você agora. A linguagem é a da luz das estrelas, não do pensamento, não das palavras conhecidas pelos terráqueos do passado. As imagens estão aí à sua disposição. Use-as quando quiser. Você pode até retroceder e mudar a linha do tempo. Com a luz das estrelas, você muda o impacto da percepção".

O "Mestre da Luz" sugeriu: "Separe seus pensamentos dos de seu espelho e dos pensamentos que na verdade não são seus". Nesse momento, me dei conta de que os pensamentos podem ser — e são — transmitidos para o cérebro a partir de muitas fontes.

Mas como faço para distinguir entre meus próprios pensamentos e os que vêm de fora? A resposta me ocorreu como se a pergunta fosse a resposta e as duas fossem gêmeas Cósmicas. Faça a pergunta certa e a resposta será parte da pergunta. Foi como Krishnamurti sempre disse: "Você tem de formular a pergunta certa".

Perguntei-me se Krishnamurti também foi um Elfo-Dragão, um dos Iluminados. Quais pensamentos são meus e quais entram em minha mente a partir de fora? Como se eu fosse transportado acima do lago, avistei as montanhas e o céu. Não havia nuvens, e o lago brilhava em tons azuis e dourados sob a luz do sol.

Os pensamentos são parte de uma memória genética, disseram as montanhas. A memória e os pensamentos foram manipulados e usados contra a humanidade por entidades um pouco mais inteligentes, mas isso logo vai acabar. Os humanos eram vulneráveis porque eles só vivem pelo pensamento, não pela consciência.

Quando você se torna consciente, percebe imediatamente quais pensamentos são realmente seus e quais são pensamentos manipulados da memória genética, usados contra a humanidade. De que outra maneira eles poderiam nos controlar? Eles tinham de usar uma passagem até o nosso mundo, e a passagem mais vulnerável era o pensamento linear. A consciência é nossa proteção, mas poucos seres humanos deste mundo são conscientes — e o resultado é um mundo em conflito.

Eu percebi que estava ao mesmo tempo em minha casa e num ponto de observação bem acima do lago. Podia transitar entre os dois lugares, mas quando o "Mestre da Luz" falou eu tinha voltado a essa realidade. Ele disse: "O espaço intermediário é onde você está agora, tanto no tempo quanto no local do nascimento, em todos os momentos. Agora, acelere em direção ao futuro, ali onde você quer ver e estar. O que e quem você vê? Você é um espelho do ser nas duas dimensões".

Ele apontou para um pequeno enfeite sobre minha escrivaninha, em forma de bolsa de seda preta com dragões dourados. Pediu-me que eu escolhesse uma runa dentro da bolsa. Eram runas feitas das árvores falantes dos elfos, do mundo céltico dos pinheiros escoceses. Um galho caiu no dia em que penetrei no bosque antigo, e aquele galho se tornara minha runa. A árvore céltica tinha conversado com as estrelas por mais de mil anos.

Remexi na bolsa de runas dos elfos até sentir que uma delas cabia em minha mão. Era a runa em forma de diamante, *Ingwaz*, que convida você a sancionar o presente em sua forma atual. "Pense nisso", foi seu conselho ao deixar minha visão. "Vamos nos ver de novo. Estarei aqui quando você precisar de mim."

A linguagem astrológica das runas são códigos luminosos dentro do nosso DNA, mas atualmente esses códigos luminosos são "gigantes adormecidos" em cavernas escuras, onde se escondem e se protegem até chegar o tempo em que as pessoas despertem de novo para sua verdadeira origem espiritual e usem esse poder com sabedoria.

Bem no fundo da terra, a substância escura que conhecemos como "carvão" é transformada pela luz cristalina num diamante claro. Até serem descobertos, os diamantes continuam encravados no escuro terreno do universo interior. Da mesma maneira, as runas luminosas continuam ocultas nos segmentos amortecidos do nosso DNA.

Lembrei-me mais uma vez de minha visão recente sobre o Sol: "O filho de Deus é o Sol de Deus" (trocadilho em inglês: *The son of God is the Sun of God*). Muito mais tarde, na Lua de Escorpião, com o Sol a 0 grau de Peixes e Marte a 0 grau de Gêmeos, recebi um saber telepático dos primeiros raios do sol matutino. Se você traduzir "Cristo" por "cristal", terá um Sol cristalino, ou a luz cristalina do Sol. Os filhos de Cristo são os filhos do Sol cristalino. Não um homem, não um ser humano, mas um ser muito mais antigo capaz de compartilhar a "luz divina" diretamente com a humanidade.

Não precisamos mais de igrejas e templos (que bloqueiam a luz do "Sol"), não precisamos mais de intérpretes espirituais... pois a luz não pode ser interpretada, só pode ser recebida diretamente. O cristal lapidado é o prisma pelo qual os raios de sol se transformam nas cores do arco-íris. E daí surgem a tribo luminosa do arco-íris, ou a serpente do arco-íris.

Nosso DNA codificado pela luz é a serpente do arco-íris, o "ouro do dragão". Nossa consciência é o cristal, o diamante que transmuta a luz do sol, pelo prisma de muitas facetas da alma, nas lindas cores irisadas da realidade — nosso mundo. Somos os filhos do sol, os filhos da luz.

Às vezes, os Elfos-Dragões são designados em outras línguas como "iluminados", seres que vêm de uma raça de luz e avançada para guiar a humanidade através de mudanças extraordinárias na genética e em direção a um tempo nunca antes vivenciado na Terra. Eles têm ligação com um sistema de saber Cósmico além do que qualquer sábio na Terra jamais conseguiu vislumbrar. Essas raças às vezes se retiram para outra dimensão quando a brutalidade e a crueldade se tornam aqui grandes demais — como está acontecendo agora.

Elas se retiram para esperar o momento combinado. Se realmente houver algo como um "Segundo Advento", será o retorno dos "Elfos Superiores", parcialmente na forma de humanos híbridos. Eles só voltarão quando virem sintomas do verdadeiro saber numa massa crítica deste planeta. Essa mudança sintomática se mostraria num novo tipo de comportamento mental — a ação direta de alguns poucos inspirados.

Minha casa reluzia agora numa luz irisada, parecia vinda de outro mundo. Eu conseguia refletir a luz de volta para os navios. O pensamento atemporal pode criar tempo sem pensamento? O tempo sem pensamento equivale ao pensamento atemporal? Essas perguntas estão em minha mente enquanto examino em silêncio os mapas astrológicos das próximas décadas.

Ao lermos essas palavras e estudarmos as mensagens que surgem em nós para formar o processo mental, também aprendemos a observar nossos pensamentos. E, para conseguir isso, temos de acabar com o "pensamento que equivale ao tempo". Se seguirmos cada pensamento até seu fim último, como uma trilha de pegadas na neve, veremos que no final da trilha de um pensamento só existe silêncio. Nesse espaço de tranquilidade reside o zen da magia das estrelas.

Enquanto pensava sobre isso, vi surgir uma luz enorme e branca no céu noturno. Muitas pessoas pensam o tempo todo. Um pensamento persegue o próximo, como um enxame de abelhas loucas voando em círculos, mas geralmente nenhum desses pensamentos é assimilado, observado ou seguido até sua conclusão.

Quando começarmos o que chamo de "zen do conhecimento de si mesmo", um experimento digno de nossos esforços, vamos perceber que o processo mental fica consideravelmente mais lento. Ao mesmo tempo, somos capazes de isolar um pensamento do próximo, assim como um diretor de cinema separa os vários fotogramas de uma cena. A mente, então, para de perseguir o próximo pensamento e de girar eternamente.

Por alguma estranha razão, o cérebro antigo "pula" de um quadro de pensamento para o próximo, como um filme truncado, deixando todos os impulsos não assimilados, sem conclusão e sem sincronia.

A nova mente será capaz de isolar um pensamento do outro, em silêncio, e, nesse espaço atemporal de serenidade suprema — muito mais do que a meditação inconsciente pela repetição de mantras —, a mente futura vai encontrar uma solução clara e precisa capaz de abrir novos caminhos nos quais as pegadas da neve não obscurecem a visão sem limites.

A origem desse tipo de "pensamento limpo" é pura magia, isenta da memória confusa fabricada pelo homem. Isso significa que, num tempo-espaço "em câmera lenta" e quase sem pensamentos, podemos projetar uma realidade nova e mais clara.

Os Iluminados são seres de luz da linhagem atemporal dos Elfos-Dragões. Por meio do vórtex de luz, eles veem o futuro e ajudaram a humanidade ao longo de vários milênios de maneira muito discreta. Alguns filósofos e sábios que se tornaram conhecidos na Terra eram da linhagem dos Iluminados. Eles são os mensageiros originais da sabedoria Cósmica.

Os círculos dourados dos "dragões do arco-íris" surgem misteriosamente em fotografias de algumas pessoas, no momento em que nos aproximamos da estranha vastidão do portal luminoso das estrelas. Esses círculos são reais. São o primeiro sinal de contato dos mundos invisíveis que existem por toda parte ao nosso redor.

Muitas outras coisas estranhas vão acontecer nos próximos anos. Os humanos vão receber sinais dos astros, da natureza e pelos magníficos "círculos das plantações". Mas o mais importante é o que faremos com esses sinais. O mistério precisa se tornar uma dinâmica viva no interior de nossos corações e mentes. Para isso acontecer, temos de encarnar o mistério e vivê-lo.

O "Mestre da Luz" é um viajante do tempo, cria o mundo em que vivemos. Nós — de um tempo ainda por vir — somos a raça guardiã, protegendo o planeta Terra. Os arquitetos Cósmicos de nossa evolução olham para trás, contemplando o passado e formando nosso futuro a partir do presente. Existe esperança para nós, homens e mulheres, mas não para essa sociedade. O futuro resulta da compreensão instantânea — a comunhão entre duas pessoas no mesmo nível e no mesmo momento.

O Caminho do Mago

"Aqui vai um teste para descobrir se sua missão na Terra terminou: se você estiver vivo, a resposta é não."

~ Richard Bach: *Illusions — Confessions of a Reluctant Messiah*

As opções que nos esperam são as seguintes: se continuarmos a viver como fizemos nos últimos séculos, entraremos numa espiral descendente com chavões e palavras de efeito tais como: cartões de crédito, dívidas, bancos de dados, questões legais, problemas médicos, telefones celulares, vídeos, poluição mental, insanidade espiritual, insanidade digital, pistas expressas, GPS (Sistema de Posicionamento Global), câmeras de reconhecimento do rosto e da íris, identificação por impressão digital, detetores de presença, equipamentos de segurança, vacinas contra a gripe, visões de Orwell em *1984*, estado contínuo de alerta máximo, megaemergência e segurança da pátria global, coleiras de controle e nossas casas transformadas em prisões.

Os acontecimentos que vão servir como "gatilhos" são *hackers* de computadores, vírus da rede global, vírus *high tech*, bombas em cinemas e ruas de comércio, assassinato aleatório da megaelite do poder, ataques bioquímicos, agentes infestados de varíola e um único grande evento escalar ou nuclear. E aqui os lados positivos dessa espiral descendente: não vamos mais precisar de cartões de crédito ou dívidas, a desonestidade se tornará obsoleta (não será preciso "dizer a verdade"), poucos relacionamentos unilateralmente disfuncionais, menos tempo gasto com mentiras e trapaças, menos vendas, menos gente, menos atividade no varejo, desvalorização dos bens imóveis... um "Mundo Aquático".

No final desse declínio teremos um colapso econômico total, definitivo e abrangente, um milhão de vezes mais grave do que o 11 de Setembro, sobrecarga completa do sistema, triagem de infraestruturas logísticas e médicas, discriminação racial e socioeconômica, abuso de drogas, abuso de remédios, maus-tratos contra seres humanos, insanidade mental, histeria coletiva, número igual de guardas e prisioneiros nas cadeias, mais policiais e militares do que civis, rebeliões das classes baixas e violência ou caos globais. Einstein tinha razão ao dizer que a Quarta Guerra Mundial será feita com pedras e bastões.

Ao decidirmos o caminho a seguir, de volta para o futuro ou em frente rumo a uma solução para o planeta, temos de enfrentar o desmoronamento do "castelo de cartas" financeiro e econômico no mundo todo para abrirmos nossa visão à sabedoria antiga e ao conhecimento sagrado. Temos de parar de "emprestar" coisas do futuro, o hoje contra o amanhã, e viver no "agora", pois o amanhã não morre nunca — conforme o caso.

Seremos forçados a lidar com problemas de superpopulação e crescimento não sustentável, a triagem antidarwiniana de custos médicos altos para tratar a dependência coletiva de drogas, a questão da eutanásia nos idosos, educação distorcida das crianças que leva a um comportamento competitivo e antissocial em vez da cooperação alegre e, em última análise, da compreensão da força vital e espiritual, isto é, o direito de vida *versus* a liberdade de escolha, perfuração indefinida do planeta em busca de petróleo em vez de procurar energia no espaço cósmico, controle de doenças epidêmicas, o câncer, o envelhecimento e todas as coisas que discutimos até aqui.

O "Caminho do Mago" pressupõe a implantação de um plano construtivo que poderia incluir os seguintes pontos:

O mundo ocidental teria de reduzir a mania de consumo e o comportamento voltado para a competição. As escolas ensinariam amor e cooperação às crianças; esportes competitivos não seriam permitidos. As pessoas entenderiam que a superpopulação e o abuso das reservas naturais finitas do planeta são inviáveis. Guerra e conflito, drama e desordem seriam noções arcaicas, espiritualmente repugnantes, e obsoletas. *Videogames* violentos e filmes negativos ou música destrutiva seriam ruídos do passado que pouquíssimos decidiriam consumir.

Drogas recreativas seriam legalizadas, mas só consumidas por alguns párias em vias de extinção ou integradas numa humanidade saudável. As pessoas acolheriam a vida em vez de fugir da realidade. A maioria trabalharia e educaria seus filhos em casa, transformando assim o trânsito e a poluição mental em coisas do passado.

As pessoas levariam uma vida produtiva, fazendo coisas úteis e contribuindo para um espírito cooperativo, vivendo bem mais de 120 anos de idade. O câncer e as doenças desapareceriam. As fontes locais de energia seriam livres e não haveria fome ou subnutrição, nem desabrigados. Os cuidados médicos seriam menos frequentes. A população mundial caminharia aos poucos para um nível sustentável de três bilhões de habitantes.

Arsenais biológicos, químicos e nucleares seriam sujeitos ao controle unificado de uma autoridade mundial e desativados num santuário de paz. Aparelhos de energia avançada seriam usados só em situações de emergência, para proteger nosso planeta do impacto de um meteoro ou um cometa. Todos os exércitos seriam dispensados e as prisões deixariam de existir, com a exceção de asilos mentais para os que dirigiram o mundo até agora.

As megalópoles de milhões de pessoas, como Nova York, Los Angeles, Tóquio, Londres, Paris etc., seriam descentralizadas em comunidades pequenas e mais fáceis de administrar. Companhias gigantescas de grande poder econômico seriam desmembradas em prestadores locais de serviços e empresas mais saudáveis e menores.

O crime seria reduzido ao mínimo; haveria oportunidades mais ou menos iguais para todos, e os poucos rebeldes que restassem seriam tratados de maneira educativa por seu comportamento antissocial, em vez de serem reunidos em grupos de milhões de seres humanos vigiados por dezenas de milhares de guardas, criando mais insanidade mental.

As noções antigas de propriedade intelectual e *copyright* seriam substituídas pelo apoio financeiro a cientistas, místicos e magos de reputação mundial. Escritores, artistas, criadores, inventores, engenheiros e cientistas pioneiros seriam celebrados e festejados como as celebridades do esporte, do cinema e do *rock* no passado.

As pessoas usariam o tempo sobretudo para brincar, meditar, aprender, ensinar e trabalhar juntas de maneira não competitiva. "Não faça mal a ninguém" se tornaria uma lei universal e um novo modelo de fé. A Astrologia seria um saber sacrossanto e definitivo do portal estelar.

A Internet seria uma "Omni-Net" global, democrática, livre e acessível a todos — uma aldeia digital. A realidade virtual seria convertida em vida rural e comportamento humano saudável. O uso da televisão e dos meios de comunicação seria mínimo, com exceção da interação educativa que ajudasse a difundir tudo o que foi dito acima.

Os "ópios mentais" e sedativos para controle das massas, como as religiões, seriam transformados num fórum saudável, sensato e eficaz de debates e discussões, promovidas em associações, salões, em casa ou em restaurantes simpáticos e populares.

As ideias de propriedade ou bens de raiz e de divisão do tempo seriam obsoletas. Entenderemos ser "inquilinos do tempo", vivendo em períodos de tempo que nos foram emprestados, e nossa residência é este planeta azul que todos nós ajudamos a gerir, compartilhar e proteger. Vamos olhar com admiração para as coisas pequenas, cultivar flores, brincar com os animais e viver em união com a natureza. Vamos visitar os oceanos, onde a vida se forma, para velejar.

Vamos criar relacionamentos mais significativos e duradouros, tanto na vida privada quanto profissional. E, brincando, vamos contribuir para a educação de lindas crianças que levarão a tocha de um sistema de fé galáctico baseado na magia das estrelas, até um futuro não muito distante.

A nova beleza do milênio estará em toda parte, com ênfase na arte, na literatura, na poesia, na música e no comportamento construtivo. Todos nós vamos adotar uma nova maneira de alinhar nossas paixões na busca de uma nova ética e estética global, sem deixar de respeitar as culturas e raízes passadas de cada um.

Os povos e as raças vão se unir. Somos aqueles que estávamos esperando. Não precisamos de um messias. Chefes de Estado não são necessários. Governos não vão existir. Vamos trabalhar e brincar juntos como um time universal de seres humanos dedicados à busca do absoluto. Somos nosso próprio "messias".

Em nossa jornada rumo ao absoluto, vamos descobrir a fórmula secreta da vida, as sementes cósmicas da sabedoria, terapias energéticas, visão remota, ação de mecânica quântica em observação à distância, energia do ponto zero, homeopatia, sincronicidade, os segredos dos xamãs, as migrações humanas, transmutações nucleares e biológicas. Vamos encontrar o caminho para uma sociedade atlante e intergaláctica de espécies interplanetárias. Vamos conquistar percepção aguda e consciência plena.

Com o tempo, vamos cobrir as lacunas de conhecimento ainda existentes retomando princípios de aprendizado interdisciplinar. Vamos educar humanos do Renascimento para um novo século e um novo milênio. Vamos aceitar o que o dr. Robert Solomon do Intellergy Institute chama de "pensamento multidimensional", ou o que o astronauta dr. Ed Mitchell chama de "Caminho do Desbravador", ou o que chamo de "Zen das Estrelas". Vamos aceitar concepções da realidade baseadas na verdade, em vez de cultos e práticas como as religiões, baseados em mitos.

Vamos entender que é melhor vencer sem luta, como revelou Sun Tzu, o antigo filósofo chinês, autor de *A Arte da Guerra*. Vamos adotar a "Arte do Zen". O critério principal para praticar essa arte consiste simplesmente num velho adágio: "Não faça mal a ninguém!"

"Ao entendermos a disparidade entre nossa maneira de encarar as coisas e o modo como as coisas e os acontecimentos existem de fato, somos levados a enxergar através da impostura, ilusões e preconceitos de nossa ignorância fundamental. Isso nos permite, mais cedo ou mais tarde, libertar nossa mente da influência da ignorância e do controle de processos de pensamento conceitual. E isso, por sua vez, possibilita que a natureza da mente se livre da influência de emoções e ilusões negativas, para atingirmos assim o verdadeiro fim do sofrimento." ~ Sua Santidade, o Dalai Lama

Se podemos predizer o futuro, podemos mudá-lo?

Mudança total

"Toda autoridade de qualquer tipo, especialmente no campo do pensamento e do entendimento, é destrutiva e ruim. Os líderes destroem os discípulos e os discípulos destroem os líderes. Você precisa ser seu próprio mestre e seu próprio discípulo. Você tem de questionar tudo o que já foi aceito como valioso e necessário."

~ J. Krishnamurti:
Liberte-se do Passado

No passado, construímos todo tipo de imagens, criamos símbolos para servirem como pontos de referência e grade de segurança psicológica. Esses são símbolos espirituais, religiosos, políticos, econômicos ou pessoais, e nós os construímos porque cometemos o erro de acreditar em algo ou alguém. A fé se baseia no medo. O medo se baseia numa noção disfuncional do tempo psicológico. A consciência sem pensamento se baseia na verdade. A verdade é sempre algo novo, desconhecido.

A fé se baseia na dependência e parte da ideia de que não valemos grande coisa ou não somos capazes. As pessoas já não se sentem soberanas, responsáveis por si mesmas e capazes de viver aquilo em que *acreditam*. Elas tornam uma instância exterior responsável por sua evolução ou força espiritual e seguem essa força. A "fé" na instância exterior é a fraqueza da instância interior.

O comodismo cria irrealidades psicológicas circunscritas, e por isso deve ser evitado. A dependência da fé se manifesta por meio de símbolos, ideias, ideologias, plataformas políticas, religiões, convicções, certezas, credos, axiomas não questionados e crenças ou sistemas de fé que abrangem tanto a esfera mundana quanto a espiritual. Tudo isso é mero disparate e efeito colateral negativo para nossa evolução moral, pois esses esforços não têm o menor sentido nem direção real. Eles não existem, mas nos levaram ao fracasso. Tudo não passou de ilusão, como dissemos no começo deste livro. É tempo de superarmos esse círculo vicioso.

No século XXI ou "Era de Aquário", a fé é um fardo intelectual insuportável que atrapalha ou impede o progresso da humanidade. O apego a crenças e ideologias nos levou à guerra global, à fome, convulsões políticas, sociais e econômicas, destruição do nosso *habitat* natural e disfunção generalizada em todos os níveis da sociedade, porque elas nos separam um do outro.

Poucas pessoas entendem a violência de se considerar um norte-americano, russo, suíço, muçulmano, cristão, hinduísta ou seja o que for. Essa é uma violência porque é uma segregação. Considere-se um ser humano. A paz é algo incompatível com aqueles que se alimentam de divisões planetárias.

A percepção humana da vida é condicionada por conceitos já estabelecidos na mente coletiva. Chegou o tempo da verdade. O tempo da ilusão se aproxima de um fim abrupto. Plutão avança aos poucos rumo à transformação da sociedade, como faz a cada 250, 500 ou 1.000 anos. Quando o "regente da Psique" entrar em Capricórnio em 2008, não haverá escapatória para seu efeito transcendental.

A palavra-chave de Sagitário é "Eu vejo". O signo do arqueiro não aceita evasivas, pois é sempre correto e verdadeiro. Isso significa que, por volta de 2006, Plutão terá dissolvido as religiões, integrando Krishna, Buda e Cristo em algo verdadeiro, isto é, científica e espiritualmente correto. Capricórnio significa "Eu uso"; portanto, Plutão em Capricórnio até 2022 significa que as coisas inúteis têm de desaparecer. Não há como fugir disso.

A nova criança humana é um antigo "mensageiro da alma". O caráter único de uma pessoa não se manifesta na superfície, e sim na libertação das coisas conhecidas. O indivíduo é um ser cósmico. Liberdade é observação sem medo. Liberdade não tem razão de ser; ela não está no final da evolução humana, pois é seu primeiro passo. A mudança total não é fácil, não é confortável nem voluntária. Mas o desconforto da revolução genética-luminosa do DNA, induzida pelo "convite da alma", é um passo necessário que temos de incorporar em nós mesmos.

Krishnamurti disse que a liberdade só pode ser encontrada na "consciência sem escolha", e que pensamento é o tempo que nasce da experiência e do conhecimento. Pensamento não é inteligência. Se você observar com cuidado, poderá verificar que o homem é escravo do passado. Quando o homem se torna consciente do curso de seus próprios pensamentos, vê a divisão entre o observador e a coisa observada. Quando tinha cerca de 35 anos de idade, em 1929, Krishnamurti dissolveu a "Ordem da Estrela" da Sociedade Teosófica, da qual era chefe, com as famosas sete palavras: "A verdade é uma terra sem caminhos".

Ele concluiu seu discurso emocionante da seguinte maneira: "A negação total é a essência do positivo. Quando há negação de todas as coisas que o pensamento criou psicologicamente, só então existe amor, que é compaixão e inteligência".

Em outras palavras, podemos fingir ignorar algumas coisas, mas algumas situações exigem nossa atenção, pois nosso silêncio faria com que parecessem verdadeiras, quando na verdade estão completamente erradas.

O grande poeta e escritor Robert Anton Wilson (1932-2007) disse: "Pessoalmente, creio que a fé é a morte da inteligência. Quando alguém acredita numa doutrina de algum tipo, ou aceita uma certeza, para de pensar sobre esse aspecto da existência". Ele não disse que as pessoas não têm o direito de acreditar em alguma coisa. Ele só disse que não acredita em nada, assim como eu.

Se certas pessoas querem se cercar de crenças e viver no medo, então que seja. Elas que vivam e morram com suas crenças e seus medos. Mas as que não querem fechar a porta, as que desejam investigar, examinar e entender... para elas, a vida ganha um sentido completamente diferente, pois sua observação não depende da fé.

As mentes brilhantes do século XX, como as de Immanuel Velikovsky, Tesla, Reich e muitos outros, divulgaram e usaram seu conhecimento porque sentiram necessidade de compartilhar suas pesquisas, descobertas e dons com a humanidade. Pessoalmente, eu teria tido uma vida muito mais fácil se guardasse para mim o que sei e só tentasse me adaptar. Mas isso me pareceu impossível. Eu senti que não estaria seguindo meu destino se não me pronunciasse e contasse o que sei... explicando a você o que vai acontecer no futuro e mostrando-lhe o que fazer a esse respeito.

O mundo encerrou agora sua "infância". A Terra está no "Fim da Infância". Agora vem o despertar e a idade adulta do planeta Terra.

O "Mestre da Luz" me contou coisas de grande simplicidade: os destruidores da Terra estão condenados à extinção definitiva. Então, vão entender o significado do provérbio: "Quem com ferro fere com ferro será ferido". Nessa altura, estarei voltando para casa. Mas eu pertenço ao futuro, pois sou alguém que voltou do futuro para poder explicá-lo a você. Voltei para podermos acabar com os jogos de divisão. Cabe a você decidir se prefere ascender até o futuro ou afundar no passado.

Tudo o que você precisa definir agora é sua atitude. Eu lhe mostrei coisas aparentemente complexas através de um espelho da visão, de maneira civilizada. Usei palavras simples, sem nenhum "mistério oculto" desnecessário, criado pelas elites retardadas que querem esconder a verdade de você. Nessa altura temos de enfatizar soluções, e acho que foi isso o que fiz.

A mensagem principal é: não abandone seu poder por nada e por ninguém, nem fé, nem religião, nem filosofia, nem indivíduo, nem governo, nem alienígena e nenhuma coisa, ideia ou conceito. Reivindique seu poder. Essa é a mensagem do "Mestre da Luz", por isso exclui qualquer ensinamento a ser seguido. Chegou a era em que os ensinamentos têm de vir de dentro.

Nenhum salvador, guru, manifestação divina, mestre supremo, sistema de fé, igreja ou religião, e nenhuma instituição ou organização podem salvar você. Nenhuma crença pode ajudá-lo de alguma maneira. Nenhum governo vai cuidar de você. Você vai se organizar com amigos e vizinhos, e juntos vão escolher os melhores para administrar o grupo, pois todos serão seus próprios líderes e criadores de soluções. A maioria dos sistemas de fé foi criada por alienígenas parasitas para controlar os seres humanos. As pessoas do verdadeiro Novo Mundo não serão controladas, pois vão controlar a si mesmas.

Chegamos a um período de **mudança total**; não a mudança que se apresenta como profecias de um futuro ainda por vir, mas a transmigração de almas que trazem a marca do criador de tudo o que existe. Essa marca é um som cada vez mais alto; um som luminoso que será ouvido em todas as regiões do planeta nos anos de transformação que nos esperam. Os "Seres Especiais" saberão lidar com essa mudança total, e eu os saúdo.

O grande chefe indígena Seattle declarou, ao assinar o tratado de Point Elliott, em 1855:

"Quando os últimos homens vermelhos desaparecerem e a memória de minha tribo virar um mito para os homens brancos, essas paragens ficarão apinhadas com os mortos invisíveis de minha tribo. Quando os filhos de seus filhos se julgarem sozinhos no campo, no armazém ou na loja, ou no silêncio dos bosques sem caminhos, eles não estarão sós. À noite, quando as ruas de suas cidades e vilas estiverem quietas e vocês as julgarem desertas, ali se juntarão os antigos hóspedes que outrora povoaram esse lugar e ainda amam esta linda terra. O homem branco nunca estará sozinho. Que ele seja justo e trate meu povo com carinho, pois os mortos não são impotentes. Eu disse: mortos? A morte não existe; só uma mudança de mundos".

Uma visão do futuro

"Você tem de encarnar a mudança que deseja ver no mundo."

~ Mahatma Gandhi

Eu faço o trabalho que faço concentrando-me intensamente só nisso, sem deixar que minha energia e minha concentração se dispersem pelo mundo. Da mesma maneira, cada um de nós tem um foco luminoso, mas o mundo rouba a luz da maioria das pessoas e usa-a — ou abusa dela — para seus próprios fins.

Para entender o que quero dizer, você só tem de aprender a afastar seu foco luminoso das várias distrações do mundo e dirigi-lo para o objetivo de sua alma. Esse objetivo pode ser uma série de coisas. Quando você usa seu foco luminoso, ele dá vida a seu objetivo *neste mundo*. Tudo o que você me vê fazendo neste livro é usar este foco.

Talvez você hesite e se pergunte se tem um objetivo na vida, pois muitas distrações roubam sua concentração e sua intenção. Nesse caso, você se sente atordoado, dividido, infeliz ou fraco. Por exemplo, o conflito é um desses "ladrões" do foco luminoso que fazem você se sentir dividido. Mas todo conflito também precisa de sua cooperação para afetar você de maneira negativa e afastar você do seu poder.

Para ativar sua concentração e seu objetivo, tudo o que você tem de fazer é aprender a "enxergar" as ações que roubam seu poder e não tomar parte nelas, dar um passo atrás, pensar duas vezes antes de embarcar, criar distância... Quando você aprende a arte da concentração, também aprende a arte de si mesmo — e começa a usá-la.

A visão que comunico a você nestas páginas existe em meu coração e minha mente. A partir do coração e da mente, criamos nossa realidade. O único futuro viável tem de existir numa pequena escala comunitária, em vez de uma escala grande e centralizada. É óbvio que foi um erro permitir uma grande infraestrutura social ditar o desenvolvimento das comunidades com base na centralização de recursos. A estrutura atualmente no poder desumaniza a sociedade. Ela nos torna dependentes de um governo central e um sistema bancário central, e "vítimas" de um grupo de elite central controlando todos os recursos básicos e fundamentais do planeta.

Quando as comunidades locais deixaram de ser responsáveis por questões ambientais, abriu-se uma grande brecha para o abuso corporativo e a colocação de interesses financeiros acima do bem-estar individual e planetário. Com a poluição da água e do ar encarada como assunto de Estado, o resultado foi a destruição sistemática do meio ambiente sob o controle de políticos e empresários a serviço das corporações. A criação dessa estratégia global de controle dos recursos deixou claro que políticos individuais podiam ser manipulados com mais facilidade do que as populações locais, especialmente as que sofriam as consequências de beber água contaminada ou respirar ar poluído.

Proponho um plano ecológico com vistas à paz, com um programa que inclua todas as áreas de desenvolvimento social e cultural. O objetivo é restabelecer a soberania humana. Os seres humanos têm de criar agora um novo futuro. Isso não implica só cooperação no plano pessoal; isso exige compaixão prática e efetiva como critério principal para o uso de recursos econômicos, financeiros, habitacionais, agrícolas e ambientais. Mais cedo ou mais tarde, uma rede de pessoas com ideias semelhantes será capaz de criar paz, cooperação e entendimento internacionais. Isso, por sua vez, vai impulsionar uma economia inteiramente nova, baseada no intercâmbio justo em vez da atual ganância corporativa, que só visa ao lucro.

Eu pretendo criar um Fundo através de nossa rede bancária cujo principal objetivo será a "Integridade de Recursos". Vamos desenvolver modelos que possam ser usados em todo o mundo, mas não no interior das grandes cidades, cuja própria estrutura e manutenção contrariam o desenvolvimento humano soberano. Esses modelos valerão para comunidades menores e áreas mais pobres da sociedade humana, onde se produzem alimentos mas os investimentos são escassos. O modelo inicial poderia incluir o seguinte:

Centro de Contato Cósmico St. Clair: o "Eldorado" ou minha visão do futuro. Grupos de pessoas vão criar aldeias ecológicas, pequenas e autossustentáveis, espalhadas por todo o planeta. A intenção é receber pessoas de todas as raças. As comunidades serão fundadas como parte de um projeto financeiramente viável e economicamente seguro.

Poucas pessoas terão residência fixa em cada comunidade. As outras viverão nesse lugar alguns dias ou meses de cada vez, para estudar e ensinar, fazer pesquisas e dar assistência a meu grupo central em projetos internacionais. O "Projeto Nova Terra" pretende se fundir com a paisagem ao redor, dando proteção às aldeias, mas aproveitando elementos de beleza e estética para criar equilíbrio e paz no ambiente.

Meu Refúgio vai reunir indivíduos inovadores de todo o mundo num local tranquilo. Os hóspedes vão participar de debates para o aprofundamento e intercâmbio de conhecimentos. Esse será um centro de energia telúrica, pode beneficiar os que vêm até esse local com a intenção de ajudar nas mudanças globais. O Refúgio será construído com grande cuidado para estabelecer um ambiente equilibrado que sirva de base para o "centro de contato". A ideia principal é carregarmos sementes dentro de nós, e é tempo de plantar essas sementes para criarmos um futuro novo para toda a humanidade.

O Centro de Contato será um espaço para as pessoas se conectarem consigo mesmas, com sua visão, entrarem em contato com os ancestrais e os mundos invisíveis. Ele vai funcionar em cooperação com o Refúgio. Todos os interessados terão acesso a um acervo de conhecimentos no centro. Vou reunir também nesse centro uma biblioteca pioneira no mundo. A base para todas as atividades associadas ao "centro de sobrevivência cósmica" será a consciência, cooperação e respeito pela Terra e os outros planetas.

O Refúgio de St. Clair na Terra será criado com ênfase na navegação pelas estrelas. Uma "escola de sobrevivência na Terra" vai ensinar pessoas de todas as idades a integrar-se e viver em regiões selvagens — tanto do ponto de vista espiritual quanto físico. Essas habilidades serão ensinadas com a percepção de que a Terra é um ser vivo e nos dá tudo de que precisamos, e portanto merece nossa gratidão como parte de um relacionamento e uma amizade constantes.

O Centro de Cosmologia vai oferecer a oportunidade de estudo pessoal e consultas privadas e, para os interessados, uma oportunidade de observar as habilidades de um astrólogo. Além das consultas individuais, os participantes vão aprender a entender melhor as forças planetárias. Eu vou mostrar como lidar com as circunstâncias numa posição de força, não de vítima. As estrelas se tornarão uma dinâmica viva na vida dos participantes. A ideia é mostrar que cada um de nós tem uma relação poderosa com o universo. Essa relação nos ensina paz, alegria e estabilidade em nosso cotidiano.

O Centro de Intuição Psíquica vai ensinar os participantes a usarem a intuição psíquica em todas as áreas da vida, por exemplo velejar, escalar montanhas, mergulhar, aprender técnicas de sobrevivência e de cuidados médicos, estudar Astrologia, operar um negócio ou uma economia estratégica, assim como nas situações da vida cotidiana. A intuição psíquica será usada como ferramenta para se conectar com a mente interior, e os participantes vão aprender a usá-la no dia a dia, em casa ou no trabalho. Os participantes vão aprender a enxergar além dos padrões normais para decidir mudá-los. Precisamos saber usar "a visão". O grupo central de sábios, videntes e xamãs que vão me assistir nessa tarefa vai descobrir novas tecnologias capazes de desenvolver um mundo pacífico. Os participantes vão aprender a dirigir e usar o escudo da energia Prana ou Chi para manter seu próprio equilíbrio energético. Eles vão aprender a criar uma estrutura intacta de proteção como apoio valioso para a cura do corpo. O campo de força psíquico é um escudo de autodefesa.

O Centro de Engenharia Energética vai se encarregar de técnicas práticas, que incluem o uso de plantas e ervas medicinais para curar e fortalecer o corpo físico. Também vamos aprender a usar a mente em processos autoterapêuticos, "conversando" com o corpo para restabelecer o necessário contato consigo mesmo. Os "médicos" diretos serão as montanhas, plantas e árvores, capazes de fortalecer os participantes para encontrar soluções e assumir a responsabilidade por sua própria saúde. O complexo corpo-mente é a chave da saúde física e espiritual.

O Centro de Meditação será um lugar sagrado onde as pessoas podem receber paz no coração, paz mental e serenidade absoluta sob as estrelas. Será cuidadosamente posicionado em equilíbrio com as energias da Terra e em ressonância com as frequências humanas e os sistemas energéticos. Essa concentração de silêncio será a ponte para o contato com a luz Cósmica. Será em elo entre a Terra e as estrelas, conectando passado, presente e futuro numa força vital unificada. Esse espaço sagrado será o cerne de tudo o que vai acontecer nos centros de sobrevivência, ensinamento e contato.

O Centro de Cânhamo Orgânico vai fornecer alimentos para os residentes e visitantes do Refúgio e do Centro de Contato. Também dará aos visitantes uma experiência prática de como trabalhar com o planeta de maneira equilibrada. A Fazenda de Cânhamo vai dar às pessoas de qualquer ocupação uma oportunidade de tomar parte na produção do seu próprio alimento. Elas vão entender nossa relação com o reino vegetal como essencial para criarmos seres humanos saudáveis e um ambiente saudável. Esse centro de produção de alimentos vai criar uma base econômica para toda a comunidade. A planta principal será o cânhamo e suas variedades (só as de baixo teor de THC — tetrahidrocanabinol), que podem ser usadas de centenas de maneiras, inclusive para a fabricação de tecidos. *Segundo relatos antigos, Buda comeu uma semente de cânhamo por dia em seu jejum de seis anos antes de atingir a iluminação.*

O Centro da Paz de St. Clair vai coordenar projetos de paz em todo o mundo. Será um centro de cooperação de magos, transpondo todas as barreiras sociais, religiosas e culturais para criar uma relação vibrante e viável entre pessoas de todas as idades e origens. O Centro da Paz será uma fundação para discussões e palestras de especialistas nas ciências de Astrologia, Alquimia, Cosmologia, Terapias Alternativas, Economia, Civilizações Nativas, Literatura, Música, Artes e todas as formas de intercâmbio transcultural de sabedoria antiga e novos conhecimentos. Vou ajudar a construir uma rede de centros de caráter semelhante em todo o mundo para produzir sinergias e realizações concretas em direção à paz e à compreensão, durante e depois das mudanças globais.

Já me disseram que essa pode ser a parte mais ambiciosa do projeto. Mas, sem ela, os outros componentes não têm sentido. Prevejo centros como esse florescendo em todo o mundo, tornando-se uma rede vasta, inspirada e inspiradora, de pontos focais de luz, alegria e crescimento espiritual sem esforço.

Novas Tecnologias da Comunicação será um espaço de colaboração sinergística constante com meus clientes nas técnicas de autoadministração, marketing e relações públicas, e na criação de serviços de comunicação independentes, tanto públicos quanto privados. Isso inclui a formulação de novos modelos econômicos e pesquisas sobre a arte da telepatia. Teremos nossas próprias redes de telecomunicação e vamos criar novas linguagens de informática. O centro também vai receber escritores e pensadores em eventos especiais.

O Centro de Arte Orgônica vai se ocupar com dons criativos capazes de fundir alquimia, ciência e arte num só objetivo. Criações físicas têm uma "marca" energética, que interage com o campo magnético ao redor da Terra. A ênfase seria a criação de arte com utilidade prática. Exemplo disso é a bela cerâmica Anasazi (povo indígena norte-americano que viveu aprox. no século XII a.C.), ao mesmo tempo arte funcional e *design*. As descobertas de Nikola Tesla e Wilhelm Reich também são criações artísticas que podem ser usadas em nosso mundo como arte funcional.

Mundo Aquático (*Waterworld*). A água é a substância mais importante para a vida em nosso planeta. Todos os seres vivos são feitos em grande parte de água. Nós, humanos, consistimos em mais de 70% de água. Portanto, é essencial termos água saudável e *viva* para nossa sobrevivência.

A água é o elemento mais precioso e importante deste planeta. É até mais necessário para nosso sustento do que a comida. Mas a água tem de ser limpa. Água poluída ou estagnada cria um ambiente propício às doenças. As comunidades têm de criar suas próprias alternativas para o tratamento centralizado de esgotos. Não tem sentido mandar a água suja através de canos de escoamento até uma estação central, quando o processo de tratamento pode ser muito mais eficiente e econômico. A empresa Living Technologies, por exemplo, desenvolveu um sistema de tratamento de esgotos eficiente e ecológico que pode ser usado em escala local, com os melhores resultados. Uma "Máquina de Tecnologia Viva" está em operação em Findhorn, na Escócia.

Com o colapso e morte da infraestrutura redundante do mundo ocidental, que prevaleceu durante séculos, a tecnologia de ponta do "Centro de Sobrevivência Cósmica" de St. Clair vai se ocupar com técnicas ultramodernas de vida natural no futuro. Ele vai procurar caminhos para promover engenharia ecológica como alternativa eficiente e superior aos nossos sistemas atuais de abastecimento e filtragem da água. Os objetivos do meu Centro incluem soluções sustentáveis e pesquisas sobre energia livre.

Tenho aconselhado cientistas importantes da atualidade que tentam criar soluções. Em simpósios e encontros privados, mostro à minha clientela como devemos nos preparar dos pontos de vista técnico, emocional, espiritual e mental.

O futuro é agora

"Não devemos mais depender da opinião pública ou de uma autoridade inexistente em questões altamente desconhecidas e estranhas. Aos poucos, nós mesmos temos de nos tornar especialistas no domínio do conhecimento do Futuro."

~ Wilhelm Reich

Alguém me disse certa vez que sou um espelho para as outras pessoas... que elas podem ver a si mesmas em mim. Isso explica minha infância incomum, já discutido antes neste livro. Somos todos filhos do deus egípcio Atum. Viemos das estrelas e da Terra. Caso contrário, não estaríamos aqui neste momento.

A relação com a vida lhe mostra quem você é. Então, por que as pessoam se voltam para uma autoridade espiritual para descobrir o que é a vida? Cada um de nós entra no experimento do mundo físico com olhos espirituais. Obviamente, a maioria deve ter esquecido a verdadeira experiência do nascimento. Por que perguntar a outra pessoa quem você é e por que está aqui? A verdade é que cada um de nós tem a capacidade interior de se lembrar de si mesmo, se tentar com intensidade suficiente.

O mundo invisível dos seres antigos me ensinou pacientemente a assumir o comando da minha própria vida. Recebi pouquíssimas respostas diretas às minhas perguntas. Isso acontece de vez em quando, mas é raro. As respostas que vêm do mundo do espírito são catalisadores; me levam a descobrir as respostas por mim mesmo. Às vezes acontecem coisas que despertam um saber interior ou uma iluminação. A verdade que me foi revelada é: sou ao mesmo tempo o professor e o aluno, o mestre e o discípulo.

Quando você aprende, o tempo é irrelevante. Tudo o que importa quando você está aprendendo (isto é, ensinando a si mesmo) é o elo interior ou percepção interior. Pode-se chamar de "bússola individual". É como um fio dourado da consciência. A luz da percepção ouve e aprende, transformando cada experiência num diálogo mudo com um "Mestre da Luz". Há uma chama pura de luz no centro de sua vida. Todas as experiências se voltam para essa chama. Todas as vivências das encarnações ao longo do tempo e do espaço retornam para essa chama, a fonte da existência de cada um.

Não tenho certeza do que aconteceu para eu ter essa percepção. Simplesmente aconteceu. Começou um dia antes da Lua cheia e durou três dias. A sensação foi mais forte durante a Lua cheia e no dia seguinte. De manhã, acordei e percebi claramente um espírito poderoso vibrando com minha forma física. Eu podia sentir de que maneira meu espírito estava preso ao corpo. Era uma sensação de restrição e falta de liberdade, causava grande desconforto a meu ser físico-material.

Com todos aqueles planetas, galáxias, supernovas e sóis centrais lá fora, parecia injusto meu espírito eterno ficar restrito a este corpo. Essa percepção se tornou quase dolorosa para mim, pois suscitava todo tipo de perguntas. Como o espírito pode existir dentro da experiência física? A sensação de restrição ficou ainda mais forte. Não estamos em busca da libertação? Não tinha sentido formas espirituais procurando liberdade enclausuradas dentro de uma realidade física restrita.

Apesar disso, existe algum tipo de liberdade no fato de sermos hóspedes do planeta Terra. E quem quer viver para sempre? Comecei a entender que, sem essa restrição, o ser espiritual vagaria pelo universo sem desejo de voltar a um espaço-tempo local. Interagindo com o tempo físico, nós nos tornamos alquimistas de nossa experiência de vida. E por um bom motivo!

Vivências como esta são fascinantes. Elas nos mostram quem somos, se estivermos dispostos a encará-las como espelhos refletindo nossa realidade interior. Em si mesma, a experiência (agradável ou desagradável) não importa. Importa é o que ela nos ensina. A realidade dentro de nós é o jardim zen de nossa existência e nosso devir. É a realidade da vivência deste mundo. Isso *é* aprendizado. Quando a realidade interior olha para o espelho da vida, uma presença eterna se reflete no espelho e a partir dele. A chave da liberdade está em nossa capacidade de olhar diretamente para o espelho e enxergar quem somos. A vastidão é então refletida na limitação formal escolhida para nós mesmos.

O espírito livre contido na restrição formal é uma vivência do plano mais elevado da existência. O desejo de escapar à restrição da realidade física nos divide. Essa divisão é o desejo de viver em outro mundo. Mas esse mundo não é algo de que precisamos fugir. Quando os humanos falam em libertação, geralmente pensam em fuga... escapar de alguma coisa para conquistar a liberdade. Para criar uma realidade qualquer, é preciso comprimir algo sem limites. Sem contornos, não há experiência.

A sensação de meu espírito acorrentado ao corpo físico e limitado pelo mundo da carne era, a princípio, insuportável. Eu alcançara algo que tentava entender desde minha entrada no tempo-espaço físico. Através do brilho da Lua cheia, percebi claramente que eu era espírito em forma humana. Também senti a presença de meu ser espiritual e o significado da liberdade. Ao mesmo tempo, senti a restrição física e o significado desses limites.

A simbiose estranha entre as duas coisas me foi mostrada por meio de duas forças iguais e opostas. O espírito que voa livremente sente-se fortemente atraído a experimentar a unidade do ser. O instrumento físico tenta conservar sua base e sujeita-se para poder continuar sua existência. A simbiose fica oculta para nós, caso contrário iria interferir em nossa existência física. Ao mesmo tempo, a percepção de sua existência é necessária para entender a natureza dessa realidade. A paz mental e a paz do coração só são possíveis quando o ser humano mergulha plenamente na vivência humana.

Em última análise, destruímos nossa própria liberdade lutando contra a experiência da restrição de nossa forma física. Ao observar as duas forças que criam minha manifestação física neste planeta, ficou claro que a beleza dessa união é tão assombrosa quanto o próprio universo. Junte as duas coisas e desfrute sua jornada pela vida. A união entre espírito e matéria magnetiza a realidade.

A humanidade e este mundo se preparam para a aventura de uma transição Cósmica de transmutação da vibração e da consciência. De repente, as coisas serão totalmente diferentes. O que faremos então? Estamos hoje perto do apogeu de uma era. Pessoas com visão e percepção proféticas — ou intuição psíquica — encarnaram neste planeta como arautos dessa mudança iminente. Algumas delas — inclusive crianças — são videntes.

Esses visionários buscam incansavelmente a verdade. Suas almas estão a serviço dessa verdade e seus corações têm um compromisso intransigente com os planos do divino. Seu verdadeiro objetivo para estarem neste mundo é prestar esse serviço, como recipientes luminosos e puros por meio dos quais o universo nos transmite suas energias de conhecimento. Esse é o "Zen da Magia".

Parte do que eles vieram fazer aqui é derrubar a fachada das mentiras, distorções e corrupções que comprometem a humanidade e degradam o planeta Terra. Outro objetivo é fazer a luz da verdade brilhar através deles, iluminando aspectos obscuros de nossa cultura global, renegados por tanto tempo, e expondo assim a fraude em que se baseia o paradigma atual. É óbvio que poucas pessoas dentre toda a humanidade estão preparadas — pelo menos neste momento — para enxergar o que essa intuição visionária tenta revelar. A maioria não só se sente ameaçada, como também renega e repudia as visões proféticas — mas isso também vai acabar.

Enquanto espécie, e sobretudo para os que nasceram e cresceram no Primeiro Mundo — o chamado "mundo civilizado" —, fomos profundamente condicionados a pensar, sentir, falar e agir de acordo com padrões egoístas de pensamento, emoção, palavra e ação, baseados no medo. Esse condicionamento coletivo contribuiu para o paradigma vigente hoje em dia, causa a degradação sistemática, a dizimação e a profanação da vida tal como a conhecemos. Estamos assistindo agora ao fim da cultura de dominação, antes de passarmos para uma cultura de parceria.

Os videntes vieram anunciar o que está prestes a acontecer. Também estão aqui para desfazer a rede de mentiras e maus hábitos baseados no medo e nos desejos do ego e para o ego. Mas o pano que recobre a mentira vai cair e a luz da verdade vai brilhar. Mais cedo ou mais tarde, a própria mentira será trespassada por essa luz e transformada por seu fogo. Por meio dessa revelação, a humanidade será finalmente purgada e ficará livre da "doença" que a possui atualmente.

Camadas espelhadas da realidade sempre me fascinaram. O espelho da visão, de Galadriel, atravessado por Frodo em *O Senhor dos Anéis*, me mostra mais do que "quero" ver. De alguma maneira, em meu mapa astral estava inscrito que eu iria lidar com vários níveis de comunicação, tanto com respeito às várias línguas que realmente falo, quanto em matéria de telepatia e códigos. Estes últimos são cores, sons, arquétipos e os "Símbolos do Destino". Também estava inscrito em meu mapa astral que recebi o saber das estrelas antes de chegar até aqui. Mostrei um pouco desse saber neste livro. Por favor, use-o de maneira sensata.

Para ser franco, poucas pessoas conseguiram me entender. Eu parecia distante dos demais, assim como pareço hoje em dia. Só mais tarde as pessoas vão entender que vim para encontrá-las e ajudá-las a partir do futuro, voltando para os dias de hoje. A verdade é que não sei mais hoje em dia do que sabia na infância — pois este é o caminho do espelho.

O caminho do mago, o Mestre da Luz, a intuição psíquica, a sensibilidade interior e a visão de futuro estilhaçam a ilusão do sistema. Temos de usar "a visão", o ângulo da realidade presente nos sonhos, pois os sonhos são dragões multicoloridos de nossa realidade e globos dourados da consciência.

Nossos sonhos criam a realidade e nossa realidade está inscrita nos sonhos. Cheguei certa noite a um lugar que conheço bem, mas não tem sentido dizer isso dentro dessa realidade física. Em algum lugar nas montanhas, perto do mar, há uma comunidade de pessoas semelhantes a nós, mas neste tempo-espaço em que vivemos elas estão tão fora do nosso alcance quanto Shambhala.* Mas essas pessoas podem conversar conosco em nossos sonhos, talvez para juntar as duas realidades numa só.

No lugar que costumo visitar durante o sono, as cores têm uma profundidade diferente. Os sonhos parecem mais próximos da realidade. As montanhas podem ser sentidas como uma realidade viva por meio da psique. As emoções são equilibradas, pois têm relação com uma concepção saudável da vida e não simplesmente com os desejos do ego. As texturas são sentidas através da mente e pela mente, não meramente como percepção física. Por mais que a vida hoje em dia seja difícil, alguns de nós estão ligados ao futuro de maneira espiritualmente avançada.

---

* Comunidade internacional de 165 centros de meditação, fundada por Chögyam Trungpa e liderada atualmente por seu filho e herdeiro espiritual, Sakyong Mipham. (N. do T.)

O poder usado para equilibrar o atual desvio no espaço-tempo é a luz da criação inscrita em nosso futuro coletivo. Nós somos pessoas do futuro que olham para o presente. Os momentos compartilhados agora são como blocos de concreto para construir um mundo novo. Não por acaso visitamos locais sagrados em nossos sonhos, experimentando realidades e trazendo-as de volta para a Terra de olhos abertos, à luz da manhã.

Investigar o futuro é o que mais gosto de fazer. Por causa de minha personalidade incomum, minha vida não é "normal". Bem, talvez eu não seja "normal" ou a sociedade não seja "normal". Prefiro pensar que simplesmente não sigo as regras. Isso me dá mais liberdade para mudar de forma e para observar o mundo de maneira sempre nova — e ao mesmo tempo investigar o futuro.

O tempo não é uma noção que as pessoas conseguem entender direito, pois é uma realidade de várias camadas e ao mesmo tempo uma ilusão sutil. Uma porta se abriu para mim desde o início (e vai continuar aberta para sempre). Desde então, as duas forças — o tempo e os portais de passagem — me acompanharam ao longo dessa vida incomum e cheia de aventuras. É basicamente isso o que o "Mestre da Luz" me mostrou. Você é seu próprio futuro. Ele está dentro de você. Entre em contato com ele!

Somos seres de alegria e luz, embora alguns de nós pareçam abatidos por acreditarem nas divisões e conflitos do ego. Por natureza e convicção, sou um explorador. Os planetas do meu nascimento sugerem que tenho de estudar a vida para entendê-la. Gosto de companhia e dou valor às minhas amizades. O espírito do mundo invisível me ensinou a explorar o desconhecido, percorrer territórios espirituais não registrados no mapa, ficar oculto em plena luz do dia, enquanto analiso, observo, vejo e ouço... Minha missão é descobrir novos lugares e trazer essa informação de volta às pessoas que querem chegar lá.

Exploro perigos e descubro soluções. Vejo os riscos e oportunidades inerentes. Não me importo de enfrentar dificuldades e encontro uma saída para elas com o mínimo esforço. Quando uma comunidade quer sobreviver, é muito importante que use um esforço mínimo para encontrar a sustentação mais firme, tanto do ponto de vista psíquico quanto físico. A nave-planeta Terra é uma comunidade tentando reconquistar o equilíbrio. Algum conhecimento avançado seria útil para cumprir essa missão.

A "paisagem" que as pessoas menos enxergam é a da psique, ou jardim zen da nossa existência. Isso é realmente estranho, pois sem a psique nada pode existir e não há jornada ao longo da vida. Sozinho, o corpo físico não consegue seguir seu caminho de vida. Mas as pessoas continuam presas ao mundo material e físico, embora depois da morte o corpo físico se imobilize e o espírito se mude para terras desconhecidas. Esse é o começo da jornada da alma. Nesse sentido, seria melhor nos acostumarmos desde já a olhar para o espelho da psique.

Tenho o maior respeito pelo saber do meu espírito. O espírito realmente governa a realidade. Não sei como ele faz para revelar o futuro no presente, mas exatamente isso está acontecendo. Efeito máximo com energia mínima mas concentrada, assim como meu instrutor zen do exército suíço me ensinou. Ele era um coronel que sabia algumas dessas coisas. Ele "lia" as pessoas como se fossem livros e ajustava a realidade de acordo com isso.

Do ponto de vista mental, a maioria das pessoas não saberá lidar com essa situação ou fenômeno da mudança. Algumas vão ficar quase loucas e outras simplesmente vão morrer em silêncio. Quando isso começar a acontecer no plano coletivo, espero que você esteja num lugar seguro.

O "Mestre da Luz", que me mostrou o zen do conhecimento em meu castelo, me convenceu de que temos de imaginar outra realidade para criá-la. Isso será necessário em algum momento. Mas antes temos de libertar o espírito criativo da mente, superando as limitações impostas pelo pensamento e entrando numa vibração Cósmica mais elevada.

A próxima série de eclipses vai acionar mudanças por muitos anos, até 2020 e mais além. Esse é um sinal de que nos aproximamos de um período de transformação. As almas transumanas capazes de comunicá-la serão nossas amigas. O processo está cada vez mais próximo. Na verdade, já começou a acontecer. Estamos muito perto de cruzar as zonas do tempo. Nesse futuro, é essencial um número mínimo de pessoas realizar a mudança psíquica antes que a travessia das zonas do tempo aconteça fisicamente — quando o mundo invisível se tornar visível.

A ampulheta vazia

"Migres, migres de Geneve trestous
Saturne d'or en fer se changera,
Le contre RAYPOZ exterminera tous,
Avant l'a ruent le ciel signes fera."

"Deixem, deixem Genebra todos vocês,
Saturno de ouro vai se transformar em ferro,
O contra RAYPOZ vai exterminar a todos,
Antes do Advento o céu dará sinais."

~ Nostradamus (estrofe IX.44)

Ao longo de minha vida, o céu me mostrou muitos sinais. Naves espaciais extraterrestres, luzes que piscam, augúrios celestiais, alinhamentos astrológicos e "linguagem verde" são coisas que conheço há muito tempo. São como velhos amigos. Mas ninguém ousa decifrar esta profecia — a da estrofe IX.44 — do vidente francês.

A economia (Saturno) vai substituir o sistema bancário (ouro) por algo mais simples — o ferro, o escambo (troca de mercadorias). "RAYPOZ" ou "ZOPYAR", Deus dos ventos, ou o uso (Saturno) de raios iônicos, abre muitas possibilidades para interpretar esta chave. Será que Nostradamus vê o CERN (European Centre for Nuclear Research) e seu acelerador indo para o sul?

Quem gostaria de enfrentar "RAYPOZ"? Qual planeta Saturno vai oprimir? É um planeta conhecido ou desconhecido? Saturno também é descrito como "Senhor do Tempo" e como aquele que dá forma. A profecia fala de uma mudança de eras, uma mudança de mundos e talvez até do deslocamento do eixo polar. Mas a referência temporal é vaga...

O eclipse foi esplêndido, uma imagem perfeita. O círculo do arco-íris cintilava acima das montanhas cobertas de névoa da magia zen. Dessa vez, o "Mestre da Luz" estava a meu lado no "Salão dos Profetas", velho de oito séculos, do Castelo de Chillon. Uma vastidão imensa do sagrado emanava de sua presença, preenchendo o ambiente. Ele me ensinara a questionar tudo e buscar ação correta. Essa era minha iniciação final à arte da visão. Depois disso, tudo o mais pareceria banal.

Juntos, olhamos para Josué e outros grandes profetas pintados no teto por célebres artistas dos Templários no final do século XII. As cores se fundiam com as luzes irisadas das altas janelas góticas. Aquário, o portador de água, estava pintado no vértice da cripta, um pouco apagado mas ainda derramando saber de sua urna. E esse saber consistia no seguinte: o processo evolutivo humano vai se acelerar agora e uma "superconsciência" vai emergir na humanidade.

Eu decidi lhe fazer outras perguntas. As respostas a essas perguntas vieram da essência do seu ser. Perguntei: Onde está o absoluto? E quem é você? Houve um longo silêncio. Ele sempre ficava em silêncio no início, para que no espaço entre pensamentos e palavras se criasse um contato mais profundo de uma mente para a outra. "Sua mente incondicionada precisa de liberdade para descobrir isso."

O homem do futuro olhava através do portal do tempo que ele e eu tínhamos criado milênios atrás. Seu olhar apontou para um barco que flutuava no lago perto de nós. Para um observador ingênuo, estávamos só admirando o lago de Genebra pelas janelas góticas, ou contemplando aqueles afrescos atemporais, ou talvez meditando — ou alguma coisa desse tipo. Ninguém que nos visse juntos entre os visitantes estrangeiros teria condições de adivinhar o que se passava durante o eclipse do mensageiro de luz e som.

Mas na verdade víamos o futuro a partir de um tempo ainda por vir, olhando para o lago que agora se tornara para mim um "espelho da visão". Estávamos criando energia que nunca se dissipa. Teria de ser magia aplicada em ação, a ação de um guerreiro pacífico e iluminado, gerado enquanto caminhávamos, que ele me apresentara para explicar o fim da dominação e a noção de sobrevivência pela renúncia. Ele me mostrava o que via através de uma "janela" da realidade que alguns chamariam erradamente de "sonho".

Dizem que os sábios nunca sonham. Estamos sempre conscientes e atentos sem esforço. A realidade elabora a si mesma por meio de nossos sonhos psíquicos, assim como eles traçam seu caminho até a realidade concreta. O portal do tempo de Chillon e sua janela para a atemporalidade se abriam para aquilo que hoje sei ser o limite da realidade. Mais uma vez, a visão se tornou sua própria ação. A única maneira de predizer o futuro com exatidão é criando-o — atravessando-o da maneira que julgarmos mais sensata... vivendo-o.

O que vi foi incomum, para dizer o mínimo. Um grupo altamente eficiente e bem treinado de homens e mulheres entrou em meu campo de visão. Eles usavam uniformes cinza-escuros como os dos engenheiros que trabalham numa estação espacial. Aquele grupo de pessoas me pareceu extremamente coeso e disciplinado. Sua aparência era quase "militar", mas era óbvio que eram muito mais evoluídos mentalmente e muito mais avançados do ponto de vista humano.

Houve um silêncio denso por trás do grupo quando uma presença translúcida brilhou através de uma pirâmide de vidro sob a superfície do lago, e uma sala branca — oculta da luz forte que enchia a área principal onde eles tinham entrado — abriu-se para revelar o mundo deles para mim e fazer com que meu mundo fosse deles. Esse mundo parecia funcionar com absoluta precisão, sem ruído e de maneira totalmente pacífica. Os instrumentos à mostra eram "máquinas da percepção".

O líder do grupo de onze adiantou-se como se fosse me dar as boas-vindas em seu santuário de lucidez. Sua conduta mostrava grande inteligência. A maneira como se mexia deixava claro que seu treinamento fora exato. Sua atitude era mais do que eficiente — era concebida energeticamente para ser meticulosa, pois ele me transmitia seus pensamentos com uma precisão e clareza que se traduziam em segurança quase sobre-humana. Seus olhos azul-celestes traíam um vislumbre de delicadeza; era um olhar que estava além da esperança. Alguns chamariam isso de compaixão.

Os cinco homens e cinco mulheres que trabalhavam sob as ordens daquele "senhor do tempo" estavam obviamente acostumados a agir em conjunto. Um senso de lealdade pela missão a ser cumprida e uma compreensão sem palavras que vai além da telepatia emanavam do grupo de almas transumanas avançadas. Se eu visse aquelas pessoas numa noite escura perto de um cruzamento numa estrada deserta, com toda a certeza imaginaria que não eram deste mundo.

Às vezes, a verdade é mais estranha do que a ficção. Aquelas pessoas não eram realmente deste mundo, mas estavam nele. A estranheza tem de coexistir com a estranheza nos tempos em que vivemos, para poder ser acolhida e saudada pelo que parece ser um grupo de "visitantes" do outro lado da ponte do tempo. Uma ideia ainda mais estranha: e se fôssemos nós que os visitávamos em seu espaço-tempo? E se fôssemos os visitantes do "outro mundo"? Como você agiria entrando no *mundo deles*?

O "Mestre da Luz" tinha me ensinado por cerca de quarenta anos dessa encarnação. Talvez ele e eu nos conhecêssemos por um período de "tempo" que pareceria irreal para muitos. Mas o conhecimento que ele e eu compartilhávamos não era deste mundo nem deste tempo. Ele me preparara para aquele encontro de mentes e me ensinara a enxergar. Uma energia infinita agia através dele.

Eu sabia que aquele grupo de "senhores do tempo" tinha me procurado porque queriam minha ajuda em sua obra de arte final. Mas para quê? Por que agora, e como? Percebi que podia lhes "mandar" meus pensamentos, e eles respondiam. Eles tinham tendência a responder-me sem palavras, às vezes por meio de sinais e outras vezes diretamente. Eu podia entender sua linguagem diversificada e seus hábitos de comunicação. Na verdade, o fato de entendê-los abria novas áreas em minha mente. Você tem de usar as ferramentas que recebeu da natureza, ou elas simplesmente não funcionam.

Elementos de minha vida se entrelaçavam como ondas que se cruzam na praia. Aquele ensinamento não tinha começo nem fim.

* * *

Inquiri o "Mestre da Luz" sobre o alquimista mais enigmático de todos os tempos, um homem conhecido como Fulcanelli, cuja identidade é misteriosa e desconhecida. Em 1926, Fulcanelli publicou sua obra-prima, *Le Mystére des Cathédrales*, numa pequena edição limitada a 300 cópias. Este livro fora do comum é comentado até hoje pelos "ocultistas" e alquimistas europeus. Nele, Fulcanelli escreveu:

"A idade do ferro não tem outro selo que não o da Morte. Seu hieróglifo é o esqueleto portando os atributos de Saturno: a ampulheta vazia, símbolo do tempo que chegou ao fim..."

O "Mestre da Luz" sorriu quando lhe perguntei sobre o fato de Saturno transformar ouro em ferro. O chamado "Alvorecer Dourado" ocultista vai retornar agora como ciência férrea e intransigente. Estamos chegando ao fim dos tempos, como Krishnamurti e David Bohm discutiram no século XX.

A Astrologia inspirada pelos "senhores do tempo" tem elementos constituintes de tempo e energia codificados nas estrelas. Se Nostradamus deixou "cápsulas do tempo" que ninguém consegue entender e os "ocultistas" codificaram a Natureza "incodificável" em muros de pedra de catedrais e castelos, a nós, hoje e amanhã, só resta a ação correta baseada em nossa intuição antecipatória. Por isso os "Elfos Superiores" usam a luz como linguagem — para as coisas ficarem mais claras.

Quando o líder dos "senhores do tempo" caminhou até mim para me mostrar sua ciência, também usava linguagem luminosa. Eu recebi uma quantidade incrível de conhecimento e níveis holográficos de informação sobre quem eles são de fato e por que surgiram aqui e agora, em nossa zona temporal — com Netuno em Aquário — e nessa transição específica da história terrena.

O cérebro antigo estava morto. Uma mente nova ganhava forma. Ela não precisava de memória e interagia dinamicamente com o saber sagrado, parte do éter e dos elementos constituintes do mundo material em três dimensões. É uma mente capaz de se reinventar. O objetivo desse grupo de sábios é o bem da humanidade. Eles estão aqui para lembrar nosso futuro, e assim redimir seu próprio passado. Eles nos mostram o caminho para seguir além. Aprendendo seus segredos, tenho condições agora de entender o sentido dessa existência e de que maneira podemos mudar o futuro.

Eles eram e são o que se poderia chamar "sábios xamânicos", como os "jesuítas" do espaço, mas não estruturados de maneira sistemática. Embora não usassem insígnias visíveis em seus uniformes cinza, causavam uma impressão de videntes esotéricos do mais alto nível, ou de viajantes interplanetários do espaço-tempo.

Eles lembravam estranhamente meu tempo de serviço no exército suíço, onde não havia necessidade de uma distinção entre oficiais superiores. A pessoa era ou não era oficial superior. O resto era (literalmente) silêncio. Os viajantes do tempo tomavam cuidado para que nenhuma escuridão circundante estacionasse no local onde estavam, enquanto atravessavam os campos vibracionais. Sua missão era científica e não tinha nada a ver com política ou com os temores cotidianos da sociedade atual. Aqueles homens e mulheres eram exploradores altamente avançados da realidade além do tempo. Na verdade, eles podem criar novas realidades.

Eles não precisavam de reconhecimento de nenhum tipo. Sei que tinham transcendido o desejo da realização, pois eram perfeitos. Estavam aqui para completar sua missão, mas não dependiam dela. Eram tão adiantados que estar em sua presença dava uma sensação quase estranha. Eles me fizeram entender que eu era um deles, uma obra de arte concebida com precisão, um resultado alquímico de sua ciência — o universo aplicado à criação, a Astrologia em movimento, uma mandala iluminada —, caso eu resolvesse tomar parte em sua aventura.

Ao interagir com eles num alto nível de visão, fui iniciado em suas operações. Percebi a aversão inerente sentida pela crueldade dos humanos. Senti que não estavam contentes com nosso progresso como grupo de almas, pois tínhamos fracassado no "teste cósmico". Eles tinham as coordenadas do nosso mundo novo. Mas era uma viagem sem volta. Fui convidado a embarcar. Meu sonho de infância se tornava realidade.

A sociedade deles era parte de uma sabedoria antiga — provavelmente de origem tibetana ou do sistema estelar de Sirius. Ao longo de milênios de seus cálculos, eles tinham alcançado um nível extremo de desenvolvimento científico de energia renovável, ambiente sustentável e autodefesa não violenta. Sua civilização atingira o auge. Funcionava de maneira suave, silenciosa, pacífica e absolutamente precisa. Sem sombra de dúvida, eles tinham respostas para nossas perguntas e eram a solução dos nossos problemas.

Disseram-me ser descendentes de um grupo na Terra que, muito tempo atrás, tinha criado e usado com sucesso a tecnologia magnético-escalar para vários fins. Como me explicou seu líder, eles aprenderam a manipular o tempo, o espaço e a realidade até se tornarem, ao longo de várias encarnações, quem são hoje em dia. Pareciam-me homens e mulheres perfeitos.

Disseram-me que o mundo deles é nosso amanhã, se decidirmos seguir na mesma direção.

Os homens e mulheres dos clãs luminosos eram um resultado supremo de procriação cuidadosa e engenharia energética precisa. Seus horóscopos eram tão exatos que pareciam mandalas assombrosas de poder ou focos de projeção. Esses sinais chamavam minha atenção enquanto examinávamos sua nova geometria e uma Astrologia esférica e totalmente fora da nossa dimensão. Conversamos sobre sistemas estelares que nos espiam de longe, sobre o fato de o universo ser ação direta e como chegar a isso por meio de uma "bússola" interior ou conhecimento direto.

Em geral, sua expectativa de vida é dez vezes maior do que a média humana na Terra. Eles eliminaram a maioria dos males indesejados de sua sociedade com técnicas biológicas pacíficas e seleção harmoniosa ao nascer. Usaram manipulações transformadoras da genética humana em sua jornada evolutiva como espécie. Quando lhes perguntei de onde vieram, disseram-me que eram seres humanos.

Ao longo das gerações, seguiram cuidadosamente os protocolos secretos do saber das estrelas — que conheço agora como "Zen das Estrelas" —, o que implica perseguir um objetivo visionário pela vontade e pela intenção, mas também com uma energia renovável da mente. Eles procuraram e posteriormente acharam juntos o conhecimento dos antigos. Descobriram de que maneira podemos progredir. Isso depende de acionarmos outra parte de nossa mente.

Eu queria saber como fazemos para derrotar o que chamo de "força do mal". A explicação que me mostraram pareceu surpreendente, enquanto preparávamos nosso sonho conjunto para atingir a iluminação.

A "força do mal" que chegou ao planeta Terra há milênios e começou a se alimentar da ignorância dos humanos usa seus próprios recursos, neste caso os líderes políticos e econômicos do mundo atual, para mergulhar a humanidade num estado permanente de medo.

Esse estado de medo e ignorância durou pelo menos 2.500 anos. Mas, ao abrirem as portas para essa força do mal e parasítica, as elites e os próprios seres sombrios se tornaram vítimas de sua estratégia míope. Isso prova que sua inteligência inerente é muito restrita. Eles morrem de medo daqueles que "enxergam" sua marca através da presença da "força do mal".

A evolução da espécie humana — do ponto de vista espiritual e físico — só progride realmente quando passamos de um nível de consciência, na densidade etérea de nossa galáxia e planetas, para um nível de conhecimento diferente ou superior. Esse "salto" da humanidade tem de ocorrer coletivamente, mas também vivido por cada alma humana individual, como no caso dos salmões quando sobem o rio em direção à sua origem. Todos juntos, mas cada um por si.

Na verdade, a "humanidade" não pode progredir como tal. O universo evolui, levando-nos junto com ele. Mas a humanidade precisa estar em sintonia com a força etérea para evoluir. Caso contrário, o universo evolui sem nós. O "Mestre da Luz" me mostrou muitos registros esotéricos — históricos, porém ocultos — de mudanças globais ao longo de centenas de milhares de anos humanos.

Velikovsky e muitos outros mostraram o que realmente aconteceu ao longo das eras. Tornaram claro que a transição da consciência já aconteceu antes no planeta, pois, num período relativamente curto, criaturas indígenas surgiram e desapareceram. A chave oculta do nosso futuro é a possibilidade de transcender o que sabíamos antes. Um salto para o desconhecido. Isso ficou claro quando atravessávamos vários subníveis de densidade.

Agora, estamos prestes a passar para o outro lado de mais um nível da consciência, no qual a mente pode ser livre. O "senhor do tempo" me explicou: quando um planeta entra numa zona de vibração mais alta, sua densidade energética fica mais fina, e torna as ondas espirais subjacentes muito mais complexas. Assim, as estruturas do DNA humano e de outros DNAs simplesmente evoluem para níveis mais complexos ou avançados, e muito mais depressa. Esse é um processo que todos estamos sentindo agora. Mas os que ficaram presos à densidade mais baixa reagem de maneira negativa a essa mudança.

Enquanto trabalhava com as almas transumanas, aprendi que a maior parte da "poeira galáctica" não é só poeira, pois a galáxia de onde viemos e cuja essência respiramos manifesta as qualidades humanas. Essa nova formação energética de DNA vai tomando forma em toda a galáxia. Eu percebi que todos nós caminhamos para um plano mais evoluído da existência graças ao "Zen do Conhecimento". Como astrólogo, encaro esse fenômeno em linguagem Cósmica e planetária, assim como em suas consequências para o planeta.

O mistério que conheço como "antigo começo", ou o caminho dos verdadeiros mestres, é nosso futuro em potencial visto a partir do presente. A função do ser humano como arquiteto Cósmico é o verdadeiro objetivo dos meus amigos do outro mundo. Eles dizem sermos seus ancestrais.

Em nosso mundo, eles facilmente passariam por engenheiros de um voo espacial. Mas, em nossa jornada para seu santuário, mergulhamos em espiral em seu mundo interior muito além do lago, no âmago do nosso planeta, onde o mundo deles tem cavernas brilhantes de cristal e instrumentos de "ponto zero" feitos de diamantes. Ali, eles me mostraram um cristal de milhões de anos de idade que impulsiona a "nave espacial" conhecida como Terra.

Imaginei qual podia ter sido seu objetivo inicial, milênios atrás. Lendo minha mente, o "senhor do tempo" sorriu e mostrou-me o exato momento em que eles realizaram o sonho de gerações incontáveis, a obra de incontáveis civilizações consecutivas. Era isso o que aqueles homens e mulheres tinham criado no que parecia uma eternidade — as aplicações de campo unificado, com campo de luz e tecnologia de "superdefesa" de origem interestelar.

A antigravidade foi redefinida para impulsionar o planeta Terra numa direção diferente. Eles vieram até aqui para libertar a humanidade. Fizeram com que o mundo invisível fosse visível para mim. O que vi poderia confundir a mente até dos cientistas mais avançados. Ia além da atual compreensão humana.

Alcançando a iluminação

"Quem exerce o governo por meio de sua virtude pode ser comparado à estrela do Polo Norte, que fica no mesmo lugar enquanto todas as outras giram em sua direção."

~ Confúcio

De modo geral, aquele fora um dia rotineiro de experimentação contínua e busca de outras realidades, que fui convidado a testemunhar e no qual às vezes tomei parte. A guerra estava sendo travada pelas nações. O Iraque estava agora dividido em três partes; os nomes são símbolos de nossa realidade dividida. O Irã fora surpreendido pela tempestade no deserto. Muitos milênios de traição e conflito tremulavam na chama eterna da realidade.

Nada disso interessava a meus hóspedes. Eles tinham completado a transição para a atemporalidade — o "salto no tempo" —, e agora tratavam de manipular acontecimentos em outra zona do tempo que levariam à transmutação de milhões de seres humanos. Entendi com compaixão que aquilo seria para o bem de nossa dimensão, se decidíssemos dar os passos finais.

Devido à natureza da realidade, intricada e impossível de descrever, o "salto no tempo" continha dimensões ou ramificações múltiplas, das quais eles tinham de isolar uma. Eles precisavam escolher um único elemento-chave, pois outros pontos principais de certas regiões da Terra serviam como contraponto para suas linhas de junção do tempo-espaço. Surgiram linhas quadriculadas, mais avançadas do que conhecemos agora, ligando o conhecido ao desconhecido, interligando pirâmides perdidas e esquecidas, cavernas nas montanhas, outros portais estelares e portais do tempo distribuídos pelo planeta, acima e abaixo do nível do mar. Demorou bastante até tudo ficar pronto. O "salto no tempo" deslizou para o lugar certo e eles viram uma janela se abrindo, enquanto o alvo central desaparecia aos poucos.

Um vidente do grupo me contou que havia um procedimento padrão para lidar com distorções do "salto no tempo": eles simplesmente desconectavam e começavam de novo. O único problema é que, se as coisas saíssem errado, haveria danos colaterais. Os engenheiros se imobilizaram enquanto mantinham aberto o portal das dimensões. O primeiro "salto no tempo" se dissolveu, e em seguida o secundário. O grupo de "senhores do tempo" ao qual eu me juntara se mantinha de pé no salão de cristal e luz, olhando para o que eu chamaria de "signo". Observávamos uma espécie de símbolo do portal estelar em forma de octaedro, girando em alta velocidade.

Aquele portal de luz, o octaedro, era um vórtex espiralado em movimento. Parado, parecia o símbolo de um saber secreto muito antigo, no nível harmônico esotérico de consonância (o Nível 11) do qual eles faziam parte. Encontrar o "signo" parecia sua meta. Esse era o objetivo que eles tinham se proposto a alcançar, muitas gerações antes do começo de nossa era. Os engenheiros do "senhor do tempo" focalizaram as coordenadas dentro da esfera holográfica de cristal. Estabeleceram uma conexão e uma janela se abriu para eles, para que pudessem ver "além do tempo". O campo se abriu diante de nós. Ali estava ele — o Tao Vivo.

Era fascinante observar aquela cena: vi a realidade inteira estender-se diante deles. A janela do "signo" se abriu para o que se poderia chamar de "Nirvana" — tudo o que existe e inexiste. Seres humanos que encarnavam a essência da humanidade estavam diante do portal mais enigmático da realidade — a entrada que os xamãs conhecem como "caminho da alma": o caminho sem caminho ou portal sem batentes. O "Zen das Estrelas" é um reino intransitável para além das dimensões, movendo-se em direção à totalidade. Os "senhores do tempo" sabiam quem tinham sido, quem eram agora, por que existiam e quem seriam no "futuro de sua escolha".

Compartilhei sua alegria, a gratidão que sentiam pela harmonia vital que agia para eles poderem ter acesso àquele espaço. Experimentei a paz e pureza absoluta daquele momento. Sem querer, de maneira totalmente inesperada, eles tinham chegado ao instante de seu próprio começo, olhando para o espelho de sua alma transumana. Uma consciência hiperdimensional que não pode ser descrita em palavras revelou-se para todos nós naquele espaço atemporal. Um trilha dourada se estendeu diante deles — levando até a eternidade e além. A "estrada dos deuses" se abrira, e tudo o que tínhamos de fazer era andar por ela.

Milênios atrás, uma força dissonante e fragmentada corrompeu os administradores (ou guardiões) da Terra. Essa é uma força que viemos até aqui para eliminar. Nossa função é cuidar para isso não acontecer de novo e não contaminar nossa nova sociedade ou mundo. O código de precisão altamente estratégico que orientava a vida dos "viajantes do tempo" viera originalmente de uma fonte pura, ligada desde o começo ao Tao-Te-King.

O conhecimento do Tao viera de um pequeno grupo de homens e mulheres que se propuseram a libertar a humanidade. Claro, esses homens e mulheres vieram das estrelas. Não me lembro de qual estrela, mas imagino que somos viajantes do tempo capazes de transitar entre planetas e dimensões diferentes. O universo inteiro é nosso lar. O mundo lá longe tremulou numa passagem para outra realidade que esperava silenciosamente pela aproximação deles. A linhagem dos "senhores do tempo" atingira seu destino.

Imagine que você está diante do portal que leva à sua própria iluminação, mas não pode entrar. A janela da atemporalidade se fechou enquanto eu observava meus amigos embarcando em sua longa caminhada até as montanhas enevoadas, cruzando a ponte do nada até alcançarem uma nova zona do tempo. A névoa se erguia sobre o lago enquanto eles iam embora para sempre...

Depois de um silêncio longo e inquiridor, que parecia atravessar as montanhas ao redor do lago, e depois de me observar na companhia dos "senhores do tempo", o "Mestre da Luz" me pediu para transmitir a seguinte mensagem aos seres da Terra:

"Suas ações definem a pessoa que você se torna, e a pessoa que você se torna define suas ações — o modo como você age para si mesmo e para os outros".

Ele e eu estávamos de pé no mesmo local onde eu gostava de ficar quando menino — uma espécie de centro de força. Olhávamos para o ponto em que o rio Ródano se encontra com o lago de Genebra, e mais além para as montanhas enevoadas, onde vivem os elfos e os dragões. Ele sabia (assim como eu) que os mesmos olhos tinham contemplado o mesmo cenário ao longo de quarenta anos de alquimia e conhecimento. A alma entra e viaja na aventura da realidade, e para minha proteção ele me ensinara a não convidar o medo e afugentar o mal.

Para criar o caminho da "iluminação", os homens e mulheres deste mundo terão de mudar de rumo e desfazer tudo o que foi feito. É muito mais fácil deixar de poluir e danificar um ecossistema planetário do que remediar o prejuízo depois dele já ocorrer. Quanto mais sua vida se complica, mais difícil é desentortar as coisas depois. Por que sujar a água se é mais fácil mantê-la limpa?

Ao longo dos séculos, algumas almas corajosas e sábias pediram a seus companheiros viajantes que não destruíssem o deserto, as reservas de água, os mares, a atmosfera e o equilíbrio frágil do planeta. Mas eles não deram ouvidos. Governos mundiais, com verbas maciças tiradas dos indivíduos que vivem no interior do sistema, estiveram entre os maiores investidores em esquemas de destruição planetária — por exemplo as guerras. Mas as pessoas que escravizam suas mentes aos "caminhos da destruição" são a verdadeira ameaça de morte para o equilíbrio ecológico e espiritual do planeta.

Vi toda essa trama sendo criada, como um mapa mal-desenhado superposto ao fundamento da realidade. Mas também vi ancestrais que ainda estão vivos e vibrantes na terra do espírito. Eles não morreram. Estão esperando por um ponto de entrada neste mundo. Quando o ponto de entrada chegar, vamos aprender a enxergar as coisas sem a noção de tempo. Alguns de nós já estão presenciando isso, muito antes da volta dos seres invisíveis.

Quando o "terceiro olho" se abrir, chegaremos a esse limiar da percepção, totalmente despertos e sem esforço, para descobrir que nosso passado é o futuro e nosso futuro é o passado. O chamado "ocultismo", que na verdade significa "esconder", vai retornar em forma de ciência. Nosso direito de nascença como seres Cósmicos é a soberania in-divi-dual, não dividida — pois é parte integrante da Criação.

Estamos aqui para cocriar, para cooperar inteligentemente com o universo — neste momento. Para isso, temos de mudar radicalmente nossa mentalidade, libertar nossa mente e entrar em contato com a alma transumana ou atemporal dentro de nós. Vamos chegar à iluminação através do nosso próprio "portal sem ego", o "portal sem portal" em nosso interior.

O "Mestre da Luz" caminhou comigo pelo labirinto de cores irisadas, onde iríamos nos juntar aos outros "senhores do tempo" na energia do vórtex do campo de realidade transformada. Eles tinham desfeito a matriz do "inferno vibracional", e nós nos encontramos no outro lado da fenda, na trama da atemporalidade.

Minha maneira de encarar o "Senhor do Tempo", meu respeito e relacionamento com ele tinham passado por uma transformação completa. O "espelho da visão" ganhara em clareza. A autoridade saturnina, de caráter atemporal, tinha se fundido com a meiguice e o temperamento brincalhão de Gêmeos. Ainda temos trabalho a fazer, e pretendemos fazê-lo.

Ao longo de uma vida necessária para um "ser das estrelas" humano evoluir de seu estágio incompleto, ele me ensinara a desfazer o labirinto de ilusão criado pelo pensamento — e a partir daí mergulhar no mar aberto das estrelas, do questionamento e de uma certa urgência em ver o outro lado das coisas. Essa busca tinha de ser guiada pela compaixão inteligente. Eu já tinha as respostas para as perguntas básicas. Agora, era só uma questão de projetar o futuro que ele tinha me mostrado.

Qual o significado da iluminação no meio dessa inquietação planetária? Ele parecia me indicar: a iluminação precisava ser útil para ter sentido. Eu nunca pensara antes na iluminação em termos de utilidade, mas agora entendi o que ele queria dizer. Iríamos fundir as duas realidades numa só, e encontraríamos um caminho exatamente como o rio desce das montanhas até o mar — o caminho de menor resistência.

Ele e eu víamos uma nova tendência neste planeta. Era vibrante e cada vez mais forte. O cérebro antigo chegara ao fim da estrada que criou para si mesmo. Os seres "além da sobrevivência" estavam prontos para a mudança. Nossa reação a essa tendência de mudança seria total e absoluta.

* * *

Juntos, alcançamos os limites do pensamento e chegamos à visão pura e ilimitada. Agora, ele e eu sabíamos que tínhamos de nos separar. Nenhum elo era mais necessário. A tristeza não permeava aquele momento, pois algum dia vamos nos fundir de novo num único ser. Então, a partir de sua região mais profunda, ele comunicou algo à minha mente que me impressionou até o âmago do ser, apesar do seu sorriso incandescente quando falou:

"Agora, o Despertar dos Mágicos já começou para você. Fique sempre atento, pois minha mudança de mundos vai chegar a qualquer momento e, quando isso acontecer, você tem de sobreviver a mim".

O homem do futuro

"Primeiro eles ignoram você, depois zombam de você, depois lutam contra você, e então você vence."

~ Mahatma Gandhi

No mundo céltico, a verdade é mais estranha do que a ficção e a realidade é ainda mais estranha. Para os celtas, o universo é misterioso e está além da nossa compreensão, mas comunica-se conosco numa linguagem simbólica que podemos entender. Essa linguagem simbólica é o que chamamos de "realidade" — este mundo —, o universo, as estrelas e planetas.

A antiga maneira céltica de perceber e interagir com o desconhecido (a vida como um todo) ainda sobrevive nos filamentos luminosos de DNA que esperam para ser ativados por um sinal profundo das almas residentes — ou seja, todos nós que vivemos hoje no planeta.

A mente céltica percebe círculos de realidade ao redor e além do óbvio plano físico dos continentes, da Terra, dos planetas e estrelas. St. Clair chama de "mundos invisíveis" os círculos em expansão da realidade. Para ele, também são círculos em expansão da consciência. Quanto maior sua consciência, maior é sua visão. E, quanto maior é sua visão, maior sua capacidade de enxergar.

Ao escrever seu profundo e definitivo *Zen das Estrelas*, St. Clair nos "mostra o caminho" numa linguagem que permite ao leitor expandir sua própria consciência e compreensão dos acontecimentos, neste mundo e nos domínios do além. Os reinos invisíveis existem, e St. Clair nos convida a abrir a porta para sua existência.

St. Clair, uma criança-prodígio, nasceu em Zurique, na Suíça, em 28 de fevereiro de 1959. Ele é um dos mais eminentes astrofísicos estrategistas, com uma bagagem de muitas previsões, altamente precisas, nos âmbitos econômico, social e político. Na juventude, estudou Direito e Ciências Políticas na Universidade de Zurique e também serviu como oficial do exército suíço — assessorando um general — antes de começar sua carreira como consultor de clientes de alto nível no mundo inteiro, em situações especiais.

Em 1999, depois de vinte anos desenvolvendo suas habilidades em consultoria, ao mesmo tempo em que perseguia estudos extensos nas áreas de esoterismo e economia, criou uma obra surpreendente sobre cosmologia e metafísica. O livro *Atlantis Oracle & Icons of Destiny*, de St. Clair, oferece uma compreensão única da astrologia e da divinação propriamente ditas, mas também delineia o futuro da humanidade.

Em 2002, St. Clair apresentou nove programas populares de rádio na WBZT, em Palm Beach, EUA, chamados *Passage11* (ou "Nível 11"). Depois de ser entrevistado por Jeff Rense e Lou Gentile em seus respectivos programas de rádio em 2004, St. Clair voltou para a Suíça, seu país natal. Seu *website Passage11.com* é consultado diariamente por milhares de visitantes ao redor do mundo. Ao longo dos anos, trabalhou incansavelmente para ajudar outras pessoas a conquistar o equilíbrio e a paz de espírito. Muitas vezes, ele usou esse alto nível de interesse para afastar clientes e amigos das ilusões da sociedade.

O século XXI trouxe discretamente à luz do dia um novo visionário, uma das mentes mais criativas da atualidade, um astrofísico que fala nas questões mais fundamentais enfrentadas pela humanidade. A origem de sua obra é um mistério, trazida ao público pelo que St. Clair chama de "orientação extraterrestre". *Zen das Estrelas* é uma revelação espiritual, narrada como uma aventura inspiradora que revela descobertas profundas acessíveis à humanidade quando ela entender nossa verdadeira história Cósmica. A visão de St. Clair vai se transformar em acontecimentos reais, validando sua existência quando o saber oculto for revelado por investigações futuras.

A mensagem central de St. Clair é: 2012 verá a fusão de novas realidades nas quais teremos de lidar com a ação direta — não com pensamentos e palavras. Em essência, ele afirma que o mundo em que vivemos hoje em dia não tem ligação com nosso passado verdadeiro. Somos seres físicos habitando uma realidade física. O mundo físico é um veículo para nos movermos através do tempo e do espaço, mas a verdadeira jornada é o mundo psíquico.

Em seus simpósios, St. Clair ensina consciência, transformação e intenção. Ele nos convida a acessar o saber silencioso de nossa própria soberania espiritual, abrindo a porta para o desconhecido.

~ Susan McCulloch

Bibliografia recomendada

Andrews, George C.: *Extra-Terrestrial Friends and Foes*. Lilburn, Geórgia: IllumiNet Press, 1993.

Bach, Richard: *Illusions — The Adventures of a Reluctant Messiah*. Londres: Pan Books Ltd., 1977.

Brown Jr., Tom: *Grandfather*. Nova York: Berkley Books, 1993.

Childress, David Hatcher: *Anti-Gravity & The World Grid*. Kempton, Illinois: Adventures Unlimited Press, 1987.

Cremo, Michael: *Human Devolution: A Vedic Alternative to Darwin's Theory*. Torchlight Publishing, 2003.

DeMeo, James: *The Orgone Accumulator Handbook*. Natural Energy Works, 1989.

Donovan, Michael: *Letters upon the Mast*. Hyannis, Massachusetts: Mapmaker's Studio, 1995.

Hanh, Thich Nhat: *Calming the Fearful Mind — A Zen Response to Terrorism*. Berkeley, Califórnia: Parallax Press, 2005.

Jones, Marc Edmund: *The Sabian Symbols in Astrology*. Boulder, Colorado: Shambhala Publications, 1953.

Jung, Carl G.: *Man and His Symbols*. Londres: Aldus Books Ltd., 1964.

Kharitidi, Olga: *Master of Lucid Dreams*. Charlottesville, Virgínia: Hampton Roads Publishing, 2001.

Krishnamurti, Jiddu: *Krishnamurti's Notebook*. Brockwood Park, Hampshire: Krishnamurti Foundation Trust Ltd., 2003.

Louis Pauwels e Jacques Bergier: *Le Matin des Magiciens*. Paris, 1960.

McLuhan, T. C.: *Touch the Earth — A Self-Portrait of Indian Existence*. Oxford: Abacus, 1971.

Mitchell, Edgar: *The Way of the Explorer*. Nova York: Putnam Publishing Group, 1996.

Moon, R. G.: *The Vortex Theory*. Fort Lauderdale, Flórida, 2003.

Polich, Judith Bluestone: *Return of the Children of Light*. Rochester, Vermont: Bear & Company, 2001.

Sitchin, Zecharia: *The 12th Planet*. Rochester, Vermont: Bear & Company (reimpressão), 1991.

Summer Rain, Mary: *Phoenix Rising: No-Eyes Vision of the Changes to Come*. Norfolk, Virgínia: HamptonRoads, 1993.

Teilhard de Chardin, Pierre: *The Phenomenon of Man*. Perennial, 1976. [*O Fenômeno Humano*, publicado pela Editora Cultrix, São Paulo, 1988.]

Tesla, Nikola: *The Fantastic Inventions of Nikola Tesla*. Stelle, Illinois: Adventures Unlimited Press, 1993.

Tolkien, J. R. R.: *The Lord of the Rings* [*O Senhor dos Anéis*]. Londres, George Allen & Unwin Ltd., 1954.

Trungpa, Chögyam: *Cutting Through Spiritual Materialism*. Boulder, Colorado: Shambhala Publications, 1973.

Tyson, Donald: *New Millenium Magic*. St. Paul, Minnesota: Llewellyn Publications, 1996.

Velikovsky, Immanuel: *Worlds in Collision*. Buccaneer Books, fevereiro de 1996.

Websites recomendados:
WingMakers.com
Thunderbolts.info

um livro
.com.br